손으로 느끼는

# 유아 실물경제교육 프로그램

돈보스꼬몬테소리 교육실천연구소 지음

창지사

Preface

# 머 리 말

'유아 실물경제교육 프로그램' 은 서울특별시 교육청 시범 프로그램으로 지정되어 그 우수성을 입증받았으며, 2003년에는 본 연구소에서 「몬테소리 실천교육을 통한 유아의 실물경제교육 프로그램」으로 초판이 출간되기도 하였습니다.

본 연구소의 컨설팅 유치원을 중심으로 각 유아교육기관에서 경제교육을 실천하는 과정에서 학부모와 교사들의 의견을 조사해본 결과, 경제교육의 필요성을 절실히 느끼면서도 쉽게 다가가지 못하고 있었습니다.

그래서 현장에서 경제교육을 좀 더 쉽게 실천할 수 있도록 문제점을 보완해야 할 필요성을 느끼고, 이에 유치원 생활주제와 관련하여 경제교육 프로그램을 연구 · 개발하였습니다.

이 책의 내용은 국제 경쟁시대를 향한 미래 지향적인 경제 시민 육성의 안내자 역할을 할 수 있도록 유치원과 가정과의 연계교육은 물론, 유치원 생활주제와 경제교육을 접목시키도록 구성하였습니다. 그리하여 '홀로서기' 를 기본으로 체력 단련, 돈의 가치와 중요성, 돈을 버는 경제 활동, 돈을 관리하는 경제 활동, 돈을 쓰는 경제 활동, 사회봉사 활동으로 구성되어 있습니다.

이번 경제교육 프로그램 연구의 중심은 현장에서 쉽게 실천할 수 있는 자료 개발에 두었습니다. 그 특징을 살펴보면,

1. 연구 시간이 부족한 현상교사들이 쉽게 활용할 수 있는 원본 자료를 중심으로 구성하였습니다.
2. 경제교육은 가정과의 원활한 연계가 프로그램의 성과를 좌우하므로, 가정 활동을 적극적으로 유도하는 가정 활동 조사 자료를 중심으로 구성하였습니다.
3. 월간 교육계획안, 주제망 구성에서 입체적인 이미지 컷 활용으로 주제의 전달력을 높일 수 있도록 구성하였습니다.
4. 유아 토론 중심의 모듬 활동, 개인 활동을 할 수 있는 다양한 자료로 구성하였습니다.

5. 유아들로 하여금 어려운 경제 개념을 즐거운 미술 활동으로 경험할 수 있도록 흥미 영역 응용 자료를 수록하였습니다.
6. 경제교육을 놀이 중심으로 할 수 있는 창의적 경제 교구를 중심으로 구성하였습니다.
7. 가족과 함께 손쉽게 경제 관련 활동을 할 수 있는 월별 실천 달력을 수록하였습니다.
8. 유아기부터 어려운 경제 개념을 쉽게 접근할 수 있도록 용돈 기입장, 선행수첩, 소비 절약 실천 활동표 등도 수록하였습니다.
9. 우리 조상들의 삶의 지혜와 교훈이 담겨 있는 속담을 이용하여 유아들이 경제 개념을 쉽게 경험할 수 있도록 수록하였습니다.

돈보스꼬몬테소리 교육실천연구소는 유아교육 현장의 원장님과 교사들의 성원에 힘입어 현장에 적합한 맞춤식 교육을 제공하고, 최고의 교사를 양성하는 명문 실천 연구소로 거듭나도록 노력하고자 다짐합니다.

이 책은 전국 각 유치원의 원장님과 교사들-보보유치원(일산), 성체유치원(수유리, 용인), 진영유치원(분당), 은송유치원(광주광역시), 성심유치원(부평)-이 함께 연구하고, 자료를 수집하는 끊임없는 노력으로 그 결실을 맺게 되었습니다. 각 유치원의 원장님과 교사들에게 이 자리를 빌어 진심으로 감사의 마음을 전합니다. 무엇보다 교재 · 교구 연구와 자료 수집에 애쓴 김진수, 양순의 연구원과 연구소 직원들에게도 감사를 전하며, 이 책이 나오기까지 애써주신 창지사 사장님과 편집부 및 임원 여러분에게도 감사드립니다.

막상 「유아 실물경제교육 프로그램」 개정판을 출판하려고 하니 처음보다 더욱 조심스럽습니다. 그러나 실제 교육 현장에서 실천해 보고 또 다른 문제점을 수정, 보완할 수 있도록 많은 조언과 격려가 있을 것이라 생각합니다.

마지막으로 이 책을 함께 읽어주고, 현장에서 노력하는 모든 교사와 앞으로 현장을 이끌어갈 미래의 교사들에게도 도움이 되기를 바라며 감사의 말씀을 전합니다.

2008년 1월 여의도 연구소에서 김순옥

Contents

# 차 례

Chapter 1

# 유아기 합리적인 실물경제 생활의 실태 조사 및 분석

「손으로 느끼는 유아 실물경제교육 프로그램」을 새롭게 개정하기에 앞서 부모와 교사의 의식 조사 결과를 알아보고, 향상된 부분과 문제점을 비교 · 분석하였다. 또한 어떻게 하면 부모나 현장 교사들의 의식을 변화시키고, 유아기부터 실물경제교육을 일상화할 것인가를 고려하고 그에 따라 가정과 교육기관에서도 「손으로 느끼는 유아 실물경제교육 프로그램」을 실천하기 쉽게 개정안을 제시하고자 한다.

2003년 유아기 합리적인 실물경제 생활의 의식 실태 조사를 기초로 2007년 서울, 경기, 광주광역시에 거주하는 학부모 360명, 교사 173명의 의식 조사 결과를 분석하였다. 2003년과 2007년의 의식 조사를 비교 분석한 내용은 다음과 같다.

## 제1절 개정 전(前) 실태 조사 현황

2003년 유아를 위한 실물경제교육 실천 프로그램을 개발하기 위해 첫째, 유아들의 경제 개념의 인식을 조사했고, 둘째, 가정에서 자녀 양육 시 부모의 경제에 대한 개념이나 필요성에 대해 인식 조사를 하였다. 셋째, 유아교육 현장에서 교사들이 유아기 합리적인 경제 생활을 위해 중요성과 실천하는 방법의 실태를 조사하였다.

만 4, 5세 유아들의 합리적인 경제성에 대한 의식 조사를 분석한 결과, 물건을 아껴 쓰고 제한된 자원을 절약해야 하는 개념은 높게 형성되어 있었다. 그러나 노동을 통해 돈을 벌 수 있다는 구체적인 생산의 원리나 돈의 가치성, 돈에 대한 관심에 대해서는 개념 형성이 희박하였고, 돈에 맞는 가격을 비교하고 돈에 맞게 물건을 구매할 수 있는 유아가 드물었으며, 소비에 대한 개념이나 사회적 빈부 격차에 따른 봉사나 기부에 대한 개념이 낮게 나왔었다(돈보스꼬몬테소리 교육실천연구소, 2004).

## 1 학부모 실태 조사

2003년 '유아기 합리적인 경제 생활' 에 대한 의식 실태를 설문지를 통해 조사했을 때에 부모들의 생활 속에서 유아기 경제교육의 필요성은 느끼지만 그에 따른 정보나 유아의 합리적인 경제 생활에 대한 이해도가 낮았으며, 경제교육의 중요성을 알고 있지만 구체적인 지도 방법을 몰라 어려움을 느끼고 있었다.

## 2 교사 실태 조사

2003년 '유아기 합리적인 경제생활' 에 대한 의식 실태를 설문지를 통해 조사했을 때에 유아교육 현장 교사들은 유아기 합리적인 경제생활의 중요성은 알고 있지만 바람직한 소비생활과 계획된 경제생활의 기초를 형성하기 위한 유아기의 경제교육에 대한 이해나 개념이 형성되지 않았으며, 실천할 수 있는 지도 방법이나 교수 자료가 부족함을 호소하는 등 실제 실물경제를 유아들과 체험한 경우도 낮게 나왔다(돈보스꼬몬테소리 교육실천연구소, 2004).

# 제2절 개정 후(後) 실태 조사 현황

## 1 학부모 실태 조사

표 1-1 학부모들의 '유아기 합리적인 경제 생활'에 대한 의식 조사

| 구 분 | 질 문 내 용 | 문 항 내 용 | 관심도(%) |
|---|---|---|---|
| 유아 경제교육의 인식 | 1. 경제에 대한 관심 | 보통이다 | 55.7 |
| | 2. 유아 경제교육에 대한 관심 | 그렇다 | 53.9 |
| | 3. 유아 실물경제교육의 목표 및 내용의 이해 정도 | 보통이다 | 46.7 |
| | 4. 유아기 경제교육이 필요한 이유 | 올바른 경제 개념과 태도 | 63.0 |
| 유아 경제교육의 내용 및 방법 | 5. 유아 경제교육의 주요 목표 | 돈을 관리하는 법 및 저축 | 80.0 |
| | 6. 가정에서 경제교육 실시 여부 | 아니요 | 51.5 |
| | 7. 교수학습의 방법 | 관련된 동화 | 39.2 |
| | 8. 유아 실물경제교육을 실천하지 못하는 이유 | 학부모의 이해와 지식 부족 | 45.9 |
| | 9. 용돈 지급의 실행 여부 | 아니요 | 75.5 |
| | 10. 용돈 지급 방법 | 좋은 행동에 대한 보상 | 49.5 |
| | 11. 경제교육의 지도 내용 | 저축 습관 | 48.5 |
| | 12. 유아기 경제교육의 적합한 담당자 | 교사와 부모가 함께 | 91.6 |
| 유아 경제교육의 부모교육 및 지원 방향 | 13. 유아 경제교육의 정보 수집 방법 | 대중매체 (TV, 신문, 인터넷) | 67.4 |
| | 14. 경제교육에 대한 부모교육의 필요성 여부 | 그렇다 | 81.3 |
| | 15. 유아 경제교육의 바람직한 교육 지원의 대책 | 유치원과 연계교육 | 58.6 |

### (1) 유아 경제교육의 인식

부모도 경제에 대한 관심이 많지 않았고 유아 경제교육에 대해서도 낮은 관심을 갖고 있었다. 유아기 경제교육이 필요한 이유에 대해서는 올바른 경제 개념과 태도를 기르고, 조기에 올바른 경제 습관 태도를 기르기 위해 꼭 필요하다는 의식이 높았다.

### (2) 유아 경제교육의 내용 및 방법

경제교육을 실시하지 않고 있는 가정이 대다수였고, 유아기 때부터 용돈을 주는 가정은 거의 없었다. 경제교육을 하는 주요 목표로 돈을 저축하는 습관을 조기에 알려주기 위해서라는 '돈의 관리' 면을 강조하였으며, 그에 따르는 교수학습방법으로 관련된 동화를 읽는 정도였다.

경제교육을 한다면 역시 유아교사와 부모가 함께 해야 한다는 의식이 높았다.

### (3) 유아 경제교육의 지원 방향

유아 경제교육의 정보 수집은 대중매체를 통해서 얻는 것이 많았으며, 경제교육에 대한 부모교육의 필요성을 요구하고 있었다. 그래서 경제교육의 바람직한 교육 지원으로 유치원과 가정과의 연계교육을 요구하였다.

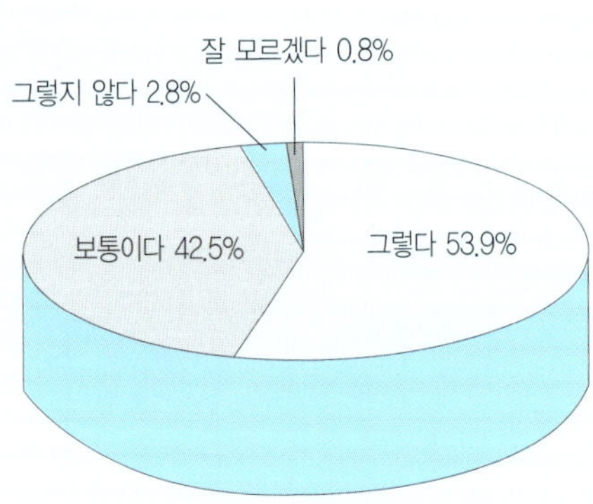


유아 경제교육의 관심 여부

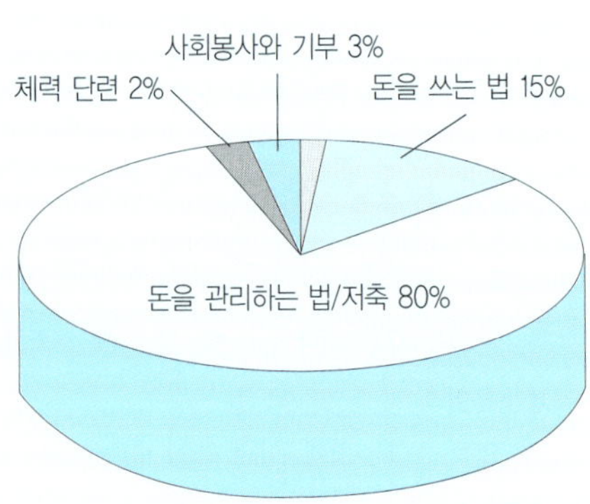


유아 경제교육의 내용

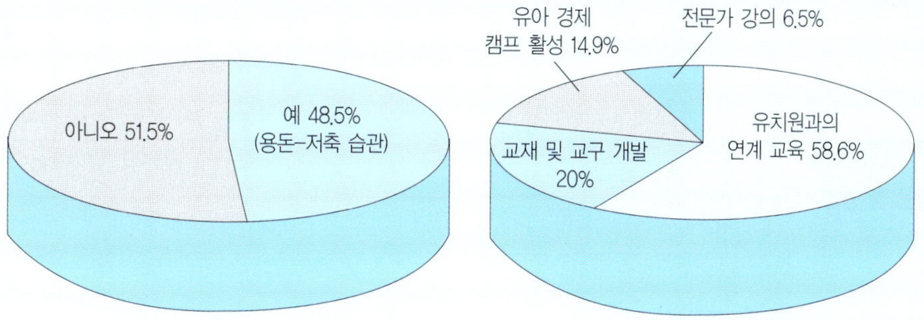


유아 경제교육의 실시 여부 유아 경제교육의 지원 방향

## 2 교사 실태 조사

**표 1-2** 교사들의 '유아기 합리적인 경제 생활'에 대한 의식 조사

| 구 분 | 질 문 내 용 | 문 항 내 용 | 관심도(%) |
|---|---|---|---|
| 유아 경제교육의 인식 | 1. 경제에 대한 관심 | 보통이다 | 53.8 |
| | 2. 유아 경제교육에 대한 관심 | 보통이다 | 48.5 |
| | 3. 유치원 교육과정에서의 경제교육의 목표, 내용 이해 | 그렇지 않다 | 43.5 |
| | 4. 유아 실물경제교육의 목표 및 내용 이해 정도 | 보통이다 | 44.4 |
| | 5. 유아기 실물경제 교육을 실시하는 데 대한 몬테소리 교육의 효과 여부 | 그렇다 | 53.3 |
| | 6. 유아기 실물경제교육의 필요 이유 | 경제 개념과 태도 | 70.3 |

| 구 분 | 질 문 내 용 | 문 항 내 용 | 관심도(%) |
|---|---|---|---|
| 유아 경제교육의 내용 및 방법 | 7. 유아 실물경제교육의 목표 | 돈을 관리하는 법 및 저축 | 80.8 |
| | 8. 유아 실물경제교육의 실시 여부 | 아니요 | 78.1 |
| | 9. 교수학습의 방법 | 시장놀이, 바자회 | 64.4 |
| | 10. 유아 실물경제교육을 실천하지 못하는 이유 | 이해와 지식 부족 | 46.5 |
| | 11. 현재 경제교육의 지도 내용 | 시장놀이 | 57.0 |
| | 12. 유아기 경제교육 적합한 담당자 | 교사와 부모 함께 | 90.3 |
| 유아 경제교육의 교사교육 및 지원 방향 | 13. 유아 경제교육의 정보 수집 방법 | 대중매체 (TV, 신문, 인터넷) | 31.1 |
| | 14. 경제교육에 대한 교사교육의 필요성 여부 | 그렇다 | 72.9 |
| | 15. 유아 경제교육의 바람직한 교육 지원의 대책 | 교재 및 교구 개발 | 49.7 |

### (1) 유아 경제교육의 인식

교사 자신의 경제 개념과 유아 경제교육에 대한 인식의 수준은 보통이었다. 또 유치원 교육과정에서 요구하는 경제교육의 목표나 내용의 이해가 낮은 수준이었으나 필요성 면에서는 경제 개념과 태도의 중요성을 인식하고 있었다.

### (2) 유아 경제교육의 내용 및 방법

현장에서는 개정 전(前) 결과와 동일하게 경제교육을 실시하지 않는 곳이 많았고, 실시하고 있는 원 조차도 실물경제 개념(생산자, 소비자, 판매자)을 체계적으로 실천하기 보다는 역할놀이나 원의 연간 행사 수준에서의 시장놀이, 바자회 정도를 실시하고 있었다. 그래서 유아 실물경제교육 지도 시에는 교사와 부모가 함께 지도해야 할 필요성을 강조했다.

### (3) 유아 경제교육의 지원 방향

현장의 교사들은 유아 경제교육의 필요성을 많이 느끼고 있었고, 경제교육을 위한 정보의 수집은 대중매체를 통해 하고 있었다. 유아 경제교육이 바람직하게 이루어지기 위해서 교사들은 경제에 관련된 교수학습 방법 및 교재 · 교구 연구 개발이 꼭 필요함을 이야기하며 전문 교육 연구 기관과 연계성을 가지고 많은 자문과 조언을 얻어야 시대 흐름에 적합한 질 높은 교육을 할 수 있다는 답변이 많았다.

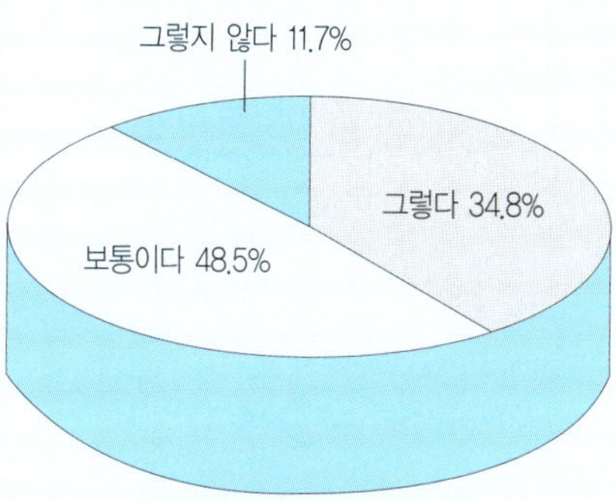


**유아 경제교육의 관심 여부**

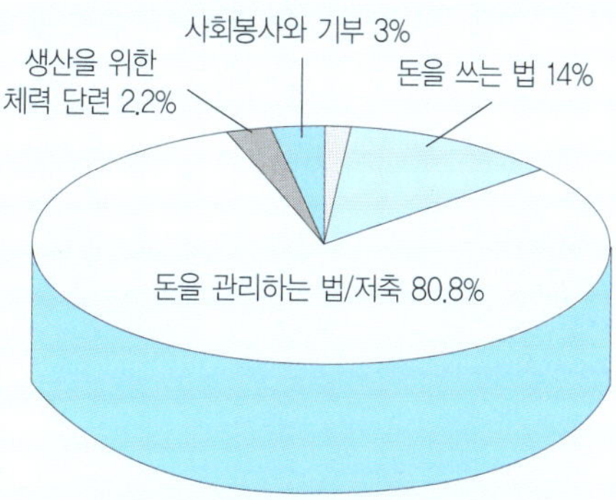


**유아 경제교육의 내용**

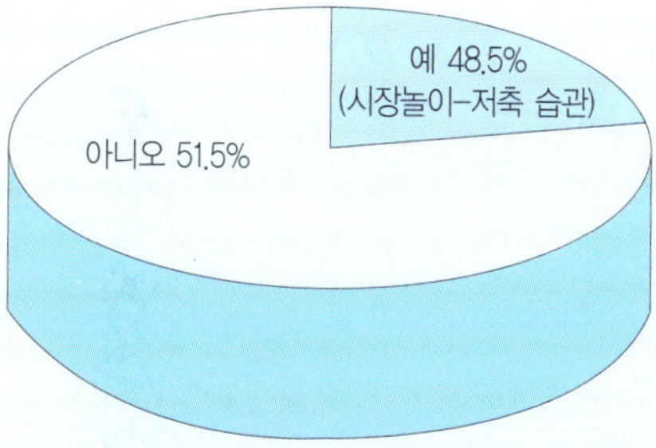


**유아 경제교육의 실시 여부**

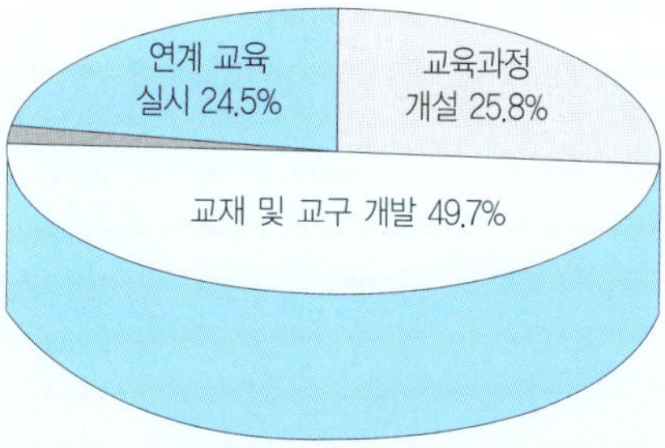


**유아 경제교육의 지원 방향**

조사한 결과를 종합해 보면 2003년도에 실시한 의식 구조와 달라진 것이 거의 없음을 알았고, 절약 부분과 재활용에 관한 관심이 생각보다 낮았으며, 저축을 통한 경제교육을 가장 많이 실천하고 있음을 알 수 있다.

따라서 유아교육 현장에 필요한 교재 · 교구 개발과 교사나 부모들의 경제교육이 생활 속에서 습관화할 수 있는 의식 교육 필요성이 절대적이며, 국가 기관에서 국민교육 차원으로 적극적인 홍보가 필요한 시기이다.

이상의 결과를 반영하며 본 서 「손으로 느끼는 유아 실물경제교육 프로그램」은 유아기 자녀를 둔 학부모와 특히 유아교육 현장에서 실천하고 있는 교사들이 쉽게 실물경제에 관한 개념을 이해하고 주제별로 체계적인 활동을 할 수 있도록 구성하고자 한다.

# Chapter 2

# 유아기 합리적인 실물경제교육의 이론적 배경

## 제1절 유아기 실물경제교육의 필요성

21세기의 화두를 단적으로 표현하면 '돈' 이라고 할 수 있다. 최근의 베스트셀러 서적을 살펴보면 경제, 경영 관리, 금융, CEO(최고 경영자), 유아 경제 관련 책들이 많은 비중을 차지하고 있다. 또한 사회 여러 곳에서는 '어린이 경제 캠프', '어린이 경제 신문', '유아 경제 사이트' 등 각종 대중 매체를 통해서 유아를 위한 조기 경제 교육이 필요하다는 기사가 자주 등장하고 있다.

핵가족화 시대의 가정의 소비 구조에 있어서 유아의 구매 결정권이 차지하는 비중이 점점 커져가고 있다. 입을 옷이나 읽을 책, 문구류, 장난감을 고르는 유아는 소비자로서 경제적 결정을 행사할 기회가 많아지고 있기 때문이다. 그래서 무엇보다도 돈의 개념을 알고 돈을 합리적으로 쓰고 돈을 관리하는 법을 아는 것이 중요하다.

우리나라에서는 전통적으로 유아기에는 돈을 멀리하게 하고, 모든 금전 관리를 부모가 일방적으로 함으로써 유아기의 합리적인 경제생활의 습관화를 위한 소양을 갖추지 못했다. 부모들은 옛날부터 "어려서 돈을 일찍 알면 무엇에 써?", "황금보기를 돌같이 하라", "돈이란 몰라도 되는 것이고, 크면 자연히 알게 되는 것이다", "돈을 일찍 아는 것은 아이답지도 순수하지도 못한 것이다"라는 생각을 가지고 있었다. 또한 각 가정에서는 자녀의 행복한 미래를 위해 돈 걱정말고 공부 잘해서 좋은 직장을 갖도록 하는 것이 부모로서 자녀를 행복하게 해준다고 생각하고 있다.

더욱이 근래에 들어 저출산으로 인한 부모들의 과잉 보호와 유아들이 부모 세대의 어려움을 이해 못하고 풍요로운 환경에서 살고 있기 때문에 물질의 소중함과 돈의 가치를 모른다. 또 부모들은 자기가 고생하고 자랐던 경험을 자신의 아이들에게는 다시 반복시키지 않겠다는 생각에 물질적으로 무엇이든지 다해 주려는 사고 방식을 가지고 있으며, 자녀들의 욕구불만을 애정을 가지고 대화로 풀어가는 방법보다 돈으로 해결하려는 그릇된 경향을 보이고 있어 사회적 문제점으로 대두되고 있다.

또한 부모들이 '우리 아이 최고 만들기', '부자나 최고 경영자가 되기' 와 같은 잘못된 가치관적 사고와 '우리 아이는 돈에 대해 똑똑한 아이로 키워야 한다' 는 생각으로 '유아 경제 캠프' 에 고액을 들여 단시일 내에 효과를 보려는 조기 경제교육 붐을 조성하고 있다.

2006년 한국은행 경제 통계 자료에 의하면 우리나라 국민 1인당 GNP는 18,374$로 OECD 회원국 중 선진국으로 인정, 경제 성장으로 경제 대국이 되었다. 국제 경제 사회에서 여러 면으로 시너지 효과가 크다. 그러나 우리 사회의 심각한 경제 문제 중 '금융 채무 불이행자'(신용불량자)는 2004년 초 370만 명으로 절반이 20, 30대 청년층이다. 그러나 더 큰 문제는 20대 이하의 금융 채무 불이행자의 수가 크게 증가하고 있어 2003년에 5,428명이었던 10대 금융 채무 불이행자의 수가, 2006년에는 1만 2백 66명으로 증가되었다(한국일보, 2007). 금융 채무 불이행자의 증가 원인은 신용카드의 무분별한 사용으로 인한 빚 때문이었다. 특히 10대들은 통신 요금과 유명 메이커 선호 때문에 금융 채무 불이행자가 되고 금융권의 블랙리스트에 오르게 되어 사회생활을 시작하기도 전에 정상적인 경제 활동을 불가능하게 만들고 있다. 이는 향후 우리나라 경제의 중추적인 역할을 담당해야 할 청년층이 신용불량자가 되어 금융 활동 및 경제 활동에 큰 제약을 받게 됨에 따라 우리의 성장 잠재력이 잠식될 수도 있다는 우려가 커지고 있다.

따라서 우리의 현실에서 미래의 경제 주체인 유아들에게도 경제교육의 필요성과 중요성은 더욱 절실해지고 있다. 국제 경쟁력에 맞는 자율적이고 창의적인 인간성과 올바른 경제인으로 육성하기 위해서는 유아기 때부터 일상생활 속에서 바르고 합리적인 경제생활 습관을 갖도록 해야 한다.

## 1 실물경제 용어의 의미

경제란 한마디로 돈의 교환이며, '실물경제'와 '화폐경제'로 구분할 수 있다.

### (1) 실물경제는 자족경제(自足經濟) 또는 물물교환경제(物物交換經濟) 현물경제라고도 하며, 화폐경제, 상품경제에 대비해서 쓰인다.

자족경제란 한 가족이 그들의 필요를 채우기 위한 모든 재화를 가족 단체 내에서 취득하며, 생산과 소비가 동일한 가족 내에서 이루어지는 경우를 말한다. 이를 장원(莊園)·도시·국가 등에까지 확대해서 생각하는 것이다.

그러나 교환을 전혀 하지 않는다는 뜻의 자급자족경제를 아리스토텔레스는 경제의 이상(理想)으로 생각했으나 역사적으로 실현되지 못하였다.

물물교환경제란 교환 수단으로서의 화폐를 사용하지 않고 현물로 교환한다는 뜻이므로 현물경제라고 할 수도 있으며, 곧 화폐 출현 이전의 경제 발전 단계를 가리킨다.

실물경제란 물건이나 서비스를 받은 대가로 돈을 지불하는 행위를 통틀어 실물경제라고 하며, 생산물 시장과 생산 요소 시장을 통한 재화와 서비스의 생산, 지출, 분배, 투자, 수출, 수입 등의 활동이다. 예를 들면, 유아가 500원의 빵을 500원에 사는 것, 어른이 자동차를 사는 것, 미장원에서 머리를 하고 돈을 내는 것, 전화요금을 내는 것처럼 서비스를 받은 대가로 돈을 지불하는 것도 실물경제 행위라고 말한다.

### (2) 화폐경제는 은행에 예금을 하거나 증권회사에서 주식, 혹은 채권을 살 때 돈이 재화나 서비스의 대가로 움직이지 않는다.

이 경우 돈이 움직이는 주된 목적은 돈을 걸고 돈 자체를 더 불리는 데 있다. 이처럼 돈만 흐르는 경제 분야를 일컫는다. 예를 들면, 어떤 사람이 100만원의 돈으로 TV를 살까?, 예금을 할까? 망설이는 경우, TV를 샀다면 '실물경제' 행위를 한 것이고, 예금을 했다면 '화폐경제' 행위를 한 것이다.

## 2 유아기 실물경제교육의 목적

습관이란 출생 후에 영 · 유아기의 일상생활 경험을 통해 후천적으로 형성된다. 한번 형성된 습관은 좀처럼 쉽게 변화되지 않으므로 이 시기에 형성된 생활 습관은 현재와 미래의 생활 모습을 결정짓는 중요한 기초가 된다.

인간이 성장하면서 그 나라의 국민으로 살아가려면 국가가 요구하는 인간으로서 경제적 사고 방식(economic way of thinking)을 어려서부터 생활 속에 습관화해야 한다. 왜냐하면 사회생활은 모든 것이 선택에 의한 결정이다. 의식주를 선택하고, 삶의 철학적 사고까지도 선택에 의해 결정되기 때문이다.

경제에 대한 바른 인식과 습관은 빠를수록 좋다. 일상생활에서 부모와 함께 물건을 구입해 보고, 현금, 수표, 신용카드 등의 화폐를 사용하는 것도 보고, 은행에 가서 예금하고 현금인출기에서 돈을 찾는 것을 봄으로써 경제적 개념을 조금이나마 이해할 수 있고, 어려운 경제 용어와 그 의미를 경험을 통해 습득할 수 있다.

한진수(2002)는 경제교육의 목적을 첫째, 경제적인 의사 결정으로 가득 차 있는 삶을 올바르게 영위할 수 있도록 돕고, 둘째, 노동자로서, 소비자로서, 시민으로서 문제를 합리적인 방법으로 풀어가는 해결력을 기르며, 셋째, 논리적이고 신중한 사고를 훈련시켜 글로벌 경제에 적극적으로 참여할 수 있는 국제인을 탄생시키는 것에 있다고 했다. 즉, 경제학의 기본은 희소성과 선택이며, 소극적인 소비절약도 중요하지만 유아들에게 좀 더 폭넓게 경제 개념을 실천하는 방법을 전달함으로써 합리적인 경제인으로 육성하는 데 목적이 있다.

경제교육의 중요성은 개인의 차원에서 그치지 않는다. 유아기의 경제교육은 유아가 올바른 경제적 개념을 형성하고 돈과 관련된 것들을 현명하게 판단하여 건강하고 행복한 경제시민으로 살아가게 하는 데 그 목적이 있다. 돈 계산을 잘하고, 다른 사람보다 많은 돈을 소유하고, 더 높은 사회적 지위를 얻고 부자가 되기 위해서가 아니라 민주주의 사회를 위한 교육과 직접적으로 관련을 맺는 것이다. 오늘날 우리 사회의 발전을 위한 과정 중에서 가장 중요시되는 것은 사회를 구성하는 개개인의 합리적인 의사결정 능력이다. 이러한 능력을 소유한 사람은 생산과 소비 활동, 관리까지도 합리적으로 수행할 수 있다. 한 국가를 구성하는 시민들이 이러한 능력을 갖추지 못한다면 비합리적 의사결정을 내릴 수밖에 없으며, 건전한 사회를 유지 · 발전시킬 수 있는 원동력을 상실하게 되는 것이다.

유아기에 필요한 경제 개념에 대한 학자들의 생각은 약간씩 다르지만 경제란 한정된 자원으로 가장 합리적인 선택을 하기 위한 것이다. 유아에게 실제적이며 직접적인 경험을 제공할 수 있는 환경이 제공되어야 하며, 이를 위한 교육 활동으로 현장견학, 그림 그리기, 역할놀이, 실제 구매 활동놀이 등과 같은 활동 영역들이 통합되도록 구성되어야 한다.

## 제2절 유아기 실물경제교육의 개념 발달

유아기의 경제 개념 발달은 가정에서 부모와 함께 물건을 구입해 보고 주변 성인들의 경제 활동을 관찰하는 것부터 형성된다. 인생의 초년기인 유아기에는 모든 생활습관을 일상생활 속에서 반복 훈련을 통해서 익혀나가는 시기이므로, 이론적 교육에 의한 주입식 교육보다는 몸을 깨끗이 하고, 자기 물건을 챙기고 정리하고, 적절한 상황에 맞는 인사를 바르게 하는 것이 유아의 경제 개념 형성에 도움이 된다. 즉, 특정한 상황 요인에 의해 일시에 이루어지기보다는 환경적 요인과의 상호작용을 통하여 성장 발달하게 된다.

이 시기의 유아는 일반적으로 습득된 정보를 통해서 경제의 교환 개념을 형성하고 있다. 또한 생산에 대한 실질적 사고가 없고, 상점 운영자 스스로가 물건을 만든다고 생각하는 전 경제적(pre-economic) 단계에 있다. 경제적 사고의 발달은 즉흥적이기보다는 단계적이며 성장함에 따라 변하게 되는 것이다. 유아의 경제 체제에 대한 이해는 유아의 인지적인 능력과 경험의 제한성, 유아기의 독특한 자기중심적 사고 때문에 제한을 받으나 몇몇 경제 기능과 개념에 대해서는 교수학습이 가능하다.

경제 개념의 발달 단계를 최초로 분류한 효시는 Strauss(1952)이다. 그는 4, 6, 8세~11세의 유아 및 아동 66명을 대상으로 71가지 질문 면접을 통해 9단계로 나누어 연구한 결과로 유아의 화폐 가치에 대한 초기 이해는 그 다음 새로운 단계로 진행되면서 수정과 변화를 거쳐 발달되는 것으로 나타났다.

유아의 경제 개념에 관한 연구들은 대부분 Piaget의 이론에 기초하여 왔다. 유아의 경제 개념 발달(Furth, 1980; Burris & Burris, 1983; Berti & Beni, 1988), 유아의 돈에 대한 이해(Strauss, 1952; Kohlberg, 1969), 돈의 가치와 개념 발달(Bert & Bombi, 1981), 소유 개념(Berti, Bombi, & Lis, 1982; Cram & NG, 1989; Furnharm & Jones, 1987), 희소성과 기회 비용(Laney, 1988), 이윤(Berti & Beni, 1988; Berti, Bombi, & Beni, 1986) 등 다양한 경제적 영역에 대한 개념 발달이 Piaget의 관점에 동의하여 유아 개인의 내적 변인에 초점을 맞추어 연구되어졌다(이혜진, 2006).

경제 개념에서 가장 기본적인 돈의 사용과 가치를 Berti와 Bombi(1988)가 발달 단계별로 요약해 놓은 것을 도표로 나타내면 다음 〈표 2-1〉과 같다(이기춘, 1998, 재인용).

**표 2-1 유아의 경제 개념 발달**

| 감각운동기(0~2세) | 전조작기(2~6세/7세) | 구체적 조작기(6/7~10세) |
|---|---|---|
| • 동전의 모양과 크기를 관찰한다.<br>• 쇼핑하기, 소비, 구매 활동을 관찰한다. | • 가게놀이: 소비와 구매의 초기 개념이 발현된다.<br>• 더 많다, 적다를 구분한다.<br>• 동전, 지폐를 인식한다.<br>• 구매를 하기 위해서는 돈이 필수임을 안다. | • 9세 이후에 동전을 비교할 수 있고 동전들의 차이를 안다.<br>• 사람들이 돈을 벌기 위해 일한다는 것을 안다.<br>• 고용인과 고용주의 명확한 관계를 어느 정도 이해한다. |

유아들의 돈에 대한 생각을 면밀히 검토해 보면 성인의 생각과는 다르다. 더욱이 유아기에는 점진적이고 체계적인 변화들이 〈표 2-1〉에서와 같이 일어난다. 이러한 변화들은 지적 발달과 사고와 실제 경험이 축적되는 것에 모두 연결되어져 있다.

유아의 돈에 대한 개념 이외에도 소유, 경제 기간, 상품의 가격 결정 등의 경제적 개념 발달에 대한 연구들이 있다. 유아의 소유 개념 발달을 연구한 Berti, Bombi, Lis에 의하면 소유 개념의 발달은 성별에 따라 의미 있는 차이가 있는 것으로 나타났다. 즉, 남아가 여아보다 소유 개념을 더 잘 인식하고 있었으며, 연령에 따라 일정한 단계를 통하여 발달하는 것으로 나타났다(한형원, 1998, 재인용). 또 취학 전 유아들은 무언가에 밀접하게 되는 것 혹은 무언가를 사용한다는 관점에서 소유를 생각하게 된다.

Berti, Bombi, Lis가 제시한 각각의 단계별 특성은 다음과 같다.

- 1단계 : 누구도 생산품의 주인이 아니며, 누구든 그것을 소유할 수 있다고 생각한다.
- 2단계 : 생산품의 소유자는 그것을 만들거나 사용하는 사람이라고 생각한다.
- 3단계 : 생산 수단의 소유 개념을 통해 생산품의 소유 개념을 설명한다. 그러나 이 시기의 아동은 생산 수단의 소유자는 실제로 그것을 사용하는 사람(노동자나 농부)이라고 인식함으로써 이들을 생산품의 소유자라고 생각한다.
- 4단계 : 상품이 생산 수단의 소유자의 것이라고 설명하는데, 생산 수단의 소유자

는 감독자로 인식되므로 직접 생산 수단을 사용하는 사람은 아니다. 그러나 이 시기의 아동은 아직 자신의 대답을 설명할 수 없으며 막연하게 인식하고 있을 뿐이다.

- 5단계 : 생산품이 소유자의 것이며 고용인들은 자신의 노동에 대하여 급료로 보상받게 된다고 설명할 수 있다.

경제적 개념 발달을 위한 교육적 노력은 유아의 호기심을 자극하고 다양한 경제 활동을 포함하는 것이어야 한다. 유아의 경제적인 개념은 유아 자신의 직접적이고 개인적인 경험을 통해 확장될 수 있으므로 현장 견학은 상품과 서비스의 생산, 소비 과정을 유아에게 보여주는 최선의 방법이다. 특히 교실 활동에서의 역할놀이는 경제적 개념에 대한 유아의 이해를 강화하고 증진시키는 데 효과적이다. 이러한 교육적인 활동을 통해 유아의 경제 개념이 변화되고 깊이 이해하는 데 도움이 된다.

그 밖에도 유아들의 경제적 개념은 심리적, 도덕적, 사회적, 관습적 지식들과 밀접하게 상호 연관되어 발달하며 도덕적 규칙이나 사회적 관습에 대한 지식은 경제적 개념보다 좀 더 빨리 발달되어 경제적 개념의 발달에 영향을 준다. 그리고 경제적 개념은 가정에서 적극적인 경험을 통해 모델링된다.

유아들에게 실시한 경제교육 활동의 선행 연구 결과를 보면 Koccrilsky(1997)는 'kinder-Economy' 라는 프로그램을 9가지의 경제 기본 개념(희소성, 의사결정, 생산, 전문화, 분배, 소비, 수요와 공급, 기업 활동, 화폐의 사용과 교환)으로 선정하여 5~6세 유아에게 6개월간 하루 30분씩 경제 학습 활동에 참여하게 한 후 나타난 연구 결과, 전체적으로 유아의 경제 개념 지식이 소비자 교육 프로그램에 참여한 후 증가된 것을 볼 수 있다. 또 김미현(1997)의 연구에서도 5세의 유아를 대상으로 경제교육을 실시한 후 교육 집단에서 전반적으로 의미 있는 경제 개념의 발달을 가져왔다고 하였다.

한편, 한희경(1998)은 어머니의 경제교육 태도가 적극적인 집단의 유아가 경제 기본 개념을 더 잘 인식하는 것만으로 나타났는데, 이는 어머니의 경제교육 태도가 유아의 경제 기본 개념 습득에 영향을 미치고 있음을 보여주는 것이며, 부모교육의 필요성을 강조하고 있다.

그러므로 교육을 통한 경제 개념 발달이 가능하다고 보았던 학자의 견해처럼, 개념의 형성이 연령에 의해서 결정되기 보다는 매일의 일상생활에서 일어나는 상황과 사회문화적인 요인에 의해 영향을 받는다는 것을 알 수 있다.

# 제3절 유아기 실물경제교육의 기본 원칙

유아교육 현장에서 유아들에게 경제교육을 어떤 방법으로 실천할까 생각하기 이전에 교사 자신이 유아기 경제교육의 원칙을 알아야 하며, 교사 자신의 원칙에 입각한 실천이 생활화되어야 한다.

그러나 설문 조사 결과는 교사 자신이 경제에 대한 기본 개념이 확립되지 않았고, 경제에 대한 상식을 배울 기회도 적었다. 또 유아 경제교육의 목적조차 인식하지 못한 채, 경제교육의 필요성을 느끼지 못하거나 그다지 절박한 중요성을 느끼지 못하고 있었다. 그리고 교사들의 대부분이 수입과 지출에 따른 가계부를 써서 자신의 경제생활을 계획하고 미래에 대한 방향을 설계하기보다는 부모님께 의존하고 있다.

그러므로 유아기에 경제교육을 실천하는 과정에서도 기본 원칙을 갖추어 가면서 실천할 때에 합리적인 경제교육이 가능함을 강조하며 '〈표 2-2〉 유아기 실물경제교육의 원칙'과 같은 사이클로 상호 보완적 관계가 성립함을 알 수 있다.

## 1 건강한 체력을 갖추어야 한다

왜 미국은 현재 세계의 경제와 정치, 문화, 기술, 군사력 등 무엇이든지 세계 제일일까?

미국 스포츠 아카데미 총장 엘버트 아프린은 '스포츠는 사회의 거울'이라 했다. 그 말은 어떤 스포츠를 좋아하느냐에 따라 그 사회의 모습이 보이고 스포츠가 기업이나 조직체의 거울이라고 할 수 있다. 미국은 국가 경영 차원에서 미식축구, 농구, 야구를 장려하여 체력 단련, 전략 훈련, 팀워크 정신 함양, 규칙 지키기, 리더십 배양에 많이 적용했다. 그 증거로 '국력은 국민들의 체력 단련에서 나오는 것'이라고 믿고, 미국의 명문인 스탠퍼드대, 예일대, 프린스턴대 등의 학교 안에 각종 스포츠 시설은 물론 골프장까지 갖추고 있다.

세계적인 부자들이 남보다 성공할 수 있었던 기초적인 요인은 그만큼 건강이 뒷받침되었기 때문이다. 유아 실물경제교육의 기본 원칙에서 제일 중요한 노동을 통해 돈을 버는 활동을 하기 위해서는 제품 생산 기능에 필요한 눈과 손의 협응력을 갖추어야 한다. 그 중 유아기의 줄넘기 운동은 심폐 기능 향상과 지구력, 인내력을 향상시키고, 훌라후프 운동은 몸의 유연성을 길러서 자신의 신체를 자유롭게 조절하며, 걷기, 산책 운동으로 사물과 자연현상을 관찰 · 탐색할 수 있는 경험을 얻게 된다.

'운동은 두뇌 발달의 보약이다' 라는 말이 있듯이 건강한 체력을 갖추면 유아의 정서와 자아 개념이 친사회적 행동에 많은 영향을 준다. 따라서 지금부터라도 각 가정과 교육 현장 모두가 '돈 버는 경제 활동' 인 노동력을 키우기 위해 운동을 통한 체력 단련과 정신 함양에 노력을 기울이면 '홀로서기' 는 물론 개인의 성공과 함께 국력을 향상시켜 국가 경제에 도움이 될 것이다.

## 2 민주시민 정신을 갖추어야 한다

우리나라 유치원 교육과정의 기본 방향 4가지 중 첫 번째가 도덕성과 공동체 의식이 투철한 민주시민을 육성이라고 강조했듯이 국제 경제에 경쟁력을 갖추려면 합리적인 생각 즉, 민주시민 정신을 밑바탕으로 인간 관계를 잘 형성해야 할 것이다.

나라가 경쟁력을 갖추려면 기업이 잘 되어야 한다. 기업 간에 공동체 의식과 집단의식을 가지고 개개인 즉, 소비자를 배려하는 민주 시민적 기업 마인드를 갖추어야 한다. 예를 들면, 두 가지 목표를 동시에 이루거나 다른 기업이나 사람과 더불어 서로 이익이 생기도록 하는 윈-윈 전술이라 하겠다. 또한 공산품 값(예 라면)이 오른다 하여 나만의 이익을 생각하고 사재기를 하는 것보다 타인을 배려하는 마음으로 필요한 양만 살 수 있는 자세야말로 '제한된 자원' 을 민주적 시민정신으로 극복하는 길이라 할 수 있다.

송병락(서울대학교 경제학) 교수는 한국인의 경쟁력은 가정에서 나온다고 하였다.

국가를 이루는 기초인 가정이 무너지면 사회 전체가 흔들리고 국가가 무너지게 된다. 유아기 때부터 가정에서 부모를 공경하고 형제간의 우애를 통해 협동심과 남을 배려하는 민주시민 정신이 기초가 되어 유아교육기관에서 구체적이고 체계적인 교육을 경험한다면 경제교육에 더욱 효과가 있을 것이다. 예를 들면, 또래 집단에서 민주시민의 사고로서 어떤 활동을 못하는 유아가 있을 때 "못하는 친구가 있으면 도와주자" 또는 "사용한 물건은 다음 친구를 위해 처음 있었던 곳에 놓아두자" 등의 남을 위한 배려의 말은 교사가 유아들과 민주적 시민정신을 갖추게 하는 언어적 상호작용에 도움이 될 것이다.

## 3 일상생활 속에서 기본생활습관을 갖추어야 한다

유치원 교육과정에서 살펴보면 '기본생활습관'의 내용 체계는 예절, 질서, 청결, 절제 4가지로 되어 있다. 예절은 인간이 살아가는 데 여러 가지 측면에서의 예절을 말한다. 인간과 인간이 지켜야 할 예절, 인간과 동물과의 지켜야 할 예절, 인간이 식물과 지켜야 할 예절, 인간이 물건(무생물)과 지켜야 할 예절이다. 청결은 환경적 법칙, 절제는 감정적 통제력 등이 일상생활 속에서 지켜질 때 생산자로서의 책임감과 소비자로서의 구매 충동을 조절하는 절제심을 발휘하여 소비자로서의 바른 태도를 갖추며 판매자로서의 서비스 정신이 높아지고 유통 과정에서의 질서와 청결심이 향상된다.

경제 원칙 중 '서비스 정신'의 중요성을 일본에서는 '웃는 얼굴은 화살도 피해간다', 중국에서는 '웃을 줄 모르는 사람은 아침에 가게 문을 열지 마라', 한국에서는 '웃는 얼굴에 침 뱉으랴'라고 서로 다르게 표현했지만, 모두 다 경제적 불황이 닥쳐도 '서비스 정신'이 존재하는 한 살아남을 수 있다는 교훈을 의미한다고 본다.

## 4 언어 능력을 갖추어야 한다

언어는 수용적 언어인 듣기, 읽기가 있고, 표현적인 언어인 말하기, 쓰기가 있다. 유아기에는 먼저 듣고, 말하기가 잘 발달되어야 또래와의 집단 생활이 원만히 이루어진다. 서로 의사소통이 이루어지지 않으면 원만한 인간 관계가 어려우며, 폭력적인 행동이 나타난다.

언어 능력이 모든 학습의 기초이듯, 경제교육의 기초는 '어휘력 지도'라 해도 과언이 아니다. 경제교육에서 상거래가 원만히 이루어지고, 수입과 수출 활동이 활발하게 이루어지기 위해서 언어적 표현력은 직접적인 영향이 있기 때문에 상대의 이야기를 잘 듣고, 잘 표현하는 설득력이 매우 중요하다. 또 경제 용어를 이해하는 데 있어서 언어에 흥미가 없고 자신감이 없으면 이해는 더 어려워진다. 예를 들면, 자산(사회의 유익한 자산), 이자(욕망의 억제), 수익(노동-일), 투자(위험), 교환(세상에는 무임승차가 없다), 수출 · 입 등의 경제 용어 이해는 곧 경제교육에 효과를 갖고 올 수 있다. 또한 물건을 구매할 때 수출과 수입, 물건을 흥정하는 과정에서 협상과 타협할 때도 언어 능력이 좌우된다. 그리고 국제 경제에서 성공하려면 다문화적 언어 감각도 필요하고, 다문화에 대한 이해나 경험도 필요하다.

언어교육은 유아기 때부터 듣고, 말하고, 쓰고, 읽기를 잘하면 기쁘고, 편리하고, 이익을 보지만 잘못하면 불편함과 손해를 본다는 것을 경험시킨다. 그러면 유아는 듣고, 말하고, 쓰고, 읽기의 필요성을 스스로 느끼게 하며, 스스로 언어 능력을 갖출 수 있게 도와주어야 한다. 교사의 대화법에서는 "말을 할 때는 다른 사람이 알아들을 수 있게 바르고 아름답게 이야기하자", 유아의 표현에 대해서도 교사는 "선생님이 알아듣기 쉽게 이야기해 줘서 고마워"라고 격려한다면 언어 능력 향상에도 도움이 될 것이다.

## 5 수학적 능력을 갖추어야 한다

수학은 고대 문명의 발생 이후 인류 문명의 발생과 더불어 B.C 2700년경 바빌로니아에서 생활의 문제를 해결하는 데 수가 사용되었고, B.C 6004년의 그리스 수학에서는 사물을 추상화, 이상화하여 논리를 이끌어내는 공리주의에 수가 사용되었다. 오늘날은 과학화, 정보화, 국제 경제화 시대가 되면서 수학이 차지하는 비중은 점점 커지고 있다.

우리는 수(數)의 시대에 살고 있다고 할 만큼 수학의 중요성을 피부로 느끼며 살고 있다.

우리말 사전에서 수학은 수, 양, 공간의 도형에 있어서 여러 관계에 관하여 연구하는 학문이며 산수, 대수학, 기하학, 삼각법, 해석학, 미분학, 적분학 등과 이들을 응용한 것을 포함한다. 또 수, 양, 공간, 도형 등의 관계를 이해하고 추론하여 일상생활에서 발생되는 문제를 수학적 지식을 통해 해결할 수 있도록 하는 것이다.

유아기 수학교육은 1957년 소련의 인공위성 sputnik(스푸트닉) 발사 이후, '신교육개혁 운동'에서부터 재검토되었고 많은 변화를 가져오게 되었다. 인공위성 발사 이전에 수 · 과학교육은 사실들의 암기, 사물의 묘사 및 암기에 치우쳤고, 자연 환경에 관한 관찰 및 실험을 중시하였다.

1957년 이후 충격에 휩싸인 미국을 중심으로 세계 여러 나라가 각국의 수 · 과학교육에 대한 발생과 재검토 결과, 탐구 수업과 개념적 체계를 중심으로 하는 인식의 증가와 함께 특히 유아기부터 중요한 수학교육에 관심을 갖게 되었다(松浦鶴造, 1986).

수학교육은 역사적 배경과 철학적 배경에 따라 학자들의 의견이 여러 이론으로 나타나고 있다.

Payne는 수교육의 목적은 유아들이 일상생활에서 일어나는 사건들과 상황의 순서와 의미를 알도록 돕는 것이라고 말하며, Margolin은 수교육의 목적을 첫째, 측정, 수, 비율, 가감승제, 차수, 물체와 자료의 분류, 집합의 분류와 집합 간의 관계에 대한 것을 인식하는 것이며, 둘째, 유아가 쉽게 계산하는 것을 학습하고, 셋째, 수학적 조작의 단순한 암기가 아니라 수학적 체계를 폭넓게 이해하도록 돕는 것이라고 밝히고 있다(이은정, 2005, 재인용).

이탈리아의 의사이자 교육자인 Montessori는 "인간의 정신은 수학적이다"라고 주장하였다. 유아들의 일상생활은 무의식 속에서 수학적 두뇌를 경험하게 된다. 예를 들면, 계단을 오르기를 할 때 빨리 오르려면 2칸씩 간다든가, 횡단보도를 건널 때 신호색이 변하기 전에 속도 조절을 필요로 하는 시간적 행동, 바깥놀이 할 때 몇 명씩인가, 짝짓기를 할 때 수량적 개념, 신체 표현 시 유아 간에 공간 지각적 행동, 한줄 서기를 할 때 키 순서대로의 서열, 간식 도우미의 주전자의 물량 재기 등의 경험을 통해서 수를 인식하게 된다.

Montessori는 유아기 수교육의 직접 목적은 유아기의 생활 경험을 통해서 익숙해지고 있는 수량에 대해 논리적인 개념을 인식하고 산수를 계통적으로 익히기 위해서이고, 간접 목적은 유아가 문화 전체를 흡수하고 습득하며, 인격을 형성하기 위해서 필요하게 되는 추상력, 상상력, 이해력, 판단력 등을 기르기 위해서라고 역설하였다(Montessori, 1965).

권영례(1998)는 수교육의 목적은 유아의 문제해결력, 탐구력, 추리력인 사고 능력은 물론 수학적 기술을 습득하게 하고 수학에 대한 긍정적 태도와 수학 학습에 대한 가치를 인식하는 것이라고 소개했으며, Berti와 Bombi는 경제교육을 실시하려면 기초 수학 기술과 산술적 조작 능력이 통합적으로 이루어져야 한다고 역설하며 수교육이 경제교육에 있어서 중요함을 강조했다.

유치원 교육과정에서의 수교육은 '탐구생활' 영역에서 많은 부분을 전개하고 강조하고 있다. 탐구생활은 "인간이 자연과 더불어 조화로운 삶을 살아갈 수 있도록 유아기부터 자연을 존중하는 마음을 바탕으로 창의적으로 사고하고 탐구하며, 실생활의 문제해결 과정에서 논리적이고 합리적으로 사고하는 능력과 태도를 기르는 영역"이라고 강조했다. '탐구생활' 하위 영역은 '탐구하는 태도 가지기', '과학적 기초 능력 기르기', '수학적 감각 기르기' 등의 세 가지 내용으로 구성되었다(7차 유치원 교육과정 시정안, 2007).

경제는 곧 생활이다. 일상생활에서 정보에 의해 필요한 물건에 상품을 비교하고 선택하여 구매하고, 용돈을 관리하고 물건을 나누어 쓰는 과정에서도 수학적 사고가 필요하다. 또 일상생활에서 물건을 선택할 때는 크기, 형태, 색에 따라 선택하게 되고, 사물과 사물 간의 비교 분류, 나열 등의 시각적 감각이 기초가 되어야 한다. 그러므로 유아기 때부터 물체의 모양이나 양이나 가격 등을 비교하여 선택할 수 있는 능력이 기초가 된다면 소비자로서의 경제 생활이 향상되고 소비 절약이 생활화될 것이다.

올바른 저축은 욕망의 억제로 미래에 더 나은 소비를 하기 위함임을 먼저 알도록 지도하지 않으면 돈의 노예가 되는 수전노로 전락할 위험성이 있음을 알아야 할 것이다.

유아들의 경제교육은 경제교육의 기본 원칙을 기초로 하는 실물경제 경험을 실천해야 교육적 효과가 있다. 유아기 때부터 경제적 사고 방식을 길러준다면 의사결정을 하기 위해서 필요한 논리적이고 체계적인 사고력이 형성될 것이다. 즉, '경제'는 교육을 시키기 전에 생활 속의 습관에 의해 이루어져야 하며, 경제교육의 목적은 논리적이고 신중한 사고를 하는 훈련이다.

## 6 사회봉사와 기부 문화에 대한 이해를 갖추어야 한다

2006년 6월 세계 2위의 부자 워렌 버핏은 37억 달러라는 거액의 재산을 거액의 재산을 세계 최고 부자이자 위대한 기부자인 빌게이츠의 재단에 '그가 믿음이 가고 잘할 것 같아서' 라며 선뜻 기부하였다. 이러한 워렌 버핏의 기부 행동에 회답이라도 하듯 빌 게이츠는 2008년 7월에 마이크로소프트의 회장직을 물러나면서 재단 운영에 전념하겠다고 발표했다. 이러한 행동은 우리의 기부 현실을 반성하게 되고, 우리나라의 기부 문화의 방향에 관해 교훈적 시사점을 준다.

우리나라에서는 옛날부터 "남에게 베푸는 이가 복을 받는다"는 말이 있다. 요즘에는 세상의 부자들이 늘어나는 만큼 가난한 사람들도 많아져 빈부의 격차가 커지는 때에 부자들의 역할이 더욱 더 크다. 우리나라에서 현대적 의미의 자선적 기부 개념이 형성된 것은 약 200년 전에 가톨릭이 전파된 이후 구빈 사업의 형태로 전개되었다. 그래서 몇 년 전까지만 해도 '기부' 하면 큰 회사나 일부 계층의 부자들이 거금을 내는 것으로 연상하였으나, 근래에는 한 달 수익의 1%를 정기 기부하고 동창회, 조기 축구회 등을 통해 기회가 될 때마다 모금에 나서며, 특정 보험 들기나 상품 구입을 통해 이웃 돕기에 참여하는 이들의 수가 점점 늘어나고 있다.

기부 문화는 자원봉사와 함께 한 나라의 문화 수준을 측정할 수 있는 중요한 척도이다. 기부 행위는 세금과 같이 의무감에 의한 것이 아닌 시민들의 자발적 행위로 이루어지기 때문에 성숙한 시민 의식을 근간으로 한 사회 내에서만 가능한 것이다. 자발적으로 자신의 부(물질)와 시간을 이웃과 함께 나누는 기부 문화야말로 계층 간의 갈등을 허무는 진정한 사회 통합의 역할을 한다고 볼 수 있다.

외국 속담에 "자선은 가정에서 시작된다"는 말이 있듯이 기부하고 봉사하는 교육은 가정에서부터 시작하고, 유아교육에서 습관화되도록 정착되어야 한다. 유아기부터 '부자' 란 가난한 사람보다 남을 도울 수 있는 기회를 많이 가진 사람이라고 이해해야 할 것이며, 유아 실물경제교육에서는 돈 버는 것, 돈 모으는 것, 돈 쓰는 것을 배우는 만큼 중요한 것은 남을 위한 봉사라는 것이 생활 속에 녹아들어 '습관화' 되어야 할 것이다.

**표 2-2 유아기 실물경제교육의 원칙**

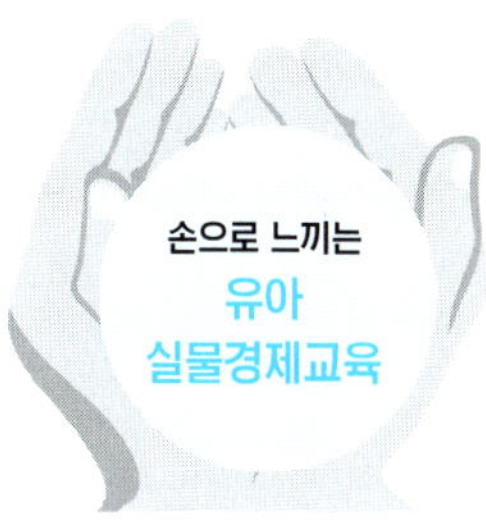


| 원칙 | 내용 |
|---|---|
| 건강한 체력 | • 홀로서기<br>• 노동과 돈의 관계<br>(돈을 버는 활동) |
| 민주 시민 정신 | • 공동체 의식<br>• 집단 의식<br>• 타인에 대한 인권 존중<br>(제한된 자원) |
| 기본생활습관 | • 예절, 질서, 청결, 절제<br>• 서비스 정신(생산자) |
| 수학 능력 | • 논리적 사고와 선택<br>(소비) |
| 언어 능력 | • 듣기, 말하기, 쓰기, 읽기<br>(수출 · 수입) |
| 사회봉사와 기부 문화 | • 사회적 빈부 격차<br>(봉사) |

## 제4절 유아기 실물경제교육의 내용

경제교육은 개인과 사회를 변화시키는 데 많은 효과가 있다. 개인적으로는 자신감과 성취감을 길러주며, 돈을 버는 방법, 노동의 소중함, 돈의 가치와 중요성도 알 수 있다. 사회적으로는 사회적 빈부 격차 등의 활동을 통해 부의 불균형 분배 문제의 해결과 소외 계층을 배려할 수 있고 유치원 교육과정에서 소외된 경제교육 부분을 개발 · 보급할 수 있다. 또 국가적으로는 질 높은 인적 자원을 배양할 수 있다.

경제교육은 누가 어떤 의도로 교육하느냐에 따라 많은 차이를 보이게 된다. 따라서 커리큘럼을 구성할 때에는 인간에 대한 이해를 더욱 깊이 하고, 경제교육 목적에 부합된 내용인지 점검해야 하며, 윤리적인 면까지 세세하게 살펴야 한다.

여러 학자들의 경제교육의 내용을 살펴보면 다음과 같다.

Seefeldt(1984)는 경제교육의 내용을 희소성과 생산으로 보고 희소성에는 욕구와 의사결정이 포함된다고 하였다. Sunal(1990)은 유아에게 발달적으로 적합하고 중요한 내용으로 희소성, 한정된 자원에 대한 인식, 욕구, 경제적 계획, 재화와 용역, 구매자와 판매자, 생산자와 소비자, 돈, 경제적 선택을 제시하였다. 또 Melendes(2000)는 생산과 분배(상품이 시장이나 소비자에게 전달되는 과정 등), 자원의 부족함(한정된 자원을 어떻게 다룰 것인가)과 생산과 교환(지역사회에서 사람들이 필요한 것을 구하는 방법, 지역사회 간 또는 국가 간의 교역 방법 등), 소비(필요한 요구를 결정하고 이용 가능한 자원을 적절하게 활용하는 방법), 다양한 직업에 대한 탐색 등을 경제교육의 주요 내용으로 선정하였다(김덕순, 2004, 재인용).

일반적으로 유아 경제교육 내용 선정은 주로 〈표 2-3〉의 내용과 관련된 내용으로 구분된다(김영옥 · 홍혜경, 1998).

● 표 2-3 ● 유아 경제교육의 내용

| 내용 영역 | 관 련 개 념 |
| --- | --- |
| 소비 | • 소비자 개념 이해: 사물을 사용하고 쓰는 사람<br>• 소비의 시기: 오랜 시간에 걸쳐 쓸 수도 있고 금방 써 버릴 수도 있음<br>• 원하는 것과 필요한 것의 차이 알기<br>• 소비의 형태: 물건 또는 서비스<br>• 절약: 아껴 쓰기, 욕심 부리지 않기 |
| 돈 | • 사물과 돈의 구별(예 장난감과 돈은 다르다)<br>• 교환 매체로서의 돈 인식<br>• 동전의 이름 및 모양 변별<br>• 동전의 각기 다른 가치<br>• 사용할 수 있는 돈의 양이 제한되어 있음<br>• 돈과 일(직업)의 관계<br>• 돈의 출처<br>• 은행이 하는 일<br>• 물건의 가격<br>• 저축하기<br>• 돈을 모을 수 있고 빌리거나 빌려줄 수 있음 |
| 물건 구매/ 시장 개념 | • 물건 사기<br>• 물건의 가격 알고 지불하기<br>• 물건을 선택(대안 찾기) · 결정하기<br>• 선택의 결과 알아보기<br>• 금전 등록기 사용하기<br>• 물건과 돈을 교환하는 과정(거스름돈) 알기<br>• 산 물건의 소유에 대해 알기<br>• 물건의 출처(유통) 알기 |
| 직업과 일 | • 여러 가지 다른 직업의 종류<br>• 노동의 전문화<br>• 지역사회(구두 가게, 은행, 소방서, 슈퍼마켓 등)에 대한 학습<br>• 이웃 사람들의 일 |
| 생 산 | • 생산의 과정<br>• 소비하기 전에 생산되어야 함<br>• 물건의 생산자<br>• 제한된 자원은 물건과 서비스의 생산에 필요함 |
| 광 고 | • 상업적인 것에 대한 이해<br>• TV와 상업의 목적<br>• 판매 전략<br>• 광고에서 경험한 장난감 및 생산품 평가하기 |

위의 경제교육 내용을 기초로 유아기 실물경제교육의 개념 접근 방법을 유아교육 현장에서 실천하기 쉽게 구성했다.

**표 2-4 유아기 실물경제교육의 개념 접근법**

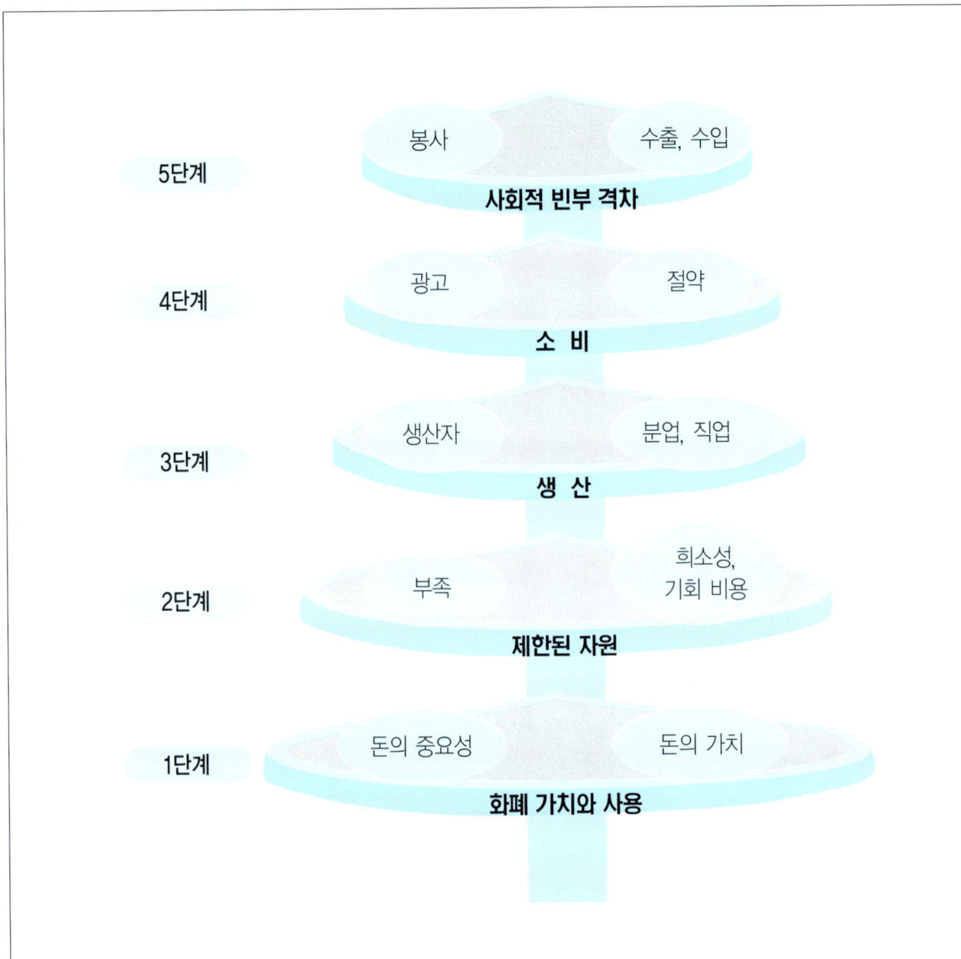

## 1 유아기 실물경제교육의 개념

### (1) 1단계: 화폐가치(monetary value)

우리 경제생활에서 돈(화폐)은 상품 거래의 표준이자 화폐의 기준이다. 그 기능을 보면 지불 수단의 기능, 교환 매개체로서의 기능, 가치의 척도로서의 기능, 가치의 저장 수단으로서의 기능을 갖고 있다. 또한 어떠한 상품이 일정 비율로 다른 것과 교환될 수 있는 교환가치(exchange value)는 재화와 용역에 대한 가치를 나타내며 화폐가 가지는 가장 중요한 기능이다.

예 100원에 맞는 물건으로 100원짜리 색종이를 구입했을 때, 돈의 가치를 알게 된다. 그러나 구입한 색종이가 원했던 물건이 아닐 때 그 가치에 해당하는 물건과 바꾸는 물물 교환의 개념도 알 수 있다.

### (2) 2단계: 제한된 자원(resource)

유아 실물경제교육에서 가장 핵심이 되는 개념이다. 부족한 자원을 어떻게 사용하면 수요와 공급을 잘 할 수 있는가를 알게 한다.

희소성은 인간의 물질적 욕구에 비하여 그것을 충족시켜주는 물적 수단의 공급이 상대적으로 부족한 경우를 말한다. 자원은 사람들이 사용하는 데 비해서 희소하므로 우리는 자원을 사용하는 데 있어서 선택을 해야 한다. 즉, 안정된 자원을 가지고 최대의 만족을 얻으려는 경제 활동을 바로 희소성에 기인하는 것이다. 물건을 조금 밖에 없는데 살 사람이 많으면 서로 물건을 사려하기 때문에 물건 값이 비싸지고, 물건이 너무 많으면 사람들이 사고도 남으니 물건 값이 싸지는 현상이다.

기회비용은 선택의 문제에 부딪혔을 때 가장 바라는 것과 두 번째로 바라는 것 사이의 대안의 선택이다. 즉, 꼭 해야만 하는 것과 다음에 해야 하는 것을 구분하여 그만두거나, 다음 기회로 미루어야 하는 것을 말한다.

예 운동장에서 바깥놀이 하는 것, 책 보는 것, 소꿉놀이 하는 것 등 사람들은 많은 일을 수행할 수 있다. 그러나 이 모든 일을 동시에 할 수 없는 일이다. 그런데 내가 지금 이것들 중 책 보는 것을 택하여 하고 있는데 포기된 나머지 것 중에서 소꿉놀이하는 것이 아까운 일이라면, 책 보는 기회비용은 소꿉놀이를 즐겼을 때 자기에게 오는 즐거움의 크기라고 할 수 있다. 또 패스트푸드점에서 라면을 사먹는 것과 집에서 음식을 만들어 먹는 것 중 어느 것이 효율적인가를 비교해 보고, 실을 사다가 목도리를 짜는 것, 천을 사다가 커튼을 직접 만드는 것 등을 비교해 봄으로써 희소성과 함께 기회비용을 이해하게 된다.

### (3) 3단계: 생산(production)

생산은 인간의 욕망을 만족시키는 재화와 용역을 만드는 과정이며, 인간의 욕망을 만족시킬 수 있는 재화의 양을 증가시키거나 용역을 제공하는 과정이다.

가족 구성원들의 역할을 알아보면서 눈에 보이지 않는 일을 발견하고, 직업을 통해 재화와 용역의 개념 습득을 하게 된다. 유아가 가족의 일원으로 분업을 맡아서(예 신문 가지고 오기, 빨래 개기 등) 하고 용돈을 받는 일, 또 유아 스스로 생산자가 되어 물건을 팔거나 일을 하고 받은 돈으로 필요한 물건을 구입하는 소비자가 되어 본다.

예 시장놀이와 바자회 때 반제품(작은 액자)을 사서 완제품의 액자로 만들어서 판다. 물건을 팔 회사의 상호, 생산자, 생산일자, 생산한 곳, 제작일, 가격을 정해서 직접 판매를 해봄으로써 생산 과정과 유통 과정을 이해하게 된다.

### (4) 4단계: 소비(consume)

소비는 인간의 욕구를 만족시키기 위해 재화와 용역을 사용하는 것을 말하며 모든 인간은 생존하기 위해서는 재화와 용역을 소비해야 한다.

가정에서 분업하여 받은 용돈으로 유아 스스로 원하는 것과 필요한 것을 계획하고 구매하는 합리적인 구매 행동을 경험하고, 뿐만 아니라 자원 관리 계획을 세워 검소와 절약의식, 자원의 재활용 등 다양한 소비 가치와 생활양식을 익힌다. 또 자신이 갖고 있는 돈에 맞게 꼭 필요한 가장 좋은 것을 선택하도록 한다.

예 피자를 시킬 때 콜라 1병을 서비스하는 곳을 선택한다든지, 쿠폰을 모아서 피자를 싸게 구매한다든지, 백화점 세일 기간을 기억했다가 구매하는 일 등을 들 수 있다.

### (5) 5단계: 사회적 빈부 격차(The gap between the rich and poor)

기부(寄附)는 자선 사업이나 공공 사업을 돕기 위하여 돈이나 물건 따위를 대가 없이 내놓는 것을 말한다.

유아들은 '가난하다, 부자이다' 의 개념을 잘 이해하지 못하고 구체적인 소유물의 차이로 부자와 가난한 사람을 구분한다. 그러나 점차 나이가 들면서 더 추상적인 속성에 초점을 두게 된다. 사회적 빈부 격차를 좁히기 위한 예로 사회적 봉사를 들 수 있다. 그 중 모금은 물질이 부족한 사람을 돕는 행위로 연말에 불우 이웃 돕기를 많이 한다.

예 유아기 때부터 용돈의 일부를 기부금으로 분리하여 용돈을 관리하거나 자신이 갖고 있는 재능으로 노인정에서 할머니, 할아버지께 노래를 불러 드리기나, 장구, 멜로디언을 연주하기 등을 하는 것으로 봉사한다든가, 소아 암 어린이에게 편지 쓰기 등으로 봉사하는 경험을 할 수 있다.

# 제5절 유치원과 초등학교 교육과정의 실물경제 교육 내용 비교

## 1 유치원 교육과정

### (1) 사회생활 영역의 목표와 내용

7차 유치원 교육과정의 시안(2007)을 보면 '사회생활' 영역에서 경제교육에 대해 시사하는 점이 들어있다. 사회생활 영역의 목표와 수준별 내용은 다음과 같다.

'사회생활' 영역은 유아가 자신을 알고 소중하게 여기며, 자신의 생각과 행동을 조절하여 다른 사람과 함께 살아가는 방법을 익히고, 주변 세계에 대하여 관심을 갖고 적응해 나갈 수 있는 기초 능력을 기르기 위한 영역이다.

이 영역은 '나를 알고 사랑하기', '가족과 함께 하기', '이웃과 더불어 살기', '우리 생활 돌아보기'(A안) [또는 '나를 사랑하며 생활하기', '가족과 함께 생활하기', '이웃과 더불어 생활하기', '사회현상에 관심 가지기'(B안)] 등의 네 가지 내용으로 구성되어 있다.

'나를 알고 사랑하기'(또는 '나를 사랑하며 생활하기')는 유아가 자신을 소중하게 여기며 이를 바탕으로 자신의 일을 스스로 하고, 자기의 감정을 알고 조절하는 데 중점을 두었다.

'가족과 함께 하기'(또는 '가족과 함께 생활하기')는 유아가 가족과 화목하게 지내고, 협력하며 생활하는 태도를 기르는 데 중점을 두었다.

'이웃과 더불어 살기'(또는 '이웃과 더불어 생활하기')는 유아가 다른 사람들과 함께 살아가는 데 기본적으로 필요한 예절 바른 생활 태도를 가지며, 다른 사람을 이해하고 존중하며 협력하는 능력을 기르는 데 중점을 두었다. 특히 친구와 사이좋게 지내고 공공장소에서 지켜야 할 질서와 규칙을 실천하도록 하는 데 중점을 두었다.

'우리 생활 돌아보기'(또는 '사회현상에 관심 가지기')는 유아를 둘러싼 문화와 생활 양식에 바탕을 두어 유아가 생활하는 주변 지역, 경제생활, 우리나라와 세계 여러 나라의 문화에 관심을 갖는 데 중점을 두었다.

### 1 목 표

자신과 다른 사람을 존중하고, 더불어 살아가는 능력을 기른다.

가. 자신을 사랑하고 스스로 생각하고 행동하며 감정을 조절한다.
나. 가족과 화목하게 지내며 서로 협력한다.
다. 예절 바르게 행동하고 질서를 지키며 이웃과 더불어 생활한다.
라. 우리가 살고 있는 사회 현상에 대하여 관심을 갖는다.

### 2 수준별 내용

**표 2-5 7차 유치원 교육과정(시안): 사회생활**

<table>
<tr><th rowspan="2">내 용</th><th rowspan="2">하위 내용</th><th colspan="2">수준별 내용</th></tr>
<tr><th>I</th><th>II</th></tr>
<tr><td rowspan="9">나를 알고 사랑하기 (또는 나를 사랑하며 생활하기)</td><td rowspan="2">나를 소중하게 여기기</td><td colspan="2">• 나에 대해 알아보고 소중하게 생각한다.</td></tr>
<tr><td colspan="2">• 내가 하는 일에 자신감을 갖는다.</td></tr>
<tr><td rowspan="2">나의 일</td><td colspan="2">• 내가 할 수 있는 일을 스스로 한다.</td></tr>
<tr><td colspan="2">• 해야 할 일을 책임 있게 한다.</td></tr>
<tr><td rowspan="3">스스로 하기</td><td>• 하고 싶은 일을 스스로 선택해 본다.</td><td>• 하고 싶은 일을 계획하고 실천한다.</td></tr>
<tr><td rowspan="2">• 하루 일과에 적응한다.</td><td>• 하루 일과를 알고 생활한다.</td></tr>
<tr><td>• 스스로 규칙적인 생활을 한다.</td></tr>
<tr><td rowspan="2">나의 감정 알고 조절하기</td><td>• 여러 가지 감정이 생길 수 있음을 안다.</td><td>• 상황에 따라 감정이 변할 수 있음을 안다.</td></tr>
<tr><td>• 나의 감정을 조절해야 할 필요성을 안다.</td><td>• 나의 감정을 조절하여 적절하게 표현한다.</td></tr>
<tr><td rowspan="4">가족과 함께 하기 (또는 가족과 함께 생활하기)</td><td rowspan="2">가족과 화목하게 지내기</td><td colspan="2">• 가족의 소중함을 알고 화목하게 지낸다.</td></tr>
<tr><td colspan="2">• 형제와 사이좋게 지낸다.</td></tr>
<tr><td rowspan="2">가족과 협력하기</td><td>• 가족 구성원을 안다.</td><td>• 가족 구조에 대해 알아본다.</td></tr>
<tr><td>• 가정에서 내가 할 수 있는 일을 찾아보고 해본다.</td><td>• 가족을 위해 할 수 있는 일을 알아보고 실천한다.</td></tr>
</table>

| 내 용 | 하위 내용 | 수준별 내용 | |
|---|---|---|---|
| | | I | II |
| 이웃과 더불어 살기 (또는 이웃과 더불어 생활하기) | 예절 바르게 생활하기 | • 정직하게 말하고 행동한다. | |
| | | • 친구와 어른께 인사한다. | |
| | | • 도움을 받거나, 잘못했을 때 표현하는 말을 안다. | • 도움을 받거나, 잘못했을 때 적절한 말과 태도로 표현한다. |
| | | • 옷차림을 바르게 한다. | |
| | 다른 사람 이해하고 존중하기 | • 친구와 사이좋게 지낸다. | |
| | | • 사람은 서로 다르다는 것을 안다. | • 사람의 서로 다른 점을 존중하며 함께 지낸다. |
| | 질서와 규칙 지키기 | • 다른 사람과 한 약속을 지킨다. | |
| | | • 질서를 지켜야 함을 안다. | • 질서를 지킨다. |
| | | • 공공 장소에서 지켜야 할 규칙을 알고 지킨다. | |
| | 두레의 소중함 알고 협력하기 | • 친구와 함께 활동에 참여해 본다. | • 친구의 의견을 존중하며 집단 활동에 참여한다. |
| | | • 다른 사람을 도와주는 경험을 해본다. | • 다른 사람과 협력한다. |
| | | • 물건을 함께 사용해 본다. | • 물건을 나누어 쓰고 양보한다. |
| 우리 생활 돌아보기 (또는 사회 현상에 관심 가지기) | 주변 지역에 관심 가지기 | • 우리 동네의 이름과 집의 위치를 안다. | • 우리 동네의 특징을 알아본다. |
| | | • 우리 동네에 있는 여러 기관을 알아본다. | • 우리 동네에 있는 여러 기관의 역할을 알아본다. |
| | 경제 생활에 관심 가지기 | • 물건을 잘 간수하고 아껴 쓴다. | |
| | | • 다시 쓸 수 있는 물건을 재활용한다. | |
| | | • 물건을 살 때 돈이 필요함을 안다. | • 필요한 물건을 계획해서 사본다. |
| | | • 우리 가족의 직업에 대해 알아본다. | • 여러 가지 직업에 대해 알아보고 모든 직업이 소중함을 안다. |
| | 우리나라와 전통문화에 관심 가지기 | • 태극기와 애국가 등 우리나라 상징에 관심을 가진다. | • 태극기와 애국가를 존중하고 예절을 지킨다. |
| | | | • 통일에 관심을 가진다. |
| | | • 전통문화에 관심을 가진다. | • 전통문화를 존중하고 친밀감을 가진다. |
| | 다양한 문화에 관심 가지기 | • 여러 나라 사람에 대해 관심을 가진다. | • 여러 나라 사람에 대해 알아보고 존중한다. |
| | | • 여러 나라의 문화에 관심을 가진다. | • 여러 나라의 문화를 알아보고 존중한다. |

### (2) 사회생활 영역의 경제교육 내용 비교

이 영역에서 '나를 알고 사랑하기' 와 '가족과 함께 하기' , '이웃과 더불어 살기' 에 관련된 몬테소리 교육의 내용은 일상생활 교육에서 유사성을 시사한다. 종래의 유치원 현장에서는 집단생활 안에서 사람과 어울리는 것이 강조되었지만 6차 교육과정부터는 자기의 확립, 자신의 생활의 확립을 중시하고 생활의 자립성이 강조된 점이 몬테소리의 관점과 일치한다. 바람직한 사회생활은 어떤 행위를 자기 혼자서 행동할 수 있는 '자립성' 과 자신의 생활에 대해 자기가 책임을 지는 것을 기본으로 하는 '자주성' , 또 인간 관계의 원만함의 기본 조건인 집단과의 '협조성' 을 갖추어야 한다.

몬테소리의 사회성 발달은 개인의 자립과 독립에 기초를 두고 있으며 몬테소리의 일상생활 교육의 목표인 자율적인 학습을 할 수 있도록 자립심과 독립심을 키우며, 논리적 · 수학적인 두뇌 육성을 도와주는 데 역점을 두고 있다는 점이 유치원 교육과정의 사회생활 영역의 성격과 유사함을 알 수 있다.

'나를 알고 사랑하기' 는 경제교육의 '제한된 자원' 에서 자신의 감정을 통제하고 조절하여 어떤 상황에서 올바른 선택의 기회를 결정해야 하고, 자원의 부족을 해결하기 위해 물건을 잘 관리하고, 물 · 전기 · 학용품 등을 아껴쓰는 자세와 재활용의 필요성을 느끼는 등의 경제교육의 기초를 기르는 것과 관련성이 있다.

몬테소리 교실 운영 면에서는 혼합 연령반 구성으로 가정에서 느낄 수 있는 형제간의 우애를 경험하고, 낮은 연령의 유아와 높은 연령의 유아들 간의 협동심과 인간애를 느끼는 가정생활과 집단생활을 경험함으로써 타인에 대한 배려를 기를 수 있다.

또 감정과 욕구를 조절하고 인내심을 기르기 위해 교실의 모든 교구를 1세트씩 밖에 준비하지 않은 것도 유치원 교육과정의 내용에서 요구되는 감정과 욕구를 조절하는 사항과 유사함을 알 수 있다.

'가족과 함께 하기' 에서는 가족의 역할을 통해 '직업과 분업' 을 유아가 이해하고 가족을 위해 할 수 있는 일을 실천하고, 유아로서 수입원인 용돈을 받음으로써 관리하는 활동으로 돈은 남을 위해 서비스를 해야 얻을 수 있다는 경제교육의 기초인 돈의 중요성을 이해하게 된다.

'이웃과 더불어 살기' 에서는 '두레의 소중함을 알고 협력하기' 를 통해 물건을 나누어 쓰고 서로 물려주고 받음으로써 경제교육의 '소비 · 절약' 을 실천하고 건강하고 검소한 소비자의 역할을 이해할 수 있다.

'우리 생활 돌아보기' 에서는 실물경제교육의 직접적인 활동이 강조되고 있다. 특히 물건을 살 때 돈이 필요함을 알고, 필요한 물건을 계획해서 사보는 경험을 해본다.

또 '주변 지역 관심 가지기', '경제나 우리나라 전통문화 및 다양한 문화에 관심 가지기' 는 경제교육에서 화폐의 가치와 중요성, 다문화의 경험을 통해 봉사, 기부, 수입과 수출에 관하여 접해보고 다른 나라 사람과의 다름을 인정하는 과정을 통해 경제교육에도 긍정적인 영향을 준다.

몬테소리 교육의 지리교육에는 물리적 지리, 문화적 지리, 정치적 지리(국가, 도시, 경제 등), 경제적 지리(국가 자원, 생산물, 시장의 수송 관계 및 지도 만들기) 등이 소개된다. 즉, 유아교육 현장에서 필요한 다문화에 관심을 갖는 데 도움이 된다고 볼 수 있다.

따라서 몬테소리 교육의 혼합 연령 구성과 일상생활 교육, 문화교육의 지리교육은 사회생활  영역의 교육에 도움을 줄 뿐만 아니라 경제교육에도 영향이 있음을 알 수 있다.

## 2 초등학교 경제교육의 내용 비교

초등학교에서 경제교육과 관련된 과목은 사회과에 속해 있다. 7차 교육과정에서의 경제교육은 제6차 교육과정에 이어 경제와 관련된 기본 지식의 이해, 경제 현상에 대해 비판적 사고력의 신장과 경제적 윤리관, 가치관, 합리적 의사결정과 문제해결 능력을 강조하였다.

경제교육의 내용을 학년별로 살펴보면 다음과 같다.

**표 2-6 초등학교 경제교육의 내용 분석**

| 학년 | 단 원 | 내 용 | 경제 관련 |
|---|---|---|---|
| 1 | 나의 몸 | • 우리를 건강하게 자랄 수 있도록 도와주는 분과 학교와 마을을 위해 애쓰시는 분 알기<br>• 재활용, 물건 정리, 분리수거하기 등 체험 학습 위주로 구성 | • 직업, 상호 의존<br>• 소비 |
| 2 | 더불어 사는 이웃 | • 장래 직업의 꿈과 이웃 사람의 직업 종류를 터득<br>• 가게 놀이를 통해 필요한 물건이 내 손에 오기까지의 과정<br>• 필요한 물건 계획 세우기, 아껴 쓰기 등 초보적인 능력 기르기 | • 직업<br>• 시장, 소비<br>• 희소성, 생산 |
| 3 | 고장의 모습과 생활 | • 고장의 자연, 인문 환경과 직업별 관심 갖기<br>• 고장에서 생산되는 유통 과정과 교통 기능에 관심 갖기 | • 직업, 생산 자원<br>• 시장, 소비자 |
| 4 | 우리가 사는 지역사회 | • 우리 지역의 주요 산업의 자원 개발, 지역 경제 발전에 따른 생산 및 직업의 분화와 화폐, 시장 기능과 유통의 중요성, 다양한 상호의존 등을 다룸 | • 생산 자원<br>• 직업, 분업<br>• 교환<br>• 시장, 무역 |
| 5 | 세계 속의 우리 경제 | • 우리 경제의 성장 과정과 I.M.F 이후 기업의 활동, 지역 개발 사업의 목적과 문제점 탐구<br>• 경제 발전에 정보의 활용과 기술 개발의 중요성을 재인하도록 구성 | • 생산 자원<br>• 소비, 교환<br>• 경제 성장<br>• 직업<br>• 가계소득 |
| 6 | 함께 살아가는 세계 | • 무역 및 자원 교류, 기아나 환경 문제와 같은 지구촌의 문제와 해결 방법을 국제기구 및 우리나라 기업의 구체적 사례를 이해하고 참여하도록 강조하여 지도 | • 정부 수입, 지출<br>• 상호 의존<br>• 무역<br>• 인구, 자본 |

이상의 유치원과 초등학교 교육과정에서 경제교육과 관련된 영역은 '사회 영역'임을 알 수 있었다. 경제교육의 목표는 나와 이웃, 국가가 서로 협력하여 바른 경제 시민으로 육성되어 경제적인 문제 해결을 길러야 한다는 것과 우리나라 경제 발전에 이바지하기 위해 각 개인이 가지고 있는 인적 자본을 개발하여 합리적인 경제 윤리와 가치관을 갖는 것이라고 하겠다.

아쉬움이 있다면 이 시대는 국가 경제를 잘 경영할 수 있는 대통령이 필요한 시대임을 모두가 느끼고 있으면서도 어려서부터 경제 개념을 생활화 습관화해야 함을 깨닫지 못하고 있다. 또 사회 전반의 풍토가 대학과 시험이라는 울타리 안에 있다. 교육과정이 체험 위주로 되어 있었다면 훨씬 더 쉽게 경제와 친숙해질 수 있는데 전반적으로 이론적 이해에 관점을 두고 있어 경제를 학교에서 배우기는 해도 아직도 어려운 것이라고 생각하고 있다는 점이다.

따라서 경제교육 과정이 체험 학습이 되도록 국가 차원에서 제도화되어야 한다. 예를 들면, 금융기관의 서비스 체험, 신용 관리 교육, 멀티미디어 자료, PC 게임, 실물경제 게임이 가능한 교구, 소프트웨어 등을 교육기관이 실천할 수 있도록 정부와 민간이 합심하여 새로운 프로그램 개발에 힘써야 할 것이다.

# 제6절 외국의 실물경제교육 비교

외국의 실물경제교육의 배경과 교육 목표와 교육 내용을 살펴보고 그에 따른 교수 학습 전략과 자료들을 알아봄으로써 우리나라 유아교육 현장에서 유아에게 합리적인 경제생활을 올바른 목표 의식을 갖고 실천할 수 있을 것이다.

## 1 한 국

한국의 학교 경제교육은 ① 기초적인 경제 지식 수준의 함양, ② 합리적인 경제적 사고력 향상, ③ 경제 문맹의 퇴치, ④ 올바른 경제관 형성, ⑤ 민주시민 교육으로서의 경제교육 등을 제시하고 있다(교육인적자원부, 2001).

그러나 여러 교과 과목 중에서 경제 분야에 할당되어 있는 교육 시간은 2~3%에 불과하다.

## 2 일 본

일본의 학교 경제교육은 교육을 통한 경제 현상을 과학적으로 인식하고 경제적 사상에 대한 이해력과 의사결정 능력을 기르는 것 즉, 경제학의 기본 개념, 경제 구조 및 경제 제도를 이해하고 그것을 현실적인 경제 사상에 적용할 수 있는 능력을 증진시키는 데 있다. 이러한 일본의 학교 경제의 특징은 ① 일본 경제의 강조, ② 건전한 직업 의식과 노사 관계의 강조, ③ 국민 복지 및 경제 윤리의 강조, ④ 노동에 대한 사회적 인식 강조, ⑤ 일본식 자본주의 이해, ⑥ 국민적 교양으로서 경제교육 등으로 요약할 수 있다.

## 3 미 국

미국의 학교 경제교육은 경제 및 경제 생활에 대한 청소년들의 이해를 증진시키고 경제 문제에 직면하여 합리적으로 사고하고 판단할 줄 아는 능력을 기르는 데 그 목적을 두고 있다.

이를 토대로 전국경제교육협의회(NCEE)는 1977년에 학교 경제 교육과정 지침서(MCG: Master Curriculum Guide in Economics)에 의한 내용을 다음과 같이 발표하였다(김정신, 2006).

- 경제 개념에 대한 이해가 사실적 지식의 전수보다 중요하다.
- 학교 수업은 학생들이 기본 경제 개념과 그들 사이의 관계를 이해할 수 있도록 도와야 한다.
- 학생들이 경제 개념 및 지식 등을 조직할 수 있도록 가르쳐야 하며, 그들이 체계적이고 객관적인 분석을 수행하는 데 사고 능력을 길러주어야 한다.
- 개인적 · 국가적으로 경제교육의 진정한 목적은 개인들이 다양한 경제 문제에 직면하여 그들이 배운 경제학적 지식을 응용할 수 있는 능력을 갖추는 데 두어야 한다고 했다.

천규승(2003)은 “일본과 한국의 경제교육이 정부 주도의 중앙집권적인 성격임에 비해 미국의 경제교육은 민간 주도로 실시되고 있다. 목표에 있어서는 큰 차이가 없으나, 한국은 경제 개념의 중요성이 선진국에 비해 미흡한 편이고, 수업 방식도 미국식의 탐구형 수업과 일본식의 설명형 수업이 혼합된 과도기적 성향을 보임으로써 교수 학습 효과가 떨어질 뿐만 아니라 학습자의 흥미 유발에 실패하고 있다”라고 밝히고 있다.

**표 2-7 한국, 일본, 미국의 실물경제교육의 비교**

| | 한 국 | 일 본 | 미 국 |
|---|---|---|---|
| 배경 | • 정부 주도 경제교육<br>• 중앙집권적 교육과정<br>• 민간 주도로의 전환기 | • 정부 주도의 경제교육<br>• 중앙집권적 교육과정 | • 민간 주도의 경제교육<br>• 활성화된 시장경제 체제<br>• 지방 분권적 교육과정 |
| 목표 | • 합리적인 의사결정 능력과 경제적 소양을 지닌 민주 시민의 육성<br>• 건전한 경제 생활 영위 | • 경제사회에 대한 과학적 인식과 경제 현실 이해 및 의사결정 능력 함양<br>• 기본 경제 개념 이해 | • 합리적인 의사 결정과 책임 있는 민주시민 육성<br>• 기본 경제 개념 이해 |
| 내용 | • 경제 개념과 생활 경제의 조화<br>• 기초 경제 개념의 이해<br>• 내용의 논리적 체계화 | • 초, 중, 고학년에 따른 경제 활동의 의미와 개념 강조<br>• 내용의 논리적 체계화 | • 경제 개념과 생활 경제의 조화<br>• 기초 경제 개념의 이해<br>• 내용의 논리적 체계화 |
| 교수 학습 전략 | • 목표와 유기적 연결<br>• 결과 중심의 학습<br>• 설명형 교수학습<br>• 탐구식 부분 도입 및 지식 위주 학습 | • 현실적인 학습 소개로 전통적인 설명 교수법 사용 | • 목표와 유기적 연결<br>• 과정 중심의 학습<br>• 탐구식 학습의 정착<br>• 수준별 개념별 학습 |
| 자료 | • 단순하고 빈약한 학습 자료 | • 현실적인 경제 문제 자료 | • 시뮬레이션 게임 등 풍부하고 다양한 자료 이용 |

## 4 영 국

영국의 학교 경제교육은 모든 학생들을 대상으로 이루어지고 있는 것이 아니고, 지역에 따라 그 특색이 다르기 때문에 하나의 정형화된 틀로 다루기가 어렵다. 그러나 경제 교육과정에서 강조되고 있는 점은 경제생활에 대한 기본 개념인 희소성과 선택, 자원 배분, 소득 분배, 유효 수요, 시장 조사, 비용과 수익 및 균형의 개념 등을 강조하고 있다.

경제교육의 목표는 ① 다양한 수준의 지적 능력을 지니고 학교를 졸업하는 학생들에게 그들이 살아갈 세계와 그들이 접하는 경제 사회의 복잡한 운영 이론을 보다 잘 이해할 수 있도록 경제적 지식을 제공한다. ② 학생들이 장차 접촉하게 될 중요한 경제적 세력과 기관 및 경제적 행위의 상호 의존성에 대한 이해력을 증진시킨다. ③ 현대 산업민주주의 사회의 의사결정 과정에 전적으로 참여할 수 있는 능력을 길러주기 위하여 경제학에 대한 충분한 지식과 사회과학 방법론을 습득할 수 있도록 한다(박종수, 2004).

## 5 프랑스

프랑스는 전통적으로 중앙집중식 교육 제도를 가지고 있으므로 학교 경제교육은 아주 짜임새와 일관성이 있다. 경제교육의 목표는 프랑스 시민으로 생활할 때 직면하게 되는 문제를 합리적으로 해결할 수 있는 능력을 배양하는 데 두고 있다.

경제교육의 기본 내용은 ① 소비자 측면에서 개인적 및 사회적 욕구와 이들 욕구를 충족시킬 수 있는 수단 및 제한성, 재화 및 용역의 자격, 질, 광고, 배분 방법, 수요와 공급, 그리고 시장 개념과, ② 생산자 측면에서는 생산, 투자, 관리 고용, 기업의 조직 훈련 등의 개념이다. 또한 경제 생활에 참여하는 각종 경제 주체의 역할 및 그들과의 상호 관계, 화폐 금융, 재정, 국가 예산 등과 관련하여 경제 활동 수준에 영향을 줄 수 있는 정책 수단, 소득 분배와 구매력, 분배, 인플레이션, 경기 후퇴, 대외적자 경제 불균형, 상이한 경제 체제의 존재 등을 다루고 있다.

이상의 외국의 경제교육을 살펴보면 나라마다 여러 형태의 목표와 내용을 갖고 교육하고 있지만, 공통점은 경제 개념과 구조, 제도를 익혀 현실적인 경제 문제에 직면했을 때 합리적인 의사결정으로 민주시민으로서 행복한 개인 생활을 하는 데 목적을 두고 있다. 그렇다면 경제뿐만 아니라 일상생활에 일어나는 문제들을 합리적인 의사결정을 해야 원만한 인간 관계가 형성되는 것과 같은 차원에서 본다면 좀 더 어린 시기부터 시작해야 국가적인 측면에서도 국제 경쟁력을 키우는 데 효과적이며 개인 생활에도 윤택한 경제 생활을 할 수 있을 것이다.

Chapter 3

# 유아기 합리적인 실물경제교육을 위한 가정과의 연계 교육

제1절 부모교육의 중요성

제2절 유아기 실물경제교육을 위한 연간 부모교육

제3절 가족과 함께하는 실물경제교육

제4절 유아기 실물경제교육을 위한 속담교육

# 제1절 부모교육의 중요성

최근 국제적 경쟁력을 높이기 위해서 경제교육에 대한 요구가 많아지면서 상업적 · 이벤트성 활동으로 '돈 버는 요령 가르치기', '우리 아이 부자 만들기' 등 검증도 없이 외국의 경제교육 프로그램을 그대로 활용하고 있다. '경제는 습관이다, 부모는 자녀의 거울과 같다' 라는 말과 같이 경제교육은 생활 속에서 습관화되어야 행동으로 나온다.

자녀를 양육하는 과정이나 일상생활에서 필요한 의사결정의 대부분은 경제 즉, 돈을 어떤 방법으로 선택할 것인가의 문제와 관련성이 있으며, 그 나라의 경제 문제를 합리적으로 해결하고 책임 있는 사회 구성원의 역할, 경제 사회의 주체자로서 민주시민의 역할을 다하기 위해서는 경제교육이 평생교육의 차원에서 이루어져야 한다.

몬테소리는 "유아는 민감기(sensible period, 0~6세)를 통해 자신을 환경에 적응시키고 그에 따르는 특성을 획득하는 것을 배운다"고 밝히고 있다. 우리 속담에도 "세 살 버릇 여든까지 간다"는 말이 있다. 이는 유아기의 경험이 후기 생활에서 인지 및 행동 유형 형성에 중요한 영향을 미친다는 것을 역설하는 것이며, 유아의 경제교육도 조기에 시작해야 함을 강조하고 있다.

따라서 유아가 가장 많은 시간을 보내고 있는 가정에서 부모들과 일상생활을 통해 경제교육을 실시해야 한다. 특히 부모 중에서도 유아의 인지 발달 및 행동 성향에 가장 많은 영향을 주는 어머니의 역할이 더욱 크다고 할 수 있다.

선행 연구 결과를 살펴보면 이재은(1981)은 어머니의 경제 행동, 자녀에 대한 어머니의 경제교육의 행동이 건전할수록 자녀의 경제 행동이 건전하다고 하였다. 김승자(1984)는 가정의 경제적 · 사회적 지위와 돈에 대한 가족의 태도, 자녀에게 돈을 어떻게 쓰게 하느냐 등은 자녀의 물질적 가치관 형성에 매우 중요한 역할을 수행하는데, 이 중 어머니의 역할이 가장 크다고 하였다.

또 이재연 외(1989)는 어머니가 경제적으로 성숙되어야만 합리적인 경제교육을 시킬 수 있으며, 자녀의 직접적인 모델링 대상이 되는 어머니의 경제생활 태도에서 세심한 역할이 필요함을 강조하였다. 한희경(1998)은 어머니의 경제교육 태도가 유아의 경제 기본 개념인 선택 개념, 기회 비용 개념, 화폐가치 개념에 영향이 있다고 주장하였고, 유아들의 경제교육은 어머니와 공동교육으로 이루어지는 것이 효과적이며 다양한 프로그램들의 개발과 함께 계획적이고 지속적인 부모교육이 이루어져야 한다고 강조했다. 오정화(2000)는 소비와 관련하여 부모와의 의사소통과 상호작용은 유아 소비자의 합리적 소비자 행동에 영향을 미친다고 보고 있다.

경제교육은 하나의 생활 습관 교육이므로 유아기의 기본생활습관과 마찬가지로 경제생활 습관도 부모의 경제생활 태도가 중요한 모델이 된다.

## 제2절 유아기 실물경제교육을 위한 연간 부모교육

유아교육기관에서의 부모교육은 맞벌이 부부의 증가와 경제교육의 필요성을 느끼지 못하여 매달 참석률이 저조한 실정이다. 경제교육은 교사가 유아 한 명 한 명 지도하는 것보다 부모가 경제교육의 필요성을 느껴 부모의 사고가 변할 수 있도록 설득하고 이해시키는 교육이 정기적으로 이루어지는 것이 더욱 효과적이다.

따라서 유아교육기관에서는 융통성 있게 분기별(1, 2학기) 또는 신입생 O · T, 가정통신문 등을 활용해 본다. 참석률을 높이기 위해 유아들의 학습 상태를 참관할 수 있도록 하는 방법도 효과적이다.

유아기 실물경제교육을 효과적으로 진행하기 위해서는 유아교육기관과 가정의 연계가 잘 이루어져야 한다. 이 책에서는 연간 부모교육 내용을 ① 경제교육의 개념, ② 신체적 · 정신적 홀로서기, ③ 돈의 가치와 중요성, ④ 돈을 버는 방법, ⑤ 돈을 관리하는 방법, ⑥ 돈을 쓰는 방법, ⑦ 사회봉사와 기부, ⑧ 가족과 함께 하는 경제 활동 등을 월별로 구성하였다.

**표 3-1 유아기 합리적인 경제생활을 위한 연간 부모교육 내용**

| 월 | 내 용 | 형 태 |
|---|---|---|
| 3월 | ▣ 유아기 합리적인 경제생활 키우기 I<br>• 가족과 함께하는 경제 활동(3월)<br>• 유아 경제교육 설문지<br>• 현명한 부모의 자녀 경제교육<br>• 연령별 가정 용돈 항목 계획서<br>• 월별 용돈 받기 활동<br>• 가정에서의 경제교육을 위한 생활 지침 | 강연회<br>가정통신문 |
| 4월 | ▣ 유아기 합리적인 경제생활 키우기 II<br>• 가족과 함께하는 경제 활동(4월)<br>• 4월 용돈받기 활동<br>• 가정에서의 월별 절약 활동<br>• 언어 전달장<br>• 용돈 기입장<br>• 선행 수첩<br>• 은행 저금 통장 만들기<br>• Montessori 교육의 일상생활 교구 워크숍 | 강연회<br>가정통신문 |
| 5월 | ▣ 유아기 합리적인 경제생활 키우기 III<br>• 가족과 함께하는 경제 활동(5월)<br>• 훌륭한 자녀를 키우는 방법<br>• 이런 엄마 좋아좋아, 미워미워 Best 10<br>• 바자회 참여(바자회 준비 및 물건 판매)<br>• Montessori 교육의 감각 영역 교구 워크숍<br>• 홀로서기 체험 | 강연회<br>가정통신문 |
| 6월 | ▣ 유아기 합리적인 경제생활 키우기 IV<br>• 가족과 함께하는 경제 활동(6월)<br>• 수교육 원리<br>• 몬테소리 수교육 소개<br>• 경제교육의 기본 수 활동<br>• Montessori 교육의 수 영역 교구 워크숍 | 강연회<br>가정통신문 |
| 7월 | ▣ 유아기 합리적인 경제생활 키우기 V<br>• 가족과 함께하는 경제 활동(7월)<br>• 엄마는 경제 선생님 1(경제 교육은 생활 교육이다)<br>• 할인마트 판매 경험 | 강연회<br>워크숍 |

| 월 | 내 용 | 형 태 |
|---|---|---|
| 8월 | • 가족과 함께하는 경제 활동(8월)<br>• 용돈 기입장 | 가정통신문 |
| 9월 | • 가족과 함께하는 경제 활동(9월)<br>• 가정에서 경제력 키우기에 도움이 되는 경제 동화 목록<br>• 엄마는 경제 선생님 2(명품 사달라 떼쓰는 아이엔)<br>• Montessori 교육의 언어 영역 교구 워크숍 | 강연회<br>가정통신문 |
| 10월 | • 가족과 함께 하는 경제 활동(10월)<br>• 엄마는 경제 선생님 3(소비와 소비 가치에 대해 가르쳐 보자)<br>• 가족 경제신문 경연 대회<br>• 가정에서의 절약 활동<br>• 아빠와의 기차 여행<br>• Montessori 교육의 문화 영역 교구 워크숍 | 강연회<br>가정통신문 |
| 11월 | • 가족과 함께하는 경제 활동(11월)<br>• 엄마는 경제 선생님 4(자녀 일 시키고 용돈 줄 때)<br>• 재활용품 전시회 | 가정통신문<br>행사 참여 |
| 12월 | • 가족과 함께하는 경제 활동(12월)<br>• 양로원 견학<br>• 원복 물려주기 | 가정통신문<br>행사 참여 |
| 1월 | • 가족과 함께하는 경제 활동(1월)<br>• 우리 가족 기부 단체 정하기<br>• 엄마는 경제 선생님 5(용돈 관리법) | 가정통신문 |
| 2월 | • 가족과 함께하는 경제 활동(2월)<br>• 엄마는 경제 선생님 6(왜 남을 위해 돈을 쓸까?) | 가정통신문<br>행사 참여 |

# 제3절 가족과 함께하는 실물경제교육

## 1 목 적

현대사회는 온가족이 같은 시간에 함께 식사하고 대화할 시간도 점점 줄어들고 있다. 옛말에 가화만사성(家和萬事成), "한국인의 경쟁력은 가정에서 나온다"라는 말은 가정이 화목해야 무슨 일이든지 이룰 수 있다는 말이다.

가족과 함께하는 실물경제교육은 가정에서 온 가족이 모여 경제 관련 주제를 한 가지씩 토의하는 문화를 생활화하고 실천함으로써 가족 간에 대화가 오가는 과정에서 유아뿐만 아니라 가족 간의 이해와 신뢰 속에서 가정 경제에도 도움이 되며, 일상생활 속에서도 합리적인 경제생활이 습관화되도록 돕는 데 그 목적을 갖고 있다.

## 2 활동 내용

이 활동은 월별로 연간 활동을 할 수 있도록 구성되어 있다.

- 유치원 교육과정의 내용을 기초로 생활 속에서 쉽게 실천할 수 있도록 구성되었다.
- 몬테소리 교육 철학을 기초로 유아기의 심리적 발달 단계를 고려하여 구성되었다.
- 몬테소리 교육 방법인 일상생활 영역, 감각 영역, 수 영역, 언어 영역, 문화 영역인 5개 영역을 유치원 교육과정과 통합적으로 이루어지도록 창의적인 몬테소리 교육 방법으로 구성되었다.
- 경제 개념을 이해할 수 있도록 ① 화폐의 가치와 사용–돈의 가치와 중요성, ② 제한된 자원, 부족, 희소성, 기회 비용, ③ 생산–생산자, 분업, 직업, ④ 소비–광고, 절약, ⑤ 사회적 빈부 격차–봉사, 수출 · 수입으로 구성되었다.

## 3 활동 방법의 주의점

### (1) 가정에서의 활동 시

- 가족과 함께 하는 경제 활동표를 일정한 장소에 붙여 둔다.
- 처음에는 부모가 주도하지만 가능한 유아가 주도적으로 생활하도록 유도하고 실천한 날을 표시하도록 하여 매월 실천하는 횟수를 비교해서 격려해 준다.
- 실천한 내용에 따라 스케치북이나 노트에 실행 과정과 결과를 기록하도록 한다.

### (2) 원에서의 활동 시

- 각 가정에서 실천한 표나 결과물을 매월 수집하여 유아들에게 격려 차원으로 행사를 해준다. 예를 들면, 매달 실천한 것을 제출했을 때에 지우개, 색종이, 색연필 등으로 포상한다.
- 교사는 매일 전날 활동한 내용을 확인해 보고 평가에 의한 자극으로써 다음 날 해야 할 내용을 알려주는 적극적인 자세가 있을 때 가정과의 연계 교육이 된다.
- 1년간 매월 잘 실행한 유아에게는 '경제학사' 학위를 수여하는 것도 유아의 성취도와 만족감을 높여주며 또한 원 경영 전략이 될 수 있다(1년차: 경제학 학사, 2년차: 경제학 석사, 3년차: 경제학 박사).

**표 3-2 4월 가족과 함께하는 경제교육 활동의 예**

| | | | | |
|---|---|---|---|---|
| | | 1) ☺ ☹<br>유아와 함께 은행을 방문한 후 보았던 것을 이야기 나누어 보세요. | 2) ☺ ☹<br>우리나라 돈의 종류는 몇 가지가 있는지 실제 돈을 보여주고 단위를 알려주세요. | 3) ☺ ☹<br>은행에서 통장을 만들 때 무엇이 필요한지 이야기해 주세요. |
| 5) ☺ ☹<br>유아에게 손수건이나 양말을 세탁할 수 있도록 기회를 주세요. | 5) ☺ ☹<br>식목일에 대해 이야기해 주고 왜 나무를 심는지 이야기 나누어 보세요. | 6) ☺ ☹<br>필요한 물건을 살 때 무엇이 필요할까 알려주세요. | 7) ☺ ☹<br>동전은 무엇으로 만들었을까 살펴보고 이야기해 주세요. | 8) ☺ ☹<br>지폐의 종류를 알려주고 단위별로 읽어주세요. |
| 9) ☺ ☹<br>다른 나라 돈이 있으면 보여주고 단위를 읽어주세요. | 10) ☺ ☹<br>지폐에서 내가 아는 문자를 찾아보고 읽어보도록 도와주세요. | 11) ☺ ☹<br>물건을 사러가서 지켜야 할 예절에 대해 알려주세요. | 12) ☺ ☹<br>동전 1원, 10원, 100원, 500원을 서로 비교하고 크기별로 나열하도록 해주세요. | 13) ☺ ☹<br>'만약 나무에 돈이 열린다면'이란 주제로 토의해 보세요. |

**표 3-3 4월 가족과 함께 하는 경제교육 활동의 실제**

| 날 짜 | 내 용 | 활동의 예 |
|---|---|---|
| 4월 9일 | **〈세계 여러 나라 화폐 단위〉**<br>• 목적 : 여러 나라 화폐 단위를 익히고 다른 나라 돈에 관심을 갖는다.<br>• 지도 방법 : 우리나라 화폐와의 차이점을 알아보고 각 나라 화폐의 다른 점을 알아보도록 도와준다.<br>• 경제교육 내용 : 돈의 가치<br>• 몬테소리 교육의 관련성 : 수, 문화 영역 | 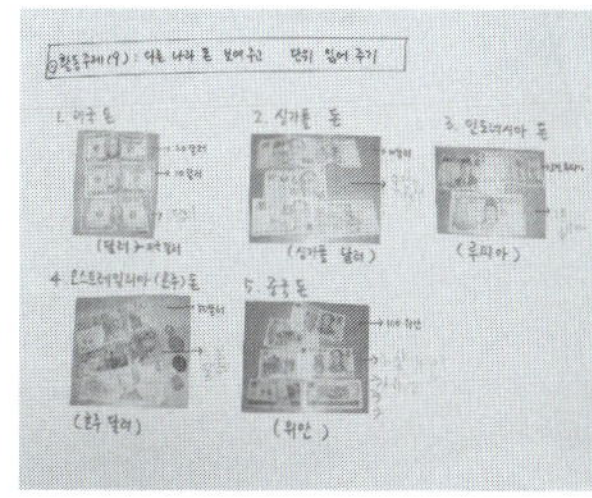 |
| 4월 12일 | **〈동전 크기 비교〉**<br>• 목적 : 동전의 단위별 차이를 안다.<br>• 지도 방법 : 1원, 10원, 50원, 100원, 500원의 동전을 크기별로 놓고 단위를 읽어보도록 하고 한 줄로 써보도록 유도한다. 크다, 작다의 어휘도 익히도록 한다.<br>• 경제교육의 내용 : 돈의 가치, 돈의 역사<br>• 몬테소리 교육의 관련성 : 수, 언어, 문화 영역 | 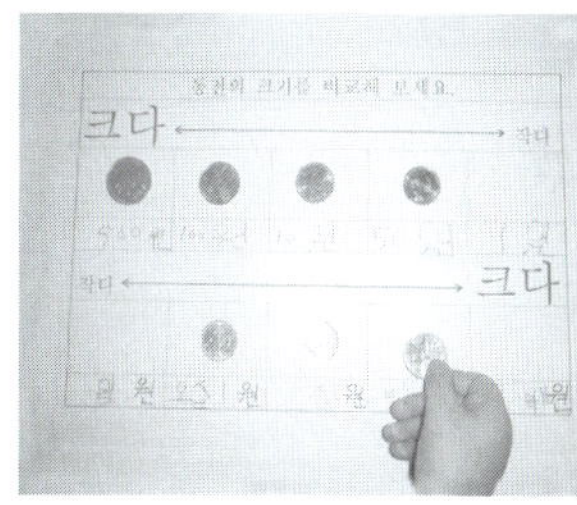 |
| 4월 14일 | **〈물건 그림사전 만들기〉**<br>• 목적 : 물건에 따라 가격이 다르다는 것을 알게 된다.<br>• 지도 방법 : 광고용 팜플렛에 있는 물건 값을 읽을 수 있도록 도와주고, 물건 이름도 적어 보도록 한다.<br>• 경제교육의 내용 : 돈의 사용과 가치 개념<br>• 몬테소리 교육의 관련성 : 수, 문화 영역 | 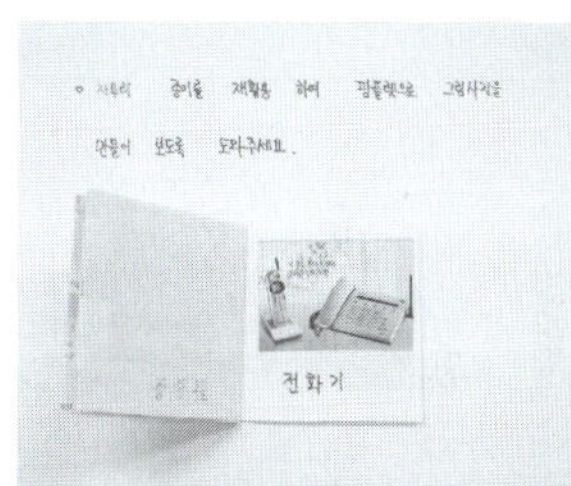 |
| 4월 16일 | **〈경제 속담놀이〉**<br>• 목적 : 필요한 물건을 고를 때 값이 싸고 좋은 것을 고르는 비교 능력을 가져야 함을 이해한다.<br>• 지도 방법 : 경제 속담을 들려주고 뜻을 이해할 수 있도록 그림을 그려 설명해 준다.<br>• 경제교육의 내용 : 돈을 관리하는 활동<br>• 몬테소리 교육의 관련성 : 언어 영역 |  |
| 4월 29일 | **〈1,000원으로 살 수 있는 것〉**<br>• 목적 : 물건 가격에 대응하는 돈의 가치를 알게 된다.<br>• 지도 방법 : 슈퍼에서 1,000원으로 살 수 있는 것이 무엇이 있을까 살펴보고 그림으로 그려보도록 한다.<br>• 경제교육의 내용 : 돈의 사용과 가치 개념<br>• 몬테소리 교육의 관련성 : 일상생활, 수 영역 |  |

## 3월 가족과 함께 하는 경제 교육 활동

| | | | | |
|---|---|---|---|---|
| | 1) ☺ ☹<br>3.1절(우리나라의 독립을 위하여 3.1 만세운동을 한 것을 기념하는 날)의 의미를 이야기해 주세요. | 2) ☺ ☹<br>유치원에 갈 때 필요한 물건을 챙겨 보도록 하세요(주머니에 손수건을 챙겨 주세요). | 3) ☺ ☹<br>내가 할 수 있는 일은 몇 가지나 되나 이야기해 보고 부탁하세요. | 4) ☺ ☹<br>집 전화번호와 엄마, 아빠 핸드폰 전화번호를 알려주고 익히도록 도와주세요. |
| 5) ☺ ☹<br>유치원 이름과 전화번호를 알려주고 종이에 적어 주세요. | 6) ☺ ☹<br>가족을 위해서 도와줄 수 있는 점이 무엇이 있을까 가족끼리 토의해 보세요. | 7) ☺ ☹<br>가족과 함께 가까운 공원이나 산을 다녀오고 걷기가 왜 건강에 좋은지 이야기해 주세요. | 8) ☺ ☹<br>자녀의 키를 벽에 표시해 주세요. | 9) ☺ ☹<br>유치원에는 왜 가야하는지 자녀와 이야기해 보세요. |
| 10) ☺ ☹<br>매일 오늘은 몇 년, 몇 월, 며칠, 무슨 요일인지 이야기해 주세요. | 11) ☺ ☹<br>'티끌 모아 태산'이란 속담에 대해서 이야기해 주세요. | 12) ☺ ☹<br>유아의 가정에서 역할을 정해주고 주급을 정해 주세요. | 13) ☺ ☹<br>가계부를 보여 주시고 가계부를 왜 쓰는지 물어보세요. | 14) ☺ ☹<br>유아의 도장을 만들어 주고 도장의 역할을 이야기해 주세요. |
| 15) ☺ ☹<br>3월은 무슨 계절에 속하는지 계절에 관하여 함께 이야기하세요. | 16) ☺ ☹<br>유치원에서 지킬 일은 무엇인지(바깥놀이, 실내놀이) 같이 이야기해 보세요. | 17) ☺ ☹<br>식사 때 감사하는 마음을 갖고(기도 또는 잘 먹겠습니다 등) 표현하도록 도와주세요. | 18) ☺ ☹<br>선행 활동에 따른 인센티브를 이야기해 주세요. | 19) ☺ ☹<br>용돈 기입장에 대해 이야기해 주세요. |
| 20) ☺ ☹<br>「돌부처에게 비단 판 바보」 동화책을 들려주고 직업과 일에 대해 함께 이야기해 보세요. | 21) ☺ ☹<br>슈퍼에 가서 물건 값이 어디에 적혀있나 알아보고 값을 읽어주세요. | 22) ☺ ☹<br>쓰레기를 분류하는 이유를 알아보세요. | 23) ☺ ☹<br>유치원에서 사귄 친구의 이름을 물어보고 친구의 이름을 종이에 같이 적어 보세요. | 24) ☺ ☹<br>남을 도와줄 수 있는 일은 무엇이 있는지 함께 이야기해 보세요. |
| 25) ☺ ☹<br>아파트 관리비의 내용을 읽어주고 요금을 읽어주세요. | 26) ☺ ☹<br>크레파스를 오래도록 아껴 쓰려면 어떻게 해야 하는지 이야기해 보세요. | 27) ☺ ☹<br>「의좋은 형제」 동화책을 들려주고 생산에 대해 이야기해 주세요. | 28) ☺ ☹<br>'우리가 사용하는 수돗물은 얼마일까?' 알아보고 어떻게 우리집에까지 오게 되는지 알아보세요. | 29) ☺ ☹<br>쓰레기 분리수거를 해 볼 수 있게 해주세요. |
| 30) ☺ ☹<br>유치원 원장님과 담임선생님의 성함을 물어보고 종이에 적어주세요. | 31) ☺ ☹<br>가위로(잡지나 광고지) 그림을 오려 붙이고 가격 표시를 같이 읽어보세요. | | | |

함께 한 날에는 ☺표, 하지 않은 날에는 ☹표를 해주세요.

## 4월 가족과 함께 하는 경제 교육 활동

| | | | | |
|---|---|---|---|---|
| | | 1) ☺ ☹<br>유아와 함께 은행을 방문한 후 보았던 것을 이야기 나누어 보세요. | 2) ☺ ☹<br>우리나라 돈의 종류는 몇 가지가 있는지 실제 돈을 보여주고 단위를 알려주세요. | 3) ☺ ☹<br>은행에서 통장을 만들 때 무엇이 필요한지 이야기해 주세요. |
| 4) ☺ ☹<br>유아에게 손수건이나 양말을 세탁할 수 있도록 기회를 주세요. | 5) ☺ ☹<br>식목일에 대해 이야기해 주고 왜 나무를 심는지 이야기 나누어 보세요. | 6) ☺ ☹<br>필요한 물건을 살 때 무엇이 필요할까 알려주세요. | 7) ☺ ☹<br>동전은 무엇으로 만들었을까 살펴보고 이야기해 주세요. | 8) ☺ ☹<br>지폐의 종류를 알려주고 단위별로 읽어주세요. |
| 9) ☺ ☹<br>다른 나라 돈이 있으면 보여주고 단위를 읽어주세요. | 10) ☺ ☹<br>지폐에서 내가 아는 문자를 찾아보고 읽어보도록 도와주세요. | 11) ☺ ☹<br>물건을 사러가서 지켜야 할 예절에 대해 알려주세요. | 12) ☺ ☹<br>동전 1원, 10원, 100원, 500원을 서로 비교하고 크기별로 나열하도록 해주세요. | 13) ☺ ☹<br>'만약 나무에 돈이 열린다면'이란 주제로 토의해 보세요. |
| 14) ☺ ☹<br>자투리 종이를 재활용하여 팜플렛으로 그림사전을 만들어 보도록 도와주세요. | 15) ☺ ☹<br>「달구지를 끌고」 동화를 들려주고 돈과 시장 개념에 대해 이야기해 주세요. | 16) ☺ ☹<br>'같은 값이면 다홍치마'라는 경제 속담의 뜻을 이야기해 주세요. | 17) ☺ ☹<br>100원은 10원짜리 몇 개가 모여야 같은지 알아보세요 | 18) ☺ ☹<br>가족과 함께 줄넘기를 해보고 어느 정도 할 수 있는지 숫자로 표현해 보세요. |
| 19) ☺ ☹<br>집에 있는 가구들의 모양(예 삼각형, 사각형, 원형 등)은 어떤 형태인가 살펴보고 도형이름을 이야기해 주세요. | 20) ☺ ☹<br>'내가 돈을 만든다면 돈의 모양을 어떤 모양으로 만들까?' 생각하고 만들어 보도록 도와주세요. | 21) ☺ ☹<br>돈을 깨끗이 사용하려면 어떻게 해야 하는지 함께 이야기해 보세요. | 22) ☺ ☹<br>「사자의 머리 깎기」 그림동화에 대해 유아에게 이야기해 보게 하고 직업에 대해 이야기해 주세요. | 23) ☺ ☹<br>'돈은 어디에서 만들까요?' 경제 수수께끼를 유아와 함께 이야기해 보세요. |
| 24) ☺ ☹<br>'물건을 사러 갈 때 시장 바구니를 준비하면 왜 좋을까?' 이야기해 보세요. | 25) ☺ ☹<br>가족 모두가 각자 좋아하는 운동을 정하고 실천할 수 있는 방법을 토의하세요. | 26) ☺ ☹<br>풀을 오래 쓰려면 어떻게 사용해야 하는지 이야기해 보세요. | 27) ☺ ☹<br>자녀와 함께 화장실 청소를 해보세요. | 28) ☺ ☹<br>가족과 함께 키를 대보고 누가 누구보다 어떤지(예 비교급과 최상급) 비교해 보게 하세요. |
| 29) ☺ ☹<br>1,000원으로 살 수 있는 물건은 무엇이 있는지 이야기해 보세요. | 30) ☺ ☹<br>화폐 박물관을 갔다와서 무엇을 보았는지 같이 이야기해 보세요. | | | |

함께 한 날에는 ☺표, 하지 않은 날에는 ☹표를 해주세요.

## 5월 가족과 함께 하는 경제 교육 활동

| | 1) ☺ ☹ 시장, 슈퍼, 대형마트에서 콩나물 사고 가격을 비교해 보세요. | 2) ☺ ☹ 장난감을 오래 사용하려면 어떻게 하나 이야기해 보세요. | 3) ☺ ☹ 가족의 나이를 모두 합하면 얼마나 될까 같이 세어 보세요. | 4) ☺ ☹ 내가 좋아하는 과자 가격을 알아보고 기록해 보세요. |
|---|---|---|---|---|
| 5) ☺ ☹ 어린이들이 해야 할 일과 어른이 해야 할 일은 어떤 것이 있는지 이야기해 보세요. | 6) ☺ ☹ 손으로 할 수 있는 일은 몇 가지나 되나 세어보고 적어보도록 도와주세요. | 7) ☺ ☹ '백지장도 맞들면 낫다' 경제 속담에 대해 이야기해 주세요. | 8) ☺ ☹ 어버이날에 대해 이야기해 주세요 그리고 엄마, 아빠의 직업에 대해 이야기해 주세요. | 9) ☺ ☹ 가족과 함께 훌라후프를 해보도록 도와주세요. |
| 10) ☺ ☹ 아빠가 좋아하는 담배 값은 얼마인가 조사해 보세요. | 11) ☺ ☹ 우리 동네에는 어떤 상점들이 있는지 기억해 보고 이야기해 보세요. | 12) ☺ ☹ 어른이 되면 어떤 직업을 갖고 싶은지 왜 그런지를 이야기하도록 도와주세요. | 13) ☺ ☹ 선생님께 편지나 그림카드를 보내도록 도와주세요. | 14) ☺ ☹ 알고 있는 동네 이름을 이야기하게 도와주시고 적어보세요(예 홍제동, 여의도). |
| 15) ☺ ☹ 돈을 모을 수 있는 방법은 무엇이 있는지 같이 이야기해 보세요. | 16) ☺ ☹ 가족과 함께 벼룩시장을 다녀와 보세요. | 17) ☺ ☹ 물을 아껴 쓰는 방법은 어떤 것이 있는지 가족과 함께 알아보세요. | 18) ☺ ☹ 엄마가 다니는 미용실에서 머리 손질할 때 얼마를 내는지 이야기해 주세요. | 19) ☺ ☹ 물건을 살 때 돈을 내고 받은 거스름돈에 대해 이야기해 보세요. |
| 20) ☺ ☹ 「집을 팝니다」 동화에 대해 이야기해 주세요. | 21) ☺ ☹ 「흥부와 놀부」 동화를 들려주고 소비에 대해 이야기해 주세요. | 22) ☺ ☹ 식당에서 라면을 사먹는 것과 집에서 요리하면 값이 어떤지 비교해 보세요. | 23) ☺ ☹ 같은 크기의 우유 값이 왜 다른지 가족과 함께 이야기해 보세요. | 24) ☺ ☹ 아빠는 어디서 어떻게 해서 돈을 갖고 오시는지 이야기해 주세요. |
| 25) ☺ ☹ 유아가 사고 싶은 것을 적어보고 물건 값이 얼마인가 알아보세요. | 26) ☺ ☹ 자동차를 세차하는 비용을 알려주고 집에서 세차하면 어떤지 직접 해 보세요. | 27) ☺ ☹ 물건을 살 때 파는 사람은 어떻게 해야 잘 팔리는지 이야기해 보세요. | 28) ☺ ☹ 「쥐돌이는 화가」 동화를 들려주고 직업에 대해 이야기해 주세요. | 29) ☺ ☹ 대형마트에서 시식 코너를 만들어 놓은 이유를 알아보세요. |
| 30) ☺ ☹ 가족과 함께 등산을 다녀오고 느낌을 이야기해 보세요. | 31) ☺ ☹ 부모님께 녹차를 만들어 대접하도록 도와주세요. | | | |

함께 한 날에는 ☺표, 하지 않은 날에는 ☹표를 해주세요.

## 6월 가족과 함께 하는 경제 교육 활동

| | 1) ☺ ☹<br>6월은 어떤 계절인지 사계절에 대한 차이를 이야기해 주세요. | 2) ☺ ☹<br>현금카드의 사용법을 직접 실천할 수 있도록 도와주세요. | 3) ☺ ☹<br>이달에 가정에서 절약할 수 있는 방법을 가족과 함께 토의해 보세요. | 4) ☺ ☹<br>마을버스 요금이 얼마인지 직접 타보고 알아보세요. |
|---|---|---|---|---|
| 5) ☺ ☹<br>버스 요금과 전철 요금을 비교해 보세요. | 6) ☺ ☹<br>현충일이 어떤 날인지 이야기해 주세요. | 7) ☺ ☹<br>돼지고기, 소고기 값의 차이를 비교해 보도록 도와주세요. | 8) ☺ ☹<br>우유가 만들어지는 과정에 대해 이야기해 주세요. | 9) ☺ ☹<br>'바늘도둑이 소도둑 된다'라는 속담이 어떤 내용인지 가족과 함께 알아보세요. |
| 10) ☺ ☹<br>우유를 만드는 회사들을 알아보세요. | 11) ☺ ☹<br>「팔려가는 당나귀」 경제 동화를 들려주고 물건 구매에 대해 이야기해 주세요. | 12) ☺ ☹<br>자녀와 함께 가까운 동물원을 갈 수 있도록 계획해 보세요. | 13) ☺ ☹<br>가족과 함께 줄넘기를 누가 제일 많이 하나 실천해 보세요. | 14) ☺ ☹<br>바자회에서 무엇을 만들어 팔았는지 이야기해 보세요. |
| 15) ☺ ☹<br>계란 한 줄 값과 한 판 값의 차이를 알아보세요. | 16) ☺ ☹<br>유아가 좋아하는 과일은 얼마인지 가격표를 함께 읽어보세요. | 17) ☺ ☹<br>'아빠가 회사에서 매달 타오는 돈은 무엇일까?' 이야기해 주세요. | 18) ☺ ☹<br>돈을 제일 많이 쓰는 것은 무엇인지 이야기해 주세요. | 19) ☺ ☹<br>2종류의 우유 값이 서로 어떤지 살펴보세요. |
| 20) ☺ ☹<br>가족과 함께 갔다온 산 이름과 어느 지역에 있는지 지도를 함께 살펴보세요. | 21) ☺ ☹<br>서점에 가서 책에 붙어 있는 가격을 읽을 수 있도록 도와주세요. | 22) ☺ ☹<br>'돈이나 카드를 갖고 다니는 것은?' 수수께끼를 풀어보도록 도와주세요. | 23) ☺ ☹<br>엄마와 함께 콩나물 무침을 만들어 보도록 도와주세요. | 24) ☺ ☹<br>유아의 주민등록번호를 알려주고 어떠할 때 필요한지 이야기해 주세요. |
| 25) ☺ ☹<br>6.25 전쟁은 어떤 날인지 이야기해 주세요. | 26) ☺ ☹<br>장애인 시설을 방문한 뒤 유아의 생각을 적고 돕는 방법은 무엇이 있을지 함께 이야기해 보세요. | 27) ☺ ☹<br>가족 중 훌라후프를 제일 많이 하는 사람은 누구일지 시합을 해보세요. | 28) ☺ ☹<br>1,000원은 10원짜리 몇 개가 모여야 같은지 알도록 도와주세요. | 29) ☺ ☹<br>한 달에 한 번은 꼭 은행에 가도록 계획해 주세요. |
| 30) ☺ ☹<br>「치과 의사 드소토 선생님」 경제 동화를 들려 주시고 직업과 일에 대해 이야기해 주세요. | | | | |

함께 한 날에는 ☺표, 하지 않은 날에는 ☹표를 해주세요.

## 7월 가족과 함께 하는 경제 교육 활동

| | | | | |
|---|---|---|---|---|
| | | 1) ☺ ☹<br>수를 셀 때는 어떤 방법이 있는지 함께 알아보세요(예 홀수, 짝수, 기수, 서수). | 2) ☺ ☹<br>유치원에서 선행 활동을 잘 하는 것은 무엇인지 이야기해 보세요. | 3) ☺ ☹<br>이 달에 남을 위해 도와줄 수 있는 선행을 계획하도록 도와주세요. |
| 4) ☺ ☹<br>가족과 함께 가까운 산을 다녀온 후 느낌을 이야기해 보세요. | 5) ☺ ☹<br>유아가 좋아하는 과자 포장에는 무엇들이 기록되어 있는지 함께 살펴보세요. | 6) ☺ ☹<br>'운동은 운동인데 물건을 아껴 쓰는 운동은?' 함께 수수께끼를 풀어보세요. | 7) ☺ ☹<br>감자나 양파, 무, 당근 등을 저울에 달아보고 무게를 비교해 보세요. | 8) ☺ ☹<br>실내 수영장과 실외 수영장 요금을 비교하도록 도와주세요. |
| 9) ☺ ☹<br>여행을 하고 싶은 곳을 계획하고 필요한 물건을 가방에 챙겨보도록 도와주세요. | 10) ☺ ☹<br>'물건을 사고 담아 갖고 오는 바구니는?' 수수께끼를 풀어보도록 도와주세요. | 11) ☺ ☹<br>가족과 함께 아동 홀트 복지 시설을 방문하고 돕기 위한 방법을 이야기해 주세요. | 12) ☺ ☹<br>만일 물이 없다면 어떤 불편함이 있을지 이야기하도록 부탁하세요. | 13) ☺ ☹<br>우리 집에서 한 달 동안 사용하는 휴지의 양은 얼마인지 알려주세요. |
| 14) ☺ ☹<br>'목욕탕 요금은 얼마일까?', '네 식구가 갈 때는 얼마나 되나?' 알아보세요. | 15) ☺ ☹<br>'미국 화폐 단위는?' 수수께끼를 풀어보세요. | 16) ☺ ☹<br>은행의 종류는 몇 가지가 있는지 알아보세요. | 17) ☺ ☹<br>제헌절에 대해 이야기해 주고 국기를 게양하는 방법을 알려주세요. | 18) ☺ ☹<br>「임금님 밥상」 경제 동화를 들려주고 물건 구매에 대해 이야기해 주세요. |
| 19) ☺ ☹<br>수도 요금이 얼마나 나왔는지 알려주세요. | 20) ☺ ☹<br>「내 친구 돼지 저금통」 경제 동화를 들려주고 돈에 대해 이야기해 보세요. | 21) ☺ ☹<br>만약 내가 장사를 한다면 무슨 장사를 하고 싶은지 발표하도록 도와주세요. | 22) ☺ ☹<br>'싼게 비지떡' 경제 속담에 대해 이야기해 보세요. | 23) ☺ ☹<br>아빠의 월급으로 무엇을 할 수 있는지 항목을 알려주세요. |
| 24) ☺ ☹<br>수영장 갈 때 필요한 물건들을 적어주고 몇 가지나 되는지 세어보세요. | 25) ☺ ☹<br>가족과 함께 멀리뛰기를 하고 누가 멀리 뛰었는지 줄자로 재어보도록 도와주세요. | 26) ☺ ☹<br>'내가 만들어 팔 수 있는 것은 무엇이 있을까?' 이야기해 보세요. | 27) ☺ ☹<br>동전으로 홀수, 짝수를 맞춰보는 놀이를 해보세요. | 28) ☺ ☹<br>내가 잘 할 수 있는 것은 무엇이 있을까 가족과 함께 이야기해 보세요. |
| 29) ☺ ☹<br>왜 TV에서 광고를 하는지 이야기해 보세요 | 30) ☺ ☹<br>물건을 팔 때 손님에게 어떻게 해야 하는지 이야기해 보세요. | 31) ☺ ☹<br>음식점에서 주문한 음식 값이 전부 얼마인지 알려주세요. | | |

함께 한 날에는 ☺표, 하지 않은 날에는 ☹표를 해주세요.

## 8월 가족과 함께 하는 경제 교육 활동

| 1) ☺ ☹<br>소아암 어린이를 위해 할 수 있는 방법은 무엇이 있을까 알아보도록 도와주세요. | 2) ☺ ☹<br>여러 은행 마크 알아보고 그려보도록 유도해 주세요. | 3) ☺ ☹<br>「요정들과 구두쟁이」 경제 동화를 들려주고 생산에 대해 이야기해 보세요. | 4) ☺ ☹<br>선생님께 또는 친구에게 편지를 쓰도록 도와주세요. | 5) ☺ ☹<br>집에서 내고 있는 세금은 어떤 것이 있는지 이야기해 주세요. |
|---|---|---|---|---|
| 6) ☺ ☹<br>물건을 사고 받는 종이는 무엇인지 물어봐 주세요. | 7) ☺ ☹<br>내가 사용하지 않는 물건이나 장난감이 있으면 어떻게 하면 좋은지 이야기하도록 유도해 주세요. | 8) ☺ ☹<br>슈퍼에서 살 것을 적어보고 얼마나 필요한지 이야기해 주세요. | 9) ☺ ☹<br>외국 제품임을 알 수 있는 방법을 알려주세요. | 10) ☺ ☹<br>집 안에 있는 물건들은 얼마 주고 샀을까 물어보고 이야기해 주세요. |
| 11) ☺ ☹<br>경제 수수께끼로 이야기하도록 도와주세요(예 영어로 돈을 무엇이라고 하나?). | 12) ☺ ☹<br>자녀와 함께 경제에 관련된 반대말 놀이를 해보세요(예 싸다, 비싸다, 좋다, 나쁘다 등). | 13) ☺ ☹<br>'집에 있는 숟가락과 젓가락은 어디서 살 수 있을까?' 같이 알아보세요. | 14) ☺ ☹<br>「아저씨 우산」 경제 동화를 들려주고 소비에 대해 이야기해 주세요. | 15) ☺ ☹<br>광복절에 대해 이야기해주고 국기를 자녀와 함께 달아보세요. |
| 16) ☺ ☹<br>견우와 직녀에 대한 전설 이야기를 들려주세요. | 17) ☺ ☹<br>'열 번 재고 가위질은 한 번에'라는 경제 속담을 이야기해 보세요. | 18) ☺ ☹<br>저축은 왜 하는지 이야기해 주세요. | 19) ☺ ☹<br>자녀가 필요한 물건은 자신이 직접 사고 돈을 지불하도록 도와주세요. | 20) ☺ ☹<br>'필요한 물건을 서로 바꿔 쓰는 것은?' 수수께끼를 스스로 풀어보도록 유도해 주세요. |
| 21) ☺ ☹<br>카메라 사용법을 알려주고 자녀가 찍어볼 수 있는 기회를 주세요. | 22) ☺ ☹<br>500원으로 살 수 있는 문구류는 무엇이 있는지 함께 알아보세요. | 23) ☺ ☹<br>식구들의 물건을 사용할 때는 빌려달라는 양해의 말을 사용하도록 도와주세요. | 24) ☺ ☹<br>치약을 아껴 쓰는 방법을 이야기해 보세요. | 25) ☺ ☹<br>10,000원은 1,000원짜리로 몇 장이 필요한지 세어보세요. |
| 26) ☺ ☹<br>슈퍼에서 물건 값을 익히고 오래도록 기억하도록 도와주세요. | 27) ☺ ☹<br>사인펜을 오래 쓰는 방법을 가족과 함께 이야기해 보세요. | 28) ☺ ☹<br>여러 나라 지폐나 돈을 모아보도록 도와주고 화폐 단위도 살펴보세요. | 29) ☺ ☹<br>가족과 함께 건강을 위한 운동을 함께 해보세요. | 30) ☺ ☹<br>우리집에서 제일 비싼 물건을 찾아보세요. |
| 31) ☺ ☹<br>빠른 우표 값과 보통 우표 값을 비교하도록 도와주세요. | | | | |

함께 한 날에는 ☺표, 하지 않은 날에는 ☹표를 해주세요.

## 9월 가족과 함께 하는 경제 교육 활동

| | | | | |
|---|---|---|---|---|
| | | | | 1) ☺ ☹<br>9월은 계절 중 어느 계절에 속하는지 알아보세요. |
| 2) ☺ ☹<br>밤에 달을 관찰하고 그림으로 그려보도록 도와주세요. | 3) ☺ ☹<br>다리미를 사용할 수 있도록 작은 천이나 옷을 준비해 주시고 직접 사용해 보도록 도와주세요. | 4) ☺ ☹<br>돈을 벌 수 있는 방법에 대해 이야기하도록 도와주세요. | 5) ☺ ☹<br>세탁소에 옷을 맡기면 각각 얼마씩 주어야 하는지 이야기해 주세요. | 6) ☺ ☹<br>직업의 종류를 알려주고 유아는 어떤 일을 하고 싶은지 이야기하도록 유도하세요. |
| 7) ☺ ☹<br>「호두까기 인형」 경제동화를 들려주고 소비에 대해 이야기해 주세요. | 8) ☺ ☹<br>불법주차를 하면 벌금이 얼마인가 알려주고 다른 범칙금도 이야기해 주세요. | 9) ☺ ☹<br>'뛰는 놈 위에 나는 놈이 있다' 경제 속담에 대해 이야기해 주세요. | 10) ☺ ☹<br>'만원 지폐는 누구 사진이 있을까?' 수수께끼를 들려주고 생각하도록 도와주세요. | 11) ☺ ☹<br>하루만 TV 안 보기 약속을 계획해 보세요. |
| 12) ☺ ☹<br>노인 가정을 방문하고 노인들을 위해 도와줄 수 있는 방법을 함께 이야기해 보세요. | 13) ☺ ☹<br>우유팩으로 재활용하는 방법을 가족과 함께 이야기해 보세요. | 14) ☺ ☹<br>엄마가 할 수 있는 일과 내가 할 수 있는 일을 비교하고 누가 더 많은지 비교하고 이야기해 보세요. | 15) ☺ ☹<br>'원래 물건 값보다 싸게 파는 것은?' 수수께끼를 들려주고 생각하도록 도와주세요. | 16) ☺ ☹<br>물을 아껴 쓰는 방법을 이야기해 보세요. |
| 17) ☺ ☹<br>우리 집에서 제일 비싼 물건 값은 얼마인지 알려주고 써주세요. | 18) ☺ ☹<br>은행에 함께 가서 '대기표'는 왜 필요한지 이야기해 주세요. | 19) ☺ ☹<br>줄넘기를 얼마나 할 수 있는지 가족과 함께 해보세요. | 20) ☺ ☹<br>「작은 암탉 이야기」 경제동화를 들려주고 생산에 대해 이야기해 주세요. | 21) ☺ ☹<br>기부금 저금통을 만들고 매달 얼마씩 저축하도록 가족과 함께 의논해 보세요. |
| 22) ☺ ☹<br>쌀은 어디에서 만들어지는지 알려주세요. | 23) ☺ ☹<br>음력 8월 15일은 추석임을 알려주고 추석에 관하여 이야기해 주세요. | 24) ☺ ☹<br>우유를 살 때는 왜 날짜를 확인해야 하는지 이야기해 주세요. | 25) ☺ ☹<br>추석 때 필요한 물건은 무엇인지 알아보고 같이 적어주세요. | 26) ☺ ☹<br>가족과 함께 제기차기를 해보세요. |
| 27) ☺ ☹<br>떡의 종류를 이야기하고 같이 적어보세요. | 28) ☺ ☹<br>고속도로를 사용할 때는 차량과 거리에 따라 요금이 어떻게 다른지 이야기해 주세요. | 29) ☺ ☹<br>방앗간은 무엇을 하는 곳인지 이야기해 주고 같이 견학을 가보세요. | 30) ☺ ☹<br>유아가 가본 친척집은 지도에서 어디에 있는지 찾아보도록 도와주세요. | |

함께 한 날에는 ☺표, 하지 않은 날에는 ☹표를 해주세요.

## 10월 가족과 함께 하는 경제 교육 활동

| | 1) ☺ ☹<br>국군의 날이 어떤 날인지 이야기해 주세요. | 2) ☺ ☹<br>전자계산기 사용법을 자세히 알려주고 계산하도록 도와주세요. | 3) ☺ ☹<br>개천절에 대해 이야기해 보고, 경복궁을 가족과 함께 가보세요. | 4) ☺ ☹<br>자동차 회사 이름을 알아보도록 도와주세요. |
|---|---|---|---|---|
| 5) ☺ ☹<br>가족과 함께 폐품을 이용하여 재활용품을 만들어 보세요. | 6) ☺ ☹<br>생활 속에서 외래어를 그대로 쓰고 있는 단어를 찾아보도록 도와주세요(예 테이프, 바나나 등). | 7) ☺ ☹<br>돼지고기, 소고기 값의 차이를 비교해 보도록 도와주세요. | 8) ☺ ☹<br>세종대왕은 어떤 분인지 이야기해 주세요. | 9) ☺ ☹<br>「엄마의 의자」 경제 동화를 들려주고 물건 구매에 대해 이야기해 주세요. |
| 10) ☺ ☹<br>'세종대왕의 사진은 얼마짜리 돈에 새겨져 있을까?' 수수께끼를 풀어보도록 도와주세요. | 11) ☺ ☹<br>둘씩 셀 수 있는 물건을 알아보고 세어보도록 도와주세요(예 신발, 젓가락 등). | 12) ☺ ☹<br>'율곡 선생님의 그림이 있는 지폐는?' 수수께끼를 풀어보도록 도와주세요. | 13) ☺ ☹<br>밀가루 반죽을 해주고 수제비를 가족과 함께 만들어 보세요. | 14) ☺ ☹<br>우표의 종류와 우표 값은 얼마짜리가 있는지 살펴보도록 도와주세요. |
| 15) ☺ ☹<br>우리나라에서 수출하는 물건을 알아보고 무엇이 있는지 같이 적어보세요. | 16) ☺ ☹<br>신문의 이름들을 이야기해 주고 같이 읽어보세요. | 17) ☺ ☹<br>우리집에서 사용하는 수입품은 무엇이 있나 같이 찾아보세요. | 18) ☺ ☹<br>재래시장과 대형마트의 물건 값은 어떤지 비교하도록 도와주세요. | 19) ☺ ☹<br>물건을 싸게 사는 방법은 무엇이 있는지 같이 알아보세요. |
| 20) ☺ ☹<br>우리나라 토산품은 어떤 것이 있는지 이야기해 주세요(예 김치, 인삼 ,김 등). | 21) ☺ ☹<br>「박물관에서」 경제 동화를 들려주고 직업과 일에 대해 이야기해 보세요. | 22) ☺ ☹<br>물건을 무엇인지 살 때 필요한 것이 무엇인지 물어보고 같이 이야기해 보세요. | 23) ☺ ☹<br>과일을 낱개로 사는 것과 한 상자씩 사는 것 중에 어느 쪽이 싼지 비교하도록 도와주세요. | 24) ☺ ☹<br>우유를 살 때는 왜 날짜를 확인하는지 이야기해 주세요. |
| 25) ☺ ☹<br>6. 25 전쟁은 어떤 날인지 이야기해 주세요. | 26) ☺ ☹<br>「의좋은 형제」 경제 동화를 들려주고 생산에 대해 이야기해 주세요. | 27) ☺ ☹<br>찢어진 책을 어떻게 수선할지를 이야기해 주고 작업할 수 있도록 도와주세요. | 28) ☺ ☹<br>식물에서 얻을 수 있는 것을 알려주고 식물 등의 자원을 아끼는 태도를 이야기해 주세요. | 29) ☺ ☹<br>500원짜리 동전을 크레파스로 탁본을 떠보고 어떤 그림이 숨어 있는지 찾아보세요. |
| 30) ☺ ☹<br>'내 물건이 좋아야 제 값 받을 수 있다'는 경제속담을 함께 읽어보고 뜻을 함께 이야기해 주세요. | 31) ☺ ☹<br>가족과 함께 가까운 산에 다녀온 후 오를 때와 내려올 때 걸린 시간을 알아보세요. | | | |

함께 한 날에는 ☺표, 하지 않은 날에는 ☹표를 해주세요.

## 11월 가족과 함께 하는 경제 교육 활동

| | 1) ☺ ☹<br>11월은 며칠까지 있는지 같이 달력을 읽어 보세요. | 2) ☺ ☹<br>영수증을 살펴보고 무엇이 적혀 있는지 이야기하게 도와주세요. | 3) ☺ ☹<br>유아가 다니는 유치원 원비가 얼마인지 써주고 함께 읽어보세요. | 4) ☺ ☹<br>집에서 가까운 소방서를 다녀와서 가족과 함께 이야기 나누어 보세요. |
|---|---|---|---|---|
| 5) ☺ ☹<br>하루에 한 가지씩 남을 도와주도록 부탁하고 도와주었을 때의 마음이 어땠는지 이야기하도록 도와주세요. | 6) ☺ ☹<br>성냥불을 켜고 끄는 법을 알려주고 혼자 할 수 있도록 도와주세요. | 7) ☺ ☹<br>가족과 함께 가까운 산을 등산하도록 계획하세요. | 8) ☺ ☹<br>집 근처에 있는 지하철을 타보고, 역 이름을 알아보세요. | 9) ☺ ☹<br>「무엇이 될까?」 경제 동화를 들려주고 직업과 일에 대해 이야기해 주세요. |
| 10) ☺ ☹<br>전화 요금이 적게 나오는 방법은 무엇이 있을지 같이 이야기해 보세요. | 11) ☺ ☹<br>색종이는 얼마짜리가 있는지 조사해 보세요. | 12) ☺ ☹<br>'엄마가 집에서 가족과 가정을 위해 사용한 돈을 적는 기록장은 무엇일까?' 같이 알아보세요. | 13) ☺ ☹<br>음식물 찌꺼기를 줄이는 방법을 생각하고 가족과 토의해 보세요. | 14) ☺ ☹<br>가족과 함께 줄넘기를 해 보세요. |
| 15) ☺ ☹<br>바둑알로 숫자를 만들어보세요. | 16) ☺ ☹<br>마른 세탁물을 종류별로 접어보도록 부탁하세요. | 17) ☺ ☹<br>'돈 대신 사용하는 표는?' 수수께끼를 풀어보도록 도와 주세요. | 18) ☺ ☹<br>1,000원을 만들 수 있는 방법을 알려주세요(예 100원짜리 5개, 500원짜리 1개). | 19) ☺ ☹<br>반찬 만들기(예 두부를 똑같은 크기로 자르기)를 도와달라고 부탁하세요. |
| 20) ☺ ☹<br>'외상이면 소도 잡아먹는다' 경제 속담의 뜻을 이야기해 주세요. | 21) ☺ ☹<br>한 발로 몇 번이나 뛸 수 있는지 해보고 기록해 보세요. | 22) ☺ ☹<br>새 소식을 알려주는 보도 기관에 대해서 이야기해 주세요(예 신문, 잡지, TV 등). | 23) ☺ ☹<br>알고 있는 TV 프로그램 제목을 이야기해 보고 TV의 바른 시청법을 알려주세요. | 24) ☺ ☹<br>유아가 한 달 동안 사 먹은 과자 값이 모두 얼마인가 알려주세요. |
| 25) ☺ ☹<br>슈퍼에서 익힌 물건 값을 기억하고 적어보도록 도와주세요. | 26) ☺ ☹<br>「왕소비와 참소비」 경제 동화를 들려주고 돈에 대해 이야기해 주세요. | 27) ☺ ☹<br>태양계 가족은 무엇이 있는지 이야기하도록 유도해 주세요. | 28) ☺ ☹<br>지폐에 쓰여진 숫자를 써보도록 도와주세요. | 29) ☺ ☹<br>물건을 살 때 바코드가 왜 필요한지 생각하도록 이야기해 주세요. |
| 30) ☺ ☹<br>동네를 산책하고 나뭇잎을 모아 어떤 모양인지 비교하고 이야기해 보세요. | | | | |

함께 한 날에는 ☺표, 하지 않은 날에는 ☹표를 해주세요.

## 12월 가족과 함께 하는 경제 교육 활동

| | | | | |
|---|---|---|---|---|
| | | | | 1) ☺ ☹<br>12월은 어떤 계절인지 같이 이야기해 보세요. |
| 2) ☺ ☹<br>한 달 동안 사용한 영수증을 살펴보고 목록을 작성해 보세요. | 3) ☺ ☹<br>가족들의 몸무게를 달아보고 누가 제일 무거운지 알아보세요. | 4) ☺ ☹<br>가족과 함께 노인정과 보육원을 방문할 계획을 세워 보세요. | 5) ☺ ☹<br>유아에게 손수건이나 양말을 세탁할 수 있는 기회를 주세요. | 6) ☺ ☹<br>식사 후 가족 수대로 물을 따라 한 컵씩 대접해 보게 하세요. |
| 7) ☺ ☹<br>불이 없다면 불편한 점이 무엇이 있을지 같이 이야기해 보세요. | 8) ☺ ☹<br>전단지를 이용하여 점포별로 구별하여 작은 책을 만들어 보도록 도와주세요(예 옷가게, 생선가게, 채소가게 등). | 9) ☺ ☹<br>유아의 책장에 꽂혀 있는 책을 크기 순서대로 정리하도록 부탁하세요. | 10) ☺ ☹<br>'남을 돕기 위해 내는 돈은 무엇일까?' 하고 물어보세요. | 11) ☺ ☹<br>남을 위해 할 수 있는 일이 무엇인지 이야기해 보세요. |
| 12) ☺ ☹<br>훌라후프를 몇 번이나 할 수 있는지 세어보세요. | 13) ☺ ☹<br>물을 절약하는 방법이 무엇인지 가족과 토의해 보세요. | 14) ☺ ☹<br>'버스를 타고 내릴 때 사용하는 카드는 무엇일까?' 이야기하도록 도와주세요. | 15) ☺ ☹<br>유아가 알고 있는 동화를 가족에게 들려달라고 부탁하세요. | 16) ☺ ☹<br>「쌀 한 톨 한 톨」 경제 동화를 들려주고 생산에 대해 이야기해 주세요. |
| 17) ☺ ☹<br>'겨울'하면 생각나는 물건들을 이야기해 보세요(신문이나 잡지를 이용하세요). | 18) ☺ ☹<br>집 안에 있는 물건을 살펴보고 이름이 가장 긴 물건과 짧은 물건을 찾아보세요. | 19) ☺ ☹<br>자녀와 함께 크리스마스 트리를 장식해 보세요. | 20) ☺ ☹<br>'밀짚모자는 겨울에 준비하라' 경제 속담의 뜻을 알아보세요. | 21) ☺ ☹<br>차도에 담배꽁초를 버리는 사람을 보면 무슨 생각이 드는지 같이 이야기해 보세요. |
| 22) ☺ ☹<br>친구들을 도와준 적이 있는지 또는 무엇을 도와주었는지 같이 이야기해 보세요. | 23) ☺ ☹<br>구세군 자선냄비에 대해 이야기 해주세요. | 24) ☺ ☹<br>'휴지나 물을 아껴 쓰는 것을 무엇이라고 할까?' 물어보세요. | 25) ☺ ☹<br>오늘은 성탄절(예수께서 태어나신 날을 기념하는 날)임을 같이 이야기해 보세요. | 26) ☺ ☹<br>반찬 만들기(예 파, 마늘, 껍질 벗기기)를 도와달라고 부탁하세요 |
| 27) ☺ ☹<br>치약을 만드는 회사의 종류를 알아보도록 유도해 주세요. | 28) ☺ ☹<br>교통 기관의 이용 요금을 알 수 있도록 도와주세요(예 버스, 택시, 전철 등). | 29) ☺ ☹<br>유아가 좋아하는 TV 광고는 무엇이고 왜 좋아하는지 이야기해 보세요. | 30) ☺ ☹<br>엘리베이터 안에서 어른을 만나면 어떤 예절을 지켜야 하는지 알려주세요. | 31) ☺ ☹<br>1월 달력에 며칠까지 있는지 읽어보세요. |

함께 한 날에는 ☺표, 하지 않은 날에는 ☹표를 해주세요.

## 1월 가족과 함께 하는 경제 교육 활동

| | | | | |
|---|---|---|---|---|
| | | 1) ☺ ☹<br>새해가 되어서 달라진 것들은 무엇인지 물어 보세요. | 2) ☺ ☹<br>1분 동안 가족과 함께 할 수 있는 것에는 무엇이 있을까 토론해 보세요(예 안아주기, 악수하기). | 3) ☺ ☹<br>공기(산소)가 하는 일은 무엇이 있는지 이야기해 보세요. |
| 4) ☺ ☹<br>'천원 지폐는 누구 사진이 있을까?' 이야기해 보세요. | 5) ☺ ☹<br>12가지 색을 정확히 변별할 수 있는지 나눠보세요. | 6) ☺ ☹<br>지하철이나 버스 안에서 지켜야 할 자세로는 어떤 것이 있는지 이야기해 주세요. | 7) ☺ ☹<br>수저에 구슬을 올려놓고 걸어보도록 해보세요. | 8) ☺ ☹<br>'매주 아빠, 엄마가 주시는 돈은 무엇일까?' 물어보세요. |
| 9) ☺ ☹<br>'남을 돕기 위해 내는 돈은 무엇일까?' 물어보세요. | 10) ☺ ☹<br>가족의 띠를 알아보고 12간지에 대한 순서도 알아보세요. | 11) ☺ ☹<br>어떻게 하면 칭찬을 받을까 가족과 함께 토의해 보세요. | 12) ☺ ☹<br>매주 TV 안 보기를 하면 좋은 점을 이야기해 보세요. | 13) ☺ ☹<br>'돈을 저축하고 세금도 내는 곳은?' 어디인지 이야기하도록 도와주세요. |
| 14) ☺ ☹<br>돈을 깨끗이 사용하려면 어떻게 해야 하는지 같이 알아보세요. | 15) ☺ ☹<br>방학동안 즐거웠던 일을 상상해 보고 그림을 그려보도록 하세요. | 16) ☺ ☹<br>어떤 말과 행동을 하면 친구들이 싫어할까 이야기해 보세요. | 17) ☺ ☹<br>가족과 함께 알고 있는 노래 종류는 몇 가지나 있는지 이야기 나누어 보세요. | 18) ☺ ☹<br>매일 무슨 일들을 했는지 기억나는 대로 이야기하도록 부탁하세요. |
| 19) ☺ ☹<br>「이슬이의 첫 심부름」 경제 동화를 들려주고 구매에 대해 이야기 해주세요. | 20) ☺ ☹<br>아빠, 엄마 어깨를 주물러 달라고 부탁하세요. | 21) ☺ ☹<br>자녀와 함께 샌드위치를 만들어 대접하게 도와주세요. | 22) ☺ ☹<br>커서 하고 싶은 일이 무엇인지 말하도록 도와주세요. | 23) ☺ ☹<br>계란 프라이를 할 수 있도록 도와주세요. |
| 24) ☺ ☹<br>'싼게 비지떡이다' 경제 속담에 대해 이야기해 주세요. | 25) ☺ ☹<br>선생님이 하시는 일에 대해 이야기해 보세요. | 26) ☺ ☹<br>흙은 사람에게 어떤 이로움을 주는가 이야기해 주세요. | 27) ☺ ☹<br>바늘귀에 실을 꿰어보도록 해주세요. | 28) ☺ ☹<br>팬터마임(예 몸으로 어떤 행동을 하고 맞추는 놀이)을 가족과 함께 해보세요. |
| 29) ☺ ☹<br>음식점에서 지켜야 할 예절을 생각해 보세요. | 30) ☺ ☹<br>가족과 함께 한 발로 오래 서있기를 해보세요. | 31) ☺ ☹<br>할아버지, 할머니께 안부 편지를 쓰도록 도와주세요. | | |

함께 한 날에는 ☺표, 하지 않은 날에는 ☹표를 해주세요.

## 2월 가족과 함께 하는 경제 교육 활동

| | | | 1) ☺ ☹<br>2월은 며칠까지 있는지 세어보도록 하고, 어제, 오늘, 내일 등 시제에 대해 이야기해 주세요. | 2) ☺ ☹<br>연의 종류에는 무엇이 있는지 알아보세요. |
|---|---|---|---|---|
| 3) ☺ ☹<br>물건을 사러가기 전에 준비해야 할 점을 기억하여 이야기하도록 도와 주세요. | 4) ☺ ☹<br>다 사용한 볼펜대를 재활용하는 방법을 연구해 보세요. | 5) ☺ ☹<br>우리 집은 식용유를 얼마나 사용하는지 알아보는 방법을 알려주세요. | 6) ☺ ☹<br>왜 부자가 되고 싶은지 물어보고 부자의 의미를 이야기해 주세요. | 7) ☺ ☹<br>갖고 싶은 물건이 있을 때 어떻게 하면 좋은지 이야기해 보세요. |
| 8) ☺ ☹<br>「좁쌀 한 톨로 장가든 총각」 경제 동화를 들려주고 생산에 대해 이야기해 주세요. | 9) ☺ ☹<br>지갑은 왜 필요한지 같이 이야기해 보세요. | 10) ☺ ☹<br>119 전화번호는 어떠한 상황에서 사용하는지 알려주세요. | 11) ☺ ☹<br>'뿌리 깊은 나무는 바람에 흔들리지 않는다' 경제 속담을 이야기해 주세요. | 12) ☺ ☹<br>아파트 관리비의 내용을 보고 제일 비싸게 나온 요금의 숫자를 읽어보도록 도와주세요. |
| 13) ☺ ☹<br>'은행에 돈을 맡긴 뒤 맡겼을 때 보다 더 주는 돈은?' 수수께끼를 풀어보도록 도와주세요. | 14 ☺ ☹<br>유아에게 슈퍼에서 받은 영수증을 보고 계산기로 계산하도록 도와주세요. | 15) ☺ ☹<br>물을 아껴쓰면 왜 좋은지 같이 이야기해 보세요. | 16) ☺ ☹<br>손톱, 발톱을 혼자 깎을 수 있도록 도와주세요. | 17) ☺ ☹<br>'은행에서 저축한 돈을 적어주는 것은 무엇일까?' 물어봐 주세요. |
| 18) ☺ ☹<br>바둑알이나 동전을 이용하여 홀수와 짝수를 알아맞춰 보는 게임을 해보세요. | 19) ☺ ☹<br>저축은 왜 하는지 알려주세요. | 20) ☺ ☹<br>유아의 주민등록번호를 알려주고 오래도록 기억하게 도와주세요. | 21) ☺ ☹<br>사용한 물건을 남을 줄 때는 어떻게 해야 할까 가족과 함께 생각하세요. | 22) ☺ ☹<br>'용돈을 적는 기입장은 무엇일까?' 물어봐 주세요. |
| 23) ☺ ☹<br>통장에 기록된 이자에 대해 이야기해 주세요. | 24) ☺ ☹<br>유아가 안 쓰는 물건들 모아 서로 나누어 쓰도록 유도해 주세요. | 25) ☺ ☹<br>지로 용지에 대해 이야기해 주세요. | 26) ☺ ☹<br>유아가 갖고 있는 물건 중 제일 오래 쓴 물건을 알아봐 주세요. | 27) ☺ ☹<br>치약을 바르게 사용하는 법을 알려주세요. |
| 28) ☺ ☹<br>'엄마가 돈이 없는데 사고 싶은 물건이 있을 때 어떻게 해야 할까?' 물어봐 주세요. | | | | |

함께 한 날에는 ☺표, 하지 않은 날에는 ☹표를 해주세요.

## 가족과 함께 하는 경제 교육 활동의 예

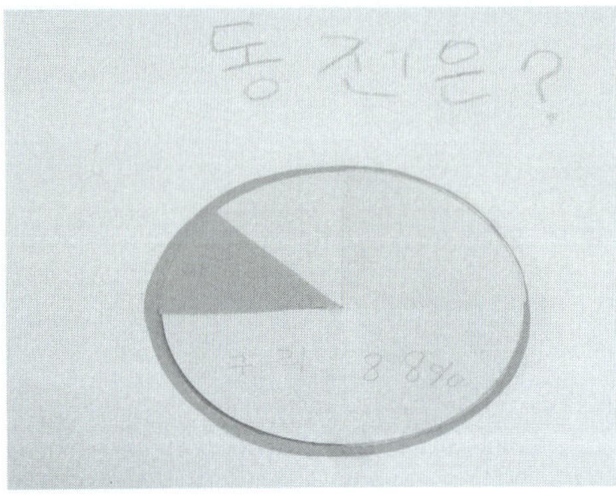


10원짜리 동전은 무엇으로 만들었을까?

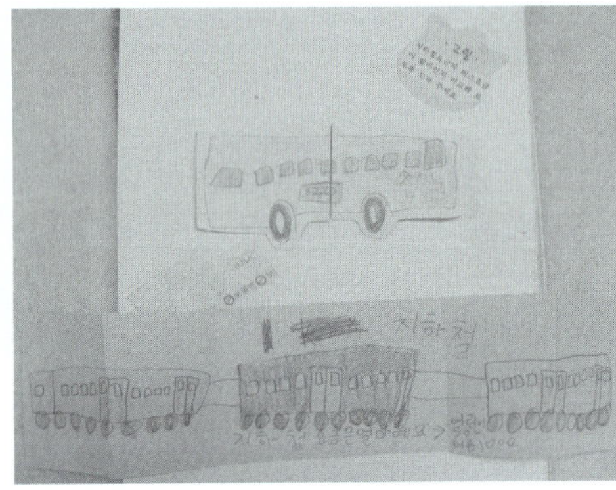


지하철 요금은 얼마나 될까?

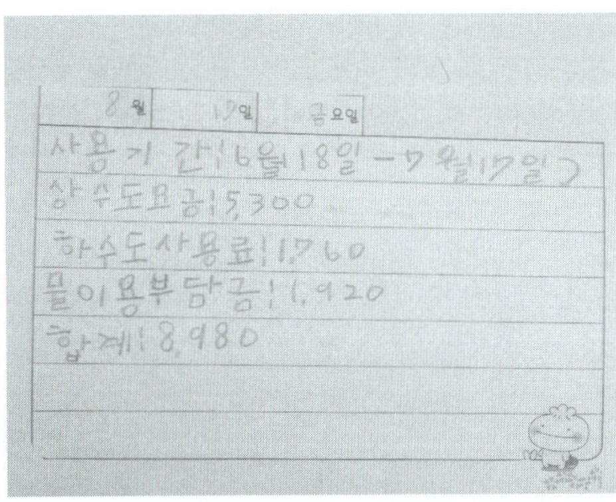


영수증은 꼼꼼히 살펴봐야 해!

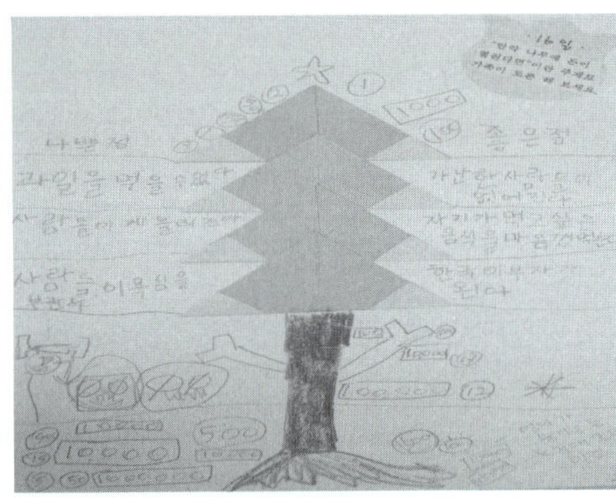

만약 나무에 돈이 열린다면?

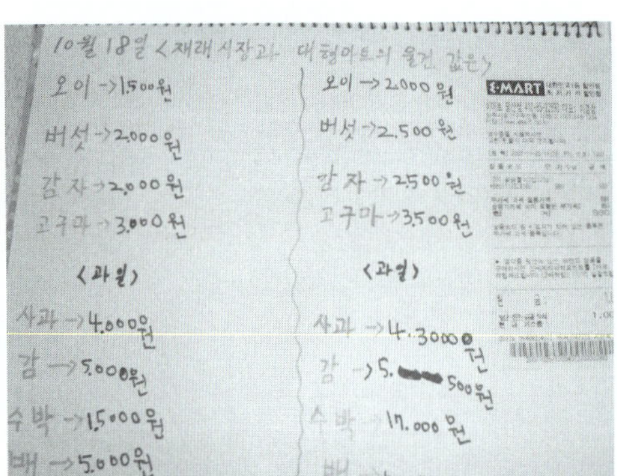


대형 마트와 동네 슈퍼는 왜 물건 값이 차이가 날까?

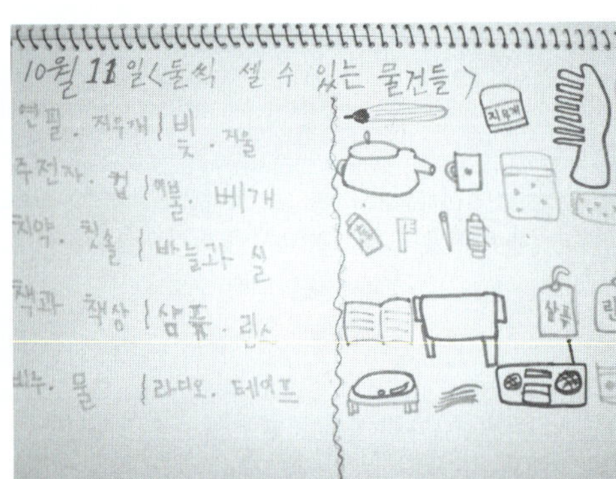


둘씩 셀 수 있는 물건은 무엇이 있을까?

# 제4절 유아기 실물경제교육을 위한 속담교육

속담은 오랫동안 그 민족과 사회구성원의 지지를 받아 오늘날까지 그 타당성이 인정되어온 살아있는 민족 문화의 지혜로서, 감성적인 것을 보존하고 있다는 점에서는 '경험' 에 가깝고 보편적인 것을 받아들인다는 점에서는 '과학' 에 가깝다. 속담은 사람들을 납득시키고, 공감하게 하며, 그것을 지침으로 자기의 행위를 반성하게 함으로써 전대 교육에서는 일종의 중요한 교육이다.

## 1 효 과

속담을 경제교육에 활용할 경우에 기대되는 효과를 살펴보면 다음과 같다.

### (1) 과학적 사고 전략

속담은 일상생활의 경험으로부터 추상화된 것이고, 경험 속에서 논리적으로 반성된 것으로 과학적 사고 전략의 의미가 크다.

### (2) 학습 동기 유발 전략

속담은 오랜 생활 체험에서 생겨난 지혜의 함축된 표현이므로 수양과 처세의 지침이 되는 것은 물론 재치와 해학을 담고 있는 말이므로 언어생활을 윤택하게 하는 감칠 맛나는 힘도 가지고 있다.

### (3) 확산적 사고 전략

급변하는 경제생활 속에서 속담의 적절한 활용은 상대방을 설득시키고 이해시키는데 큰 힘을 발휘하여 타협과 협상으로 의사소통을 부드럽게 함으로써 실제 경제문제를 해결해 나갈 수 있다.

(4) 눈높이 교육 전략

속담은 실제로 많은 연구와 세계관을 함축한 재미있고 유익한 언어로 감상성(재미), 사상성(유익), 실용성(쓸모)을 지니고 있다. 속담을 통하여 경제학 개념 교육을 시행할 경우에 교육적 효과가 높다.

## 2 속담을 이용한 경제 개념의 예시

**표 3-4 속담을 이용한 경제 개념의 예**

| | 내 용 | | 경제 개념 |
|---|---|---|---|
| 속담 1 | • 산토끼 잡으려다 집토끼 놓친다.<br>• 멧돼지 잡으려다 집돼지 놓친다. | | 기회 비용 |
| | 의 미 | • 두 마리의 토끼를 동시에 잡을 수 없다는 뜻이다. | |
| | 공통점 찾기 | • 「인어 공주」 이야기는 왕자님을 만나기 위해 두 다리를 얻는 대가로 아름다운 목소리를 포기<br>• 「효녀 심청」 이야기는 아버지의 눈을 떠지게 하기 위해 기꺼이 자신의 목숨을 바치는 경우 | |
| 속담 2 | • 맛있는 음식도 늘 먹으면 싫다.<br>• 듣기 좋은 노래도 늘 들으면 싫다. | | 한계의 원리 |
| | 의 미 | • 아무리 맛있는 음식이라도 일정한 간격을 두지 않고 계속 반복해서 먹으면 그 맛이 덜해지고 싫어진다는 뜻이다. | |
| | 공통점 찾기 | • 흉년의 떡도 많이 나면 싸다.<br>• 말이 많으면 쓸 말이 적다.<br>• 말이 많으면 장맛도 쓰다.<br>• 술 취한 후에 한 잔을 더하면 마시지 않은 것보다 못하다.<br>• 일반적으로 효용가치가 대단히 높은 재화이지만 욕망이 일정 수준을 초과했을 경우에는 효용가치가 체감하게 된다. | |

| | 내 용 | | 경제 개념 |
|---|---|---|---|
| 속담 3 | • 같은 값이면 다홍치마 | | 합리성<br>소비자 균형 |
| | 의 미 | • 여러 가지의 물건을 고를 때 가장 만족을 최대로 줄 수 있는 것을 추구하려고 한다. | |
| | 공통점 찾기 | • 같은 값이면 더 친절한 가게에 가서 물건을 산다.<br>• 같은 값이면 모양이 더 예쁜 것을 산다.<br>• 같은 값이면 공짜로 세차해 주는 곳에 가서 기름을 넣는다. | |

속담은 선조들이 경험한 지혜를 재미있고 유익하며 쓸모 있는 언어로 표현한 예술이다. 경제적 개념을 익히고 학습 동기를 높여주면서 확산적 사고를 할 수 있도록 도와주며 경제 문제를 스스로 해결하는 데 도움이 된다. 가정에서 부모님과 함께 일상생활에서 습관화되도록 협조해야 한다.

가정에서 할 수 있는 경제 속담놀이를 재미있게 들려주고 속담과 관련된 그림을 색칠하고 읽고, 쓰기가 가능하도록 연구 · 개발하였다(부록 pp.304-309).

Chapter 4

# 유아기 합리적인 실물경제교육을 위한 연간 계획안

# 제1절 유아기 실물경제교육의 연간 행사 및 활동 계획안

실물경제교육에 필요한 행사 활동 계획안은 가급적 계절감과 유아교육기관 교육 현장에서 실시하고 있는 상황을 고려하며 경제교육과 생활교육이 연합적으로 이루어지도록 구성하였으며, 경제 활동에서 필요한 도입 단계로 사전 활동과 마무리 단계의 사후 활동을 적절하게 실천할 수 있도록 구성하였다. 이는 여러 유아교육기관에 적용해본 결과를 토대로 구성한 것으로서 원에 따라 행사의 양이나 방법을 점진적으로 늘려나가야 할 것이다. 왜냐하면 경제교육은 평생을 해야 한다는 점에서 1~2년에 효과를 보려고 실시한다면 1회성으로 끝날 수 있기 때문이다.

**표 4-1 월별 경제생활을 위한 연간 행사 및 활동 계획안**

| 월별 주제 \ 내용 | | 행사 내용 및 목표 | 경제 개념 |
|---|---|---|---|
| 3월 | • 입학<br>• 체력 단련 | • 입학 선물로 6세 훌라후프, 7세 줄넘기<br>• 손도장 · 발 도장 찍기, 체력 증진 체크리스트 작성 | • 체력 단련 |
| | • 목 표 | • 걷기, 뛰기, 산책 및 등산을 통해 신체 단련을 하여 건강한 체력을 기르고 합리적인 생산자, 소비자의 기본을 갖춘다. | |
| 4월 | • 박물관 견학<br>• 물건 구매<br>• 저금통과 저금통장 제작<br>• 농작물 심기 | • 화폐, 금융박물관 견학<br>• 대형마트에서 물건 구매 과정 체험<br>• 개인용 통장 만들기 및 저금통장 제작 체험<br>• 감자, 고추, 고구마 등 농작물을 직접 심기 체험 | • 돈의 사용과 가치 개념<br>• 생산자<br>• 소비자<br>• 희소성 |
| | • 목 표 | • 화폐의 역사와 종류를 알게 되어 돈이 만들어지는 과정을 알게 되며, 구매 활동을 통해 돈의 가치를 익히고 농작물의 재배를 통해 생산 과정을 알게 된다. 또한 돈의 관리와 이웃 돕기 즉, 봉사 개념을 익힌다. | |

| 월별 주제 \ 내용 | | 행사 내용 및 목표 | 경제 개념 |
|---|---|---|---|
| 5월 | • 원내 캠프 1 (뷔페 식당)<br>• 알뜰시장, 바자회 | • 원내에서 하루 밤 자기 체험(홀로서기 경험)<br>• 뷔페 식당 꾸미기 체험<br>• 저축한 돈으로 재료를 준비하여 제작, 판매, 구매의 유통 과정 체험 | • 기회 비용<br>• 생산, 유통 |
| | • 목 표 | • 원내 캠프를 통해 홀로서기를 경험하고 뷔페 식당에서 지켜야 할 질서와 예절을 익히며 물건 생산 과정을 직접 체험함으로써 제한된 자원을 논리적인 선택과 판단력을 높인다. | |
| 6월 | • 원내 캠프 2 (은행놀이)<br>• 벼룩시장 | • 은행 역할놀이 체험을 할 수 있게 은행 꾸미기<br>• 은행원, 고객, 청원 경찰, 청구서 쓰는 곳, 교환 창구를 꾸며서 역할을 체험한다.<br>• 사용하지 않는 물건들을 바꾸어 쓰거나 팔아보는 체험을 한다. | • 소비, 절약, 저축<br>• 제한된 자원<br>• 투자 |
| | • 목 표 | • 돈의 흐름과 은행의 역할을 이해하고 친숙하게 하며 물건을 아껴 쓰고 나누어 쓰는 '아나바다'를 통해 부족한 자원의 해결 능력을 기르고 교환의 가치를 알게 한다. | |
| 7월 | • 공장 및 수자원 공사 견학 | • 우유 공장 견학 체험<br>• 물이 깨끗하게 만들어지는 과정 체험 | • 생산, 유통<br>• 물 부족 절약 |
| | • 목 표 | • 우유가 만들어지는 과정과 유통의 과정을 체험해 본다. 또한 깨끗한 물을 먹기 위해 환경에 관심을 갖고 물에 소중함을 알며, 물을 아껴 쓰고 절약하는 마음을 갖는다. | |
| 8월 | • 2학기 O · T<br>• 기본생활습관 | • 유아교육기관에서 지켜야 할 예절, 질서, 청결, 절제심 익히기<br>• 타인에 대한 배려심 익히기 | • 서비스<br>• 상도덕 |
| | • 목 표 | • 생산자, 소비자, 판매자로서의 상도덕을 지키기 위한 기본 예절을 익히고 자신의 신변 처리를 잘 하는 자립심과 집단의식을 갖게 한다. | |
| 9월 | • 원내 캠프 3 (신체 단련)<br>• 대형마트 견학 | • 줄넘기, 훌라후프, 젓가락 대회 체험하기<br>• 재래시장, 대형마트의 물건 값 비교 활동<br>• 모은 돈으로 살 물건을 계획하여 구매 활동 체험하기 | • 소비자<br>• 돈의 가치 |
| | • 목 표 | • 노동에 필요한 건강의 소중함을 알고 장소에 따라 물건의 값이 다름을 아는 합리적인 소비자 역할을 익힌다. | |
| 10월 | • 졸업여행 또는 숲 체험 | • 유아가 저축한 돈을 보태서 졸업여행이나 숲 체험 혹은 문화 활동 체험하기 | • 저축<br>• 소비 |
| | • 목 표 | • 저축한 돈을 여행에 필요한 경비로 사용하는 진정한 저축의 의미를 경험하게 되고 경제생활 속에서 얻어진 합리적이고 계획적인 소비를 경험한다. | |

| 월별 | 주제 (내용) | 행사 내용 및 목표 | 경제 개념 |
|---|---|---|---|
| 11월 | • 무역센터 방문<br>• 재활용 전시회 | • 수출품과 수입품 종류 분류와 나라 조사 체험하기<br>• 폐품을 이용한 생활 속에 재활용품 제작 체험하기 | • 수출, 수입<br>• 절약 |
| | • 목 표 | • 우리 문화의 소중함과 세계 여러 나라에 관심을 갖게 되며 절약하는 것도 돈을 버는 방법임을 이해한다. | |
| 12월 | • 봉사<br>• 소방서 견학 | • 소아암 센터나 노인정 방문<br>• 소방서를 방문하고 직업의 종류나 역할을 체험하기 | • 봉사<br>• 돈의 중요성 |
| | • 목 표 | • 용돈을 모아 어려운 이웃을 돕는 봉사 정신과 여러 직업의 종류를 알게 됨으로써 돈이란 남에게 필요한 일이나 가치 있는 일을 한 대가로 받는다는 것을 알게 한다. | |
| 1월 | • 나도 저축 왕 | • 용돈으로 모은 돈이 누가 제일 많을까 통계 내보기 | • 저축<br>• 부자 |
| | • 목 표 | • 부자는 남을 위해 봉사할 기회가 많다는 것을 익히고 미래의 좀 더 나은 소비를 위해 저축하는 습관을 익힌다. | |
| 2월 | • 알콩달콩 경제 박사 퀴즈 | • 골든 벨을 울려라 경제 퀴즈 체험하기 | • 관리 |
| | • 목 표 | • 경제 지식을 익히고 용돈 기입장 쓰기를 생활화하여 합리적인 소비자, 생산자로서 미래의 경제 시민이 되도록 한다. | |

## 제2절 유치원 생활주제와 유아기 실물경제교육 활동 비교

실물경제교육의 실천 활동으로 ① 돈의 가치와 중요성, ② 돈을 버는 경제 활동, ③ 돈을 관리하는 경제 활동, ④ 돈을 쓰는 경제 활동, ⑤ 사회봉사 활동 등 5개의 단계로 접근하는 과정에서 유아들에게 흥미를 높이고 자신감을 주기 위해 가정에서 문제 해결을 경험할 수 있도록 '가정 활동 조사서' 를 만들었고, 소집단 토의 활동으로 '모듬지' 와 유아 개개인의 개별화 교육을 할 수 있는 '개인 활동지' 를 할 수 있도록 연구 · 개발하였다.

이러한 과정에서 활동할 내용을 유치원 교육과정의 '생활주제' 와 '실물경제 개념' 과 비교하였다. 각 유아교육 현장에서 생활주제와 함께 경제 개념을 도입할 수 있도록 분류하였다.

# 1 가정 활동 조사서

**표 4-2 가정 활동 조사서 활동 비교**

| 경제 활동 | 가정 활동 조사서 | 생활주제 | 경제 개념 |
|---|---|---|---|
| 돈의 가치와 중요성 | • 2,000원 가격 내에서 나와 엄마가 필요한 물건 찾고 더해보기 | 나와 우리 가족 | 돈의 가치 |
| | • 우리집에서 나에게 무엇이 얼마의 돈을 사용되는가? | | 돈의 중요성 |
| | • 돈의 생성 과정 및 발달 과정 | 우리나라 | 돈의 가치 |
| | • 물건의 가격 비교(10년 전과 현재의 가격 비교) | | |
| 돈을 버는 경제 활동 | • 부모님의 직업 조사 | 우리 가족 | 생 산 |
| | • 재래시장, 동네 슈퍼, 대형마트 물건 가격 비교 | 우리 동네 (시장) | 절 약 |
| | • 물건 바코드 관찰 | | 생 산 |
| | • 같은 물건이라도 싸게 사는 방법 | | 절약, 관리 |
| | • 비빔밥을 집에서 먹었을 때와 밖에서 먹었을 때의 차이점 | 음 식 | 기회 비용 |
| 돈을 관리하는 경제 활동 | • 우리집 통장 조사 | 우리 가족 | 관 리 |
| | • 용돈 기입장과 가계부 비교 | | 절약, 관리 |
| | • 돈을 관리하는 은행과 카드의 종류 | 우리 동네 | 관리, 투자 |
| | • 은행에 가면 볼 수 있는 것, 은행에서 하는 일 | | 관 리 |
| 돈을 쓰는 경제 활동 | • 내가 쓰고 있는 물건 조사(꼭 필요한 물건과 그렇지 않은 물건) | 나 | 관 리 |
| | • 물건 구입 계획서 작성 | 우리 가족 | 절약, 관리 |
| | • 공중전화, 버스, 지하철, 택시비 등 공공 요금 조사 | 우리 동네 교통 기관 | 광고 |
| | • 가장 빠르게 갈 수 있는 방법 | | 절약 |
| | • 우리 가족의 여행 경비 중 교통비 산출 | 여행 | 소비 |
| 사회 봉사 활동 | • 우리 집에 있는 중국산 물건 조사해 보기 | 세계 여러 나라 | 수입품 |
| | • 외국인 노동자와 어떻게 하면 친구가 될 수 있을까? | | 다문화 |
| | • 사회봉사 기관 이름, 역할, 마크 조사해 보기 | 우리 동네 (이웃) | 봉사기관 |
| | • 내가 사장님(CEO)이 된다면 어느 나라에 무슨 물건을 수출하고 싶은가? | 나 | 수출품 |

## 2 모듬지

**표 4-3 모듬지 활동 비교**

<table>
<tr><th>경제 활동</th><th>모듬 활동</th><th>생활주제</th><th>경제 개념</th></tr>
<tr><td rowspan="5">돈의 가치와 중요성</td><td>• 만약 나무에 돈이 열린다면?</td><td>우리 가족</td><td>돈의 중요성</td></tr>
<tr><td>• 왜 옛날 돈에는 구멍이 있고 요즘 돈에는 구멍이 없는가?</td><td rowspan="3">우리나라, 모양</td><td>돈의 가치</td></tr>
<tr><td>• 동전은 왜 동그라미인가?</td><td>돈의 가치</td></tr>
<tr><td>• 지폐와 동전의 벤다이어그램</td><td>돈의 가치 및 중요성</td></tr>
<tr><td>• 돈이 없어 불편한 점은 무엇이 있을까?</td><td>우리 동네</td><td>돈의 중요성</td></tr>
<tr><td rowspan="5">돈을 버는 경제 활동</td><td>• 시장놀이 준비–주제망, 표상 활동, 질문지 작성</td><td rowspan="4">우리 동네</td><td>생산, 광고</td></tr>
<tr><td>• 시장놀이 물건 제작 방법, 순서도 만들기</td><td>생산</td></tr>
<tr><td>• 물건 가격 정하기 (주 재료비, 장식비, 수고비)</td><td>생산</td></tr>
<tr><td>• 물건을 팔지 않고도 돈을 벌 수 있는 방법</td><td>생산 · 광고</td></tr>
<tr><td>• 소로 밭 가는 것과 트랙터로 밭 가는 것 중 무엇이 더 효과적인가?</td><td>기계와 도구</td><td>생산, 효율성</td></tr>
<tr><td rowspan="3">돈을 관리하는 경제 활동</td><td>• 용돈을 벌 수 있는 방법</td><td rowspan="2">나와 우리 가족</td><td>직업, 분업</td></tr>
<tr><td>• 4개 저금통 사용법(소비를 위해, 저축을 위해, 가족을 위해, 기부를 위해 저금)</td><td>계획, 기부</td></tr>
<tr><td>• 기자가 되어서 은행원 인터뷰해 보기</td><td>우리 동네</td><td>직 업</td></tr>
<tr><td rowspan="5">돈을 쓰는 경제 활동</td><td>• 졸업여행 준비–필요한 것, 무엇을 타고 갈까, 경비는 어떻게 마련할까, 일시 등</td><td rowspan="2">교통 기관<br>여 행</td><td rowspan="2">소 비</td></tr>
<tr><td>• 졸업여행 시 가족들에게 사주고 싶은 선물</td></tr>
<tr><td>• 물 부족의 이유, 재해, 방어책 알아보기</td><td>지구와 우주</td><td>부족, 희소성</td></tr>
<tr><td>• 2,000원을 가지고 할 수 있는 일</td><td rowspan="2">우리 동네</td><td>돈의 가치</td></tr>
<tr><td>• A회사와 B회사 광고 비교(똑같은 물건)</td><td>소비, 광고</td></tr>
<tr><td rowspan="4">사회 봉사 활동</td><td>• 밥 퍼주는 사람 인터뷰</td><td rowspan="3">우리 동네<br>(이웃)</td><td>봉 사</td></tr>
<tr><td>• 부자에 대한 개념 알아보기</td><td rowspan="3">봉사, 기부</td></tr>
<tr><td>• 어려운 사람을 도울 수 있는 방법</td></tr>
<tr><td>• 내 것 중 나누어 주고 싶은 것</td><td>나</td></tr>
</table>

## 3 개인 활동지

**표 4-4 개인 활동지 활동 비교**

| 경제 활동 | 개인 활동 | 생활주제 | 경제 개념 |
|---|---|---|---|
| 돈의 가치와 중요성 | • 화폐 속 인물 모자이크 | 색과 모양 | 돈의 가치 |
| | • 지폐와 동전 관찰: 4가지 감각(시각, 청각, 촉각, 후각)으로 | | 돈의 중요성 |
| | • 내 얼굴이 돈에 나오게 | | 돈의 중요성 |
| | • 돈의 발달 과정과 화폐 단위 알기 | 우리 동네 | 돈의 가치 |
| 돈을 버는 경제 활동 | • 상품권, 쿠폰 책 만들기 | 우리 동네 | 광 고 |
| | • 내가 좋아하는 과자 봉지 관찰 | | 생산, 광고 |
| | • 할인쿠폰 모음 책 만들기 | | 광 고 |
| | • 상품 캐릭터 제작(디자인, 얼마에 팔릴지, 제조 날짜) | 색과 모양 | 생산, 광고 |
| 돈을 관리하는 경제 활동 | • 은행 로고 만들기(왜, 무슨 은행, 의미, 은행 PR) | 색과 모양 | 은행놀이 |
| | • 은행의 종류 조사해 보기 | 우리 동네 | 직업 |
| | • ○○은행 4행시 짓기 | | 직업 |
| | • 타임캡슐–목표액을 정하고 저금한 돈으로 무엇을 하고 싶은가? | 나 | 저금, 투자 |
| 돈을 쓰는 경제 활동 | • 동시–소비 절약 | 지구와 우주 | 절 약 |
| | • 명화–장을 보아온 여인을 보고 시장 바구니 안에 무엇이 들어있나? | 우리 동네 | 소 비 |
| | • 동생에게 물려주고 싶은 물건과 물려받은 물건 | 우리 가족 | 절 약 |
| | • 우리 문화를 비싸게 팔 수 있는 방법 | 세계 여러 나라 | 광 고 |
| 사회 봉사 활동 | • 사랑의 편지 | 우리 동네 | 기부 · 봉사 |
| | • 삯바느질로 모은 전 재산을 내놓은 할머니 | | |
| | • 어른이 되어서 부자가 되면 어떻게 남을 도울까? | | |
| | • 내가 CEO가 되어 회사를 설립한다면 무슨 회사를 설립하고 싶은가?(6하 원칙에 따라서) | 우리나라와 세계 여러 나라 | 수출, 수입 |

# 제3절 유치원 생활주제와 몬테소리 교육과정 연간 계획안

몬테소리 교실에서는 유아의 흥미가 언제 어떤 방법으로 무엇에 대해 유발될지 모르기 때문에 공간이 가능한 한 모든 영역의 교구를 준비해야 한다. 그러나 우리나라 현실에서는 협소한 교실 환경이 실천하기 쉽지 않은 것을 감안하여, 6차 교육과정에서 요구되는 '생활주제'를 중심으로 몬테소리 교육과정을 연령에 맞추어 연간 계획안을 구성하였다. 그러나 혼합 연령반 구성을 하는 원이나, 혹은 연령별 반 구성을 하는 현상에 따라 융통성 있는 조정을 통해 각 원의 수준에 의해 연간 계획안 〈표 4-5〉를 제시한다.

**표 4-5 유치원 생활주제와 몬테소리 교육과정 연간 계획안**

영아반(만 3세)

| 월 | 생활 주제 | 일상생활 | | 감각 | 수 | 언어 | 문화 |
|---|---|---|---|---|---|---|---|
| 3월 | 즐거운 유치원 | • 옷 입고 벗기<br>• 바르게 인사하기<br>• 신발 신고 벗기<br>• 문 열고 닫기, 코 풀기<br>• 화장실 사용법<br>• 손 씻기, 식사 예절<br>• 양치질하기<br>• 거울 보기 | • 정숙의 연습 A, 걷기<br>• 마카로니 옮기기<br>• 가방 분류하기<br>• 쌀 붓기<br>• 돌리기<br>• 큰 구슬 끼우기<br>• 흥미 영역 10가지 | • 꼭지있는 퍼즐 맞추기<br>• 주변에서 나는 소리 구분하기<br>• 시작과 마침의 종소리<br>• 분홍탑(기본 제공) | • 수 퍼즐 맞추기<br>• 날짜 판에 날짜 붙이기<br>• 신체 부분을 통한 수 세기<br>• 친구 세어보기<br>–꼬마 인디언 | • 바르게 대답하기<br>• 자기 이름 말하기<br>• 좋아하는 사람 말하기<br>• 인사하기<br>–친구와 선생님께<br>• 수수께끼 | • 교실 관찰하기<br>• 유치원의 주변 환경 알기(실내)<br>• 유치원의 주변 환경 알기(실외)<br>• 계절의 변화(봄)<br>• 창조의 역사(공기) |
| 4월 | 봄 | • 의자 사용법<br>• 선 따라 걷기 1<br>• 가방 정리하기<br>• 주단 말고 펴기, 운반하기<br>• 팔 움켜쥐기, 이 닦기<br>• 나뭇잎 닦기<br>• 미니 빗자루 걸고 떼기 | • 꽃 구슬 꽂기<br>• 꽃 분류하기<br>• 씨앗 붓기<br>• 병뚜껑 돌리기<br>• 병아리 옮기기<br>• 두드리기(망치)<br>• 빻기(달걀 껍데기)<br>• 흥미 영역 10가지 | • 분홍탑 (거리를 둔 점차성)<br>• 갈색계단 1<br>• 갈색계단 2<br>• 꼭지원기둥 1 | • 수만큼 행동하기<br>• 실물과 숫자카드<br>• 우리집과 유치원의 전화번호<br>• 가족 수 세기 | • 신체 부위 명칭 말하기<br>• 놀이 기구 이름 말하기<br>• 환경의 물건 이름 말하기<br>• 인사하기<br>–고맙습니다, 미안합니다 | • 씨앗 심기<br>• 싹 틔우기<br>• 개구리 성장 과정<br>• 돋보기로 관찰하기<br>• 식물의 변화 관찰<br>• 창조의 역사(온도) |
| 5월 | 나와 우리 가족 | • 숟가락으로 옮기기<br>• 분류하기(색)<br>• 붓고 따르기<br>• 가위 사용법 (한 번에 자르기)<br>• 구슬 끼우기 | • 빨대 끼우기<br>• 단추 분류하기<br>• 솜공 옮기기<br>• 손톱 깍기<br>• 옥수수 붓기<br>• 과자 갈기<br>• 흥미 영역 10가지 | • 꼭지원기둥 2<br>• 분홍탑 (두 개의 탑 쌓기)<br>• 분홍탑(3단계 레슨)<br>• 갈색계단(3단계 레슨)<br>• 온각판<br>• 색판 1(기본 제공) | • 색 비즈<br>• 수막대<br>• 수막대와 숫자카드<br>• 수 세며 옮기기<br>–호두 등<br>• 기억력 게임 | • 학용품 이름 알기<br>• 사진 보고 문답놀이<br>• 가족 구성원 말하기<br>• 인사하기<br>–안녕히 주무세요, 안녕히 주무셨어요<br>• 문자 찾기 | • 식물의 성장 과정<br>• 환경 안의 꽃 관찰<br>• 봄 동산 돌아보기<br>• 우리에게 도움을 주시는 분<br>• 창조의 역사(소리) |

| 월 | 생활 주제 | 일 상 생 활 | | 감 각 | 수 | 언 어 | 문 화 |
|---|---|---|---|---|---|---|---|
| 6월 | 우리 동네 | • 빨래집게 꽂기(집)<br>• 분류하기(형태)<br>• 물건 주고받기<br>• 집게로 옮기기<br>• 구슬 굴리기(옷) | • 옮기기(음식 모형)<br>• 숟가락 걸고 떼기<br>• 집 모형 끼우기<br>• 사는 곳 분류<br>• 흔들기(스팽글) 분류하기<br>• 흥미 영역 10가지 | • 꼭지원기둥 3<br>• 꼭지원기둥 4<br>• 색원기둥(노랑)<br>• 색원기둥(빨강)<br>• 온각병 | • 손가락, 발가락 세기<br>• 가위바위보 게임<br>• 모래 숫자카드 1<br>• 수 만큼 세기(동물) | • 모래 문자판 1<br>• 모래 문자판 2<br>• 동물 이름 말하기<br>• 동 · 식물의 이름 알기 | • 병원의 종류<br>• 과일즙의 색 변화<br>• 동물과 식물<br>• 동물원 견학<br>• 창조의 역사(무게) |
| 7월 | 여름 방학 | • 이쑤시개 꽂기<br>• 병뚜껑 돌리기<br>• 나사 돌리기<br>• 찢어 붙이기<br>• 음식 모형 만들기<br>• 헝겊 접기(사각형)<br>• 스펀지 짜기 | • 얼음을 볼에 옮기기<br>• 분류하기<br>• 색물 붓기<br>• 조개껍데기 닦기<br>• 과자 갈기<br>• 소라 구슬 끼우기<br>• 흥미 영역 10가지 | • 빨간막대(기본 제공)<br>• 빨간막대(3단계 레슨)<br>• 소리상자(2쌍)<br>• 촉각판 1<br>• 꼭지원기둥 2+3<br>• 꼭지원기둥 2+4 | • 모래 숫자카드 2<br>• 물레가락 상자 1<br>• 물레가락 상자 2<br>• 0의 의미 알기 | • 물체와 카드 맞추기<br>• 그림과 그림 맞추기<br>• 선긋기(직선,곡선)<br>• 끝말 이어가기<br>• 이동 24음 | • 골고루 먹어요<br>• 우리 몸이 건강하려면<br>• 산과 바다 알기<br>• 방학에 하고 싶은 일<br>• 창조의 역사(불) |
| 9월 | 교통 기관 및 운동 | • 정숙의 연습 B<br>• 인사하기, 옷 입고 벗기, 신발 신고 벗기<br>• 화장실 사용법, 손 씻기, 문 열고 닫기<br>• 주단 말고 펴기, 운반하기<br>• 도형 붙이기<br>• 날카로운 물건 주고 받기 | • 이쑤시개 꽂기<br>• 코스모스 옮기기<br>• 보리 붓기<br>• 돌리기(조립 자동차)<br>• 걸고 떼기 –고리 비행기<br>• 흥미 영역 10가지 | • 기하도형서랍 5<br>• 촉각판 2<br>• 촉각판(3단계 레슨)<br>• 색판 1 (거리를 둔 동일성)<br>• 기하도형 쌓기 | • 비즈 소개<br>• 기억놀이 1<br>• 기억놀이 2<br>• 수막대(비교급)<br>• 손으로 수막대 길이 표현 | • 교통 기관 그림자 맞추기<br>• 친구 이름 쓰기<br>• 덧쓰기 문자판<br>• 바르게 발음하기 –ㄱ, ㄴ, ㄷ, ㄹ, ㅁ, ㅂ, ㅅ<br>• 수수께끼(교통 기관)<br>• 음 찾기 | • 교통 기관 알기<br>• 교통 규칙 지키기<br>• 신호등 알기<br>• 유치원 버스에서의 규칙<br>• 창조의 역사(자석) |

| 월 | 생활 주제 | 일 상 생 활 | | 감 각 | 수 | 언 어 | 문 화 |
|---|---|---|---|---|---|---|---|
| 10월 | 우리 나라와 세계 여러 나라 (추석) | • 가위로 곡선 자르기<br>• 책상 운반하기<br>• 머리 빗기<br>• 옷 개기<br>• 식빵 갈기 | • 장구 옮기기<br>• 버선 분류하기<br>• 호박 닦기<br>• 행성 진주핀 꽂기<br>• 흥미 영역 10가지 | • 기하도형서랍 1<br>• 소리상자(4쌍)<br>• 소리상자(6쌍)<br>• 중량판<br>• 중량판(3단계 레슨) | • 카드 소개<br>• 색 비즈 1<br>• 색 비즈 2<br>• 감이 열렸어요<br>• 도토리 줍기 | • 문자 찾기<br>• 바르게 발음하기<br>–ㅇ, ㅈ, ㅊ, ㅋ, ㅌ, ㅍ, ㅎ<br>• 철판도형(기본 제공)<br>• 철판도형을 대고 그리기<br>• 동화 듣기 | • 우리나라의 상징 알기<br>• 태극기 퍼즐<br>• 계절의 변화(가을)<br>• 낙엽의 모양과 색<br>• 창조의 역사(빛) |
| 11월 | 지구와 우주 | • 도구 사용–펀치<br>• 끈 끼우기<br>(바느질 전 단계)<br>• 실 감기<br>• 도장 찍기–고구마 | • 나누어 붓기<br>• 옮기기–작은 지구<br>• 공룡 분류<br>• 순서대로 꽂기<br>• 별 걸고 떼기<br>• 흥미 영역 10가지 | • 기하도형서랍 2<br>• 색원기둥 초록, 빨강<br>• 구성삼각형 A | • 색 비즈–색칠하기<br>• 1~10 도장 찍기<br>• 기억놀이 게임<br>• 같은 나뭇잎 모으기 | • 가을 과일 카드 맞추기<br>• 동시 만들기<br>• 음절 수대로 칩 놓기<br>• 바르게 발음하기<br>–ㅏ, ㅑ, ㅓ, ㅕ | • 가을 과일<br>• 꽃 부분 퍼즐<br>• 거북이 부분 퍼즐<br>• 지구의 역사 |
| 12월 | 겨 울 | • 가위로 잡지 오리기<br>• 마스크, 장갑 사용법<br>• 주단 손질하기 | • 콘 프레이크 갈기<br>• 포인세티아 끼우기<br>• 흥미 영역 10가지 | • 기하도형서랍 3<br>• 색원기둥 (2조)<br>• 색판 2<br>• 꼭지원기둥과 색원기둥 | • 수막대와 빨강막대<br>• 장갑 짝 맞추기<br>• 색비즈 색 맞추기 게임<br>• 세강판 1 | • 바르게 발음하기<br>–ㅗ, ㅛ, ㅜ, ㅠ, ㅡ, ㅣ<br>• 작은 책 1<br>• 같은 그림 찾기<br>• 손 인형 놀이 | • 사과 부분 퍼즐<br>• 계절의 변화(겨울)<br>• 국기 맞추기<br>• 우리 주변의 어려운 이웃<br>• 창조의 역사(불, 열) |
| 2월 | 초등 학교에 가려면 | • 목걸이 만들기<br>• 도구 사용–손톱 깎기<br>• 교실 정리하기<br>• 옷 걸고 떼기 | • 모자 옮기기<br>• 짝수, 홀수 분류<br>• 액자 꽂기<br>• 흥미 영역 10가지 | • 기하도형서랍 4<br>• 분홍탑과 갈색계단 변형<br>• 빨간막대 변형<br>• 소리상자(서열)<br>• 촉각판 합치기 | • 세강판 1과 비즈<br>• 별 따기 게임<br>• 수막대로 교실<br>• 물건 길이 측정하기<br>• 수 막대 잇기 | • 겨울철 물건 그림자 맞추기<br>• 같은 용도로 쓰이는 물건 짝 맞추기<br>• 끝말 이어가기<br>• 여러 가지 상황에서의 인사말 | • 겨울방학을 지내고<br>• 얼음 얼리기<br>• 식물 관찰<br>• 형님이 되어요<br>• 창조의 역사(물체) |

## 유치원 생활주제와 몬테소리 교육과정 연간 계획안

유아반(만 4세)

| 월 | 생활 주제 | 일상생활 | | 감 각 | 수 | 언 어 | 문 화 |
|---|---|---|---|---|---|---|---|
| 3월 | 즐거운 유치원 | • 바르게 인사하기, 신발 신고 벗기, 화장실 사용법<br>• 옷 입고 벗기 가방 정리하기<br>• 문 열고 닫기, 손 씻기<br>• 식사예절, 양치질 하기<br>• 코 풀기<br>• 정숙의 연습 A | • 지우개 옮기기<br>• 쌀 붓기<br>• 구슬 분류<br>• 비즈 끼우기<br>• 유토에 못 두드리기<br>• 흥미 영역 10가지 | • 여러 가지 소리 구분하기<br>• 여러 가지 형태 구분하기<br>• 여러 가지 물건 만져보기<br>• 분홍탑 제시 1<br>• 기하도형서랍(기본) | • 1~10까지 숫자 세기<br>• 1~10의 수와 양<br>• 1대1 대응<br>• 패턴 만들기 | • 바른 자세로 듣기<br>• 자기 소개(말하기)<br>• 환경에 있는 물건 이름 알기<br>• 환경에 있는 물건과 그림카드 맞추기 | • 유치원 주변 환경 알기(실내)<br>• 유치원 주변 환경 알기(실외)<br>• 계절의 변화(봄)<br>• 식물의 성장 과정<br>• 창조의 역사(공기)<br>• 백과 청의 지구본<br>• 색이 있는 지구본 |
| 4월 | 봄 | • 운반하기, 주단 말고 펴기<br>• 선 따라 걷기 1, 2 걸고 떼기, 먼지 털기<br>• 청소 도구 사용법 1<br>• 걸레와 행주 사용법<br>• 붙이기(봄동산 꾸미기) | • 꽃 옮기기<br>• 개구리 분류<br>• 씨앗 붓기<br>• 바구니에 꽃 꽂기<br>• 계란 껍질 빻기<br>• 흥미 영역 10가지 | • 분홍탑 제시 2<br>• 갈색계단 1<br>• 갈색계단 2 (굵다/가늘다)<br>• 꼭지원기둥 1<br>• 잎의 서랍<br>• 기하도형서랍과 카드 5 | • 숫자 도장 찍기<br>• 수막대 1, 2<br>• 수막대와 숫자카드<br>• 비즈의 소개<br>• 분수철판 1 | • 라이트 박스<br>• 끝말 이어가기<br>• 실물과 그림카드 맞추기<br>• 그림카드와 맞추기<br>• 의성어, 의태어 | • 씨앗 심기, 씨앗 틔우기<br>• 식물 가꾸기<br>• 식물 사전 매칭<br>• 나무, 꽃 퍼즐<br>• 백과 청의 지구본<br>• 창조의 역사(온도) |
| 5월 | 나와 우리 가족 | • 움켜쥐기, 큰 컵에 붓기<br>• 작은 컵에 붓기, 구슬 끼우기<br>• 숟가락으로 옮기기<br>• 집게로 옮기기<br>• 빨래하기<br>• 스테이플러(우리 가족) | • 머리핀 옮기기<br>• 옥수수 붓기<br>• 손과 발 분류<br>• 오른손, 왼손 꽂기<br>• 마카로니 끼우기<br>• 못 두드리기<br>• 흥미 영역 10가지 | • 꼭지원기둥 2<br>• 색원기둥 1<br>• 색원기둥 2<br>• 색판 1<br>• 기하도형서랍과 카드 1 | • 모래 숫자판 1, 2<br>• 물레가락 상자 1, 2<br>• 카드의 소개<br>• 비즈와 카드에 의한 큰 수 구성 1<br>• 분수의 소개 | • ~으로 시작하는 단어<br>• 그림카드와 이름 맞추기<br>• 사진 홀더<br>• 말놀이, 수수께끼<br>• 모래 문자판 1<br>• 음 찾기, 문자 찾기<br>• 존대어 | • 개구리, 닭의 성장 과정<br>• 나의 성장 과정<br>• 가족 나무, 가족의 역사<br>• 우리가 사는 곳 알아보기<br>• 나무의 부분 명칭<br>• 국기(아시아),<br>• 지도서랍 1<br>• 창조의 역사(소리) |

| 월 | 생활 주제 | 일상생활 | | 감각 | 수 | 언어 | 문화 |
|---|---|---|---|---|---|---|---|
| 6월 | 우리 동네 | • 병뚜껑 열기<br>• 색종이 접기(강아지)<br>• 쓸어 모으기<br>나사 맞추기<br>• 옷틀(단추)<br>• 데칼코마니(집) | • 핀셋으로 옮기기<br>• 동 이름 분류<br>• 쌀 스팽글 체치기<br>• 머리 땋기<br>• 집 끼우기<br>• 포크 걸고 떼기<br>• 흥미 영역 10가지 | • 빨간막대 1<br>• 빨간막대 2<br>• 촉각판 1, 2<br>• 소리상자 제시 1<br>• 미각병<br>• 색판 2<br>• 기하도형서랍과 카드 2 | • 수의 기억놀이<br>• 수의 기억놀이 게임<br>• 숫자와 바둑알 1<br>• 숫자와 바둑알 2 (짝수, 홀수)<br>• 비즈와 카드에 의한 덧셈 1<br>• 분수의 역사 | • 이동 24음<br>• 모래 문자판 2<br>• '가' ~ '하' 도장 찍기<br>• '가' '나' 로 시작되는 말<br>• 친구 이름 쓰기<br>• 판토마임<br>• 복합어 | • 꽃의 부분 명칭<br>• 잎의 부분 명칭<br>• 생물과 무생물 분류 (실물)<br>• 집짐승과 들짐승<br>• 기체, 액체, 고체 실험<br>• 국기(아프리카)<br>• 지도서랍 2<br>• 창조의 역사(무게) |
| 7월 | 여름 방학 | • 머리 손질하기<br>• 작은 집게로 옮기기<br>• 옷틀(지퍼, 똑딱 단추)<br>• 꽂기<br>• 천 접기<br>• 꽃에 물 갈아주기 | • 밀가루 체치기<br>• 색물 붓기<br>• 수박 진주핀 꽂기<br>• 스펀지 짜기<br>• 흥미 영역 10가지 | • 소리상자 제시 2<br>• 분홍탑과 갈색계단 변형<br>• 중량판, 온각병<br>• 꼭지원기둥 3<br>• 기하도형 쌓기<br>• 기하도형서랍과 카드 3 | • 1~10 색 비즈<br>• 색 비즈 색깔 알기<br>• 비즈의 소개 2 (1, 10, 100, 1000)<br>• 세강판 1<br>• 뱀놀이 덧셈 1 | • 작은 책 1, 2, 3<br>• 덧쓰기 문자판<br>• 철판도형(기본 제시)<br>• '다' '라' 로시작하는 말<br>• 읽고 써보기<br>• 그림으로 읽는 동화 | • 생물과 무생물 (그림카드)<br>• 동물과 식물 분류(모형)<br>• 동물과 식물(그림 카드)<br>• 국기(북아메리카)<br>• 창조의 역사(물) |
| 9월 | 교통 기관 및 운동 | • 바르게 인사하기, 옷 입고 벗기, 신발 신고 벗기<br>• 문 열고 닫기 식사 예절, 이 닦기<br>• 모양 펀치 사용하기<br>• 식탁의 준비<br>• 가방 짜기(베틀) | • 바퀴 옮기기<br>• 교통 기관 분류<br>• 수수 붓기, 나사 돌리기<br>• 푸싱핀 꽂기, 비행기 닦기<br>• 캔 걸고 떼기<br>• 흥미 영역 10가지 | • 꼭지원기둥 4<br>• 색원기둥 3<br>• 색원기둥 4<br>• 꼭지원기둥 변형<br>• 구성삼각형 A<br>• 기하도형서랍과 카드 4 | • 카드의 소개<br>• 비즈와 카드에 의한 큰 수 구성 2<br>• 은행놀이 뺄셈 1 | • 고사성어<br>• 작은 바구니 1, 2<br>• 바둑판 무늬의 종이<br>• 여러 가지 탈것의 이름 알기<br>• 받침 없는 단어 만들기 | • 척추 · 무척추 동물 분류<br>• 척추 동물 소개 (말, 개구리)<br>• 땅, 물, 공기의 소개<br>• 국기(유럽)<br>• 교통 기관의 발달<br>• 창조의 역사(자석) |

| 월 | 생활 주제 | 일상생활 | | 감각 | 수 | 언어 | 문화 |
|---|---|---|---|---|---|---|---|
| 10월 | 우리 나라와 세계 여러 나라 (추석) | • 스펀지 사용<br>• 물 따르기<br>• 깔때기 사용하기<br>• 스포이트로 옮기기<br>• 다리미 사용(버선) | • 은행 옮기기<br>• 원두 갈기<br>• 자 · 모음 분류<br>• 식빵 갈기<br>• 호박 닦기<br>• 흥미 영역 10가지 | • 색판 2 제시 1<br>• 색판 2 제시 2<br>• 기하도형서랍(기본)<br>• 구성삼각형 B<br>• 색판 변형 | • 뺄셈의 뱀놀이<br>• 세강판 1과 비즈<br>• 비즈 사슬 (100의 사슬)<br>• 은행놀이 덧셈 2 | • 철판도형 틀 사용<br>• 반대어<br>• '마', '바'로 시작하는 말<br>• 2색의 이동 24음<br>• 속담 | • 백과 청의 지구본<br>• 색이 있는 지구본<br>• 우리나라 지도<br>• 5대양 6대륙<br>• 국기(남아케리카)<br>• 창조의 역사(빛)<br>• 민속놀이 책 |
| 11월 | 지구와 우주 | • 손톱 깎기 사용<br>• 실패 감기(우주선)<br>• 바느질(홈질)<br>• 계란 껍질 빻기<br>• 목도리 짜기(원통)<br>• 직조 짜기 | • 별 옮기기<br>• 행성 분류<br>• 팽이 돌리기<br>• 스티로폼에 진주핀 꽂기<br>• 달의 변화 걸고 떼기<br>• 흥미 영역 10가지 | • 촉각판 합치기<br>• 천 합치기 1<br>• 곡물의 분리<br>• 비밀주머니 1<br>• 잎의 서랍과 카드 | • 세강판 2<br>• 우표놀이 덧셈 1<br>• 덧셈의 계산판과 잘못의 정정판 1, 2<br>• 색비즈 곱셈놀이 | • 행동놀이 1<br>• 작은 바구니 3<br>• '사', '아'로 시작하는 말<br>• 끝말 이어가기<br>• 명사의 소개 | • 잎의 서랍과 카드<br>• 지형의 종류(섬, 호수, 만, 반도, 해협, 지협)<br>• 불의 역사, 지구의 역사<br>• 국기(오세아니아) |
| 12월 | 겨울 | • 매듭짓기<br>• 옷, 양말 개기<br>• 색종이 접기(산타)<br>• 거울 닦기<br>• 천 접기 | • 패턴 옮기기<br>• 보리 붓기<br>• 양말 분류<br>• 과자 갈기<br>• 트리 끼우기<br>• 흥미 영역 10가지 | • 비밀주머니 2<br>• 천 합치기 2<br>• 색원기둥 변형<br>• 꼭지원기둥과 색원기둥<br>• 기하입체바구니 (기본) | • 덧셈의 암산판 1, 2<br>• 우표놀이 뺄셈 1<br>• 뺄셈의 계산판과<br>• 잘못의 정정판 1, 2 | • 작은 책 4, 5, 6<br>• '자', '차'로 시작하는 말<br>• 작은 흑판<br>• 행동놀이 2<br>• '카', '타'로 시작하는 말<br>• 형용사의 소개 | • 역사의 중심이 되는 예수 그리스도<br>• 대조지형 카드<br>• 백과 청의 세계지도<br>• 달의 변화<br>• 창조의 역사(불, 열) |
| 2월 | 초등 학교에 가려면 | • 비누 깎기<br>• 옷틀(리본)<br>• 바느질(홈질-곡선)<br>• 단추 달기 | • 입체 옮기기<br>• 실 감기 1, 2<br>• 진주핀 꽂기<br>• 청소 도구 걸고 떼기<br>• 흥미 영역 10가지 | • 구성삼각형 (삼각형 상자)<br>• 2항식 | • 덧셈의 암산판 3, 4<br>• 뺄셈의 암산판 1, 2<br>• 작은 색비즈의 주판<br>• 시계의 소개 | • 빠른 말<br>• '파', '하'로 시작하는 말<br>• 동사의 소개 | • 과거, 현재, 미래<br>• 1년의 변화<br>• 생명의 표<br>• 창조의 역사(물체) |

## 유치원 생활주제와 몬테소리 교육과정 연간 계획안

유치반(만 5세)

| 월 | 생활 주제 | 일상생활 | | 감각 | 수 | 언어 | 문화 |
|---|---|---|---|---|---|---|---|
| 3월 | 즐거운 유치원 | • 바르게 인사하기, 옷 입고 벗기, 신발 신고 벗기<br>• 문 열고 닫기, 손 씻기<br>• 식사 예절, 코 풀기 양치질하기 | • 옮기기<br>• 단추 분류하기<br>• 색쌀 붓기<br>• 과자 갈기<br>• 스팽글 끼우기<br>• 엮어 매기(개나리)<br>• 흥미 영역 10가지 | • 분홍탑 제시 1<br>• 분홍탑 제시 2<br>• 갈색계단 제시 1<br>• 갈색계단 제시 2<br>• 기하서랍 기본<br>• 기하서랍 5 | • 패턴 만들기<br>• 수와 양(1대1 대응)<br>• 수막대와 숫자카드<br>• 시계(시침) | • 바른 자세로 듣기, 자기 소개하기<br>• 환경에 있는 물건 이름 알기<br>• 친구 이름 쓰기<br>• 3단계 카드<br>• 수수께끼<br>• 말에 음 붙이기 | • 유치원 주변 환경 알기<br>• 달력 소개, 요일 소개<br>• 나의 하루<br>• 식물의 성장 과정<br>• 백과 청의 지구본<br>• 색이 있는 지구본<br>• 이름 있는 세계지도<br>• 공기의 특징(실험)<br>• 창조의 역사(공기) |
| 4월 | 봄 | • 운반하기, 걸고 떼기 주단 말고 펴기<br>• 선 따라 걷기 II<br>• 청소 도구 사용법<br>• 걸레 행주 짜기<br>• 스펀지 짜기<br>• 딸기, 엮어 매기 | • 나비 옮기기<br>• 씨앗 붓기<br>• 곤충 분류하기<br>• 팽이 돌리기(봄동산)<br>• 달걀 껍질 빻기<br>• 성장과정 꽂기<br>• 나뭇잎 닦기<br>• 흥미 영역 10가지 | • 꼭지원기둥 1, 2<br>• 꼭지원기둥 3, 4<br>• 색원기둥 1, 2<br>• 색원기둥 3, 4<br>• 색판 3<br>• 기하서랍 1, 2<br>• 잎의 서랍 | • 기수법과 서수법 알기<br>• 모래 숫자판<br>• 물레가락 상자<br>• 1~10 색비즈<br>• 수의 기억놀이<br>• 숫자와 바둑알<br>• 시계 1, 2 | • 사전 찾기<br>• 모래 문자판(자음)<br>• 덧쓰기 문자판<br>• 철판도형(기본)<br>• 바둑판 종이에 쓰기<br>• 이동 24음 | • 흙 작은 책<br>• 계절의 변화(봄)<br>• 씨앗 심기, 싹 틔우기 식물 가꾸기, 식물 노트<br>• 나무, 꽃 부분 명칭<br>• 잎, 뿌리 부분 명칭<br>• 나비의 부분 명칭<br>• 창조의 역사(온도) |
| 5월 | 나와 우리 가족 | • 식탁의 준비<br>• 젓가락 사용법<br>• 차 서비스<br>• 쓸어 모으기<br>• 나사 맞추기<br>• 옷틀(단추)<br>• 식기 닦기<br>• 눌러 따르기<br>• 작은 천 빨기 | • 작은 컵에 붓기 숟가락으로 옮기기<br>• 입체 분류하기<br>• 작은 구슬 끼우기 (반지)<br>• 작은 찻잔 걸고 떼기<br>• 흥미 영역 10가지 | • 색판 1<br>• 빨간막대<br>• 소리상자<br>• 기하입체 바구니<br>• 2항식<br>• 기하도형 쌓기 | • 비즈의 소개<br>• 카드의 소개(1111)<br>• 비즈와 카드에 의한 큰 수 구성<br>• 우표놀이 덧셈 1<br>• 분수의 소개, 역사<br>• 분수의 계산 1 | • 음 찾기, 문자 찾기<br>• 모래 문자판(모음)<br>• 엽서 쓰기, 편지 쓰기<br>• 작은 책 1, 2, 3, 4<br>• 존대어<br>• 끝말 이어가기<br>• 어려운 말 찾기 | • 집의 변천<br>• 나의 성장 과정<br>• 가족 나무<br>• 여러 가지 직업 알기<br>• 개구리, 닭의 성장 과정<br>• 가축<br>• 창조의 역사(소리) |

| 월 | 생활 주제 | 일상생활 | | 감각 | 수 | 언어 | 문화 |
|---|---|---|---|---|---|---|---|
| 6월 | 우리 동네 | • 옷틀(지퍼)<br>• 목기 닦기<br>• 꽃에 물 갈아 주기<br>• 손톱 깎기 사용<br>• 다리미 사용 1<br>• 과일, 채소 분류하기 | • 동전 누르기<br>• 주사기로 옮기기<br>• 망치 두드리기<br>• 흔들기(체)<br>• 집 모형 끼우기<br>• 핸드폰 고리 걸고 떼기<br>• 흥미 영역 10가지 | • 기하서랍 3, 4<br>• 색판 2<br>• 촉각판 1, 2<br>• 촉각판 합치기<br>• 천 합치기<br>• 기하도형 쌓기 변형<br>• 미각병 | • 비즈와 카드에 의한 큰 수 구성 2<br>• 세강판 1과 비즈<br>• 뱀놀이 덧셈 | • 철판도형<br>• 작은 흑판<br>• 행동놀이 1<br>• 동시 쓰기<br>• 2색의 이동 24음<br>• 의성어, 의태어 | • 옷의 변천<br>• 생물과 무생물<br>• 동물과 식물<br>• 무척추 동물과 척추 동물<br>• 척추 동물 부분 명칭 (말, 새)<br>• 상업의 발달<br>• 쌀이 되기까지<br>• 1일, 1년과 그 부분<br>• 창조의 역사(무게) |
| 7월 | 여름 방학 | • 색 물 따르기<br>• 깔때기 사용 비누 깎기<br>• 스포이트 사용<br>• 옷 개기<br>• 실패 감기<br>• 오이 껍질 벗기기<br>• 바느질(곡선)<br>• 다리미 사용 2 | • 작은 스펀지 옮기기<br>• 물놀이 모형 분류하기<br>• 계량컵에 붓기<br>• 진주 구슬 끼우기<br>• 조개 껍데기 닦기<br>• 흥미 영역 10가지 | • 중량판<br>• 곡물의 분리<br>• 비밀주머니 1, 2<br>• 분홍탑, 갈색계단 변형<br>• 온각병 | • 점놀이 1<br>• 은행놀이 덧셈 1, 2<br>• 덧셈의 계산판과 틀림의 정정 1, 2 | • 수를 여러 가지 방법으로 읽기<br>• 동화책 만들기<br>• 빠른 말<br>• 받침이 없는 단어 | • 척추 동물 부분 명칭 (개구리, 물고기)<br>• 땅, 물, 공기의 소개<br>• 어류<br>• 물에 뜨는 것과 가라앉는 것<br>• 창조의 역사(물) |
| 9월 | 교통 기관 및 운동 | • 바르게 인사하기, 옷 입고 벗기, 신발 신고 벗기<br>• 식사 예절, 양치질하기<br>• 선 따라 걷기 3<br>• 거울 닦기, 천 접기<br>• 가방 짜기(베틀) | • 팥 붓기<br>• 고무 자동차 옮기기<br>• 오른쪽과 왼쪽 분류<br>• 돌리기와 분해하기<br>• 잎맥 분류하기<br>• 자동차 닦기<br>• 공 걸고 떼기<br>• 흥미 영역 10가지 | • 꼭지원기둥과 색원기둥의 변형<br>• 구성 삼각형 (직사각형 상자 A) | • 은행놀이 뺄셈 1, 2<br>• 우표놀이 뺄셈 1, 2<br>• 세강판 2<br>• 연속수 쓰기<br>• 뺄셈의 계산판과 틀림의 정정 1, 2<br>• 뺄셈의 암산판 1, 2 | • 홑받침<br>• 쌍받침<br>• 동음이의어<br>• 작은 바구니 1, 2, 3<br>• 조수사 | • 동물 노트<br>• 불의 변천<br>• 국기와 수도명<br>• 교통의 발달<br>• 5대양 6대주<br>• 창조의 역사(자석) |

| 월 | 생활 주제 | 일상생활 | | 감 각 | 수 | 언 어 | 문 화 |
|---|---|---|---|---|---|---|---|
| 10월 | 우리 나라와 세계 여러 나라 (추석) | • 빵에 잼 바르기<br>• 옷틀(리본 매기)<br>• 바느질(풍차)<br>• 단추 달기(카우보이)<br>• 실패 감기 2<br>• 목도리 짜기(원통)<br>• 직조 짜기(지구본) | • 고리 걸어 옮기기<br>• 알파벳 분류<br>• 원두 갈기<br>• 은행잎 끼우기<br>• 호박 닦기<br>• 녹두 붓기<br>• 흥미 영역 10가지 | • 피타고라스의 카드 나열<br>• 기하 입체 도형<br>• 기하 입체 도형과 카드<br>• 3항식<br>• 미각병, 후각통<br>• 천 합치기 | • 은행놀이 곱셈 1, 2<br>• 은행놀이 나눗셈 1<br>• 우표놀이 곱셈 1, 2<br>• 판과 입체<br>• 곱셈의 계산판과 틀림의 정정 1, 2<br>• 작은 색비즈의 주판 | • 속담, 사자 성어<br>• 단수와 복수<br>• 여성과 남성<br>• 반대말<br>• 서열(대, 중, 소)<br>• 외래어 | • 대륙의 이름과 국가<br>• 우리나라 지도<br>• 북아메리카 지도<br>• 남아메리카 지도<br>• 나의 한달<br>• 토산품<br>• 창조의 역사(빛) |
| 11월 | 지구와 우주 | • 타월 짜기<br>• 차 서비스<br>• 과자 갈기<br>• 모양 붙이기(우주선)<br>• 옷틀(혁대)<br>• 푸싱핀(태양계)<br>• 금속 닦기 | • 손전등 돌리기<br>• 별자리 분류<br>• 우주선 주사위 돌리기<br>• 로켓 발사대에 꽂기<br>• 태양계 행성 걸고 떼기<br>• 흥미 영역 10가지 | • 구성 삼각형(삼각형 상자, 육각형 상자 대, 소)<br>• 온각병, 온각판<br>• 촉각판 맞추기 | • 은행놀이 나눗셈 2<br>• 점놀이 2<br>• 2의 사슬, 5의 사슬<br>• 뱀놀이 덧셈 1, 2<br>• 덧셈의 암산판 1, 2<br>• 나눗셈의 계산판<br>• 시계(분침) | • 명사의 역할<br>• 동사의 역할<br>• 동사의 게임<br>• 형용사의 역할<br>• 복합어 | • 지구의 역사<br>• 아시아의 지도<br>• 달의 변화, 낮과 밤<br>• 지도 만들기<br>• 역사의 문법<br>• 태양계 가족, 별자리 |
| 12월 | 겨 울 | • 구두 닦기<br>• 옷틀(구두끈)<br>• 옷틀(안전핀)<br>• 다리미질하기 | • 종 옮기기(자석)<br>• 깨 붓기<br>• 트리 분류하기<br>• 과자 갈기<br>• 양말 끼우기<br>• 캔 걸고 떼기<br>• 흥미 영역 10가지 | • 2항식 변형<br>• 비밀주머니 3, 4<br>• 피타고라스 카드의 나열 변형 | • 6의 사슬<br>• 뱀놀이 뺄셈 1, 2<br>• 뺄셈의 암산판 1, 2<br>• 분수봉 1<br>• 분수봉 2 | • 형용사의 게임<br>• 관형사의 역할<br>• 부사의 역할<br>• 대명사의 역할<br>• 접속사의 역할 | • 역사의 중심이 되는 예수 그리스도<br>• 대조 지형(섬, 호수, 만, 반도, 해협, 지협)<br>• 대조 지형 만들기<br>• 화산 실험<br>• 창조의 역사(불, 열) |
| 2월 | 초등 학교에 가려면 | • 밀가루 체치기<br>• 색쌀 붙이기<br>• 망치질 하기<br>• 교실 정리하기 | • 음표 옮기기, 배수 분류<br>• 국기 큐빅 돌리기<br>• 글자 꽂기<br>• 학사모 걸고 떼기<br>• 흥미 영역 10가지 | • 기하도형 카드 게임<br>• 구성삼각형 (직사각형 상자 B)<br>• 3항식 변형 | • 100과 1000의 사슬<br>• 7의 사슬<br>• 곱셈의 암산판 1, 2<br>• 분수의 계산 2<br>• 기하의 도입 | • 수사의 역할<br>• 조사의 역할<br>• 감탄사의 역할<br>• 문 구성 1, 2 | • 12간지<br>• 생명의 표<br>• 생명의 역사<br>• 창조의 역사 |

## 제4절 유아기 실물경제교육 내용과 몬테소리 교육과정 비교

유아기 실물경제교육을 실천하는 데 있어서 교육적 효과를 기대하기 위해서는 몬테소리 교육과정이 실물경제교육에 차지하는 비율이 높다고 보고 일상생활 영역, 감각 영역, 수 영역, 언어 영역, 문화 영역의 몬테소리 5개 영역이 경제 개념의 어떤 부분과 관련성을 갖고 있는지 살펴보면 다음과 같다.

**표 4-6 몬테소리 교육과정을 중심으로 한 실물경제교육의 관련성 비교 분석**

| 영역 | 그룹 | 교육 내용 | 경제 개념 |
|---|---|---|---|
| 일상생활 영역 | 제1그룹 | • 운반(책상, 의자, 주단, 식기), 물건 걸고 떼기, 말고 펴기<br>• 먼지 털어내기, 쓸기, 붓고, 옮기기, 접기, 다리미 사용<br>• 꽃에 물 갈아주기, 야채 껍질 벗기기, 촛불 켜고 끄기, 등원 가방 챙기기, 식탁의 준비, 식후의 설거지, 정원 가꾸기 | 다양한 환경을 경험함으로써 물건을 소중히 다루고, 가정에서의 역할이나 **소비, 절약, 재활용**에 도움을 주며, 타인에 대한 봉사 정신과 서비스 정신에 도움이 된다. |
| | | • 접기, 자르기, 붙이기, 푸싱핀 뚫기, 스테이플러, 직조 짜기, 끼우기, 바느질, 반 접어 오리기, 잘라 연결하기, 돌리기, 두드리기, 누르기, 소근육 운동 | 물건을 생산하는 데 필요한 소근육 발달과 미적 감각에 도움을 주어 **생산자의 역할**에 자신감을 가질 수 있도록 도와준다. |
| | 제2그룹 | • 거울 보기, 입고 벗기, 구두 신기, 손 씻기, 이 닦기, 코 풀기, 구두 닦기, 옷 입기 | 경제교육에서 '홀로서기' 중 정신적 · 신체적 자립심을 키우고 자신의 신변 처리가 스스로 함으로써 주도적이고 독립적인 생활 향상에 도움이 된다. |
| | 제3그룹 | • 문 열고 닫기, 악수, 날카로운 물건 주고 받기, 감사의 말 사용, 미안합니다, 실례합니다.<br>• 타인의 일을 보는 태도 | 경제 활동에서 남을 배려하는 예절과 **서비스 정신**을 기르는 데 도움을 주며 사회 적응 능력에 도움이 된다. |
| | 제4그룹 | • 선 위 걷기, 정숙의 연습 A, B | 평균감을 길러 주며, 신체적 · 정신적 감정 통제 능력을 길러 줌으로써 **소비 성향의 절제 능력**을 기르는 데 도움이 된다. |

| 영역 | 그룹 | 교육 내용 | 경제 개념 |
|---|---|---|---|
| **감각 영역** | 시각 | • 꼭지원기둥, 분홍탑, 갈색계단, 빨간막대<br>• 색원기둥, 2, 3항식, 색판, 기하도형 서랍<br>• 잎의 서랍, 구성삼각형, 기하도형 쌓기<br>• 피타고라스 카드 나열 | 물건의 크기나 형태, 색깔을 통해 크다, 작다, 굵다, 가늘다, 높다, 낮다, 길다, 짧다 등을 통해 수학적 두뇌 발달의 기초가 되며 촉각, 청각, 미각, 후각의 발달로 필요로 하는 **물건을 선택하는 구매 능력**에 도움이 된다. |
| | 촉각 | • 촉각판, 촉각판 맞추기, 천 합치기<br>• 곡물의 분류, 비밀주머니, 기하입체 바구니<br>• 온각병, 온각판, 중량판 | |
| | 청각 | • 소리상자, 음감벨 | |
| | 미각 | • 미각병 | |
| | 후각 | • 후각통 | |
| **수 영역** | 수의 소개 | • 수막대, 모래숫자판, 수막대와 숫자카드<br>• 물레가락 상자, 수의 기억놀이, 숫자와 바둑알 | 1~10까지의 양과 수의 이해와 **수량과 숫자의 인식**, 0도 숫자임을 인식하며 홀수와 짝수의 이해력 향상에 도움을 준다 |
| | 십진법의 도입 | • 비즈의 소개, 카드의 소개 | 1, 10, 100, 1000단위를 이해하며, 은행놀이를 통해 **돈의 가치와 중요성**을 경험함으로써, 물건 구입 시 지불해야 할 금액과 거스름돈의 필요성 인지에 도움이 된다. |
| | 십진법의 가능 | • 비즈와 카드에 의한 큰 수 구성<br>• 비즈와 카드에 의한 가감승제, 우표놀이, 점놀이 | |
| | 연속수 | • 비즈와 세강판 1, 2<br>• 100과 1,000의 사슬, 판과 입체의 수의 사슬 | 물건을 세는 데 필요한 능력을 기르고 수를 세는 방법에는 둘씩, 셋씩, 넷씩 등 묶음으로 세는 방법을 익힘으로써 구매력에 도움을 준다. |
| | 암산 | • 덧셈의 뱀놀이, 덧셈 계산판과 틀림의 정정판 1, 2, 암산판 1, 2, 3, 4<br>• 뺄셈의 뱀놀이, 뺄셈 계산판과 틀림의 정정판 , 암산판 1, 2<br>• 색비즈의 곱셈, 곱셈의 계산판과 틀림의 정정판, 암산판 1, 2, 3<br>• 나눗셈의 계산판, 암산판 1, 2 | 돈에 맞추어 물건을 구매하는 능력이 생기며, **분배의 원칙과 계산 능력**이 빨라지고, 시간 개념을 익혀 생산 능력과 노동능력에 도움이 됨으로써 사회 현상의 변화에 관심을 갖는다. |
| | 추상적 과정 | • 작은 색비즈 주판, 큰 색비즈의 주판<br>• 시험관의 나눗셈 | |
| | 분수 | • 분수 | |
| | 기하에의 도입 | • 기하에의 도입 | |
| | 시계 | • 시계 | |

| 영역 | 그룹 | 교육 내용 | 경제 개념 |
|---|---|---|---|
| 언어 영역 | 어휘의 확충 | • 환경에 있는 물건 이름, 사진 홀더, 감각교육에 따른 언어<br>• 그림 카드 맞추기<br>• 말놀이(수수께끼, 고사성어, 빠른 말, 동화 포인트, 판토마임, 끝말이어가기, ㄱ으로 시작하는 말, 귓속말 전달하기, 말에 리듬 붙이기, 손유희) | 듣기 말하기 놀이를 통해 어휘력의 증진과 문화 탐구의 기초를 두며, 관찰력을 길러 필요한 **물건을 구할 때의 타협과 협상**에 도움을 준다. |
| | 쓰는 말(문자어) | • 음 찾기, 문자 찾기, 모래문자판, 철판도형<br>• 24음 나열, 이동 24음, 작은 흑판, 덧쓰기 문자판<br>• 바둑판 무늬의 종이, 어려운 말 찾기, 2색의 이동 24음 | 문장의 구성을 알고 필순의 원칙을 정확히 익히며 자신의 생각을 글로 쓰거나 사전 찾기, **필요한 물건 사기 계획서**에 기록하는 능력을 익히고 지시문에 따라 독립적으로 문제 해결 능력에 도움을 준다. |
| | 읽는 법 | • 물건 이름, 작은 바구니 1, 2, 3, 봉투 퍼즐, 작은 책 1~6<br>• 바르게 말하기, 분류된 그림카드 맞추기<br>• 명사, 형용사, 동사, 조사, 수사, 부사, 접속사, 감탄사 등의 품사의 역할, 주어 목적어 찾기 | 물건을 구입 시 주의 사항, 사용법을 알 수 있으며, 책을 읽는 독해력을 키우고, 여러 분야의 정보를 익히게 된다. 문장을 분석·통합하여 창작 활동과 **용돈 기입장을 주도적으로 기록하는 능력**에 도움을 준다. |
| | 동사법 | • 단수와 복수, 여성과 남성, 반대어, 복합어<br>• 동음이의어, 수사, 외래어, 부호, 존대어 | 경제 활동에서 쓰는 넓은 분야의 말의 사용법을 알게 됨으로써 폭넓은 생각에도 도움을 준다. |
| 문화 영역 | 지리 | • 백과 청의 지구본, 색이 있는 지구본, 백과 청의 세계지도, 꼭지 달린 세계지도, 이름 있는 세계지도<br>• 지리의 사진 홀더, 대조지형, 지도 퍼즐, 국기<br>• 나의 여행 계획, 상상의 섬, 그 밖의 지리 활동 | 다른 나라의 문화, 경제, 지리, 건축, 예술, 신앙, 토산품 등을 이해하여 **수입과 수출**에 대한 **경제 용어 증진**에 도움을 준다. 저축한 돈으로 필요한 물건을 사거나 여행하는 데 돈을 사용하는 방법을 알고, 이웃의 어려움과 고통을 이해하며 **봉사와 기부**에 대한 정신 향상에 도움을 준다. |
| | 역사 | • 1일, 1년과 그 부분, 나의 이야기, 역사의 문법<br>• 역사의 중심이 되는 그리스도, 2개의 제공법<br>• 창조의 역사, 지구의 역사, 생명의 표<br>• 생명의 역사 | 지구는 물, 흙, 공기로 되었다는 역사적 기초로 자연과 인간과의 관계성을 알며, **돈의 역사, 상업의 발달**, 불의 역사, 집의 역사, 옷의 변천, 자동차의 역사를 익히는 데 도움을 준다. |
| | 생물 | • 생물을 위한 그림카드 맞추기, 5개의 척추 동물<br>• 동물, 식물에 대한 분류 | 동물과 식물과의 관계 동·식물이 인간에게 주는 좋은점을 알아보고 동·식물이 식품이 되기까지의 **유통 과정을 통해 자연환경에 관심**을 갖도록 도움을 준다. |

# Chapter 5

# 유아기 합리적인 실물경제교육을 위한 실천 방법

# 제1절 유아기 실물경제교육을 위한 효과적인 교수법

## 1 토의 활동의 정의

토의는 일반적 학습 자료가 형식적인 문답에 그치는 폐단을 극복하기 위해 Parker에 의해 제창한 회화법에서 출발한 것으로, 구두 표현을 통하여 집단 구성원 서로의 의견을 발표함으로써 각 개인이 해결할 수 없는 문제를 공동의 집단적 사고를 통해 해결하려는 것이다(이영미, 2005, 재인용).

Hamack(1984)는 토의란 목적을 달성하기 위하여 두 사람 이상이 모여 대면적 상황에서 정보나 아이디어를 교환하는 과정이라 하였고, 김우식(2002)에 의하면 토의는 토의 형태로 이루어지는 수업, 즉 학습 집단이 공동으로 관심을 가지고 있는 학습 문제에 대하여 정보나 아이디어를 체계적으로 교환하는 과정을 통하여 문제를 해결하려고 하는 수업이라고 정의하였다(김우식, 2002).

이원영, 박찬옥, 노영희(1992)는 두 사람 이상이 어떤 주제 또는 갈등에 대하여 서로 의견을 나누고 이 의견 사이의 유사점이나 차이점을 살펴보며 궁극적으로 상황을 해결하는 데 어떻게 해야 하는지 논의하는 활동이라 하였다.

토의는 집단 구성원 간에 문제가 발생하였을 때, 그 갈등을 당면하게 된 사람과 그 주변 사람들이 주어진 문제 또는 사회적 갈등 상황에 대해 자신의 의견을 서로 나누고 문제를 해결하기 위해 어떻게 해야 하는지를 논의하는 과정이라고 할 수 있다.

토의 활동의 전개 방법에는 일제 문답식, 공개식, 대좌식, 원탁식, 워크숍, 자유 토의, 버즈법, 대화법, 브레인스토밍 등이 있다. 합리적인 실물경제교육을 위해서 유아들에게는 브레인스토밍 방법을 소집단 토의 활동으로 하는 것이 적합하다. 브레인스토밍(brainstorming)이란 6~8명 정도로 집단을 구성하여, 집단별 사회자를 정하고, 집단별 새로운 아이디어를 도출해 내게 한다. 요소를 종합, 변경, 첨가하면서 새로운 아이디어를 찾아내게 하는 데 적합하다.

## 2 토의 활동의 교육적 가치

토의 활동의 교육적 가치를 유아의 발달 측면과 관련하여 살펴보면 다음과 같다.

첫째, 토의 활동은 지식 위주의 교육에서 얻기 힘든 정의적 측면, 자기 표현력, 탈자기중심화, 집단에 대한 긍정적인 태도 형성에 도움을 준다. 학습자 개개인은 토의 활동을 통해 자기 자신에 대한 새로운 깨달음과 자아 주체적인 자기 표현력을 기르게 된다. 집단 구성원간의 토의는 다른 사람들의 의견을 접하게 되므로 유아들이 자기중심에서 벗어나도록 도와준다. 또한 집단의 소속감과 연대의식을 느낌으로써 보다 적극적인 구성원 의식과 집단에 대한 긍정적인 태도를 갖게 된다.

둘째, 토의 활동은 타인의 의사 존중, 민주 시민의 태도 함양에 도움을 준다. 토의 활동은 각 개인이 해결할 수 없는 문제를 공동의 집단 사고로 해결하려는 방법이므로 타인의 의사를 존중하며 자신이 동의하지 않는 것에 대해서도 관용하는 태도가 양성된다. 또한 자신의 의견이 채택되지 않았다 하더라도 토의 결과를 존중하고 수용하는 태도를 기른다. 이러한 협동적인 문제해결의 과정을 통해 자유와 협동의 정신을 기를 수 있으며 민주 시민의 태도 함양에 도움을 준다.

셋째, 토의 활동은 바르게 말하고 듣는 능력과 자신의 생각을 언어로 정리하여 표현하는 데 도움을 준다. 토의 활동의 매체는 대화이다. 어떤 형태의 토의이든지 토의는 언어 활동을 중심으로 이루어진다. 따라서 토의 활동이 효율적으로 이루어지기 위하여 바르게 말하고 듣는 능력은 토의를 원만히 진행시키는 데 있어서 필수 요소가 된다. 그러므로 토의 활동을 통해 다른 사람의 이야기를 주의 깊게 듣고 바르게 이해하는 능력과 자신의 생각을 정리하여 언어로 표현하는 능력을 신장시킬 수 있다.

넷째, 토의 활동은 논리적 사고력, 문제해결력 증진에 도움을 준다. 토의 활동은 유아들이 주제의 관점에서 사고하는 법을 학습하는 데 도움을 주며, 주제와 관련하여 논리적으로 사고할 수 있는 능력을 길러준다. 또한 자신이 생각한 것을 동료의 것과 비교하여 그 내용의 요점을 파악하고 평가하고 비교해 보고 이러한 과정을 통하여 사고의 깊이와 폭을 넓혀 문제해결력을 증진시킬 수 있다(이영미, 2005, 재인용).

토의 활동을 통하여 다른 학습자들의 태도를 객관적으로 바라보는 능력과 자기 자신이나 타인의 태도를 지각하고, 이해하고, 비판 · 평가하는 능력을 신장시킬 수 있으며, 이러한 능력은 결국 자신이나 타인의 태도를 변화시키는 원동력이 된다.

## 3 교사의 역할

효과적인 토의를 위해 교사는 다음과 같은 점을 고려해야 한다.

첫째, 집단의 대화나 토의에 참여하는 집단의 유아 수는 5~10명 정도가 적당하며, 유아들이 서로 얼굴을 볼 수 있도록 둥글게 앉는 것이 좋다.

둘째, 교사와 유아 모두 다른 사람을 비난하거나 평가하는 말보다는 객관적이고 수용적인 태도로 토의에 임하도록 한다. 자유롭고 활발한 토의 반응을 위해 교사는 유아들의 말에 '옳다', '좋다' 등의 반응을 해주지 않는 편이 좋으며, 교사도 한 가지 의견을 제시하는 구성원으로 참여한다.

셋째, 누구든지 자유롭게 말할 수 있는 분위기를 만들어 주는 것이 중요하며, 지나치게 말을 강요함으로써 긴장된 분위기를 만들지 않도록 한다.

넷째, 다른 사람이 말할 때에 주의 깊게 듣도록 지도하며, 유아들의 의사나 생각을 미리 전제하거나 무시하지 않고 효율적인 상호작용이 일어나도록 유의한다.

다섯째, 상반되는 가치 문제를 다룰 때에는 유아들이 편견을 갖지 않고 유아 스스로 판단할 수 있도록 충분한 정보를 제공해 주는 것이 필요하다. 교사는 유아들이 가진 지식 기반을 최대한 활용하여 조망수용을 하도록 다양한 방법으로 비계를 설정해 줌으로써 토의가 유아들에게 근접 발달 지역의 역할을 하도록 한다. 토의 과정에서의 교사의 비계설정은 학습자의 자율성을 점차 발달시키는 방법이면서 독립적이 될 수 있도록 돕는다.

여섯째, 유아들이 어떤 문제에 대해서 의견이나 해결책을 제시했을 때에는 그것을 충분히 수용하고, 왜 그렇게 생각하는지 그 이유에 대해서도 표현할 수 있는 기회를 주도록 한다.

토의의 개념부터 이야기를 시작해 나간다면, 이러한 과정을 통하여 유아들은 자신의 의견에 적절하고 타당한 근거를 찾아 의견을 내고, 타인의 이야기를 경청함으로써 합리적이고 바람직한 사고, 문제해결 능력이 향상될 수 있을 것이다.

유아기는 인성과 기본생활습관이 형성되는 중요한 시기이므로 유아에게 합리적이고 논리적인 의사 결정 능력을 발달시키기 위해서는 토의를 활용한 교수 방법이 효과적이라 보았다. 유아에게 경제와 관련된 갈등 문제에 대해서 자신의 생각과 타인의 생각을 조절하여 바람직하고 합리적인 실물경제교육이 될 수 있도록 소집단 토의 기법을 채택하였다.

# 제2절 유아기 실물경제교육의 실천 방법 구성

제2장에서 서술한 실물경제교육의 개념 5단계 접근법을 기초로 유아교육 현장에서 교사나 부모들이 실천하기 쉽도록 크게 6개의 주제(① 체력 단련, ② 돈의 가치와 중요성, ③ 돈을 버는 활동, ④ 돈을 관리하는 법, ⑤ 돈을 쓰는 방법, ⑥ 사회봉사 활동)로 구성하였다.

무엇보다 눈을 뜨면 매 순간 경제적 사고 없이 단 하루도 살 수 없다. 유아기 실물경제교육에서 중요한 핵심은 '홀로서기'이다. 어려서부터 부모로부터 정신적, 신체적, 사회적으로 독립할 수 있는 능력을 단계적으로 체험해야 한다. 그러므로 합리적이고 논리적인 의사결정 능력을 기르는 것이 부모로부터 도움 없이 독립적이고 자립적인 삶을 살아가는 수단이 될 것이다.

**표 5-1-1** 유아기 실물경제교육의 실천 방법 구성

| 홀로서기 | | | | | |
|---|---|---|---|---|---|
| 체력 단련 | 돈의 중요성과 가치 | 돈을 버는 경제 활동 | 돈을 관리하는 경제 활동 | 돈을 쓰는 경제 활동 | 사회봉사 활동 |
| • 젓가락 운동<br>• 훌라후프<br>• 줄넘기<br>• 산책<br>• 원내 캠프 | • 돈의 역사<br>• 돈의 종류<br>• 돈의 필요성 | • 시장놀이<br>• 용돈<br>• 상품 타기<br>• 직업 | • 은행놀이<br>• 용돈 기입장 | • 소비<br>• 절약<br>• 광고<br>• 졸업여행 | • 기부<br>• 봉사<br>• 수출, 수입<br>• 다문화 |

# 1 유아기 실물경제 활동을 위한 홀로서기 프로그램

## (1) 체력 단련

인간이 동물과 크게 다른 점 2가지는 두 발로 걷고 언어를 사용한다는 점이다.

포유류과에 속하는 동물들의 생태는 유사성도 많지만 다른 점도 많다. 동물들은 새끼를 양육하는 과정에서 자연 생태의 법칙을 잘 준수한다. 둥지에서 혼자 날 수 있도록 떨어뜨려 스스로 홀로 설 수 있는 기회도 주고, 먹이도 스스로 잡을 수 있는 방법을 가르쳐 주면서 먹이사슬 속에서 잘 견디어 내도록 도와준다. 그러나 인간은 자식에 대한 지나친 애정으로 인해 자립심과 독립심이 덜 발달되도록 간섭하여 '홀로서기'가 지연되는 경우가 많다. 경제적인 면에서도 정신적, 신체적으로 건강해야 경제 활동에 적극적으로 참여할 수 있으므로 유아기부터 기초 체력 단련 훈련이 필요하다.

경제 활동의 초석이 되는 자립심과 독립심을 키울 수 있는 '홀로서기' 일환으로 젓가락 운동, 줄넘기, 훌라후프, 걷기 및 산책을 가정과 연계하여 교육기관에서 실시할 수 있도록 이론적 배경과 실천 방안을 살펴보고자 한다.

### 1 유아기 체력 단련의 중요성

"운동은 두뇌의 보약이다."라는 말이 있다. 세계적으로 성공한 사람들이나 부자들이 남보다 성공할 수 있었던 기초적인 요인은 그만큼 건강이 뒷받침되어 주었기 때문이다.

유아기에는 신체적 발달을 위하여 잠시도 쉬지 않고 움직임으로써 외적인 체격과 체력은 물론 내적으로 소화 기관과 심장을 비롯한 순환기, 신경계 그리고 동작 기능에도 많은 영향을 미친다. 동작을 통한 신체적 발달이 지적, 정서적 발달에도 영향을 미친다고 많은 학자들은 다음과 같이 말하고 있다.

Hurlock은 신체적 성장이 일반적 효과가 직접적으로 운동 능력에 영향을 미치며 간접적으로는 자신 및 타인에 대한 태도에 영향을 미친다고 주장한다.

Hawkes와 Pease는 심리적 효과로서 자아개념(self concept), 자기존중(self

esteem), 사회적 적응 및 행동의 질과 유형을 들고 있다(황덕호 외, 1999, 재인용).

Montessori는 운동이 감각 기관과 더불어 인간의 정신적 발달에는 반드시 필요한 까닭을 다음과 같이 설명하였다. 운동은 사람의 정신 발달에 있어서 필요불가결한 것으로 인간의 직업과도 관계를 갖는다. 인간이 동물과 다른 점은 자기의 마음을 발달시키고 독특한 인생 코스를 선택하여 이것을 성취하는 점에 있다.

Piaget는 지적 발달에 대한 종단적 연구 결과 유아기의 지능은 심리적 기능(psychomotor)이 대표하고 있으며, 6~7세 이전 어린이 지적 사고는 주로 동작 기술과 지각 능력에 따라 결정된다고 보았다. 또한 일정 기간 동안 신체적 훈련을 받은 집단의 어린이는 그렇지 않은 집단의 어린이보다 지능지수가 뚜렷하게 높아졌다는 연구결과가 있다.

유아교육기관에서의 신체 활동의 교육은 7차 교육과정 개정 시안(2007) 상에 제시된 5개 영역 중 '건강생활' 영역과 '표현생활' 영역에서 살펴볼 수 있다.

## 2 유치원 교육과정 속의 신체 활동

### ❶ 건강생활 영역의 수준별 내용

7차 교육과정 개정 시안(2007)의 '건강생활' 영역에서는 다양한 감각적 활동과 신체 활동을 통하여 긍정적 자아 개념과 일상생활에 필요한 기초 체력을 기르며, 건강하고 안전한 생활 습관을 형성하게 함으로써 유아의 심신을 조화롭게 발달시키도록 구성되어 있다.

'나의 몸 인식하기'는 머리, 몸통, 다리, 팔목, 어깨, 가슴, 배, 엉덩이 등의 근육을 움직여 보면서, 신체 각 부분의 명칭과 기능을 알게 한다.

'나의 몸 움직이기'는 걷기, 달리기, 뛰기, 굴리기, 기어가기, 공 던지기 등의 여러 부분을 고르게 활용하면서 다양하게 몸을 움직이는 활동을 하도록 한다.

또 도구 및 놀이 시설물을 이용하기에서는 유아교육기관에 구비되어 있는 그네, 미끄럼틀, 오르기망, 자전거, 공, 뜀틀, 리본 등의 놀이 기구를 적절히 이용하는 기술을 익히고, 이러한 기구들을 활용함으로써 다양한 신체 활동을 경험할 수 있도록 하는 내용이다. 이때 사용되는 놀이 기구는 유아의 발달에 알맞은 적절한 수준의 것이어야 하며, 유아들에게 올바른 이용 방법을 알려주어야 한다.

**표 5-1-2 건강생활 영역**

| 내용 | 하위 내용 | 수준별 내용 I | 수준별 내용 II |
|---|---|---|---|
| 나의 몸 인식하기 | 감각 기관을 활용하기 | • 여러 가지 감각 기관을 활용해 본다. | • 여러 가지 감각 기관을 협응하여 활동한다. |
| | 나의 몸을 인식하고 움직이기 | • 몸의 각 부분에 관심을 가지고 움직인다. | • 몸의 각 부분의 특성을 활용하여 움직인다. |
| | | • 자신의 신체 능력을 긍정적으로 인식하고, 활동한다. | |
| 나의 몸 움직이기 | 이동하며 움직이기 | • 걷기, 달리기, 뛰기 등을 하면서 몸을 움직인다. | • 두 발 뛰기, 한 발 뛰기, 말뛰기, 등을 하면서 몸을 움직인다. |
| | 제자리에서 움직이기 | • 제자리에서 몸을 여러 모양으로 움직인다. | • 제자리에서 제시된 조건에 따라 몸을 균형감 있게 움직인다. |
| | 도구 및 놀이 시설을 이용하기 | • 부드러운 공, 리본, 낮은 평균대, 매트 등의 도구와 놀이 시설을 활용한다. | • 공, 리본, 후프, 평균대, 매트 등 다양한 도구 및 놀이 시설을 활용하여 활동한다. |
| | | • 실내외 놀이 기구나 시설물의 올바른 사용법을 알고 안전하게 이용한다. | |
| | 바깥에서 신체 활동하기 | • 바깥에서 규칙적으로 신체 활동을 한다. | |

❷ 표현생활 영역의 수준별 내용

'표현생활' 영역은 유아가 자연과 생활 속에서 소리, 음악, 움직임, 조형물에 관심을 가지고 자신의 생각과 느낌을 예술 활동을 통해 경험함으로써 풍부한 감성, 심미적 태도 및 창의적 표현력을 기르도록 구성되어 있다.

'예술적 표현 즐기기'는 유아가 다양한 예술 활동에 참여하여 생각과 느낌을 자유롭게 표현하는 데 중점을 두었다. 또한 다양한 소재, 즉 고무줄, 풍선 공, 리본, 스카프, 막대 훌라후프 등을 사용하여 창의적으로 자유롭게 신체 표현 활동을 하도록 한다.

**표 5-1-3 표현생활 영역**

<table>
<tr><th rowspan="2">내용</th><th rowspan="2">하위 내용</th><th colspan="2">수준별 내용</th></tr>
<tr><th>I</th><th>II</th></tr>
<tr><td rowspan="4">자연과 생활에서 아름다움 찾아보기</td><td>소리·움직임·조형물에 관심 가지기</td><td colspan="2">• 자연과 주변 환경의 소리, 음악, 움직임, 조형물에 관심을 가진다.</td></tr>
<tr><td rowspan="3">예술적 요소 찾아보기</td><td colspan="2">• 목소리, 신체, 사물, 악기로 소리의 빠르기·세기·리듬 등을 찾아본다.</td></tr>
<tr><td colspan="2">• 자연과 주변 환경에서 움직임의 모양, 힘의 세기, 빠르기, 흐름 등을 찾아본다.</td></tr>
<tr><td colspan="2">• 자연과 주변 환경에서 색·형태·질감 등을 찾아본다.</td></tr>
<tr><td rowspan="6">예술적 표현 즐기기</td><td rowspan="3">음악으로 표현하기</td><td>• 친근한 노래를 부른다.</td><td>• 노래로 자신의 생각과 느낌을 표현한다.</td></tr>
<tr><td colspan="2">• 전래동요를 즐겨 부르며 이와 관련된 놀이를 한다.</td></tr>
<tr><td>• 신체나 리듬악기를 사용하여 간단한 리듬 패턴을 만들어 본다.</td><td>• 단순한 즉흥 연주를 해본다.</td></tr>
<tr><td rowspan="3">움직임과 춤으로 표현하기</td><td>• 신체를 이용하여 친숙한 대상의 움직임을 따라한다.</td><td>• 신체를 이용하여 주변의 다양한 움직임을 표현한다.</td></tr>
<tr><td colspan="2">• 도구를 활용하여 창의적으로 움직인다.</td></tr>
<tr><td colspan="2">• 움직임과 춤을 통해 생각과 느낌을 자유롭게 표현한다.</td></tr>
</table>

### 3 젓가락 운동

미국 심리학 저널(American Journal of Psychology)에서 독일의 철학자 칸트 이마누엘(Immanuel Kant)은 손을 '눈에 보이는 뇌의 일부'라 표현했으며, 미국의 시인 조지프 브로드스키(Joseph Brodsky)는 '정신의 일부'라 표현할 정도로 손은 인체의 중요한 역할의 위치에 있다.

줄기세포 배양으로 세계를 떠들썩하게 했던 서울대 황우석 박사는 젓가락 문화의 예찬론자이다. 세계에서 젓가락 문화를 가진 나라는 한국, 중국, 일본이 주를 이루지만 유독 한국은 쇠로 된 젓가락을 사용한다. 쇠 젓가락으로 작은 콩을 집고 김치를 찢으며 가는 국수를 집어 올리는 손재주가 오늘날 한국이 생명공학 세계 13위에 오를 수 있는 계기가 되었다고 말한다. 박홍석 박사는 유전자 연구에서 다른 나라에서는 22억 원이 들어야 했을 연구비가 우리나라에서는 10억 원의 연구비로 시간과 비용을 절감한 것도 손재주로 경쟁력을 성공시킨 결과라고 말했다.

특히 한국은 쇠 젓가락 사용으로 고도의 집중력과 협응력을 향상시키며, 젓가락질을 할 때 30여개의 관절과 60여개의 근육을 사용함으로써 뇌를 촉진하게 되는데 이런 정교하고 예민한 손놀림은 젓가락 동작에서도 온다고 볼 수 있다(서덕남, 2006).

영국 업스터디 리처드린 교수가 실시한 국가별 평균 IQ를 보면 1위 홍콩(IQ 107), 2위 대한민국(IQ 106), 3위 일본, 북한(IQ 105), 대만 5위(IQ 104), 6위 오스트리아, 네덜란드, 독일, 이탈리아(IQ 102) 순위였다. 연구 결과 젓가락을 사용하고 있는 나라가 1위부터 5위를 차지했음을 알 수 있다(서덕남, 2006). 또 대전 연구소에서 쇠 젓가락과 나무젓가락, 플라스틱 젓가락을 사용하여 뇌의 움직임을 측정한 결과, 포크에 비해서 플라스틱 젓가락을 사용할 때는 30%, 나무젓가락을 사용할 때는 20%, 쇠 젓가락을 사용할 때는 50%의 뇌를 활성화된다고 하였다.

미국 캘리포니아 대학에서 6개월간 피아노를 연습한 그룹과 전혀 피아노를 배우지 않은 그룹에게 그림 퍼즐을 주고 맞추는 실험을 한 결과 피아노를 연습한 그룹이 38%를 더 잘 맞추었다. 피아노 연습 후 열 손가락을 지속적으로 자극을 주기 때문에 두뇌 발달에 도움을 준다는 것이다.

뇌 우측 측두엽은 비언어적 행동과 기억을 담당하는 곳으로서 오밀조밀한 활동을 할 때 손 동작과 몸 동작을 할 때 활성화된다고 알려져 있다.

서유헌 서울 외과 대학 교수는 두뇌 박사이다. 그는 운동과 감각 중추의 30%가 손을 움직이는 데 뇌가 관여하고 있다고 말하며 손은 그만큼 운동이나 감각에 있어 상당히 중요하다고 주장한다. 손은 뇌에서 어떤 명령에 의해 움직이는 것이며, 손을 움직임으로 해서 뇌의 운동중추와 감각중추에 자극이 되고 사고하며 다른 뇌 부위가 또 움직이기 때문에 두뇌 발달에 도움이 된다고 강조하고 있다.

강호남(2005) 교수는 과학이라는 것은 기계가 하는 것이 아니고 사람이 하는 것이며 노력을 극대화시키는 것은 기계보다는 사람의 손재주라고 한다. 어렸을 때부터 손재주를 발달시키면 결국 과학자가 되었을 때 다른 사람보다 뛰어난 과학 능력을 보유한 사람이 될 수 있을 것이라고 한다.

우리나라 교육에서 손의 중요성은 아무리 강조해도 지나치지 않는다. 특히 유아기 때부터 경제교육의 밑거름이 되는 체력 단련과 두뇌 발달을 위해 일상생활에서 젓가락 사용을 적극적으로 장려하여 손재주를 키운다면 두뇌 전쟁과 지식 전쟁 속에 당면하고 있는 세계의 경쟁 사회에서 살아남을 수 있는 유일한 방법이 될 것이다.

젓가락 운동의 실천 방법은 다음과 같다.

### 젓가락 운동 실천 방법

**활 동 명** 젓가락 운동

**준 비 물** 젓가락(재질 다양하게, 예 나무젓가락, 플라스틱 젓가락, 쇠 젓가락), 옮길 수 있는 물건

**활동목표** 젓가락으로 물체를 옮기는 기능을 익혀 식사 문화의 예절을 생활화 하고 손가락의 협응력과 집중력을 향상시키며 두뇌 발달에 도움을 준다.

**준비운동** 손가락을 폈다 오므렸다를 해보고 엄지와 검지, 중지로 젓가락을 위 · 아래로 움직여 본다.

**도 입** 재질이 다양한 나무젓가락, 플라스틱 젓가락, 쇠 젓가락을 보여주고 어떻게 사용하는지 유아들에게 젓가락을 잡아보도록 하고 올바른 젓가락 사용법 그림을 보여준다.

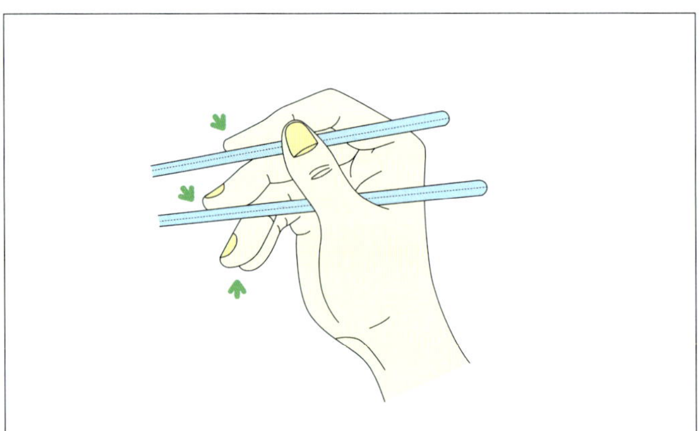

김필수 대림대학(자동차 공학과 교수) 젓가락 박사 개발자 발췌

**활동방법**

- 매일 등원하여 요리 코너에 준비해 둔 콩과 멸치를 5개씩 젓가락을 사용하여 먹는다.
- 교구장에 젓가락으로 옮기기 교구를 준비해주고 옮기기 놀이를 통해 젓가락 사용법을 익힌다.

  예 불린 콩 옮기기, 모양지우개, 미니 과일 모형, 매끄러운 구슬 등

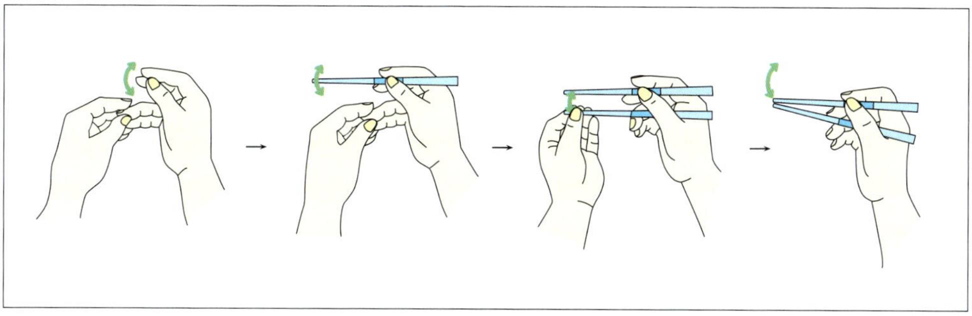

젓가락 사용 순서

**게　임**

- 한 달에 한 번씩 각 모듬 활동으로 젓가락으로 물체 옮기기 게임을 하여 챔피언을 뽑는다.
- 일 년에 2번 젓가락 경시대회를 개최하여 1분에 5개 이상은 학사증, 10개 이상은 석사증, 15개 이상은 박사증을 수여한다.
- 젓가락 사용법이 바르지 못하면 처음부터 다시 시작한다.

**주의점**

- 가정의 협조를 통해 실생활에 젓가락 사용을 적극 장려하며 도시락에 젓가락을 준비하도록 부탁한다.
- 유아교육기관에서 11월 11일은 '젓가락의 날'을 지정하여 젓가락 대회를 개최하는 행사를 해도 좋다.

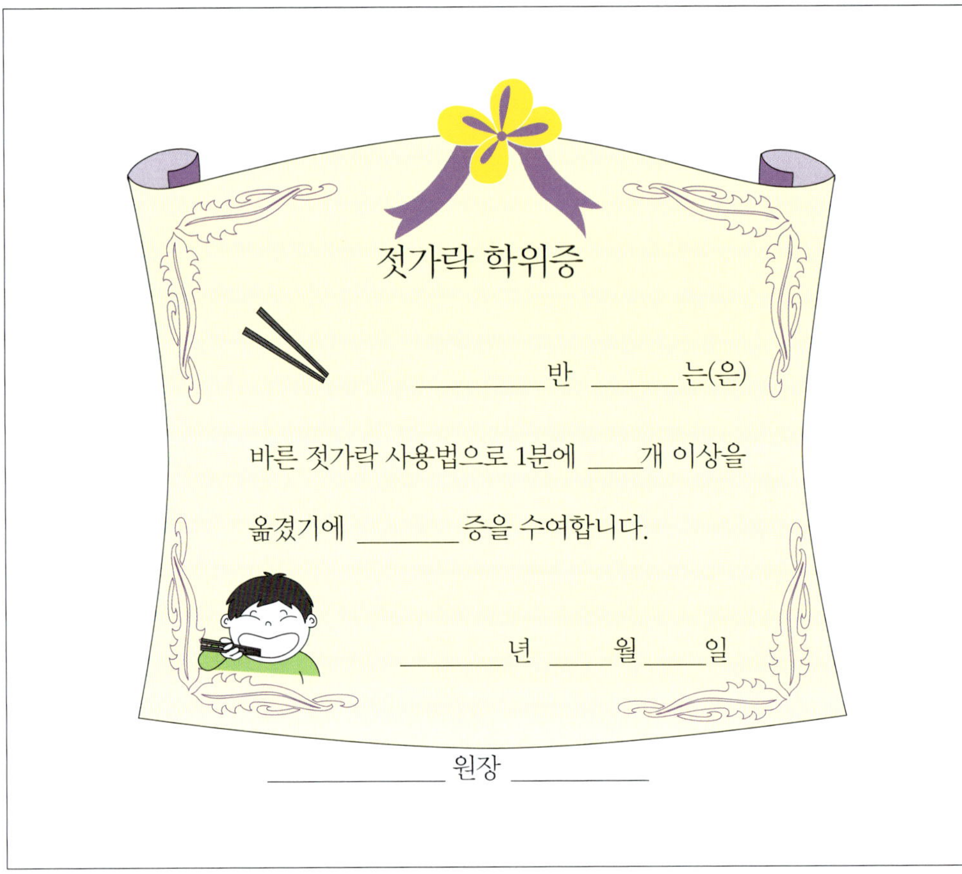

젓가락 학위증

_______반 _____는(은)

바른 젓가락 사용법으로 1분에 ___개 이상을

옮겼기에 ______증을 수여합니다.

_______년 ____월 ____일

____________ 원장 _________

**4 줄넘기 및 훌라후프 운동**

줄넘기는 동서양을 막론하고 어린이들의 놀이로서 널리 알려져 왔다. 영국은 보리의 수확기가 되면 어린이들이 보리의 줄을 사용하여 줄넘기 놀이를 했고, 미국은 여러 가지 줄넘기 동요가 전해지고 있는데 신대륙인 만큼 유럽에서 전해졌을 것으로 추측된다.

독일도 구츠무츠 J. (1389~1759)의 저서 「청소년을 위한 체조」 속에서 줄넘기에 대해서 소개하고 있으며, 스위스는 17세기 중엽 동판화가 마이야 C.C(Conrad Meyer)의 동판에 짧은 줄넘기를 하고 있는 모습으로 줄넘기가 보급되었음이 확실하다.

동양의 줄넘기 교육에 대해서 알아보면, 한국은 조선 말엽에 시인 최영연이 쓴 「해동죽지」 중편에 여러 가지 줄넘기의 모습을 정확히 묘사했으며, 일설에는 조중봉 선생(명은 현 1544~1593 임진왜란 때의 병장)이 줄넘기 놀이를 만들었다고 한다. 일본의 놀이 연구가 한자와도시로오는 오라베 우다(=음악 줄넘기)의 역사는 무로마찌(室町 1333~1542) 시대부터였다고 전한다. 중국에도 민속놀이로 긴 줄넘기 놀이가 정초에 행해졌다는 기록은 있으나 기원에 대해서는 알 수 없다.

### ❶ 우리나라 줄넘기 운동 교육과정의 변천

우리나라의 줄넘기 교육과정은 해방 전에는 일본의 교육과정에 따라 초등학교에서 주로 일본의 줄넘기 노래에 맞춰서 여자아이들에 의해 긴 줄넘기 놀이나 손으로 하는 가위바위보 등이 성행하였다.

해방 후 1, 2차 초등학교 체육 교과과정에서 줄넘기는 놀이로, 제3차 교육과정(1973~1981)에서는 순환 운동으로 교육 당국의 장려로 수개 종목의 단순한 횟수 뛰기 등 트레이닝을 위한 줄넘기가 열심히 지도되었다. '꼬마야 꼬마야', '아랫목에 앉아라' 등의 긴 줄넘기 노래도 보급되어 당시 초등학교 졸업생의 대다수는 줄넘기를 잘했다.

제4차(1981~1987) 및 제5차(1987~1994) 교육과정에서는 수구 체조인 줄 운동(리듬체조)이 줄넘기를 대체하여 줄넘기 지도는 학교 체육에서 유명무실하게 되었다. 이로 말미암아 그 동안 기술 개발과 보급 면에서 장족의 발전을 한 일본이나 미국에 비해 줄넘기 기술 보급 면에서 20년 이상 뒤떨어졌다.

줄 운동은 줄넘기의 한 분야이기는 하지만 표현 줄넘기라 하여 뛰기 기술의 가능, 불가능보다는 미(美)의 표현을 겨루는 운동으로서 서양 여성들에게는 보급되었다. 그러나 일본이나 한국에서는 극소수만이 경기를 위해 행해지고 있다. 따라서 지도자도 거의 없고 이에 대한 교원 연수도 거의 이루어지지 않아 줄 운동조차 유명무실하게 되었다.

다행히 제6차 교육과정에서는 체력 운동 영역이 신설되어 줄넘기가 체력 운동, 수구(手具) 운동 영역에서 예시 종목으로 강조되고 있으나 교사용 지도 지침서가 나오고 대폭적인 교원 연수가 뒤따라야 활성화되리라 전망된다(김진수, 2002).

### ❷ 줄넘기 및 훌라후프의 이론적 배경

전원정(2001)은 운동 실시 전, 후 체격의 변화를 분석한 결과 신장, 체중, 흉위의 운동 실시 전 후 4, 5, 6세 모두 뚜렷한 발달을 보였다고 했다. 박기출(2002)은 정기적으로 체육교육을 받으면 유아의 정서, 자아개념(전체 자아개념, 일반적 충족감 자아개념, 또래관계 자아개념, 교사-학교 자아개념, 학문적 자아개념, 신체적 자아개념)이 친사회적 행동에 많은 영향을 준다고 분석했다. 또 김은정(2003)은 유아 체육활동에 참여한 경우 사회성과 지각, 표현력이 많이 향상되었다고 발표하였다.

운동 능력을 개발하기 위해 먼저 유아들이 자율성을 가지고 표현할 수 있는 환경을 제공해 주고 여러 가지 운동의 기초 기본 능력은 어린 시절부터 몸에 익혀 두어야 한다. 왜냐하면 유아기에 몸에 익혀둔 기본 운동 능력은 일생동안 유지되는 것이기 때문이다. 줄넘기와 같이 줄을 돌리면서 리드미컬하게 뛰는 것은 역시 여아 쪽이 잘한다고 나왔다. 그러나 어떠한 때에 흥미를 가질 수 있을 것인가를 생각하는 것이 무엇보다 중요하다. 줄넘기 운동의 연구 결과 순발력과 근지구력 유연성, 스피드 향상을 높이며, 심폐 지구력 향상에 높은 영향을 준다는 연구 결과가 발표되었다(황덕호 외, 1999).

김진수(2002)는 일상 생활면에서의 줄넘기 운동의 체육적 가치를 다음과 같이 보고 있다.

첫째, 이상적 체력 단련법으로서 지구력, 유연성, 점프력, 순발력, 평형성 등을 기를 수 있으며 기초 체력을 향상시키는 우수한 운동이다.

둘째, 이상적 건강 장수법으로 호흡 작용의 향상과 내장 기관의 강장에 큰 영향을 준다.

셋째, 이상적인 정신 수양법으로서 인내심과 잠재력을 길러 예절, 겸손, 용기, 미덕을 닦아 자신의 삶을 더욱 빛낼 수 있다고 했다.

현재 여러 초등학교에서는 흥미를 고려하여 다양한 방법의 '음악 줄넘기'를 개발하여 체력 증진과 비만 퇴치 운동에 적극적으로 실행하고 있다.

훌라후프 운동은 성인 비만에 체력 개선으로 체지방을 감소시키고, 근력, 근지구력 증진에 효과가 있다. 또 유아의 신체적 발달에 도움을 주는 지구력, 유연성, 평형성에 도움을 준다는 연구 결과들이 속속 발표되고 있다.

이상에서 살펴 본 것과 같이 합리적인 경제생활을 위해 가장 기본이 되는 체력 육성을 위해 체계적인 연령별 연간 체력 단련 프로그램을 운영하고, 유아의 연령에 맞는 체력을 측정하여 유아기 합리적인 경제생활에 도움이 되고자 한다.

## 줄넘기 운동의 실천 방법

**활 동 명** 줄넘기

**준 비 물** 줄넘기, 우유팩, 음악 테이프

**활동목표**

- 줄을 이용한 다양한 스트레칭 활동을 경험한다.
- 민속놀이인 줄넘기 놀이를 익히고, 체력 단련을 통해 정신적 신체적인 자신감을 주는 경험을 한다.

**준비운동** 허리, 어깨, 팔, 무릎, 발목, 손목 돌리기, 무릎 굽혔다 펴기 등 스트레칭

**도 입**

- 줄넘기를 해본 적이 있는가?
- 줄넘기의 길이를 재어보고, 직선, 곡선 등 다양한 선의 모양도 만들어 본다.

**연 습**

- 줄을 반으로 접어 양손으로 잡아당긴다.
- 상하좌우 사선으로 스트레칭을 한다.
- 직선으로 놓고 양쪽을 깡충깡충 번갈아 뛰어본다.
- 줄을 반으로 접어 왼손은 허리에 대고 오른손으로 쥐고 뛰기를 번갈아 가면서 제자리에서 뛴다.
- 양손을 쥐고 바닥에 반원을 만들어 놓고 앞뒤로 왔다갔다 뛴다.
- 둘이서 양쪽에서 끈을 마주잡고 돌린다.

**활동방법**

- 두 발 모아 돌리면서 연속적으로 뛰기
- '파란나라', '은하철도 999' 음악에 맞추어 운동할 수 있도록 배려해 준다.

**마무리 운동**

- 각 부위의 신체 관절 부분 풀어주기
- 줄넘기는 지그재그로 접어서 우유팩 안에 집어넣어 정돈하기
- 옷의 먼지 털기 및 손 씻고 물로 양치하기

**주의점**

- 꼭 줄을 넘어야 된다는 두려움을 없애주고 줄에 대한 친근감을 가질 수 있도록 도와준다.
- 줄에 걸려 넘어지지 않도록 한다.

## 훌라후프 놀이의 실천 방법

**활동명** 훌라후프 놀이

**준비물** 훌라후프 10개, 음악 테이프(아기 염소)

**활동목표** 훌라후프를 이용하는 방법을 알고 신체의 여러 부위로 훌라후프를 이용한 움직임을 경험한다.

**준비운동** 가볍게 운동장 달리기 및 신체 여러 부위의 관절과 근육 풀어주기

**도 입**

- 훌라후프를 본 적이 있는지 어떻게 사용하는 운동놀이인가?
- 모양은 어떤 모양인지를 탐색하고 알아본다.
  (훌라후프 활동 VTR이나 화보를 보여주면 더 흥미 유발이 좀 더 용이하다.)

**연 습**

- 다양한 방법으로 훌라후프 던지고 받기 놀이
- 훌라후프 기차놀이
- 터널 통과하기
- 한 손, 두 손으로 세워서 또는 뉘어서 던지고 받기
- 훌라후프를 바닥에 놓고 원 안으로 뛰어 들어 가기 / 나오기
- 훌라후프를 굴렁쇠 모양으로 세워서 굴리면서 걷기
- 훌라후프 10개를 바닥에 놓고 원 안을 통과하여 반환점 돌기

**활동방법**

- 신체의 여러 부위를 이용하여 돌리기
- 손목, 팔, 발목 등으로 훌라후프 돌리기
- 허리로 훌라후프 돌리기를 다양한 규칙을 정하여 오랫동안 돌리면서 겨루어 보기 활동을 한다.

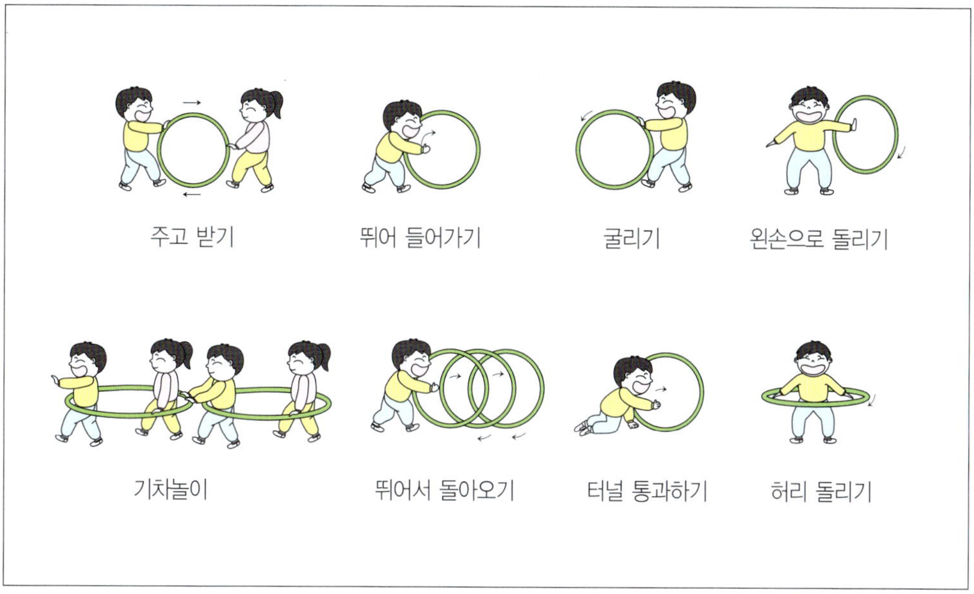


**마무리 운동**

- 손목, 팔, 다리, 목, 무릎, 허리, 관절 부분을 풀어주기 등
- 기구 정리 정돈
- 보건 위생 지도로 먼지 털기, 손 씻기, 물로 양치하기

**주 의 점** 유아가 신체에 관한 움직임 가능성에 대한 이해를 넓히고 힘, 공간, 시간 등의 요소를 적절히 결합한 효율적인 움직임 방법을 생각해 내도록 한다.

### ③ 줄넘기 및 훌라후프의 프로그램 활동 자료의 예

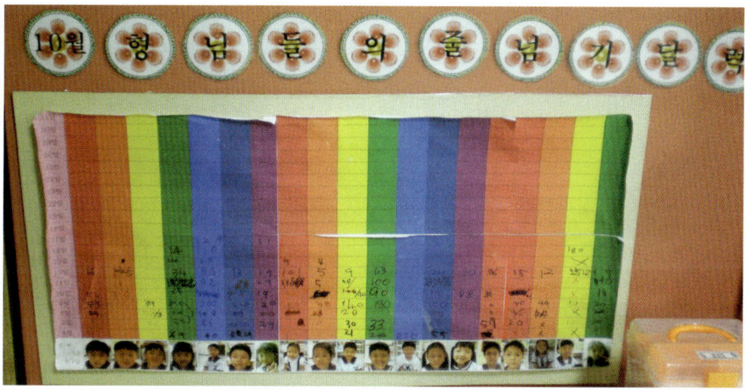


졸업할 때쯤이면 누가누가 줄넘기 왕이 될까?

구불구불 줄넘기 줄이 내 키보다 더 길다

58, 59… 아휴, 숨차! 나도 해볼까?

이겨라 ! 누가누가 끝까지 할까?

어! 훌라후프가 구르기도 한다.

팔에 끼워 돌려도 재미있다!

### 5 걷기 및 산책 운동

21세기 현대 산업 문명 속에 사는 유아들은 생명의 위협까지 느끼며 살아간다.

오늘날과 같이 지식과 기술 정보에 의존하는 사회에서는 국가 경쟁력을 늘리기 위해 이성, 정신, 지능의 개발에 주력하는 경쟁교육의 병폐로 체력이 약화되고 소아 비만이 해마다 늘고 있는 실정이다. 또 자동차 홍수시대에 살고 있는 우리는 그 어느 때보다 걷기 운동의 필요성을 더욱 절감하며 살고 있다.

걷기 운동은 인간 활동의 기본이 되는 중심 이동 운동이다. 사람은 세상에 태어난 지 1년 정도면 걷기 시작하여 한평생을 보행으로 이동하게 된다. 그러나 가장 자연스럽게 이루어지고 가장 많이 행해지고 있는 걷기 운동이 인간의 건강에 영향을 미치고 있다는 것을 깨닫는 사람은 많지 않다.

바른 걷기 방법은 발뒤꿈치가 먼저 닿고 그 다음 앞 발꿈치 쪽으로 중심을 이동하는 것이며, 허리를 세우고 배를 내밀지 않은 상태에서 반듯이 걷는 자세로 행하는 것이 좋으며 팔은 무리한 힘을 주지 말고 자연스럽게 움직여야 한다.

걷기 운동의 장점은 첫째, 모든 지역에서 할 수 있으며 둘째, 모든 유산소 운동 중 가장 편리하고 저렴하기 때문에 평생 동안 지속하기 적합하다. 셋째, 특별한 체력이나 기술을 요구하지 않기 때문에 간편하다. 넷째, 부상의 위험이 거의 없고 조깅의 1/5 정도의 힘만 필요로 하며 650개의 근육과 206여개의 뼈들이 거의 모두 균형 있게 사용된다는 것이다(마명락, 2006).

발은 26개의 뼈(한쪽 발), 39개의 관절, 38개의 근육, 그리고 107개의 인대와 수많은 혈관과 자율신경 등이 복잡하게 얽혀있으며 발등과 아킬레스건에 각각 한 개씩 두 개의 맥박이 뛰고 있고 인체의 63곳을 관장하는 경혈이 모여 있는 섬세한 인체 기관으로 우리의 신체를 그대로 반영한다. 발은 제2의 심장이며 규칙적인 걷기 운동은 심폐 기능과 지구력을 향상시키는 작용을 하고 과체중과 비만을 개선하는 데 효과가 있다(임미란, 2007).

산책 운동은 걷는 것이지만 그 속에는 사색, 여유, 자유, 즐거움, 만남 등이 담겨 있으며, 의학적으로도 혈액 순환과 근력, 비만 퇴치에 좋은 효과가 있다. 예소란(2006)은 산책은 어린이들이 온갖 자연물을 직접 보고, 만지고, 듣고, 느끼고, 냄새 맡는 오감과 몸으로 경험하는 활동이며, 흙, 모래, 물과 놀 수 있는 체험적 교육 활동이라고 말한다. 특히 유아들의 자연에 대한 풍부한 경험과 관찰은 유아 자신의 자기 표현과 창의적인 표현으로 이어질 수 있으므로 미술 활동과도 관계가 깊다.

산책 활동의 교육적 의의는 첫째, 자연에서의 산책 활동은 유아의 적응 행동을 도와준다. 둘째, 유아의 심미감을 증진시킨다. 셋째, 유아의 인지를 발달시킬 수 있는 다양한 기회를 제공한다. 넷째, 유아의 의사소통 기술을 발달시킨다. 다섯째, 감각 운동을 발달시킨다. 여섯째, 정서적 발달을 돕는다(정호영, 2006).

또한 임재택 외(2004)는 연간 산책 활동과 텃밭 가꾸기 활동을 통하여 자연의 소중함과 관찰력이 향상되었음을 알게 되었다고 하였다. 걷기 및 산책 운동은 유아교육에 필수적이며 정신적, 신체적 건강은 노동 및 생산에 중요한 영향을 미치므로 경제교육의 기본으로 적용할 필요성이 있다.

**표 5-1-4 산책 운동 활동 내용**

| | | | |
|---|---|---|---|
| 1 | 식물의 부분 명칭 알기 | 11 | 나무 껍질 탁본 뜨기 |
| 2 | 잎의 부분 명칭 알기 | 12 | 꽃이 먼저 피는 나무 알기 |
| 3 | 잎 모양 탁본 뜨기 | 13 | 식물이 자라는 데 필요한 것 알기 |
| 4 | 잎의 종류 알기 | 14 | 뿌리의 부분 명칭 알기 |
| 5 | 잎의 색 알아보기 | 15 | 나무 둘레 재어보기 |
| 6 | 잎의 크기 순서 짓기 | 16 | 제일 큰 나무와 작은 나무 알기 |
| 7 | 같은 모양의 잎 짝짓기 | 17 | 과실의 크기 순서 짓기 |
| 8 | 통 잎과 갈래 잎 알아보기 | 18 | 돌과 흙 비교하기 |
| 9 | 나뭇잎으로 모양 만들기 | 19 | 넝쿨 식물 알기 |
| 10 | 나란히맥과 그물맥 알기 | 20 | 내가 좋아하는 나무에게 편지 쓰기 |

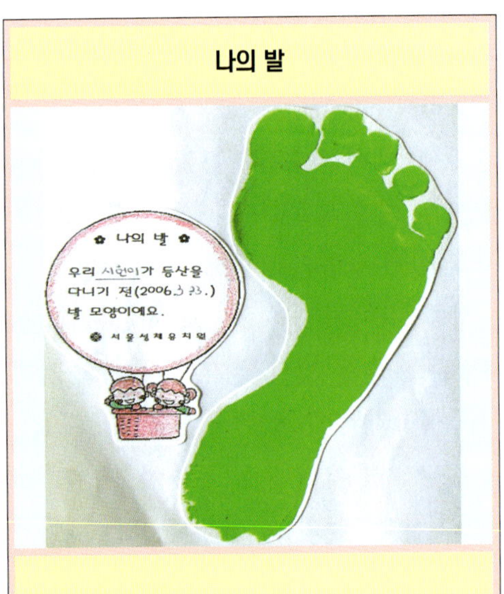


등산 전의 발 모양

등산 후의 발 모양

## 6 체력 단련 프로그램의 활동 자료

**●표 5-1-5● 개인 신체 적성 검사표**

### 개인 신체 적성 검사표

이　　름: ______________________ (남, 여)

생년월일: ________ 년 ________ 월 ________ 일

| 내 역 \ 항 목 | | 신 장 | 체 중 | 흉 위 |
|---|---|---|---|---|
| 체 력 | 1차 | cm | kg | cm |
| | 2차 | cm | kg | cm |

| 내 역 \ 항 목 | | 멀리뛰기 | V자 앉기 | 외발서기 |
|---|---|---|---|---|
| 체 력 | 1차 | cm | sec | sec |
| | 2차 | cm | sec | sec |
| | | 체전굴 | 달리기 | |
| | 1차 | cm | sec | |
| | 2차 | cm | sec | |
| 평 가 | 1차 측정 평가 | | 2차 측정 평가 | |
| | | | | |
| 측정일 | 1차 측정 평가 | | 2차 측정 평가 | |
| | 년　월　일 | | 년　월　일 | |

- 외발서기는 눈 감고 외발로 서서 오래 있는 시간을 말합니다.
- 체전굴은 윗몸을 앞으로 굽힌 후 ㎝로 측정한 것입니다.
- 달리기는 5m 왕복 달리기를 초 단위로 기록한 것입니다.

**●표 5-1-6● 기본 운동 능력 향상 체크리스트**

## 기본 운동 능력 향상 체크리스트

매우 잘함: 4, 잘함: 3, 보통: 2, 부족: 1

| 구분 | 평 가 항 목 | 4월 | | | | 7월 | | | | 10월 | | | |
|---|---|---|---|---|---|---|---|---|---|---|---|---|---|
| 1 | 한 발로 서서 몸의 균형을 잡는다. | | | | | | | | | | | | |
| 2 | 한 발로 서서 3~4번 뛴다. | | | | | | | | | | | | |
| 3 | 두 발로 서서 10번 이상 뛴다. | | | | | | | | | | | | |
| 4 | 두 발을 모아 뛰어 오른다. | | | | | | | | | | | | |
| 5 | 뜀틀을 1단을 넘는다. | | | | | | | | | | | | |
| 6 | 뜀틀을 3단 이상 뛰어 넘는다. | | | | | | | | | | | | |
| 7 | 리듬에 맞추어 앙감질, 스키핑을 한다. | | | | | | | | | | | | |
| 8 | 매트에서 옆 구르기를 한다. | | | | | | | | | | | | |
| 9 | 매트에서 옆 구르기를 유연하게 한다. | | | | | | | | | | | | |
| 10 | 공을 던지고 받는다. | | | | | | | | | | | | |
| 11 | 두발 자전거를 탈 수 있다. | | | | | | | | | | | | |
| 12 | 세발 자전거를 탈 수 있다. | | | | | | | | | | | | |
| 13 | 줄넘기, 훌라후프를 즐긴다. | | | | | | | | | | | | |
| 14 | 줄넘기, 훌라후프를 10번 이상 한다. | | | | | | | | | | | | |
| 15 | 그네를 구르며 탈 수 있다. | | | | | | | | | | | | |

| 구분 | 평 가 항 목 | 12월 | | | | 2월 | | | |
|---|---|---|---|---|---|---|---|---|---|
| 1 | 한 발로 서서 몸의 균형을 잡는다. | | | | | | | | |
| 2 | 한 발로 서서 3~4번 뛴다. | | | | | | | | |
| 3 | 두 발로 서서 10번 이상 뛴다. | | | | | | | | |
| 4 | 두 발을 모아 뛰어 오른다. | | | | | | | | |
| 5 | 뜀틀을 1단을 넘는다. | | | | | | | | |
| 6 | 뜀틀을 3단 이상 뛰어 넘는다. | | | | | | | | |
| 7 | 리듬에 맞추어 앙감질, 스키핑을 한다. | | | | | | | | |
| 8 | 매트에서 옆 구르기를 한다. | | | | | | | | |
| 9 | 매트에서 옆 구르기를 유연하게 한다. | | | | | | | | |
| 10 | 공을 던지고 받는다. | | | | | | | | |
| 11 | 두발 자전거를 탈 수 있다. | | | | | | | | |
| 12 | 세발 자전거를 탈 수 있다. | | | | | | | | |
| 13 | 줄넘기, 훌라후프를 즐긴다. | | | | | | | | |
| 14 | 줄넘기, 훌라후프를 10번 이상 한다. | | | | | | | | |
| 15 | 그네를 구르며 탈 수 있다. | | | | | | | | |

**● 표 5-1-7 ● 등산 기록표**

<table>
<tr><td colspan="5">나의 등산 기록</td></tr>
<tr><td colspan="2">장 소</td><td colspan="3"></td></tr>
<tr><td rowspan="4">시간 기록</td><td rowspan="2">등산</td><td>출발 시각</td><td></td><td rowspan="2">• 시간이 얼마나 걸렸나요?<br>분</td></tr>
<tr><td>도착 시각</td><td></td></tr>
<tr><td rowspan="2">하산</td><td>출발 시각</td><td></td><td rowspan="2">• 시간이 얼마나 걸렸나요?<br>분</td></tr>
<tr><td>도착 시각</td><td></td></tr>
<tr><td>날 짜</td><td></td><td>반</td><td>이 름</td><td></td></tr>
</table>

**표 5-1-8 사전 측정 나의 발**

| 나의 발 | | | | |
|---|---|---|---|---|
| | | | | |
| 날 짜 | | 반 | 이 름 | |

- 활동량이 많은 발의 모양은 발 도장이 찍히는 부분의 면적이 적다고 합니다. 학기 초의 발 모양과 체력 향상 프로그램을 마치고 모양이 어떻게 다른지 비교해 보세요.

**표 5-1-9 사후 측정 나의 발**

| 나의 발 | | | | |
|---|---|---|---|---|
| | | | | |
| 날 짜 | | 반 | 이 름 | |

- 활동량이 많은 발의 모양은 발 도장이 찍히는 부분의 면적이 적다고 합니다. 학기 초의 발 모양과 체력 향상 프로그램을 마치고 모양이 어떻게 다른지 비교해 보세요.

## 산책 활동 프로그램의 예

### 나무 둘레 재보기

| 리본으로 재보았어요 | 수막대로 표현해 보았어요 | 비즈 도장으로 찍어 보았어요 |
|---|---|---|
| | (　　　　)개 | |
| | 빨간막대로 표현해 보았어요 | 길이를 숫자로 표현해 보아요 |
| | (　　　　)의 막대 | (　　　　)cm |
| 날 짜 | 반 | 이 름 |

### 나무 열매의 색

가을에 열리는 맛있는 열매들은 무엇이 있는지 알아보고 색판으로 표현해 보세요..

예)

( 사과 ) → 빨 간 색　　(　　　) → □□□

(　　　) → □□□　　(　　　) → □□□

| 날 짜 | | 반 | 이 름 | |
|---|---|---|---|---|

## 잎의 서랍에서 찾았어요

내가 찾은 나뭇잎을 붙여보고 나뭇잎에 내 얼굴을 꾸며 보세요.

잎의 서랍에서 똑같은 모양을 찾아보세요.

(　　　) 형

| 날 짜 | | 반 | 이 름 | |
|---|---|---|---|---|

## 산에서 내가 찾은 책

산에서 찾은 색을 색판에 붙이고 그림으로 그려 보세요.

색판

내가 찾은 색은?

내가 그린 그림은?

| 날 짜 | | 반 | 이 름 | |
|---|---|---|---|---|

## 내가 찾은 잎맥

내가 찾은 나뭇잎을 스크래치해 보고 잎맥의 이름도 써보세요.

(　　　) 맥

| 날 짜 | | 반 | 이 름 | |
|---|---|---|---|---|

### (2) 원내 캠프

Camp라는 말은 원래 '들'이라는 뜻을 가진 라틴어 '캄프스'에서 왔으며 그리스어 '캐포스'에서 유래되었다. 근대 조직 캠프의 시작은 미국 코네티컷 주 워싱턴에 있는 소년을 위한 Gunner School의 창시자이며 최고 책임자인 Frederich Willan Gumn에 의해 1861년 계절 교육 프로그램으로 구성되었다.

한국에서는 1906년 경기도 고양군 진관사에서 전국 학생 YMCA 회원 연맹이 주최로 제1회 학생 하령회를 시작으로 캠프가 행해지고 있다.

캠프는 경험으로부터 배움(learning by doing), 사귐(fellowship), 건강과 안전(health and safety), 기능 습득(learning of skills), 사회 적응(social adjustment) 등의 5가지 가치를 두고 있다.

캠프의 가치를 하버드 대학의 Charles Eliot 박사는 "미국 교육에 있어서 캠프만큼 공헌도가 높은 것은 없다"라고 하였으며, 콜롬비아 대학의 Shap 박사는 "5일간의 캠프는 3주간의 학교생활보다 더 교육적인 가치가 있다"고 교육적 효과를 평가하였다. 또한 "교육은 곧 경험하는 것이다"라는 John Dowey의 말처럼 캠퍼들의 상호 인간관계에서의 만남, 서로의 교감과 느낌을 중요시하는 캠프는 산교육 그 자체라고 할 수 있다.

캠프의 종류는 여러 형태로 나누어지나 성장기 유아들은 규모가 가정적이고 단체생활에 익숙한 원내 캠프를 통해 경제교육의 초석이 될 정신적, 신체적인 '홀로서기' 체험 활동을 경험할 수 있다.

#### 1 원내 캠프의 목적

집단 생활의 경험으로 민주적인 생활과 자치력을 키우며 흥미를 바탕으로 한 활동에서 잠재 욕구를 개발하여 부모로부터 독립적인 생활을 하는 데 캠프의 보다 큰 의미와 목적이 있다.

#### 2 원내 캠프 시 실천할 수 있는 활동

유아교육기관에서 하루 일과 중에서 부족한 활동 등을 계획하여 실천하는 것이 좋다. 예를 들면 다음과 같다.

**❶ 생산자의 역할 : 상품 제작**

액자, 털실로 목도리 짜기, 가방 짜기, 핸드폰 걸이, 헤어밴드, 저금통 만들기, 탈 만들기, 무말랭이 만들기, 메모꽂이, 시장주머니 등 반제품을 구입하여 완제품으로 만드는 경험을 해본다. 또 농작물(감자, 고추)을 가꾸고 재배하여 상품명, 상호명(名) 정하기, 제조 일자, 제조국, 가격을 정하는 생산자의 역할도 체험하고, 물건을 생산한 생산자로서의 책임과 생산한 물건의 유통을 어떻게 해야 할지 분단 토의를 해본다.

**❷ 판매자의 역할 : 시장놀이**

어떤 방법으로 생산한 물건을 판매해야 할지 광고를 만들고, 서비스는 어떻게 해야 할지를 모듬 활동을 통해 결정하고 시장의 형태도 꾸민다. 예를 들면, 가게 꾸미기(인테리어), 돈 받는 곳, 계산기, 가격 표시, 포장 형태, 물건의 광고 문구 작성, 소비자를 위한 시식 코너, 세일하는 코너, 물건 판매를 돕는 도우미 뽑기 등을 원내 캠프 시 활동한다.

**❸ 소비자의 역할 : 뷔페식당 예절**

유아들이 좋아하는 음식을 모듬 활동으로 알아보고 양과 영양에서 균형 있게 준비할 수 있도록 각 가정과 연계 활동으로 진행한다. 예를 들면, 한국의 음식은 김치 · 떡볶이, 중국의 만두, 일본의 유부초밥, 미국의 켄터키 후라이드 치킨, 영국의 샌드위치, 이탈리아 피자와 스낵과자 등을 준비한다.

유아들과 뷔페 식당에서 지켜야 할 예절 문구도 토의 활동을 통해 정한다.

각 나라별 국기를 음식에 준비해 두고 질서 있게 줄서서 먹을 만큼 담아와 저녁 식사로 즐겁게 먹는 활동을 한다.

**❹ 은행의 역할 : 은행놀이**

은행에 대해서 궁금한 것들을 질문지로 작성해 보고, 은행에 관련된 인터넷 사이트와 은행에서 일하시는 분들을 인터뷰해 보고 궁금증을 해결한다. 은행놀이를 하기 위해 유아들은 은행 이름, 은행 마크 만들기, 은행장 · 은행원 이름표 만들기, 청원경찰 역할이나 환율 형광판 만들기, 은행놀이에서 필요한 청구서를 직접 작성해 보고, 청구서 쓰는 곳에 노인들을 위해 돋보기 준비하기 등 은행놀이를 역할놀이화하여 은행에 대해 관심 갖는 경험을 한다.

위에서 살펴본 예시 중 '뷔페 식당'을 주제로 유아들과 함께 주제망을 보고 일정을 세워보았다.

**표 5-1-10 원내 캠프(홀로서기) 주제망**

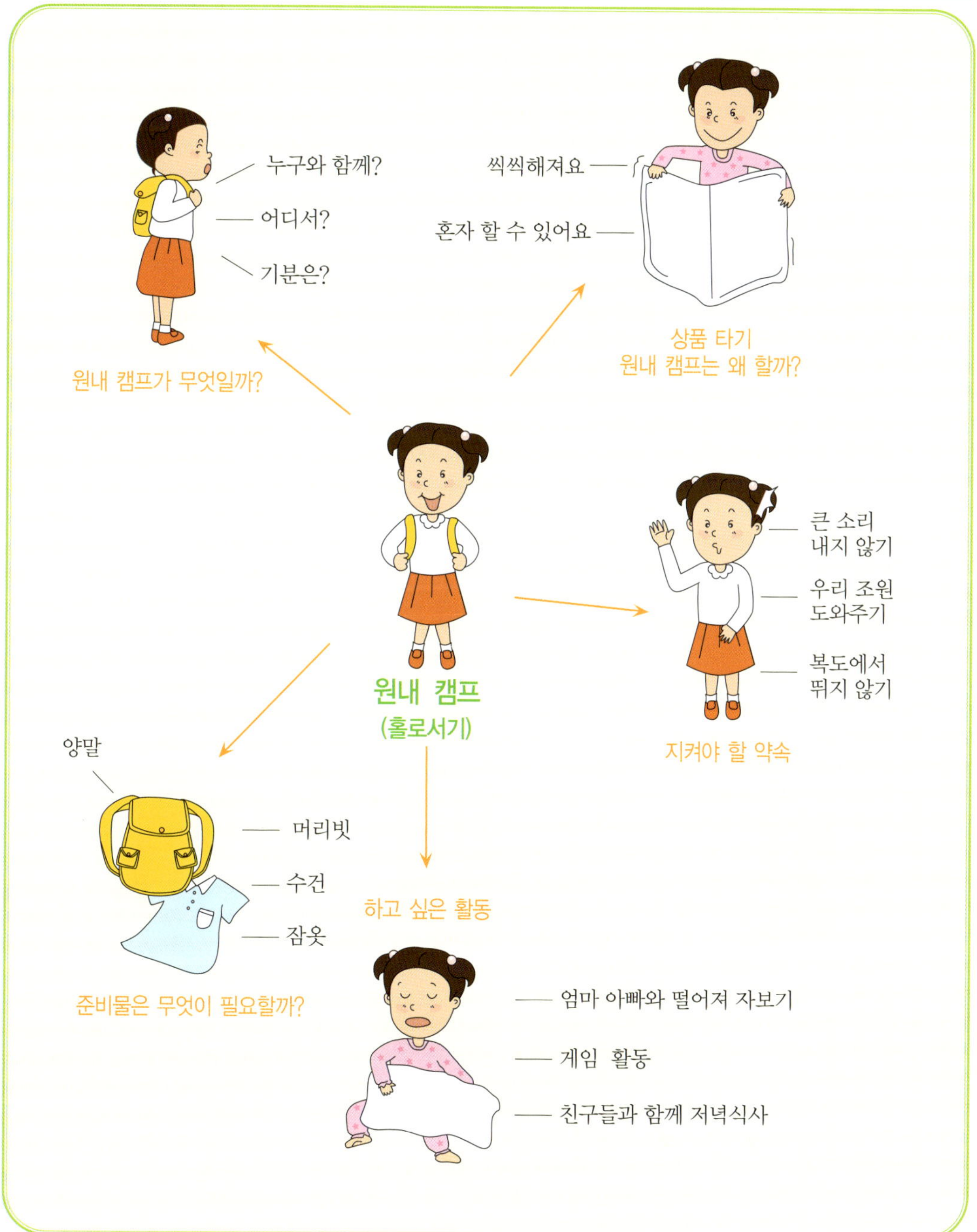

●표 5-1-11● 뷔페 식당 주제망

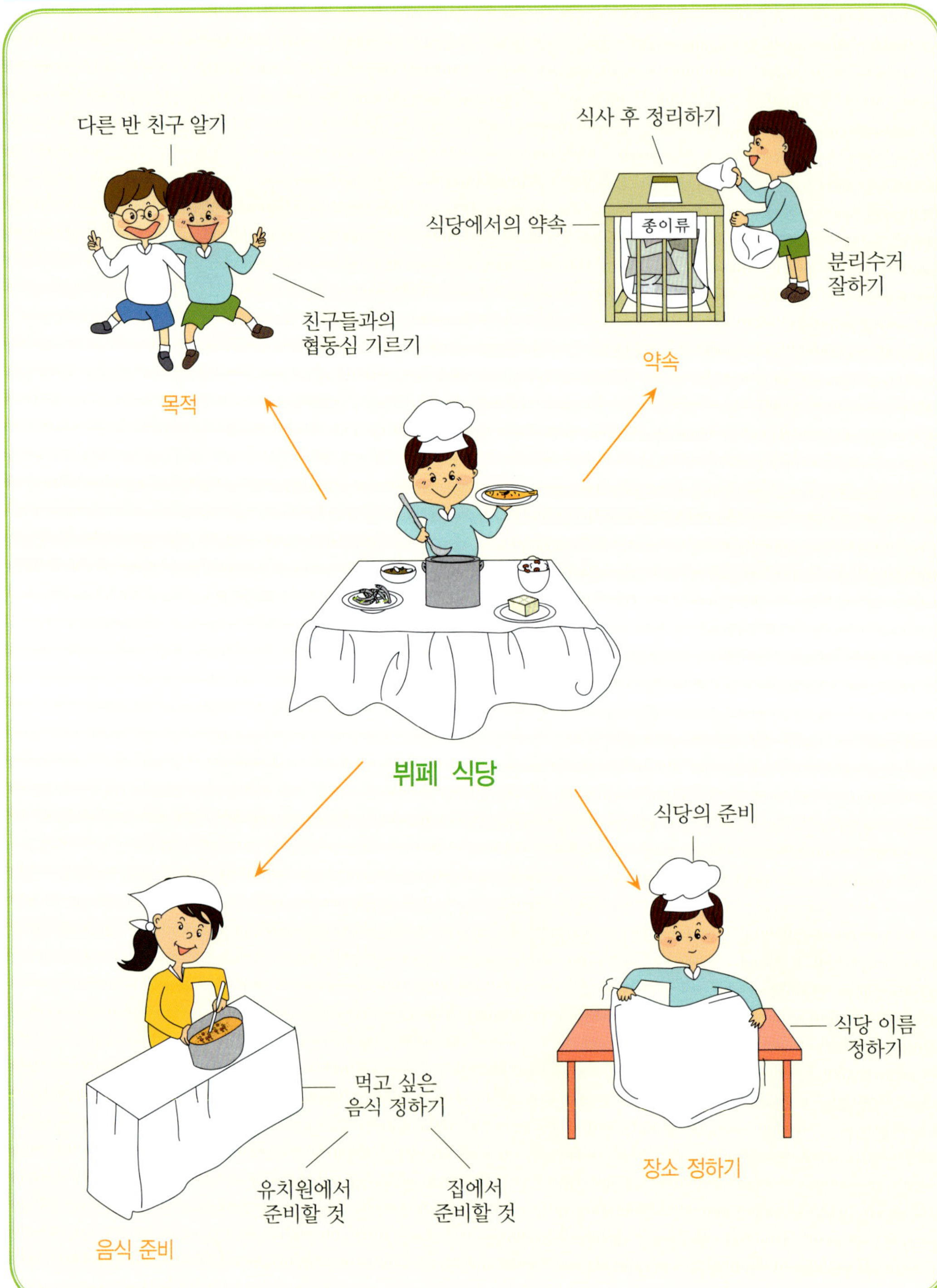

**•표 5-1-12• 원내 캠프 뷔페 식당 프로그램 일정표**

일 시: 년 월 일
대 상: 7세 전체(9조 편성)

| 시 간 | 내 용 | | 비 고 |
|---|---|---|---|
| ~17:50 | • 현관에서 등원 인사하기<br>• 각자 준비해 온 간식은 종류별로 교무실 앞에 모으기<br>• 각 반 교실에 한 줄로 짐 정리하기 | | • 간식 이름 붙인 바구니 준비 |
| 17:50~18:10 | • 강당 집결 | | • 강당 입구에 조 명단<br>• 조 표시 |
| 18:10~18:20 | • 조 편성 및 교사 소개<br>• 각 조별 교사가 인솔해서 이동 | | • 1~9조<br>(교사 및 이동 장소 소개) |
| 18:20~19:20<br><br>목표 달성 게임<br>(장소: 운동장) | 1~4조 | 5~9조 | • 훌라후프, 끈, 풍선, 긴 천, 목표 달성판, 초시계 |
| | 1. 훌라후프 릴레이<br>2. 2인 3각<br>3. 다리 사이로 풍선 전달<br>4. 백지장도 맞들면 낫다<br>5. 등산 | 1. 등산<br>2. 훌라후프 릴레이<br>3. 2인 3각<br>4. 다리 사이로 풍선 전달<br>5. 백지장도 맞들면 낫다 | |
| 19:20~19:25 | • 강당 집결 | | • 각 방 마다 1개씩 준비 |
| 19:25~19:40 | • 수상 조 발표 (목표 달성판이 먼저 완성된 조) | | |
| 19:30~20:20<br>뷔페 식당 | 1~4조(장소: 강당) | 5~9조(장소: 식당 ) | • 쓰레기통 3개<br>(속 비닐 넣어서)<br>• 식탁 준비<br>(식탁보, 꽃, 휴지, 비닐장갑)<br>• 크레파스, 도화지, 사인펜, 가위, 셀로판 테이프 |
| | 1조–음식 분류, 식기류 준비<br>쓰레기통 준비<br>2조–식당 이름 정하기,<br>메뉴판 정하기<br>3조–식당 세팅<br>4조–식탁의 예절 | 5조–음식 분류, 식기류 준비<br>6조–식당 이름 정하기<br>메뉴판 정하기<br>7조, 8조–식당 세팅<br>9조–식탁의 예절 | |
| 20:20~21:00 | • 간 식<br>–먼저 먹은 유아는 휴게실에서 경제 표어 만들기 | | • 비상약 준비<br>• 음악 준비<br>• 명함 만들기 준비<br>(연필, 지우개, 워크지) |
| 21:00~21:20 | • 정리 (모두 제자리로 운반) | | |
| 21:30~ | • 각 반 교실로 취침 준비<br>• 세수, 양치질 (여자 먼저 씻고 잠옷 갈아입기) | | |
| 06:50~07:30 | • 기상(세수, 양치질) | | |
| 07:30~07:50 | • 아침 체조 및 다도 | | • 체조 음악 준비(통통통)<br>• 다도 준비 |
| 07:50~08:00 | • 간 식 | | • 요플레 |
| 08:20~09:00 | • 귀가 지도(부모님이 오는 순으로 귀가) | | |

## 3 원내 캠프 활동 사진

목표 달성 게임! 우리 팀이 꼭 우승하자

우와! 엄마가 내가 좋아하는 음식은 다 만들어 주셨네

음식은 먹을 만큼 덜어서 나누어 먹어요

우리가 잘 자리를 깨끗이 치워요

엄마, 아빠가 보고 싶지만 오늘은 혼자 잘 거예요

내가 잔 이부자리는 내가 정리해요

## 2 돈의 가치와 중요성

### (1) 돈의 역사

화폐의 사전적 의미는 상품을 매매하고 채권 채무 관계를 청산하는 일상 거래에서 일반적으로 통용되는 지불 수단을 말한다. 즉, '물건의 가치를 나타내며, 상품의 교환을 매개하고, 재산 축적의 대상으로도 사용하는 물건' 이라고 정의하고 있다. 이와 같이 돈은 나라 경제 전체에서 우리 몸의 혈액과 같은 역할을 한다.

화폐의 역사는 기원전 40,000년경에 해당하는 구석기시대 후기로 거슬러 올라간다. 우리 조상들은 부족을 이루고 수렵 · 채집 생활로 영위하며, 필요한 것을 스스로 생산한 것으로 생활하는 자급자족이 일반적이었다. 동굴 벽화를 비롯하여 전 세계 고고학적 유적에서 출토된 유물들을 보면 인간 생활에 필요한 모든 것 중에 가장 중요한 것은 식량과 집이었다.

선사시대 사람들은 동물을 사냥한 사람이 물고기를 잡은 사람과 필요한 물건을 서로 바꾸었다. 사람들이 소규모 농경사회를 이루고 살면서 많이 이동하지 않던 시대에 곡물, 소금 등은 교역에 적합한 물건이었다. 즉, 문명이 출현하고 생산력이 발달함에 따라서 소비하고 남는 물건과 생활에 필요한 물품을 다른 사람과 교환할 필요성이 생겼다. 최초 교환은 물건과 물건을 교환하는 물물교환의 방식이었다.

그러나 물물교환이 더욱 늘어남에 따라 서로가 원하는 재화의 종류와 품질, 또 많은 양을 교환해야 하고, 먼 곳까지 가야 할 경우 무거운 곡식자루를 메고 가야 하는 불편을 해소하고자 점차 금속으로 만든 물건들을 들고 이동하게 되었다. 그래서 지금의 터키 지역인 리디아에서 처음 금과 은으로 만든 동전이 사용되었다. 금속으로 만든 물건은 간수하기도 편하고 운반하기도 쉬웠기 때문이다. 그 후 동전은 점차 모든 경제 분야로 퍼져나갔다.

금화는 로마시대 이후 2,000년간 모든 물건의 가치 기준이 되었다. 금이 모든 물건의 가치 기준이 되는 화폐 제도를 금본위 제도라고 한다. 금화가 편리하기도 하지만 금이라는 금속은 화폐가 아니더라도 중요하다.

중세시대에는 상인들이 금 세공인들에게 금을 맡기곤 했는데, 금 세공인들은 상인들이 맡겨둔 금을 모두 한꺼번에 찾아가지 않는다는 것을 알고, 금을 빌려주기 시작했다. 이후에 금 자체를 빌려가기보다는 종이에 금 차용증을 써주게 되었다. 이렇게 해서 종이돈, 즉 지폐가 생기게 된 것이다. 현재 통용되는 지폐도 일종의 차용증이다. 모든 사람이 지폐에 대한 신용을 믿고 있고, 강력한 국가가 교환을 보장하기 때문에 그 가치를 가지게 된 것이다.

우리나라의 돈의 역사와 과정을 간단히 살펴보면, 삼국시대인 신라 490년(신라 소지왕 2년)에 서울인 경주에 상설시장 경시(京市)가 처음으로 개설되었으며, 지방에도 향시(鄕市)가 있어 교환경제가 이루어졌다. 교환의 매개물은 생활의 필수품이 주로 사용되었다. 즉, 샘처럼 막힘없이 유통한다는 뜻의 천포(泉布) 비단이 화폐로 사용되면서 등장하였던 백(帛), 금이 본위 화폐로 사용되기 시작한 근대에 나타났던 금(金) 등 갖가지 명칭이 있다.

당시 중국으로부터 수입된 중국의 화폐가 일부 계층이나 극히 한정된 유통계에서 사용된 일이 있었는지는 모르나, 국가가 정책적으로 화폐 유통을 시도할 만큼 큰 영향은 주지 못했고 주로 중국과 무역에서 결제 수단으로 사용되었다. 신라에서 금·은으로 된 전(錢)을 삼았다는 기록이 있는데, 칭량화폐(稱量貨幣)의 형태로 쓰이고 있었던 것으로 알려져 있다.

고려시대에는 건원중보라는 우리나라 최초의 철로 된 주화가 만들어졌다. 이로부터 숙종연간에 이르기까지 동국통보(東國通寶), 해동원보(海東元寶), 해동중보(海東重寶), 해동통보(海東通寶), 삼한중보(三韓重寶), 삼한통보(三韓通寶) 등 전명(錢名)별로 8종이 주조되었다.

조선시대는 중앙집권적 통치 체제를 확립해 나가는 과정에서 물품화폐 대신 명목화폐를 정착시키고자 많은 노력을 기울였다. 조선 숙종 4년(1678)에는 우리나라 화폐 발전에 획기적인 계기가 되는 상평통보(常平通寶)가 발행되었다. 상평통보는 우리나라 화폐 역사상 전국적으로 유통된 최초의 화폐이며, 최장 기간 통용된 화폐이다.

근대의 화폐는 개항 이후 다양한 모습으로 변화가 많았으며, 2006년 이후는 은행권에 첨단 위조 방지 장치가 적용되고 디자인 면에서도 예술적 세련미가 가미되었다. 컴퓨터 관련 기기의 성능 향상으로 위조지폐가 급증하고 정교해지는 상황에 대응하여 홀로그램, 색 변환 잉크, 요판잠상 등 첨단 위조 방지 장치 적용을 대폭 확대하였다. 은행권의 크기가 선진국 수준으로 축소되어 쓰기에 편리해졌으며 색상이 보다 밝고 화려해졌다. 문자와 숫자, 총재 직인, 점자 등 전체 도안 체제가 현대적 감각으로 대폭 바뀌었다. 소재 면에 있어서는 초상 인물은 그대로 유지되었으나 여타 소재는 과학, 미술, 사상 등을 나타내는 다양한 소재가 채택되고 참신한 바탕 무늬가 사용되는 등 도안 이미지가 복합화되었다. 5,000원 권은 2006년 1월 2일 발행되었으며, 10,000원 권 및 1,000원 권은 2007년 1월 22일에 새로 발행되었다.

화폐의 가장 중요한 역할은 첫째, 물물교환의 불편함을 없애고 보다 쉽게 교환을 중개하는 교환의 매매 수단이다. 화폐가 있으면 자기 원하는 물건을 무엇이든지 언제든지 살 수 있기 때문이다.

둘째, 화폐는 구매력을 저장하는 데 있어 매우 편리한 수단이 될 수 있다. 화폐는 한 시점의 구매력을 다른 시점까지 보관해 주는 역할, 즉 가치 저장의 기능을 수행한다. 돈이 이러한 기능이 있기 때문에 저축의 대상이 될 수 있다. 우리가 부자라고 할 때 재산이 많은 것과 돈이 많다는 것을 동일하게 생각하는데 그 이유가 바로 돈이 가치 저장의 기능을 지니고 있기 때문이다.

셋째, 화폐는 가치 척도의 기능이 있다. 상품의 가격을 표시해 주는 계산 단위의 기능도 수행한다. 우리는 화폐의 사용으로 인해 각기 다른 상품의 가치를 아주 쉽게 비교할 수 있다.

현재는 동전이나 지폐 이외에도 새로운 돈의 역할을 하는 수표나 신용카드, 인터넷 전자화폐 등이 생겨나고 있으며 더 편리한 것이 발명된다면 또 다른 새로운 돈을 가지게 될 것이다.

### (2) 주제망

'돈의 가치와 중요성' 을 유아들에게 생활 속에서 경험한 것을 어떤 방법으로 바르게 이해시킬 것인가가 중요하기 때문에 6개의 소주제(돈의 역사, 돈의 종류, 돈의 형태, 돈의 제작, 돈은 왜 필요한가, 돈으로 할 수 있는 것)로 나누고 각각의 의미를 상징하는 그림을 표현하여 접근하였으며, 유치원 교육과정의 각 영역과 몬테소리 교육활동을 관련지어 월간 계획안을 작성하여 실시하였다.

실천 기간은 유치원 현장에 맞게 조정할 수 있다.

경제교육이라는 새로운 프로그램을 첨가한다기보다 모든 생활주제에 경제 개념을 접목할 수 있다는 것을 염두하고 실천하는 것이 바람직하다.

**표 5-2-1** 돈의 가치와 중요성 주제망

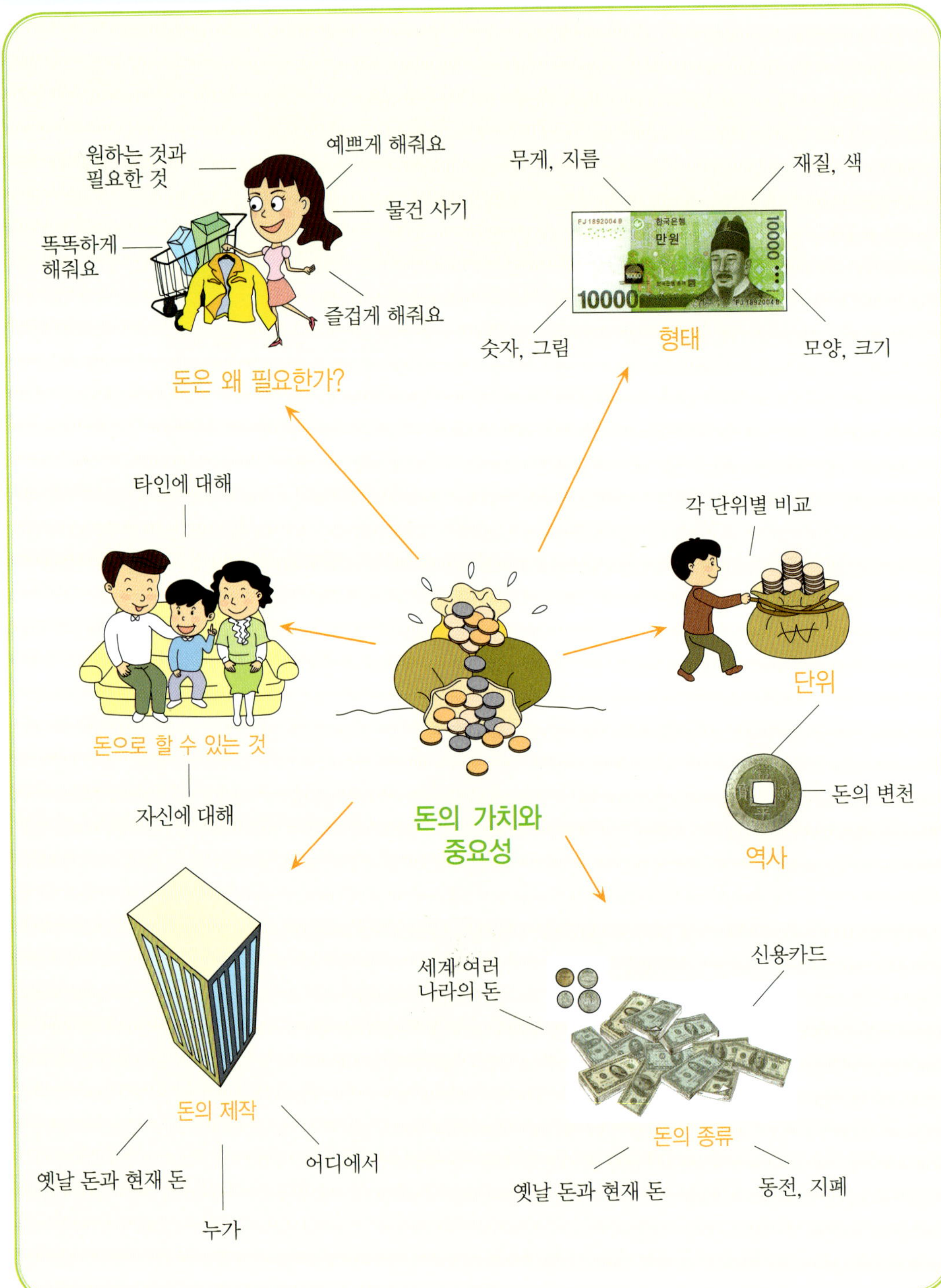

### (3) 실물경제 활동 교육계획안

'돈의 가치와 중요성' 의 교육적 의의와 목표는 돈의 명칭과 함께 돈이 어떻게 해서 생기게 되었는지 역사에 대해 알아보고, 시장에 유통되게 되는 과정을 알아본다. 또 동전과 지폐를 관찰하여 같은점과 차이점에 대해서 이야기해 보고, 돈 역할과 기능, 소중함과 가치를 알며 돈을 올바르게 사용하는 합리적인 방법을 안다.

활동 내용은 각 5개 영역에서 다루어야 할 내용들을 가정의 협조를 통해 조사 활동을 하게 한다면 좀 더 쉽게 접근할 수 있다. 효과적인 교수법으로는 소그룹 토의 활동의 전개 방법을 통해 유아 또래간의 서로 다른 의견을 듣고 존중하는 집단 의식과 개인의 창의적인 사고를 끌어내는 활동을 전개했다.

#### 이야기 나누기

- 화폐 박물관을 견학하고 우리나라 돈의 종류를 실제 준비하여 돈의 크기와 형태, 단위를 비교해 보고 다른 나라 돈을 보면서 나라마다 다른 점과 돈의 단위가 다른 것을 알아 본다.
- 돈은 우리가 꿈을 이루는 데 도움을 주는 친구이자 인간의 생활에 없어서는 안 될 중요한 수단이라는 것을 이야기한다.
- '돈은 산소와 같다' 라고 말한다. 산소가 없으면 살 수 없는 것처럼 돈은 필요하기 때문에 깨끗이 간직하고 소중한 것임을 이야기한다.
- '돈' 은 잘 쓰면 약이 되고 잘못 쓰면 독이 되고, '금융 채무 불이행자' 가 된다는 것도 이야기한다.
- 옛날 돈을 준비하여 보여주면서 돈의 변천 과정을 알아보고 돈의 제작 과정의 비디오나 관련된 책을 보여주면서 이야기를 한다.

**표 5-2-2 실물경제 활동 교육계획안**

| 생활주제 | 돈의 가치와 중요성 | 주제 선정 기간 | 2007년 4월 2일~5월 18일 |
|---|---|---|---|
| 교육적 의의 & 목표 | • 돈의 역사와 돈이 어떻게 만들어지는지 과정을 알아본다.<br>• 동전과 지폐를 관찰하고 돈의 종류를 알아본다.<br>• 돈의 소중함과 가치를 알고 바른 사용법을 안다. | | |
| 가정협조문 | 이번 주부터 ○○반 친구들이 경제 활동 '돈의 가치와 중요성'에 대해서 주제 전개를 진행합니다. 교육 내용은 수업 진행에 따라 변경될 수 있습니다.<br>• 4월 18일(수)은 화폐박물관 견학이 있습니다. 유아들의 돈에 대한 역사와 경제관을 신장시키며 다양한 체험의 기회를 제공하고자 합니다. | | |

**건 강**

〈기본생활습관〉
- 돈을 입에 물고 빨지 않아요.
- 돈은 꼭 필요한 곳에만 사용해요
- 돈을 소중하게 다루는 예절과 습관을 익힌다.
- 돈을 구기지 않고 깨끗이 사용해요

〈기본 운동 능력〉
- 줄넘기
  -양발 모아 뛰기, 제자리 구보 뛰기
- 훌라후프
  -훌라후프 안, 밖 뛰기

**언 어**

〈주제탐색〉
- 생각 모으기 • 표상 활동
- 주제망 • 봄 품사

〈이야기 나누기〉
- 돈은 누가 만들었나?
- 돈의 종류 • 화폐 속 인물
- 돈은 어디서 만드나?
- 우리나라 돈의 단위
- 나라마다 돈을 부르는 이름이 달라요
- 돈으로 할 수 있는 일
- 돈의 일생
- 경제 사전 • 경제 용어 반대말
- 왜 옛날 돈에는 구멍이 있고 현재 돈에는 없는가?
- 내가 만약 돈이라면?

〈동시〉
- 동전 한 닢

〈동화〉
- 나의 조랑말
- 도깨비가 준 선물
- 무지막지 백작 • 조지프의 마당

〈동극〉
- 100원이의 여행

**사 회**

〈토의〉
- 돈이 없어서 불편한 점
- 돈에서 관찰할 수 있는 문자, 숫자, 생·무생물
- 화폐 속 인물 모자이크
- 지폐 관찰(시각, 촉각, 후각, 청각)
- 내가 돈을 만든다면 어떻게 만들고 싶은가?
- 나무에 돈이 열린다면?
- 미래에는 어떤 돈을 쓸까?
- 내가 좋아하는, 사고 싶은 물건의 가격
- 왜 동전은 동그라미인가?, 다른 모양은 없나?
- 화폐가 전 세계적으로 통일이 된다면?

〈가정 활동 조사서〉
- 나라마다 왜 돈이 다른가? • 화폐의 단위
- 각 가격대별 물건 찾아보기(엄마와 내 물건 비교)
- 우리 집에서 나한테 사용되는 돈
- 물건 가격 비교-10년 전 가격과 현재 가격
- 문화 예술 공연 가격 비교
- 같은 물건에서 가격차가 나는 이유?
- 돈의 생성 과정(게임으로)
- 우리나라에서 발행되는 돈의 종류

〈견학〉
- 화폐 박물관 • 문화예술 공연장

**표 현**

〈미술 활동〉
- 지갑 만들기(부직포)
- 신용카드 만들기
- 내가 만든 돈
- 동전 스크래치
- 화폐 속 인물 모자 모자이크
- 돈에서 발견된 문화재 반쪽 오리기

〈명화〉
- 밀레-씨 뿌리는 사람

〈게임〉
- 숟가락으로 동전 전달하기
- 행운의 동전 던지기
- 동전 멀리 던지기

〈신체 표현〉
- 돈의 여행

〈새 노래〉
- 저금해야지
- 맛있는 과자
- 저금통

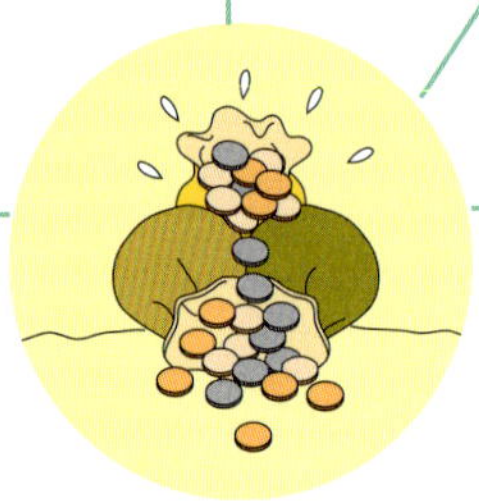

**돈의 가치와 중요성**

**탐 구**
- 동전 패턴놀이
- 동전의 크기 비교
- 동전 무게 재기
- 환율 환산
- 동전의 성분
- 돈의 수명
- 물건마다 세는 단위가 달라요

〈관찰〉
- 계산기, 주판 관찰
- 동전이 내는 소리
- 동전의 무게, 크기 측정

〈그래프〉
- 동전 vs 지폐 벤다이어그램
- 현금 vs 카드 벤다이어그램
- 원 vs 달러 벤다이어그램

| 몬테소리 활동 | 일상생활 | 감 각 | 수 | 언 어 | 문 화 |
|---|---|---|---|---|---|
| | • 흥미 영역 10가지<br>• 바르게 인사하기<br>• 숟가락으로 옮기기<br>• 동전 누르기<br>• 옷 틀–단추<br>• 금속 닦기 | • 기하도형 서랍<br>• 촉각판<br>• 중량판<br>• 비밀주머니 | • 패턴 만들기<br>• 기수와 서수법<br>• 비즈 소개<br>• 카드 소개<br>• 비즈와 카드에 의한 큰 수 구성<br>• 우표놀이 | • 그림카드 맞추기<br>• 철판도형<br>• 의성어, 의태어<br>• 수를 읽는 방법<br>• 단수와 복수<br>• 작은 책<br>• 외래어 | • 2개의 제공법<br>• 동물 · 식물<br>• 상업의 발달<br>• 창조의 역사(철) |

### (4) 가정 활동 조사서

"가정은 인간의 최초의 학교이다" 민감기에 있는 유아들은 모든 행동을 성인들의 행동을 보며 모방한다. 가정에서 부모와 어떤 문제를 함께 해결하는 과정에서 인내심과 집중력, 가족 간에 신뢰감이 형성된다. 특히 경제교육은 부모의 경제 개념이 유아에게 그대로 흡수되기 때문에 가정과 교육기관이 연계교육으로 실천할 때 일관성 있게 이루어진다. 일생을 경제와 떨어져서는 살 수 없는 현실이라면 그 무엇보다 중요한 경제 개념을 익혀나가는 데 부모의 협조는 절대적이라고 할 수 있다.

가정 활동 조사는 주제를 시작하기 전에 가족과 함께 주제에 대해 알아보는 사전 교육의 개념이다. 가정 활동 조사서는 현장에서의 시간 절약과 함께 가족과 함께 조사한 활동의 내용을 여러 사람 앞에서 표현할 수 있는 기회를 주어 유아들에게 자신감을 주고 활동에 적극 참여하는 모습으로 나타난다. 또 궁금한 문제를 스스로 해결하는 자율적인 학습을 할 수 있는 기회이다.

활동 방법은 경제 개념을 재미있게 접근하기 위하여 창의적인 몬테소리 방법으로 접근하였다(부록 pp.317-320 참고).

**표 5-2-3 가정 활동 조사서**

| 대주제 / 소주제 | 돈의 가치와 중요성 |
|---|---|
| 돈의 역사 | • 우리가 사용하고 있는 돈을 언제부터 사용했는지를 게임을 통해 돈의 발달 과정 알아보기 |
| 돈의 형태 | • 우리나라의 돈의 종류를 알아보고 숫자와 한글로 알아보기 |
| 돈의 단위 | • 유아가 좋아하는(예 자장면, 아이스크림, 새우깡 등) 음식의 종류 중 10년 전과 현재의 가격 조사해 보기 |
| 돈으로 할 수 있는 것 | • 우리 집에서 나에게 사용되는 돈의 목록을 조사하고 얼마가 사용되는지 알아보기 |
| | • 1,000~2,000원 사이의 물건 중에 엄마와 내가 필요한 물건을 5개 정도 목록을 조사해 보고 가격을 합해보기 |

### (5) 모듬 활동(그룹 토의)

토의식 경제 관련 활동은 집단 구성원 서로의 의견을 발표하고 각 개인이 해결할 수 없는 문제를 공동의 집단적 사고를 통해 해결하는 과정이다.

소집단 형태의 '브레인스토밍' 집단 구성으로 모듬별 사회자를 정하고 집단 내에서 기록자와 발표자를 정하여 주제에 따른 아이디어를 종합, 변경, 첨가하면서, 자신이나 타인의 태도를 지각하고 문제해결 능력과 동기 유발, 민주적 사고와 발표력 신장에 도움이 된다. 예를 들면, 유아들이 물건을 구매할 때 합리적이고 올바르게 선택하는 과정이나 같은 물건에 대한 상품 비교와 가격 비교 시에도 영향을 준다(부록 pp.329-331 참고).

**표 5-2-4 모듬 활동지**

| 대주제 / 토의주제 | 돈의 가치와 중요성 |
|---|---|
| 돈은 왜 필요한가? | • 만약 나무에 돈이 열린다면?(불편한 점과 좋은 점, 어떻게 하고 싶은가?) |
| | • 돈이 없어서 불편한 점? |
| | • 물건을 사고 왜 돈을 주어야 하나? 주인이 왜 거스름돈을 주었나? |
| 돈의 역사 | • 왜 옛날 돈에는 구멍이 있고 지금은 없을까? |
| 돈의 형태 | • 왜 동전은 동그라미인가?<br>(동전이 동그라미여서 좋은 점, 안 좋은 점, 만약 다른 모양을 만든다면?) |
| | • 지폐와 동전 비교 벤다이어그램 |
| 돈의 단위 | • 화폐가 전 세계적으로 통일이 된다면? |
| | • 가격이 다른 두 물건 중 물건 값이 비싼 것은? 왜 비쌀까? |
| | • 우리 반 친구들이 좋아하는 돈의 종류 통계 내기 |
| 돈으로 할 수 있는 일 | • 돈을 잘못 사용하면 어떻게 될까? |

### (6) 개인 활동

가정 활동 조사를 통해 주제에 따른 궁금증을 조사하는 과정에서 관심사가 증가되며 정보를 익히게 된다. 또한 그룹 토의를 통해 서로 다른 의견을 나눈 후에 유아 개인만의 경험을 유출하여 다양한 풍부성과 독창성을 이해하는 데 도움이 되며 학습에 대한 평가 및 발달 단계를 예측할 수 있다(부록 pp.340-341 참고).

**표 5-2-5 개인 활동지**

| 대주제 / 내용 | 돈의 가치와 중요성 |
|---|---|
| 돈의 형태 | • 돈에서 문자, 숫자, 생물, 무생물 찾아보기 |
| | • 화폐 속 인물 모자이크 |
| | • 지폐나 동전을 눈(시각), 코(후각), 귀(청각), 손(촉각)으로 느낄 때의 생각을 표현하기 |
| | • 미래의 화폐를 상상해서 그려보기 |
| 돈으로 할 수 있는 일 | • 내가 좋아하는 물건과 사고 싶은 물건의 가격 알아보기 |

### (7) 미술교육을 위한 흥미 영역

Montessori는 유아가 자유화를 그릴 수 있기 위해서는 자연스러운 보조 수단으로 손과 인지 능력, 감각 능력의 훈련을 강조했다. 이와 관련하여 몬테소리는 감각 교구와 일상생활 영역을 통한 손의 훈련과 인지 능력의 발달로 상상력이 분화되고, 조화로움에 대한 미적 인식이 생겨날 때 소위 자유화를 그릴 수 있게 된다고 말하였다. 따라서 유아의 정신과 근육 운동이 훈련되지 않은 혼돈된 채로는 유아의 창의적 표현 능력이 없다고 주장하였다(Montessori, 1969). 또한 유아의 상상력과 그림에 대한 관찰과 이해에 대해서는 유아들은 현실의 관찰자이며 그들이 보는 사물에 대한 형태와 색을 구별할 수 있다고 보았다. 유아들의 색에 대한 민감성은 어릴 때부터의 감각 연습을 통해서 발달하기 시작하는 것이며, 저절로 되는 것은 아니라는 것이다. 따라서 내적인 면을 가꾸고 영양분을 주어 그의 내면을 표현할 수 있도록 기다려야 한다고 말하고 있다.

Montessori(1984)는 그림을 통해서 그림을 가르치는 것이 아니라 표현 수단을 연습할 가능성을 제공함으로써 그림을 가르치며, 이것이 바로 유아가 성장하도록 북돋우는 자유스러운 그림을 그리기 위한 진정한 도움이라고 여긴다. 즉, 유아에게 그림을 그리고 만들기 위한 기술적 도움을 주어야 함을 주장하였다.

연필이나 붓을 잡는 법, 색을 섞는 법, 재료와 도구의 사용법을 가르쳐야 되는 것은 유아가 자신의 표현을 자유롭게 하기 위한 것이라고 했다.

Lowenfeld는 미술 활동은 창조 활동을 위한 가장 훌륭한 준비가 되며, 이러한 활동의 기본적 요소를 주위 환경과 유아와의 상호작용이라고 하였다(한국유아교육협회, 1999).

이상에서의 이론을 근거로 미술교육을 위한 흥미 영역 10가지는 주제를 좀 더 강조하고 발달 수준에 맞게 언어의 쓰기, 읽기를 고려하여 연구·개발하였다(부록 pp.351-354 참고).

**표 5-2-6 미술 교육을 위한 흥미 영역**

| 돈의 가치와 중요성 | | | | | |
|---|---|---|---|---|---|
| 번호 | 구 분 | 활동 내용 | 번호 | 구 분 | 활동 내용 |
| 1 | 자르기 | 신문 | 6 | 직조 짜기 | 지갑 |
| 2 | 붙이기 | 만원 지폐 얼굴 | 7 | 종이접기 | 시계 |
| 3 | 바느질 | 줄넘기 | 8 | 반 접어 오리기 | 탈 그림(문화재) |
| 4 | 푸싱핀 | 핸드폰 | 9 | 고리 연결하기 | 도장 |
| 5 | 스테이플러 | 세계의 화폐 | 10 | 펀치 뚫기 | 환율 고지판 |

## 가정 활동 조사서

돈의 가치

• 우리 친구들이 좋아하는 맛있는 음식! 10년 전과 현재의 가격이 어떻게 다른지 가족과 함께 알아보아요.

1997년 2007년

• 왜 물건들의 가격이 10년 전과 달라졌을까?

④

[가정 활동 조사서]

돈은 어떻게 사용할까요?

– 돈의 가치와 중요성 –

화폐의 단위와 크기를 알고, 돈의 쓰임을 이해한다.
가격에 맞는 돈을 지불할 수 있는 능력을 기른다.

__________반 이름 : __________

①

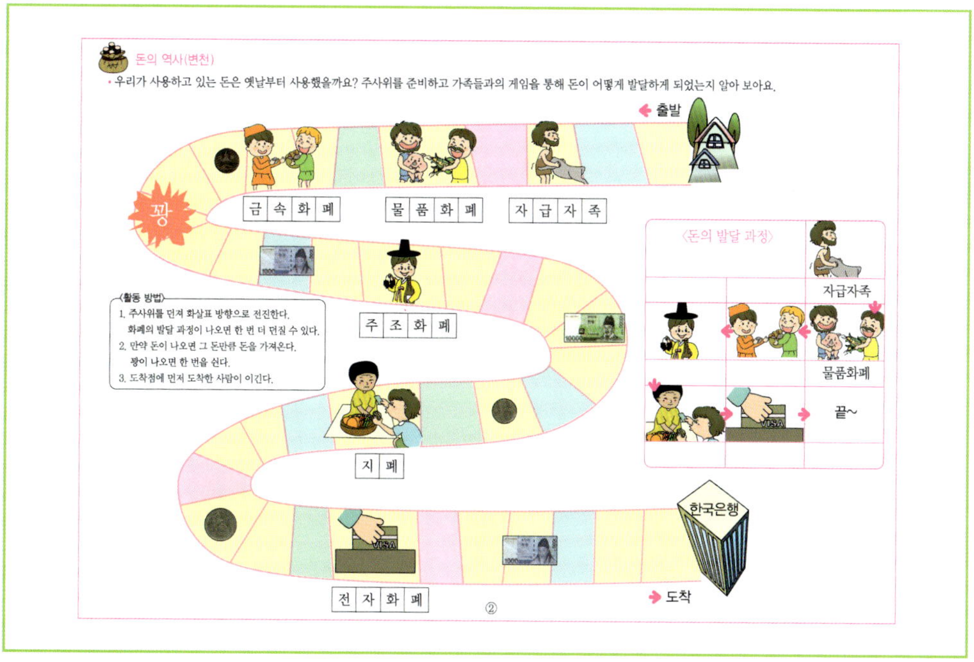

돈의 역사(변천)

• 우리가 사용하고 있는 돈은 옛날부터 사용했을까요? 주사위를 준비하고 가족들과의 게임을 통해 돈이 어떻게 발달하게 되었는지 알아 보아요.



〈돈의 발달 과정〉



〈활동 방법〉

1. 주사위를 던져 화살표 방향으로 전진한다.
   화폐의 발달 과정이 나오면 한 번 더 던질 수 있다.
2. 만약 돈이 나오면 그 돈만큼 돈을 가져온다.
   꽝이 나오면 한 번을 쉰다.
3. 도착점에 먼저 도착한 사람이 이긴다.

②

## 모둠지

[모둠지](돈의 가치와 중요성)

| 경제 활동 | 지폐와 동전을 비교해 보세요. | 날짜 | |
|---|---|---|---|
| 토의자 | | | |
| 발표자 | | 기록자 | |

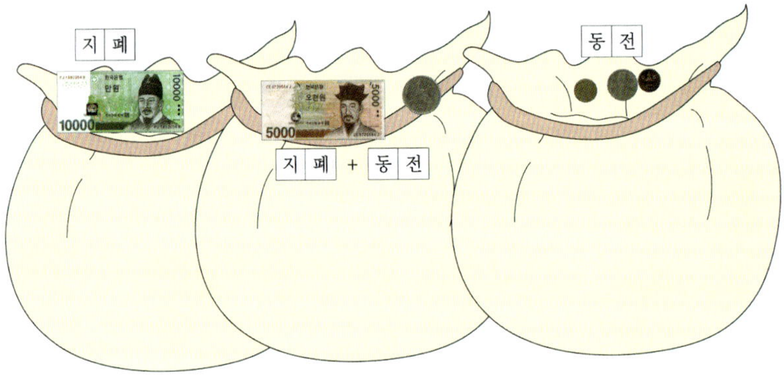


[모둠지](돈의 가치와 중요성)

| 경제 활동 | 동전의 과거와 현재 | 날짜 | |
|---|---|---|---|
| 발표자 | | 기록자 | |

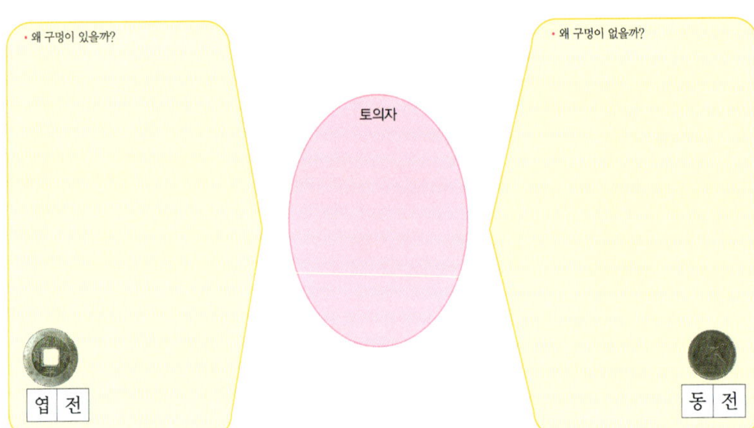

## 개인 활동지

[개인 활동지] (돈의 가치와 중요성)

| 경제 활동 | | 동전(주화) 관찰하기 | | | |
|---|---|---|---|---|---|
| 관찰해 보세요 | | 10원 | 50원 | 100원 | 500원 |
| 비즈 도장 찍기 | | | | | |
| 시각 | 반짝! 반짝! 동전 앞면에는 무엇이 있을까? | | | | |
| 촉각 | 꼼지락! 꼼지락! 크기가 모두 달라요. 큰 것부터 적어보세요. | | | | |
| 후각 | 킁! 킁! 냄새가 나요. | | | | |
| 청각 | 조용! 조용! 떨어뜨리면 재미있는 소리가 들려요. | | | | |

| 날 짜 | | 반 | | 이름 | |
|---|---|---|---|---|---|

[개인 활동지](돈을 버는 경제 활동)

### 행복을 파는 돈보스꼬 마트

| 경제 활동 | 맛있는 과자 봉지 관찰하기 |
|---|---|

| | |
|---|---|
| ① 상 표 | 예) 농 심 |
| ② 상품명 | |
| ③ 출시 연도 | |
| ④ 영양성분표 | |
| ⑤ 바코드 | |
| ⑥ 제조연월일 생 산 자 | |
| ⑦ 판매가격 | |
| ⑧ 원재료명 | |

| 날 짜 | | 반 | | 이름 | |
|---|---|---|---|---|---|

## 미술교육을 위한 흥미 영역

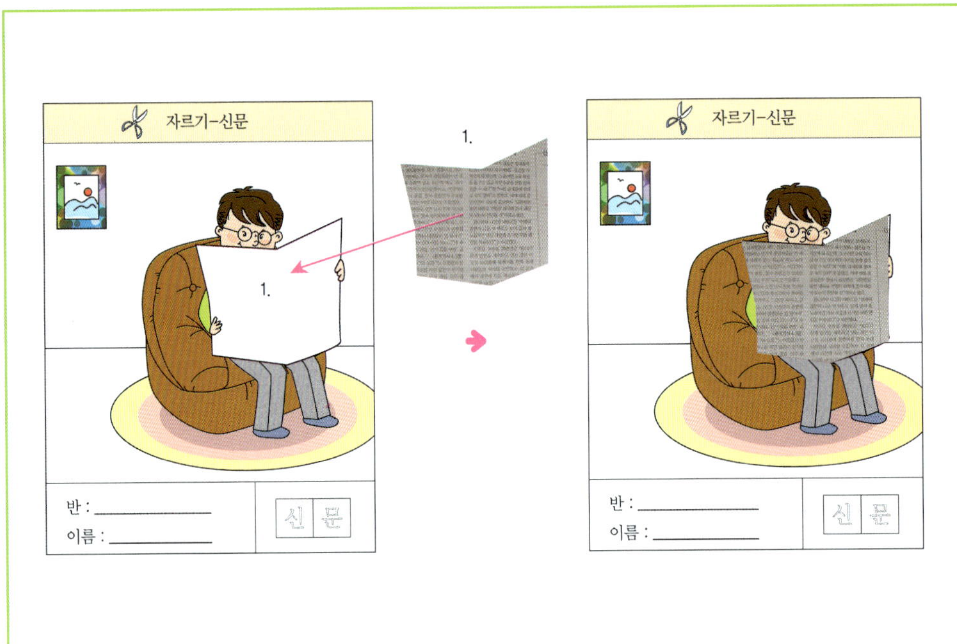

### (8) 유아 활동 사진

돈하면 생각나는 것 브레인스토밍

돈 속에는 무엇이 있을까?

돈을 자로 재서 수막대로 표시해 보고 싶어요

내가 그린 돈 속의 주인공

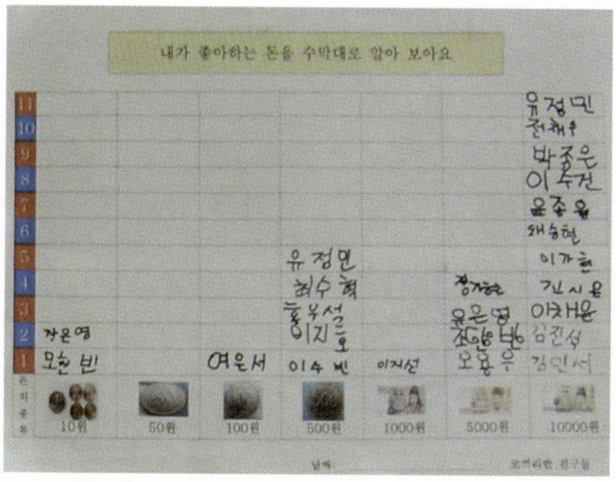

내가 좋아하는 돈을 수막대로 표시해 보았어요

돈을 만졌을 때 느낌이 달라요

### (9) 경제 교구 활동 놀이

교구는 유아에게 다양한 자극 형태로 전달되어 동기를 일으키고, 반응을 알려주며, 사고를 이끌어 전이를 유도하는 기능을 한다. 실물경제교육을 쉽게 이해시키기 위해 구체물과 모형을 통해 실제에 가까운 경험을 하도록 만들어졌다.

경제 개념을 이해시키기 위해 과학 · 사회학이 포함된 모든 영역의 교육과정이 기본적으로 사용되었고, 여기에 몬테소리 교육의 5개 영역을 도입하여 단독 놀이를 조장하기도 하고 그룹 놀이를 할 수 있게 제작되었다.

'돈의 가치와 중요성' 은 놀이를 통해 유아의 성장을 최대한으로 이끌기 위해 교구 놀이 종류를 균형 있게 분류하는 종합적 분류 체계에 초점을 맞추었다.

**표 5-2-7 경제 교구**

| 번 호 | 경 제 교 구 | 생 활 영 역 | 몬테소리 영역 | 비 고 |
|---|---|---|---|---|
| 1 | 예쁜 옷을 입혀 주세요 | 탐구생활 | 언어 영역 | p.151 |
| 2 | 상업의 발달 | 언어생활 | 언어 영역 | p.152 |
| 3 | 내가 사용하는 동전 | 탐구생활 | 감각 · 언어 영역 | p.153 |
| 4 | 동전으로 꾸미기 | 건강 · 표현생활 | 감각 · 수 영역 | p.154 |
| 5 | 물건 가격만큼 동전 붙이기 | 탐구생활 | 수 영역 | p.155 |
| 6 | 세계 여러 나라 화폐 짝 맞추기 | 사회생활 | 문화 영역 | p.156 |
| 7 | 우리나라 화폐는 어떻게 변해 왔을까? | 언어 · 탐구생활 | 언어 · 문화 영역 | p.157 |
| 8 | 지폐를 관찰해 보세요 | 탐구생활 | 감각 영역 | p.158 |
| 9 | 돈을 깨끗이 사용하면 돈이 보여요 | 사회 · 탐구생활 | 일상생활 · 문화 영역 | p.159 |
| 10 | 수 말놀이 | 언어 · 탐구 생활 | 수 · 언어 영역 | p.160 |
| 11 | 경제 음절놀이 | 언어생활 | 언어 영역 | p.161 |
| 12 | 경제 관련 속담 풀이 | 언어생활 | 언어 영역 | p.162 |
| 13 | 동전 패턴놀이 | 표현생활 | 감각 영역 | p.163 |
| 14 | 동전으로 숫자 만들기 | 탐구생활 | 수 영역 | p.164 |
| 15 | 그림을 완성해 주세요 | 건강생활 | 일상생활 영역 | p.165 |

## 교구 1 예쁜 옷을 입혀주세요

**대상연령** 만 4, 5세 **경제개념** 돈의 가치와 중요성

**몬테소리 사전활동** 작은 책, 행동놀이(언어 영역)

**생활영역** 탐구생활

**활동목표**

- 다양한 옷과 소품의 종류를 알고 명칭을 알며 가격을 비교해 본다.
- 지시문을 이해하여 문제를 해결한다.

**활동자료**

- 활동판: 인형 붙이는 기본판(세우는 액자) 2개, 가격표 판
- 소품: 옷과 장신구 소품칩, 비즈 그림칩

**활동방법**

**〈1단계〉**

1. 활동판 인형칩 그림자에 입혀주고 싶은 옷을 골라 붙인다.
2. 왼쪽의 그림 인형을 보고 오른쪽에 똑같은 옷과 장신구를 붙여 예쁜 옷을 입혀준다.
3. 기본 정정판과 유아가 만든 인형이 똑같은지 확인한다.

**〈2단계〉**

1. 소품의 가격을 보고 물건 가격만큼 비즈 그림을 붙이고 모두 얼마인지 계산해 본다.

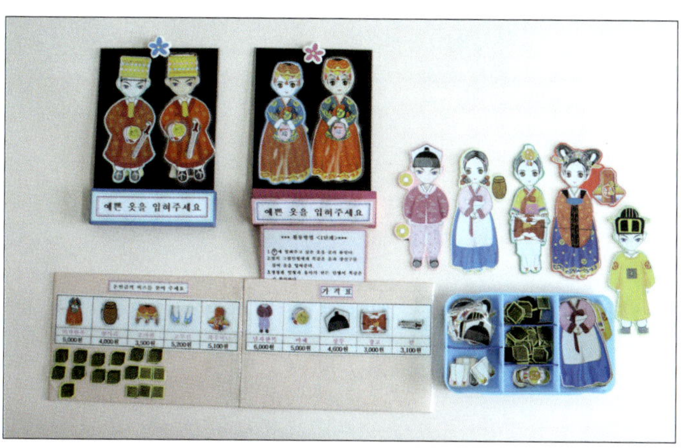

## 교구 2 상업의 발달

**대상연령** 만 5세　　**경제개념** 돈의 가치와 중요성

**몬테소리 사전활동** 작은 책(언어 영역)

**생활영역** 언어생활

**활동목표**

- 정보 획득의 매체인 책을 읽고 그 내용을 분석, 이해한다.

**활동자료** 동화 「상업의 발달」

**활동방법**

1. 「상업의 발달」 책을 읽어 보고 자신의 독특한 역사(발달) 책을 만든다.

## 교구 3 내가 사용하는 동전

**대상연령** 만 4, 5세 **경제개념** 돈의 가치와 중요성

**몬테소리 사전활동** 촉각판, 물건 이름(감각 · 언어 영역)

**생활영역** 탐구생활

**활동목표**

- 동전에 관심을 갖고 앞, 뒷면의 다름을 알고 각 동전을 구분한다.
- 시각 · 촉각을 이용해 동전의 재료를 탐색한다.

**활동자료** '내가 사용하는 동전' 작은 책

**활동방법**

1. 동전의 앞면과 뒷면, 옆 테두리를 만져본다.
2. 동전의 재료를 하나씩 보고 손으로 만져본 후 느낌을 이야기한다.
3. 동전의 재료에 대한 작은 책을 읽어본다.
4. 동전의 재료에 대해서도 써보고 눈으로 보았을 때와 만져보았을 때의 느낌을 글로 써본다.

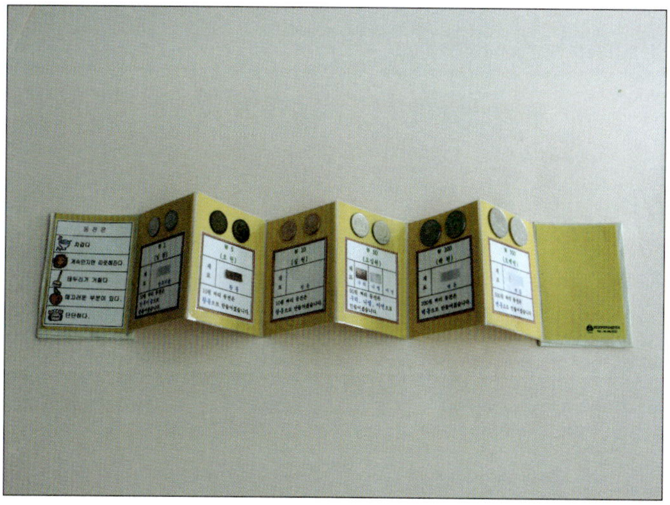

교구 4

## 동전으로 꾸미기

**대상연령** 만 3, 4세 **경제개념** 돈의 가치와 중요성

**몬테소리 사전활동** 색원기둥(감각 영역), 덧셈의 계산판(수 영역)

**생활영역** 건강 · 표현생활

**활동목표**

- 시각을 통해 동전의 크기를 분별해 알맞은 위치에 동전을 놓는다.
- 동전의 합계를 보고 얼마짜리 동전들을 놓아 합해야 할지 안다(수의 합성과 분해).

**활동자료**

- 활동: 활동판 4종류(하드보드지)
- 소품: 동전(10, 50, 100, 500원)은 그림자만큼 각각 준비

**활동방법**

1. 동전이 얼마짜리인지 이야기하며 나열한다.
2. 기본판에 있는 각 동전 그림자 원에 동전을 놓아본다.
3. 그림자 원 위에 동전들이 모두 얼마인지 계산하고 답을 확인한다.

- 어린 연령의 경우에는 그림자와 동전의 크기만 맞추는 활동도 가능하다.

## 교구 5 물건 가격만큼 동전 붙이기

**대상연령** 만 5세 **경제개념** 돈의 가치와 중요성

**몬테소리 사전활동** 비즈와 세강판 2(수 영역)

**생활영역** 탐구생활

**활동목표** 돈의 가치에 대해 알고 물건 가격을 표현한다.

**활동자료**

- 게임판: 포맥스판, 물건 카드 10장
- 소품: 각 카드에 제시된 금액에 맞게 동전 준비(10, 50, 100, 500원), 비즈 도장

**활동방법**

1. 교구를 살펴본 후 카드에 제시되어 있는 물건의 가격만큼 동전을 준비한다.
2. 물건 그림과 가격을 보고 지갑에 동전을 붙인다.
3. 워크지에 물건 이름을 적고 비즈 도장이나 자신이 직접 비즈를 그려 물건 가격을 비즈로 나타낸다.

# 교구 6 세계 여러 나라 화폐 짝 맞추기

**대상연령** 만 4, 5세 **경제개념** 돈의 가치와 중요성

**몬테소리 사전활동** 세계 여러 나라 화폐 짝 맞추기(문화 영역)

**생활영역** 사회생활

**활동목표**

- 각 대륙별 나라의 화폐를 같은 것끼리 변별하여 찾아본다.
- 화폐의 색, 모양, 통화 단위 등을 알 수 있다.

**활동자료**

- 게임판: 삼각대, 각 나라의 화폐 그림, 글자 카드
- 소품: 각 나라의 화폐 그림 카드(트레싱지), 푸싱핀, 스펀지

**활동방법**

1. 교구를 탐색한 후에 코팅된 화폐 카드를 2명의 유아가 나누어 갖는다.
2. 삼각대의 화폐 그림을 하나씩 넘기면서 차례로 짝을 맞춘다(자기가 갖고 있지 않을 때는 맞출 수 없음).
3. 짝을 맞출 때 나라 이름과 화폐 이름을 이야기한다.
4. 잘 맞추면 깃발 푸싱핀을 하나 가져올 수 있다.
5. 깃발 푸싱핀을 많이 모은 유아가 이긴다.

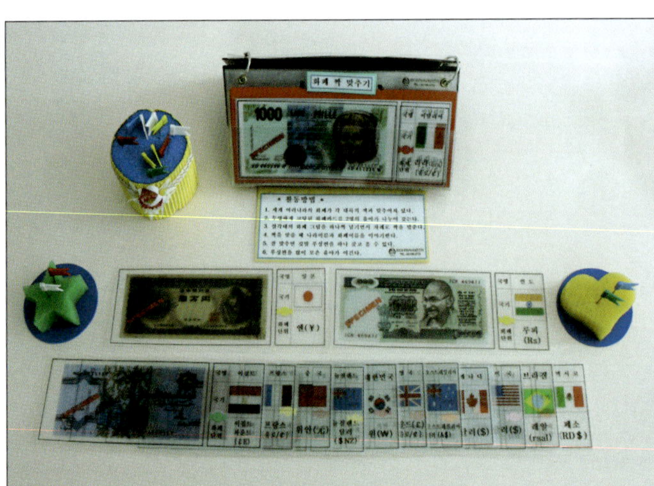

# 교구 7 우리나라 화폐는 어떻게 변해 왔을까?

**대상연령** 만 4, 5세 **경제개념** 돈의 가치와 중요성

**몬테소리 사전활동** 작은 책, 2개의 제공법, 역사(언어 · 문화 영역)

**생활영역** 언어 · 탐구생활

**활동목표** 우리나라 화폐의 변천 과정을 알고 시대별 화폐 이름을 안다.

**활동자료** 우리나라 화폐의 변천 과정 작은 책, 시대별 화폐의 3단 카드, 우리나라 화폐 연대표

**활동방법**

1. 우리나라 화폐 연대표를 보며 활동용 판에 시대별 화폐를 순서대로 나열하고 같은 그림과 글자를 찾아 짝 맞춘다.
2. 다 완성되면 그림을 보며 글자를 읽어본다.

**〈게임〉**

1. 고대 시대를 제외한 시대별 글씨가 쓰여 있는 그림 카드를 섞어 활동판에 뒤집어 놓는다.
2. 가위바위보로 순서를 정한 후 2장씩 카드를 뒤집어 같은 시대의 화폐가 나오면 가져가고 다르면 가져갈 수 없다(앞에 붙어 있는 스티커를 보고 확인).
3. 카드를 많이 가져간 유아가 이긴다.

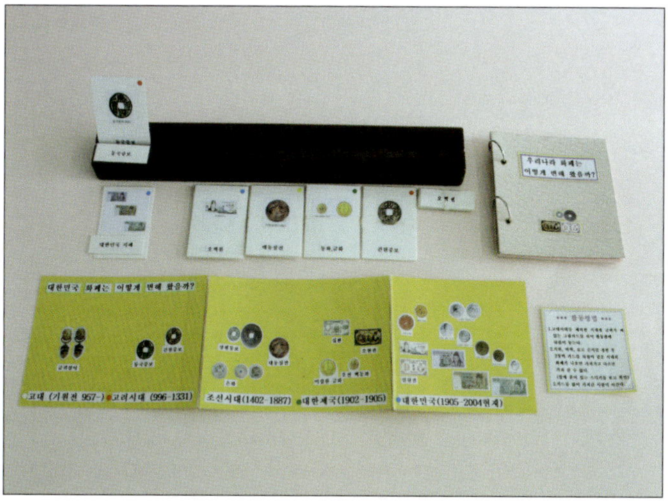

# 교구 8 지폐를 관찰해 보세요

**대상연령** 만 4, 5세 **경제개념** 돈의 가치와 중요성

**몬테소리 사전활동** 촉각판 합치기 및 비밀주머니(감각 영역)

**생활영역** 탐구생활

**활동목표**

- 지폐를 탐색하고 돈의 형태와 종류, 단위를 안다.
- 지폐 속의 인물과 배경, 생물, 무생물을 찾아본다.
- 돈의 가치를 알고 소중하게 다룬다.

**활동자료** 우리나라 화폐(만원, 오천원, 천원 앞면과 뒷면) 관찰판, 돋보기

**활동방법**

1. 지폐의 단위를 말하고 모양, 색, 크기 등을 관찰하고 이야기해 본다.
2. 지폐 속의 인물, 배경에 대해 역사적인 이야기를 해준다.
3. 돋보기로 지폐 속의 작은 글자, 숫자, 생물, 무생물을 찾아본다.
4. 지폐의 위조나 변조 방지 요소를 살펴본다(실제 화폐이므로 촉각 구분이 가능).
5. 지폐를 깨끗이 사용하는 방법은 무엇이 있을지 이야기해 본다.

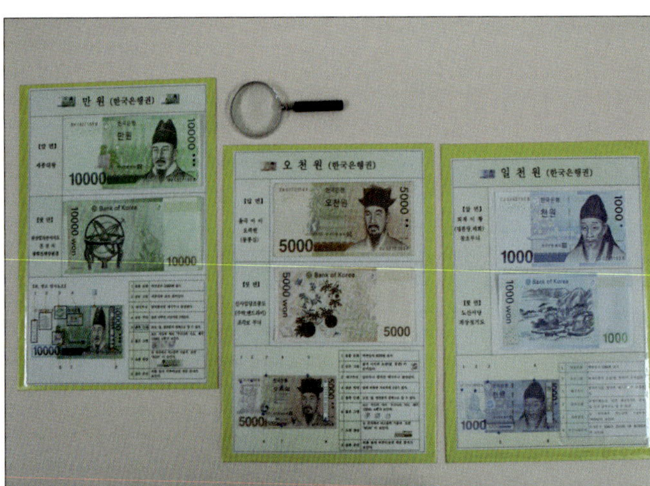

## 교구 9 돈을 깨끗이 사용하면 돈이 보여요

**대상연령** 만 4, 5세 **경제개념** 돈의 가치와 중요성

**몬테소리 사전활동** 금속 닦기, 2개의 제공법(일상생활 · 문화 영역)

**생활영역** 사회 · 탐구생활

**활동목표** 돈을 소중하게 다루는 예절과 습관을 익힌다.

**활동자료** 게임판, 주사위, 말 2개

**활동방법**

1. 두 명의 유아가 말을 하나씩 나누어 갖고 '시작'에서 출발하여 진행 방향을 따라 조폐공사까지 간다.
2. 진행하는 중 그림이 있는 곳에 도착하면 지정된 숫자만큼 진행 또는 후퇴를 한다(돈을 바르게 잘 사용하면 진행, 바르지 않은 행동은 후퇴하게 표시).
3. 조폐공사에 먼저 도착하는 유아가 이긴다.

## 교구 10 수 말놀이

**대상연령** 만 4, 5세 **경제개념** 돈의 가치와 중요성

**몬테소리 사전활동** 물건 이름(수 · 언어 영역)

**생활영역** 언어 · 탐구생활

**활동목표**

- 다양한 물건의 가격을 비교 놀이를 통하여 수학적 비교 능력을 키운다.
- 비교한 물건의 이름과 가격 비교를 문장으로 표현할 수 있다.

**활동자료** 활동 삼각대, 물건 이름과 가격이 표시된 그림칩, 글자칩(은, 는, 이, 가, 보다, 비싸다, 싸다, 같다 등)

**활동방법**

1. 두 개의 고리에 물건 그림 2개를 건다.
2. 가격을 비교하여 싼 것과 비싼 것을 구분한다.
3. 물건의 이름과 문장을 구성하는 알맞은 조사를 찾아 문장을 완성한다.

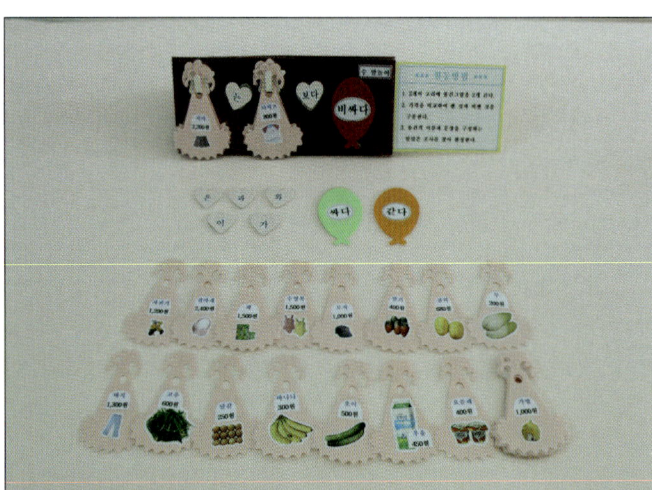

## 교구 11 경제 음절놀이

**대상연령** 만 4, 5세 **경제개념** 돈의 가치와 중요성

**몬테소리 사전활동** 음절놀이(언어 영역)

**생활영역** 언어생활

**활동목표** 경제 관련 단어를 찾아 읽어보고, 음절을 구분하여 써본다.

**활동자료** 경제와 관련된 음절놀이 책(1~5음절)

**활동방법**

1. 경제 관련 1음절부터 5음절까지의 책을 함께 읽어보며 단어의 의미를 이야기 한다.
   예 '원'(₩)은 무엇일까?
2. 유리용 색연필로 쓰는 활동을 할 수 있다.

## 교구 12 경제 관련 속담 풀이

**대상연령** 만 5세

**경제개념** 돈의 가치와 중요성

**몬테소리 사전활동** 말놀이(언어 영역)

**생활영역** 언어생활

**활동목표**

- 경제와 관련된 기본 개념을 속담을 통해 쉽고 재미있게 알아본다.
- 속담을 보고 읽어본 후 글로 표현해 본다.

**활동자료** 속담 카드, 삼각대

**활동방법**

1. 경제생활과 관련된 속담 풀이를 소개하고 다함께 읽어본다.
2. 어떤 뜻을 담고 있을지 유아들과 예측해 본 후 교사가 속담의 풀이를 이야기해 준다.
3. 속담을 일상생활 속에서 언제 사용하면 적절한지 생각해 본다.

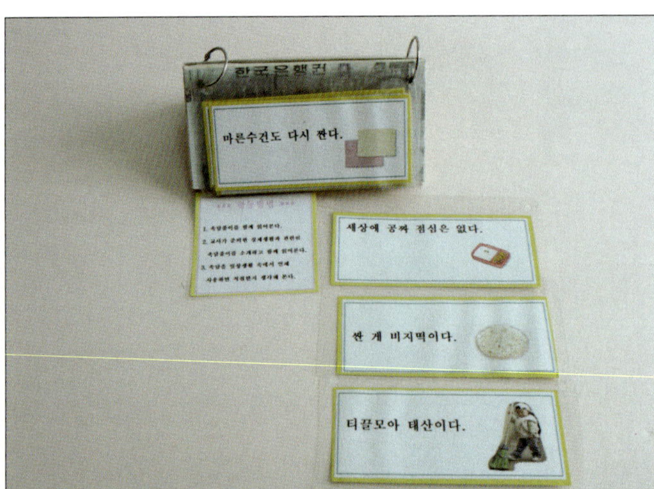

## 교구 13 동전 패턴놀이

**대상연령** 만 3, 4세 **경제개념** 돈의 가치와 중요성

**몬테소리 사전활동** 색판(감각 영역)

**생활영역** 표현생활

**활동목표** 여러 가지 색과 크기로 만든 동전을 나열하며, 시각적 변별력을 기른다.

**활동자료** 동전 패턴 책, 자석 활동판, 동전칩

**활동방법**

① 동전칩을 꺼내어 같은 것끼리 분류한다.
② 책에 있는 패턴을 보고 같은 순서대로 동전을 놓는다.
③ 제자리에 정리한다.

• 연령이 높은 유아들의 경우 패턴으로 놓은 동전을 모아 계산해 본다.

# 교구 14 동전으로 숫자 만들기

**대상연령** 만 4, 5세 **경제개념** 돈의 가치와 중요성

**몬테소리 사전활동** 계산판(+, −)(수 영역)

**생활영역** 탐구생활

**활동목표** 작은 책에 쓰여 있는 수에 해당하는 돈의 양과 가치를 안다.

**활동자료** 작은 책(숫자: 금액이 쓰여 있음), 모형 돈(500, 100, 50, 10원짜리)

**활동방법**

1. 2명의 유아가 작은 책에 있는 숫자만큼의 금액을 동전으로 만든다.
2. 2명의 유아가 만든 방법을 비교해 보고 여러 가지 방법으로 만들 수 있음을 안다.

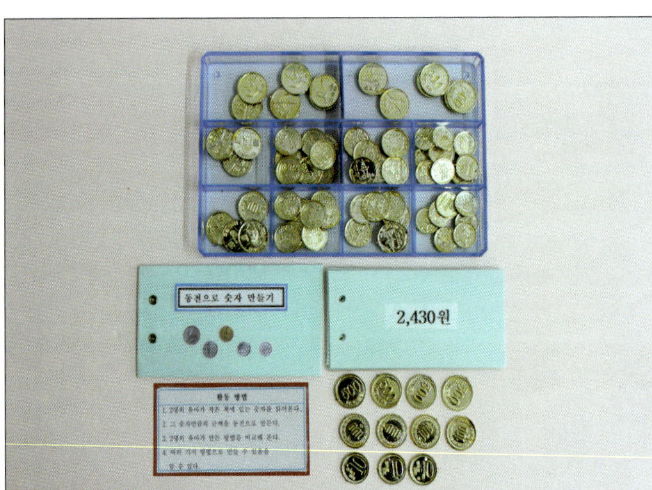

## 교구 15 그림을 완성해 주세요

**대상연령** 만 3, 4, 5세 **경제개념** 돈의 가치와 중요성

**몬테소리 사전활동** 소근육-끼우기(일상생활 영역)

**생활영역** 건강생활

**활동목표** 경제 생활과 관련된 명화를 감상하고, 부분과 전체의 조화를 본다.

**활동자료** 명화 액자, 정정 그림판, 자석 퍼즐 그림칩, 그림 이름 카드

**활동방법**

1. 액자의 명화를 보고 작가와 제목 등을 감상한 후 무엇을 그린 것인지 이야기해 본다.
2. 준비된 퍼즐 조각을 전체 그림에서 찾아 맞춘다.
3. 제자리에 정리한다.

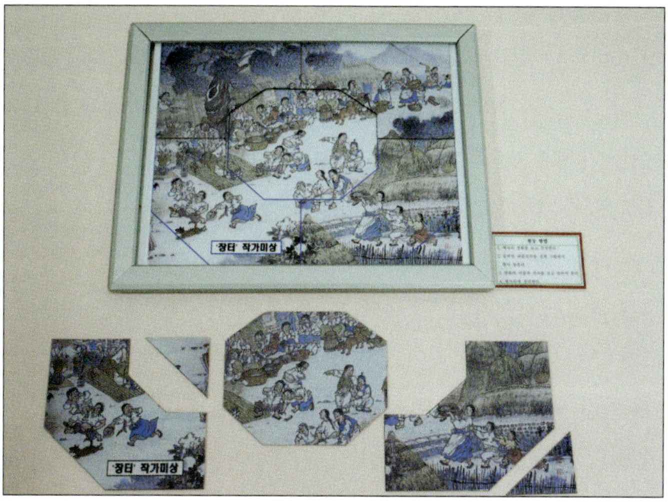

## 3 돈을 버는 경제 활동

### (1) 수 입

금전이란 일상생활에서 필요로 하는 재화나 용역을 구입하는 수단일 뿐만 아니라 개인의 생활과 태도, 정서, 심리적 안정에까지 영향을 주기 때문에 금전은 생활에 있어서 매우 중요하다. 경제력이 없는 유아에게는 노동이나 생산을 통해 경제적 수입을 얻을 수 없으므로 축구 선수가 되려면 축구공이 필요하듯이 유아에게 '용돈'은 매우 중요한 수입원이 된다.

용돈이란 개인이 날마다 잡용으로 쓰는 돈, 또는 특별한 목적을 갖지 않고 자유롭게 쓸 수 있는 돈을 뜻하기도 하며, 군것질하는 돈, 학용품 사는 돈, 선물하는 돈 등 유아가 지출하는 돈을 말하고 있으며 총체적으로 볼 때 유아가 직접 스스로 쓰는 돈이라고 할 수 있다.

옛말에 '쉽게 들어온 돈은 쉽게 나간다'란 말이 있듯이 돈은 노동을 하거나 남에게 가치 있는 일을 한 대가로 받는 것임을 어려서부터 체험해야 한다.

Gruenberg와 Nickell 및 Dorsey는 용돈의 출처에 따라 부모로부터 정기적으로 받는 용돈과 부정기적으로 받는 용돈, 친척이나 기타 가족으로부터 예상외로 받는 용돈, 자기 스스로 벌어 쓰는 용돈으로 세분화하였다. Decon과 Firebaugh는 용돈의 지급 형태에 따라 정기적으로 주는 용돈, 필요에 따라 조금씩 나누어 주는 용돈, 집안일이나 기타 다른 일의 대가로 지급하는 용돈 등으로 분류하기도 하였다. 그러나 정기적인 용돈은 자녀로 하여금 정해진 용돈 범위 내에서 의사 결정을 하고 계획을 하는 책임감을 갖도록 도와주지만 필요에 따라 조금씩 지급되는 용돈은 정해진 범위 내에서 관리하는 능력을 발달시키지 못하므로 소비나 저축 결정에 있어서도 지도가 요구된다. 즉, 용돈은 사회적으로도 독립적인 개인이 되기 위한 발달 과정에서 중요한 위치를 차지하고 있다(양혜숙, 2006).

유아들이 처음 받는 '용돈'은 경제 개념을 배울 수 있는 첫 번째 교과서이다. 따라서 유아에게 한 가정의 일원인 가족으로서 소비에 따른 돈의 필요성을 인식시키며, 노동에 따른 기쁨과 생산적인 행동의 결과로 필요한 돈이나 물건을 소유할 수 있음을 경험시키기 위해 연령에 맞게 각 가정의 형편에 따라 주급을 정해준다. 이러한 활동을 통해 유아는 돈을 버는 방법과 돈을 쓰는 방법, 돈을 관리하는 방법을 일상생활 속에서 경험하게 된다.

### 1 용돈 받기 활동

용돈 받기 활동의 내용은 Montessori 교육과정의 교육 내용을 중심으로 구성했으며, 유치원 교육과정에서 요구되는 기본생활습관 중심(예절, 질서, 청결, 절제)을 기초로 연령별 주급을 받을 수 있는 활동으로 구성되었다(부록 pp.310-315 참조).

**표 5-3-1 연령별 용돈 받기 활동 내용**

| 활 동 내 용 | 5세 | 6세 | 7세 | 비고 |
|---|---|---|---|---|
| 1. 신문 갖다드리기 | ○ | | | |
| 2. 인사하기 | ○ | | | |
| 3. 사용한 물건 정리하기 | ○ | | | |
| 4. 이 닦기, 세수하기, 옷 입고 벗기 | ○ | | | |
| 5. 설거지(자기가 먹은 밥그릇 개수대에 놓기),<br>식탁 준비(가족 수대로 수저나 반찬 그릇 놓기) | ○ | | | |
| 6. 쓰레기 분류 돕기 | | ○ | | |
| 7. 신발 정리, 아빠 엄마 구두 닦기 | | ○ | | |
| 8. 심부름하기 | | ○ | | |
| 9. 세탁물 접어놓기 | | ○ | | |
| 10. 청소하기(가제 도구 먼지 닦기) | | ○ | | |
| 11. 차 대접하기(아빠, 엄마 물 갖다 드리기) | | | ○ | |
| 12. 화분에 물주기(나뭇잎 닦기) | | | ○ | |
| 13. 동생 돌보기 | | | ○ | |
| 14. 효도하기(부모님 팔다리 주무르기) | | | ○ | |

### ❶ 가정에서의 활동 방법

- 연령별로 주급을 정한다(예 5세-1,000원, 6세-2,000원, 7세-3,000원).
  단, 가정에 따라 금액을 조정할 수 있다.
- 유아와 이야기를 나누어서 활동한 내용을 첨가하거나 바꿀 수 있다.
  (다른 연령의 활동 가능)
- 정해진 약속을 지키지 못한 경우에는 색칠하지 않고 그 항목의 번호를 쓴다.
- 실천하지 못한 항목의 개수당 10원씩 주급에서 뺀다.
- 활동 내용 이외의 선행 활동(예 길거리 휴지 줍기, 길 안내하기, 이웃집 동생 돌보기, 물건 들어주기, 주운 물건 주인 찾아주기 등)을 하였을 때는 한 가지당 10원을 인센티브로 용돈을 준다.

### ❷ 원에서의 활동 방법

- 매월 용돈 받기 활동표를 수거, 확인해 준다.
- 각 연령별 활동 내용을 재인식시키고 격려와 자극을 잊지 말아야 한다.
- 졸업 때 종합 평가를 통해 '경제박사' 학위증을 수여하여 지속적으로 실천하는 협조가 필요하다.

**표 5-3-2 용돈 받기 활동표**

**4월 용돈 받기 활동표**

| 5세 | 6세 | 7세 |
|---|---|---|
| 1. 신문 갖다 드리기<br>2. 인사하기<br>3. 사용한 물건 정리하기<br>4. 이 닦기, 세수하기, 옷 입고 벗기<br>5. 설거지, 식탁 준비 | 1. 쓰레기 분류 돕기<br>2. 신발 정리, 구두 닦기<br>3. 심부름 하기<br>4. 세탁물 접기<br>5. 청소하기 | 1. 차 대접하기<br>2. 화분에 물주고 나뭇잎 닦기<br>3. 동생 돌보기<br>4. 효도하기 (부모님 팔다리 주무르기) |

*내용과 항목은 각 가정에서 가족과 함께 의논하셔서 조정하셔도 됩니다.

## 2 용돈 마련하기 선행 활동

유아교육기관에서 경제교육하면 아직까지도 소비 절약만을 강조하는 경우가 많다. 이런 현상은 유아는 실물경제를 체험하기에는 어리다고 생각하는 유형과, 돈보다는 신체적 · 정서적 발달을 더 중시하는 유형으로 나누어지기 때문이다. 이제는 어릴 때부터 경제 개념을 통해 현실적인 일상생활이 되도록 해야 할 시기이다.

학교교육은 '돈 버는 방법' 을 잘 가르치지만 '돈을 쓰는 방법' 과 '돈을 관리하는 방법' , '기부와 봉사' 를 통해 협동하고 남을 배려하는 민주시민이 되는 방법을 가르치기에는 아직까지도 부족한 것이 현실이다.

따라서 유아기부터 돈으로만 남을 돕는 것이 아니라 행동이나 노동으로도 도울 수 있음을 경험시켜야 한다. 이 선행 활동 수첩 내용은 Montessori 교육 방법을 기초로 원에서 실천할 수 있는 내용들을 고려하여 설정하였다. 그러나 계절이나 생활 주제 또는 원내 행사 때에는 내용을 첨가할 수 있다.

### ❶ 가정에서의 활동 방법

- 일주일 동안 원에서 선행 활동을 하여 받아온 비즈 스티커(10원으로 계산)를 보고 합산된 숫자만큼 주급에 합산한다.
- 선행 활동을 한 내용을 진심으로 칭찬해 준다.
- 다른 선행 활동을 할 수 있도록 유도한다.
- 선행 활동을 보고 강요하거나 지나친 비교는 우유부단한 행동을 하게 할 수 있으므로 주의해야 한다.

### ❷ 원에서의 활동 방법

- 1년분의 책을 만들어 주고 겉표지는 유아가 꾸며 보도록 유도하고 집에서 비닐 커버를 해오도록 한다.
- 매일 유아들의 행동을 관찰 기록한다.
- 귀가 직전 평가 시간에 유아들에게 평가를 하도록 유도하거나 교사의 생각도 함께 평가하여 10의 비즈 스티커를 주고 자신의 선행 수첩에 붙이도록 한다.
- 매주 금요일이면 선행 수첩에 붙여진 스티커 숫자를 세어서 합산하도록 한다. 6, 7세 혼합반인 경우에는 7세가 6세를 도와주도록 한다.

- 매주 금요일 각 가정으로 보내고 다시 월요일부터 원에 보관하여 매일 실시한다.
- 1년 동안 선행을 통해 용돈 마련을 많이 한 유아에게 '선행박사' 학위증을 수여하는 행사를 하는 것도 바람직하다.



**표 5-3-3 원에서의 선행 활동표**

| 년 월 일 | | | | | | |
|---|---|---|---|---|---|---|
| 내 용 | 월 | 화 | 수 | 목 | 금 | 합계 |
| 1. 친구나 동생 교구 작업 돕기 | | | | | | |
| 2. 손님이나 어른에게 인사하기 | | | | | | |
| 3. 교구 정리하기 | | | | | | |
| 4. 줄서기, 계단 걷기, 선 따라 걷기 | | | | | | |
| 5. 교실을 깨끗이 사용하기 | | | | | | |
| 6. 종이나 물건 아껴쓰기 | | | | | | |
| 7. 친구나 동생에게 친절하기 | | | | | | |
| 8. 어른께 존대어 사용하기 | | | | | | |
| 9. 신발 정리 및 신발주머니 정리 | | | | | | |
| 10. 활동집 정리 | | | | | | |
| 11. 선생님 도와드리기 | | | | | | |
| 12. | | | | | | |
| 13. | | | | | | |
| 합 계 | | | | | | |
| 원에 따라 항목을 조정할 수 있습니다. | | | | | | |

### 3 시장놀이

우리 생활에 필요한 물건을 조사해 보고 필요한 물건을 구하는 방법과 물건이 우리 손에 오기까지의 과정 및 필요한 물건을 바르게 고르는 방법을 알고 알맞게 구하여 아껴 쓸 수 있는 경험을 한다.

'돈을 버는 경제 활동' 으로 유아가 직접 농작물을 재배해서 팔아보고, 유아가 물건을 제작하여 판매를 경험함으로써 생산자, 소비자, 판매자의 역할을 알게 되며 유통 과정도 알 수 있다. 예를 들면, 농작물(감자, 고구마, 고추), 물건 제작(머리띠, 핸드폰 걸이, 액자, 미술 작품, 목도리 짜기 등), 요리(포도주 담그기, 송편 만들기), 건조식품(무말랭이) 등을 직접 제조일, 생산자, 제품명, 제조한 곳, 금액을 결정하여 부모님께 판매하는 활동을 경험한다.

### 4 직 업

모든 사람들은 각자 직업을 갖고 열심히 일을 하고 서비스를 통해서 돈을 얻게 된다는 것을 경험하기 위해 유아들이 궁금해 하는 직업의 종사자들 예를 들면, 병원 의사, 미용사, 요리사 등을 초대하거나 혹은 소방서, 우체국을 방문해서 그곳에서 하는 일을 직접 체험한다. 이러한 활동을 통해 가족의 역할과 부모의 직업도 알아보고 직업의 종류에는 여러 가지가 있다는 것을 알게 한다.

### 5 상품 타기

돈을 버는 방법으로 노동을 해서 버는 방법도 있지만 노동을 하지 않고 돈을 벌 수 있는 방법이 있다. 복권에 당첨되어 일정액을 타거나 퀴즈왕, 경품 등으로 받은 선물, 상품권, 캐쉬백 등을 현금처럼 사용할 수 있다는 것을 알게 한다.

## (2) 주제망

실물경제교육에서 유아들에게 어떤 방법으로 돈을 벌 수 있을까를 경험하기 위해서 ① 가정에서 용돈 받기 활동, ② 시장놀이, ③ 직업, ④ 상품 타기 등으로 구분하여 주제를 접근하였다.

●표 5-3-4● 돈을 버는 경제 활동 주제망

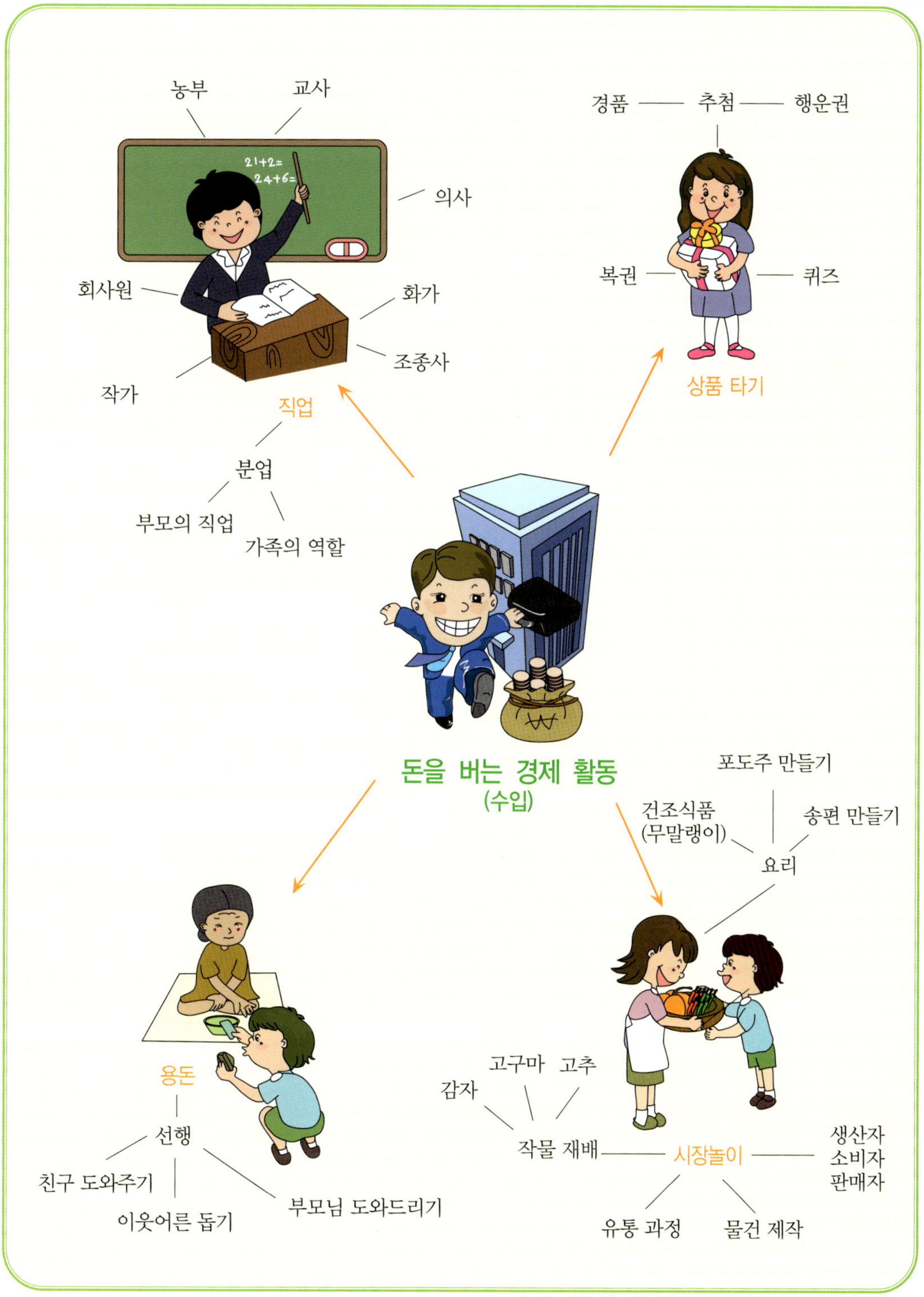

### (3) 실물경제 활동 교육계획안

'돈을 버는 경제 활동(수입)' 의 교육적 의의 및 목표는 노동의 대가로 돈을 얻는 기쁨을 느껴보고 필요한 물건을 사기 위한 돈의 필요성과 함께 돈의 소중함을 알게 하는 데 있다. 또 물건의 생산에서 판매까지의 과정을 직접 경험하고 노동과 수입의 관계를 알아본다.

기간은 유아교육기관의 실정에 맞게 유연성을 갖고 실시하고, 보통은 생활주제와 통합 실시하여 일상생활 속의 경제 개념이 일반화되도록 한다.

유치원 교육과정의 생활 영역을 기초로 다양한 활동을 할 수 있도록 구성하였으며 교육적 효과를 극대화하기 위해 몬테소리 교육을 접목하여 구성하였다.

#### 이야기 나누기

- 필요한 물건을 사기 위해 돈이 필요함을 알고 유아들과 어떤 방법으로 돈을 벌 수 있는가를 이야기한다.
- 가정에서 내가 할 수 있는 일은 무엇이 있는지를 알아보고, 돈을 벌기 위해서 가정에서 가족들이 일을 분업해야 한다는 것을 알게 한다.
- 가정에서 가족과 함께 결정한 내용에 따라 '용돈' 을 받고, 내가 돈을 벌 수 있는 방법을 경험하도록 한다.
- 어른들은 무슨 직업을 갖고 있는지, 그 직업은 무슨 일을 하는지 등 궁금한 것을 질문할 목록을 적고 이야기해 본다.
- 생산과 노동을 체험하기 위한 프로그램으로 유아들이 만들 물건을 종류를 결정하고 어떤 방법으로 팔아서 돈을 벌 수 있는지를 의논해 본다.
- 물건을 팔지 않고 돈을 버는 방법은 무엇이 있는지를 이야기 나누어 본다.

**표 5-3-5 실물경제 활동 교육계획안**

| 생 활 주 제 | 돈을 버는 경제 활동 | 주제 선정 기간 | 2007년 5월 21일~6월 29일 |
|---|---|---|---|
| 교육적 의의 & 목 표 | • 노동의 대가로 얻어지는 기쁨을 느껴보고 돈의 소중함을 안다.<br>• 생산에서 판매까지의 과정을 경험하고 노동과 수입의 관계를 안다. | | |
| 가정협조문 | 이번 주부터 '돈을 버는 방법'에 대해서 주제 전개를 진행합니다.<br>교육 내용은 수업 진행에 따라 변경될 수 있습니다.<br>• 6월 2일 (금)은 할인마트 견학을 갑니다. 견학 전 가정에서 사전 탐방을 해보시고 유아들과 시장에 대해서 이야기 나누어 보세요. | | |

**건 강**

〈기본생활습관〉
- 부모님의 수고에 항상 감사해요.
- 부모님이 사주신 물건을 아껴 사용해요.
- 가족이 서로 도와줄 수 있어요

〈기본 운동 능력〉
- 줄넘기
  - 가위바위보 뛰기
  - 엇걸었다 풀어 뛰기
  - 음악 틀고 연습하기
- 훌라후프
  - 훌라후프 허리 돌리기
  - 훌라후프 흔들기
  - 훌라후프 굴리기

〈안전〉
- 할인마트나 시장에서 뛰지 않아요.
- 상인들에게 감사의 인사를 해요.

**언 어**

〈주제 탐색〉
- 생각 모으기 • 표상 활동
- 주제망 • 작은 책 • 품사

〈이야기 나누기〉
- 나의 장래 희망
- 시장, 마트, 가게의 구성
- 가족의 역할
- 볍씨에서 밥이 되기까지
- 돈은 어떻게 버는 걸까?
- 좋은 직업을 갖기 위해 노력해요
- 우리가 할 수 있는 투자
- 돈이 우리 손에 들어오기까지?
- 과거, 현재, 미래의 직업 변천

〈동시〉
- 구멍가게 • 빵가게 아저씨

〈동화〉
- 갈치 사이소 • 고구마는 맛있어
- 까마귀네 빵집 • 바빠요 바빠

〈동극〉
- 모자 사세요

**사 회**

〈토의〉
- 돈은 어디에 쓰는 걸까?
- 내가 돈을 벌 수 있는 방법 • 왜 저축을 할까?
- –을 팔기 위해 –이 필요하다
- 상품 캐릭터 제작 • 돈은 왜 생겼을까?
- 우리가 만든 물건 가격 정하기
- 같은 물건이라도 싸게 사는 방법
- 큰 돈을 벌어 어디에 쓰고 싶은가?
- 쿠폰 발행 목록 • 바겐세일은 왜 하나?
- 물건을 사기 전에 해야 할 일?
- 시장놀이 준비–무엇이 필요한가?
- 가게에서는 어떤 말로 물건을 팔면 좋을까?
- 소로 밭가는 장면과 트랙터로 밭가는 장면 중 어느 것이 훨씬 효율적일까?

〈가정 활동 조사서〉
- 옛날에는 물건을 어떻게 사고 팔았나?
- 부모님의 직업 • 가계부 작성
- 누가 돈을 얼마나 벌까?
- 할인마트의 물건이 왜 싼가?
- 물건 바코드 관찰
- 할인 마트에서는 왜 묶어서 파나요?
- 시장, 마트, 슈퍼에서 물건 사보고 가격 비교
- 저축의 종류 • 과거, 현재, 미래의 직업 변천

〈견학〉
- 아빠 회사 견학 • 할인마트
- 재래시장 견학 • 감자, 고구마 밭

**표 현**

〈미술 활동〉
- 핸드폰 고리 • 액자 만들기
- 쿠션 만들기 • 머리띠, 핀
- 목걸이, 팔찌 • 목도리, 가방
- 필통 • 모빌

〈명화〉
- 박수근–시장
- 사원 앞의 시장

〈게임〉
- 이구동성 • 행운권 추첨
- 누가 더 많이 벌었나?
- 도전 골든 벨

〈역할놀이〉
- 경매 활동 • 시장놀이

〈신체 표현〉
- 직업 역할놀이
- 시장놀이

〈새노래〉
- 사랑하는 마음 • 사진관놀이
- 아빠 힘내세요

〈음악 감상〉
- 페르시아의 시장

**탐 구**

- 고구마, 감자, 고추 기르기
- 물건 바코드 확인
- 물건을 세는 단위
- 채소, 과일 무게 달아보기

〈관찰〉
- 내가 좋아하는 과자의 봉지

〈그래프〉
- 마트와 시장의 벤다이어그램

〈요리 활동〉
- 포도주 담그기
- 송편 만들기
- 무말랭이

돈을 버는
경제 활동

| | 일상생활 | 감 각 | 수 | 언 어 | 문 화 |
|---|---|---|---|---|---|
| 몬테소리 활동 | • 목도리, 가방 짜기<br>• 핸드폰 고리 걸고 떼기<br>• 끌어 모으기<br>• 입고 벗기<br>• 바느질<br>• 단추 달기<br>• 구슬 끼우기<br>• 흥미 영역 10가지 | • 꼭지원기둥<br>• 2항식, 3항식<br>• 기하도형 서랍과 카드<br>• 곡물의 분류 | • 세강판 1, 2<br>• 비즈와 카드에 의한 큰 수 구성<br>• 색비즈 곱셈<br>• 곱셈의 계산판과 잘못의 정정판 1, 2<br>• 곱셈의 암산판 1, 2 | • 이야기 꾸미기<br>• ~으로 시작하는 단어<br>• 작은 책<br>• 행동놀이<br>· 조수사<br>• 물건 이름(실물 상자)<br>• 품사-명사 | • 척추동물과 무척추 동물<br>• 3단계 부분 명칭 카드<br>• 가족의 역사<br>• 상업의 발달 |

### (4) 가정 활동 조사서

가정은 제1의 교육장이라고 말한다. 특히 유아교육은 가정의 협조 없이 교육의 효과를 기대할 수 없다. 일상생활이 바쁜 부모들 중 가정에서 알아보아야 하는 것이 많다고 항의하는 경우가 종종 있다. 그럴 때는 각 원에서 부모교육을 통해 점진적으로 이해를 도모할 수 있도록 끊임없이 설득을 해야 유아 실물경제의 중요성을 부모들이 알게 된다.

모든 경쟁력은 가정에서부터 시작한다. 가정에서 경제에 관련된 주제를 조사하는 과정에서 가족간의 친밀감을 갖게 되고, 주제를 심층적으로 탐구해 나가면서 “아하! 돈을 버는 방법이란 이런 것이었구나!”를 깨닫게 된다.

가정 활동을 통해 성실히 노력해서 돈을 벌어야 하는 것이 바른 경제 시민이 되는 지름길이며, 실물경제교육에 대한 확고한 가치관이 부모나 유아에게 형성되는 과정이 될 수 있다(부록 pp.321-322 참고).

**표 5-3-6 가정 활동 조사서**

| 대주제 / 소주제 | 돈을 버는 경제 활동 |
|---|---|
| 직 업 | • 부모님의 직업을 알아보기(부모님이 무슨 일을 하시는지 알아보고 어떻게 그 일을 시작하시게 되었는지 이야기해 보기) |
| | • 직업이 있어야 하는 이유 |
| 시장놀이 | • 재래 시장, 동네 슈퍼, 대형 마트에서 장을 보았을 때 물건의 가격을 비교해 보고, 왜 가격이 차이가 나는지 알아보기 |
| | • 비빔밥을 집에서 먹었을 때와 밖에서 외식으로 먹었을 때의 가격의 차이를 알아보고 어디서 먹었을 때 훨씬 효과적인지 토의해 보기 |
| | • 집에서 만들어 먹는 비빔밥과 외식 비빔밥의 차이점과 공통점 |

### (5) 모듬 활동(그룹 토의)

이야기 나누기를 통해 주어진 주제와 가정에서 조사해온 정보나 아이디어를 체계적으로 교환하는 과정이며 문제를 해결하려고 하는 과정이다. 교사의 역할은 유아가 토의 활동에 집중하고, 적극적으로 참여하도록 유도하며, 유아들 각자가 자유롭게 발표하도록 격려하는 것이 중요하다. 또 가능한 여러 유아가 골고루 발언할 수 있도록 배려해야 한다. 그래서 사회자, 발표자, 기록자의 역할을 균형 있게 경험하도록 배려하는 것도 잊지 말아야 할 것이다(부록 pp.332-333 참고).

**표 5-3-7 모듬 활동지**

| 대주제 / 토의주제 | 돈을 버는 경제 활동 |
|---|---|
| 시장놀이 | • 시장놀이 준비-필요한 것과 궁금한 것이 무엇이 있는지 토의해 보기 |
| | • 시장놀이 때 팔 물건의 목록 정하고 가격을 정해 보기 |
| | • 물건 제작의 방법과 순서도 작성해 보기(주 재료비, 장식비, 수고비 등 포함) |
| | • 물건을 제작하고 판매하기 위해 필요한 것을 토의해 보기 |
| | • 반별 고구마, 감자, 고추 수확 그래프 작성해 보기 |
| 상품 타기 | • 우리 반을 대표하는 상품 캐릭터 디자인을 투표로 정하고 1등을 뽑아보기 |
| 직 업 | • 소로 밭을 갈 때와 트랙터로 밭을 갈 때 어느 쪽이 효율적인가? |
| | • 물건을 팔지 않고도 돈을 벌 수 있는 방법 |

### (6) 개인 활동

'돈을 버는 경제 활동' 을 경험하는 과정에서 유아의 상상력과 경험을 기초로 유아의 생각을 표상 활동으로 나타내는 활동을 진행한다. 예를 들면, 내가 만약 사장(CEO)이라면 무슨 일을 하고 싶을까, 내가 만든 회사를 대표할 수 있는 상품 캐릭터를 디자인해 보고 캐릭터의 이름과 디자인 가격 등을 직접 정해 보기, 시장에서 파는 물건 중 2음절(예 사과, 배추, 고추 등)을 생각해서 전단지에서 그림을 찾아오려 붙여보기, '시장' 이란 단어를 이용하여 2행시 짓기 등의 활동을 통해 유아가 얼마만큼 경제 개념을 이해하고 있는지를 평가할 수 있다(부록 pp.342-343 참고).

**표 5-3-8 개인 활동지**

| 대주제 / 내용 | 돈을 버는 경제 활동 |
|---|---|
| 시장놀이 | • 가게에서 어떤 말로 물건을 팔면 잘 팔릴까? |
| | • 상품권 만들기–할인 쿠폰 모음 책(book) 만들기 |
| | • 내가 좋아하는 과자 봉지 관찰해 보기<br>–과자의 이름, 제조 연월일, 생산된 곳, 광고 문구 등을 조사해 보기 |
| | • 상품 캐릭터 제작(디자인, 캐릭터 이름, 캐릭터 가격 등) |
| 용 돈 | • 내가 돈을 벌 수 있는 방법은 무엇이 있는지 알아보기 |
| 직 업 | • 직업의 종류와 필요한 도구나 기계는 무엇이 있는지 알아보기 |

### (7) 미술교육을 위한 흥미 영역

자르기와 붙이기를 통해 눈과 손의 협응력을 길러주고, 펀치, 푸싱핀, 스테이플러, 바늘 등의 사용은 다양한 도구를 사용하는 방법도 알게 되고 집중력과 섬세함도 기르게 된다. 또 반 접어 오리기와 데칼코마니 활동을 통해서는 다양한 방법으로 미술 표현을 하는 여러 가지 기능을 익힐 수 있고, 대칭의 원리도 경험할 수 있다. 그리고 직조 짜기, 고리 연결하기 등은 논리적 사고를 경험할 수 있다.

이러한 활동은 유아들이 작품을 만들 때 기능적인 습득을 필요하므로 '돈을 버는 경제 활동' 에서 생산품을 만드는 데 도움이 된다.

또한 실물경제교육에서 '돈을 버는 경제 활동' 을 유아들에게 동기 부여와 흥미를 유도하기 위해 주제에 상징적 단어인 신문, 요리사 모자, 전등, 선물 상자, 호미, 컴퓨터, 트럭, 기차, 엽전, 돈, 빨랫줄 등의 그림을 찾아 배경 속의 이미지 그림을 돋보이게 하고 언어의 읽고 쓰기의 음절을 고려하여 연구 · 개발하였다(부록 pp.351-354 참고).

**표 5-3-9 미술교육을 위한 흥미 영역**

| 돈을 버는 경제 활동(수입) | | | | | |
|---|---|---|---|---|---|
| 번호 | 구 분 | 활동 내용 | 번호 | 구 분 | 활동 내용 |
| 1 | 자르기 | 진열대 물건 구성 | 6 | 직조 짜기 | 컵 |
| 2 | 붙이기 | 색쌀(쌀가마니) | 7 | 종이 접기 | 선물 상자 |
| 3 | 바느질 | 트럭(상품 운반) | 8 | 반 접어 오리기 | 스탠드 |
| 4 | 푸싱핀 | 호미(작물 재배) | 9 | 고리 연결하기 | 돼지 저금통 |
| 5 | 스테이플러 | 훌라후프 | 10 | 펀치 뚫기 | 요리사 모자 |

## 가정 활동 조사서

시장(유통 과정)

• 오늘은 우리 가족들이 장을 보는 날입니다. 재래시장과 마트, 슈퍼마켓에서 각각 장을 봤을 때 물건의 가격이 어떤지 알아 보아요.

| 품 목 | 재래시장 | 슈퍼마켓 | 마 트 |
|---|---|---|---|
| 상추 (400g) | | | |
| 과자 (1봉지) | | | |
| 사과 (1개) | | | |
| 오징어 (1마리) | | | |

• 왜 슈퍼마켓보다 대형마트가 가격이 훨씬 저렴할까?

• 왜 대형마트에서는 물건을 묶어서 판매할까?

④

[가정 활동 조사서]

# 나도 돈을 벌 수 있어요

-돈을 버는 경제 활동-

노동과 수입의 관계를 이해하고 노동의 대가로 얻어지는 기쁨을 느껴 보고 돈의 소중함을 안다.

__________반 이름 : __________

①

직업

• 우리를 위해 애쓰시는 부모님의 직업을 알아보고, 감사의 마음을 가져요.

아빠(엄마) 사진 붙이기

• 아빠(엄마)의 직업은?

• 아빠(엄마)의 직업은 무슨 일을 하는 것인가요? (구체적으로)

• 어떻게 그 일을 하게 되었나요?

• 직업이 있어야 하는 이유?

• 아빠(엄마)를 위한 응원의 메시지!

②

기회비용

• 양푼비빔밥을 집에서 먹었을 때와 외식할 때의 가격을 비교해 보아요. 집에서 만들어 보고 사진도 찍어 보아요.

양푼 비빔밥 재료

만드는 순서 → → → (사진) 완성

• 집에서 만들어 먹은 비빔밥과 외식으로 먹은 비빔밥의 같은 점과 차이점은?

| 우리집 비빔밥의 가격 | 외식 비빔밥의 가격 |
|---|---|
| | |

모든 재료비 포함

• 왜 가격이 차이가 날까?

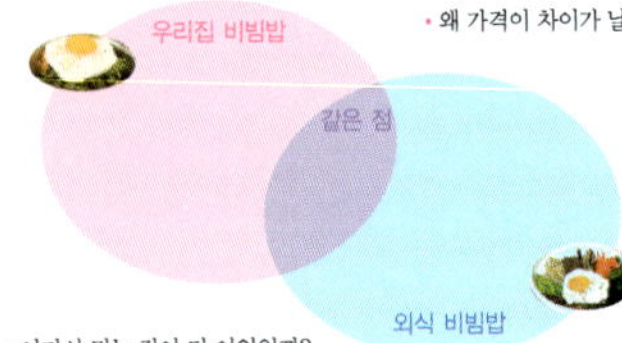


• 어디서 먹는 것이 더 이익일까?

③

## 모듬지

[모듬지](돈을 버는 경제 활동)

| 경제 활동 | 생산의 효율성 | 날짜 | |
|---|---|---|---|
| 토의자 | | | |
| 발표자 | | 기록자 | |

• 두 그림을 비교해 보았어요. 무엇을 하고 있는지 알아봅시다. (PMI 기법-Plus. Minus. Interest)

소가 밭갈이하는 것

■좋은 점

■불편한 점

■재미있는 점

트랙터로 밭갈이하는 것

■좋은 점

■불편한 점

■재미있는 점

[모듬지](돈을 버는 경제 활동)

| 경제 활동 | 물건 판매 계획 "무엇을 준비할까?" | 날짜 | |
|---|---|---|---|
| 토의자 | | | |
| 발표자 | | 기록자 | |

가게주인이 되어보세요.

▪상품명

▪필요한 재료

▪가격은 얼마일까?
-재료비용, 포장비용, 노동비용…

▪어떤 방법으로 광고할까?

## 개인 활동지

[개인 활동지](돈을 버는 경제 활동)

| 경제 활동 | 상품 캐릭터 제작 |
| --- | --- |

• 나만의 톡톡 튀는 아이디어 캐릭터를 그려 보세요.

• 왜 이 디자인을 만들게 되었나요?

• 캐릭터를 판매한다면?

| 브랜드 명 | |
| --- | --- |
| 상 품 | |
| 제조연월일 | |
| 가 격 | |
| 주 소 | |
| 사 진 | |

| 날 짜 | | 반 | | 이름 | |
| --- | --- | --- | --- | --- | --- |

[개인 활동지]

| 경제 활동 | 상품권 만들기(돈을 버는 경제 활동) |
| --- | --- |

• 나만의 멋진 상품권을 만들어 보세요.

• 절약 상품권은 근검절약하는 어린이만 구입할 수 있습니다.
돈보스꼬 상품권을 사기 위해 절약하고 아껴 쓰는 어린이를 찾아 ◯ 해보세요.

| 날 짜 | | 반 | | 이름 | |
| --- | --- | --- | --- | --- | --- |

## 미술교육을 위한 흥미 영역

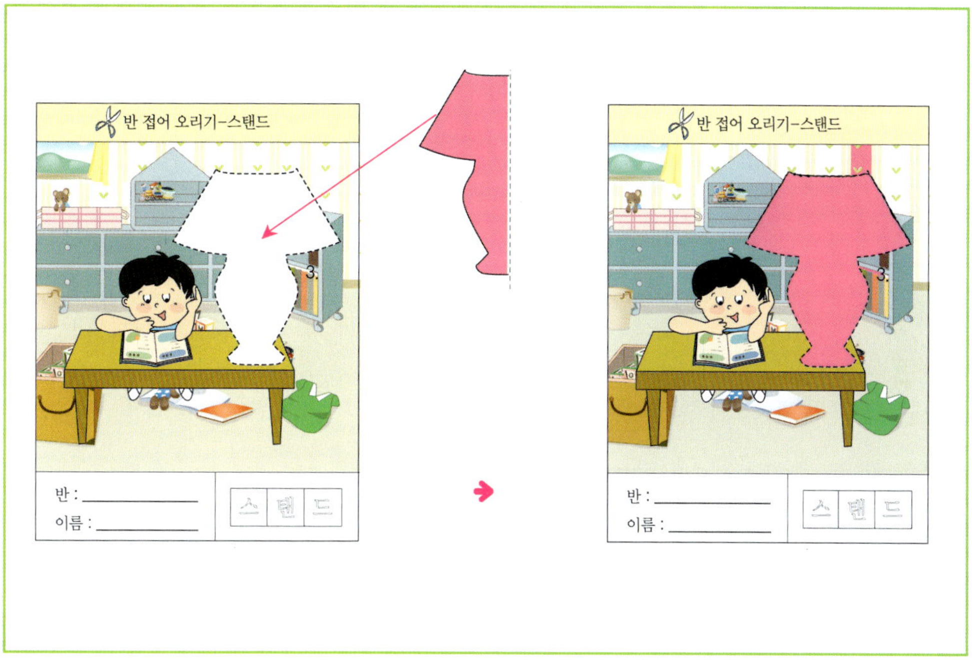


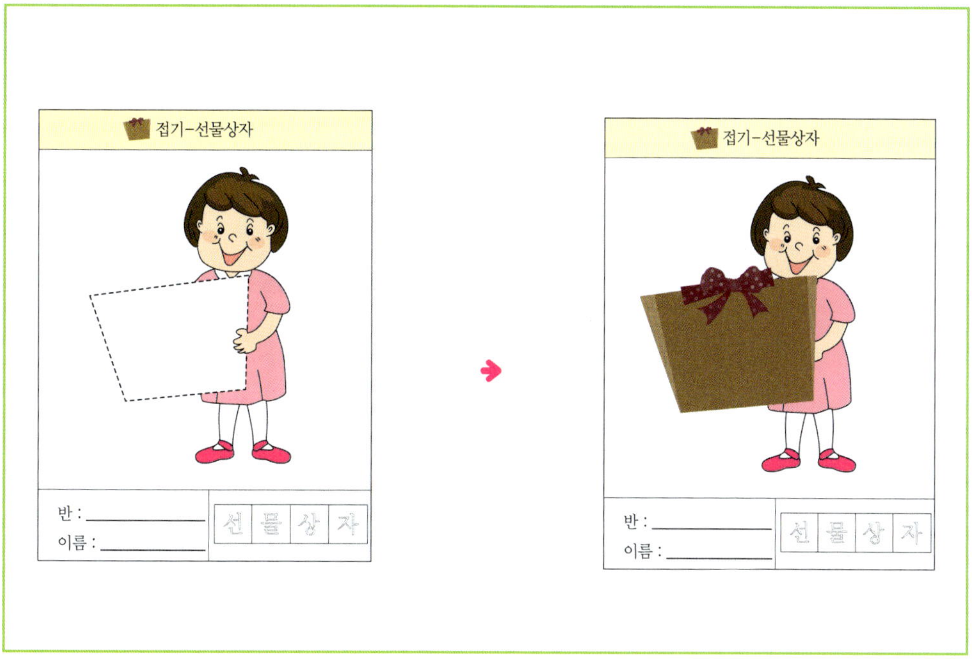

## (8) 유아 활동 사진

내가 캔 감자를 크기 순서대로 놓아 보았어요

포도주 가격은 얼마로 할까?

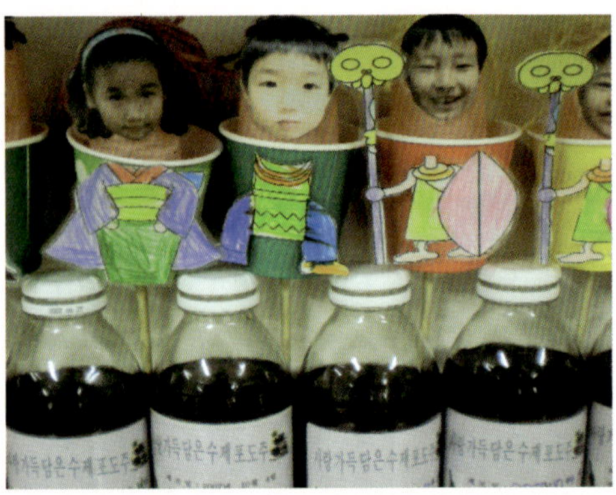

엄마께 드릴 사랑 가득 담은 포도주예요

내가 만든 액자는 2,000원입니다

내가 짠 목도리와 지갑 누구에게 선물할까?

자! 거스름 돈이에요

### (9) 경제 교구 활동 놀이

교재 · 교구의 역사적 배경은 유아교육의 역사와 함께 생각할 수 있다. 17세기에 이르러 Comenius를 비롯하여 Rouseau, Pestalozzi, Froebel, Montessori 등은 유아들은 감각을 통하여 구체적인 경험을 함으로써 학습을 할 수 있다고 했다.

유아를 위한 실물경제교육에서도 구체적으로 경험할 수 있는 자료를 주어야 한다.

인간이 그의 환경을 인식하는 데 있어서 최초의 통로는 감각기관이며, 감각기관에 의해서 여러 가지 정보를 받아들이게 되므로 유아들은 사물이나 자료를 가지고 구체적인 활동을 통해 가장 잘 배울 수 있다.

'돈을 버는 경제 활동' 에서는 생산 과정, 수, 말놀이, 판매자, 유통과정, 운송 등 경제적 개념을 균형 있게 경험하도록 하였고, 특히 경제 동화(「달구지를 끌고」, 「쥐돌이는 화가」)를 통해 돈을 버는 방법을 잘 이해하도록 몬테소리 교구를 활용하여 연구 · 개발하였다.

● 표 5-3-10 ● 경제 교구

| 번 호 | 경 제 교 구 | 생 활 영 역 | 몬테소리 영역 | 비 고 |
|---|---|---|---|---|
| 1 | 쌀이 되기까지 | 탐구생활 | 문화 영역 | p.186 |
| 2 | 맛있는 쇠고기 식탁에 차려서 냠냠! | 건강 · 사회생활 | 문화 영역 | p.187 |
| 3 | 싱싱한 생선 반찬 | 건강 · 사회생활 | 문화 영역 | p.188 |
| 4 | 내가 입고 있는 옷은 | 사회생활 | 문화 영역 | p.189 |
| 5 | 「달구지를 끌고」 동화 수수께끼 | 언어생활 | 언어 영역 | p.190 |
| 6 | 작은 집에 놀러 오세요 | 언어 · 사회생활 | 언어 · 문화 영역 | p.191 |
| 7 | 한별 쇼핑센터 | 탐구생활 | 감각 영역 | p.192 |
| 8 | 내가 만약 쥐돌이라면 | 언어생활 | 언어 영역 | p.193 |
| 9 | 직업에 쓰이는 물건은? | 사회 · 언어생활 | 언어 · 문화 영역 | p.194 |
| 10 | 직업 수수께끼 | 언어생활 | 언어 영역 | p.195 |
| 11 | 직업과 도구 매칭 게임 –'직업에 쓰이는 물건은?' 교구 심화의 단계 | 언어생활 | 언어 영역 | p.196 |
| 12 | 가게 물건 고르기 | 사회 · 탐구생활 | 수 영역 | p.197 |
| 13 | 우유 보급소 | 탐구생활 | 수 영역 | p.198 |
| 14 | 빙고 덧셈 놀이 | 탐구생활 | 수 영역 | p.199 |
| 15 | 뺄셈으로 명화를 완성 | 탐구생활 | 수 영역 | p.200 |

교구 1

# 쌀이 되기까지

**대상연령** 만 4, 5세

**경제개념** 돈을 버는 경제 활동

**몬테소리 사전활동** 쌀이 되기까지(문화 영역)

**생활영역** 탐구생활

**활동목표**

- 벼에서 쌀이 되기까지의 유통 과정을 안다.
- 쌀을 얻기까지 여러 과정과 여러 사람의 노력이 있음을 알고 쌀알 하나라도 소중히 여기는 태도를 기른다.

**활동자료** 쌀이 되기까지의 작은 책, 주사위, 말 2개, 게임판

**활동방법**

1. 게임판을 탐색하고 말을 나누어 갖는다.
2. 주사위를 던져 나온 수만큼 말을 옮긴다.
3. 도착한 곳에 지시문이 있으면 지시문대로 따르고 도착까지 오면 게임은 끝난다.
4. 먼저 도착한 유아가 이긴다.

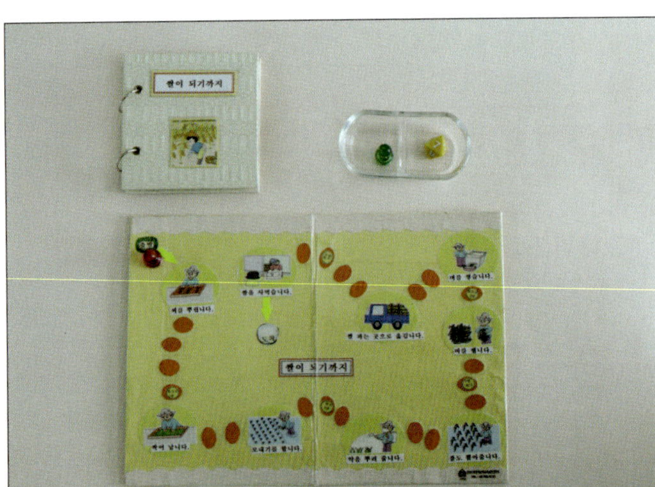

## 교구 2 맛있는 쇠고기 식탁에서 차려서 냠냠!

**대상연령** 만 4, 5세 **경제개념** 돈을 버는 경제 활동

**몬테소리 사전활동** 척추 동물과 무척추 동물 카드(문화 영역)

**생활영역** 건강 · 사회생활

**활동목표**

- 농장에서부터 식탁에 오르기까지의 유통 과정을 안다.
- 소가 우리한테 주는 도움은 무엇이 있는지 알아본다.

**활동자료** 게임판, 주사위, 말 2개, 쇠고기칩 10개

**활동방법**

1. 우리 식탁에 오르는 반찬이 어떻게 우리까지 오는지 이야기한다.
2. 게임판에 그려져 있는 그림을 보고 쇠고기가 유통되는 과정을 알아본다.
   : 생산자 → 도축장 → 중도매인 → 정육점 → 소비자

**〈게임방법〉**

1. 2명의 유아가 쇠고기칩을 5개씩 나누어 갖는다.
2. 순서대로 주사위를 던져 나온 수만큼 앞으로 간다.
3. 그림이 있는 곳에 도착하면 다음 그림으로 이동한다.
4. 도착하면 고기를 가지고 와서 정육점 가게를 꾸며본다.
5. 5개의 쇠고기칩을 먼저 정육점 가게(맛있는 쇠고기)에 붙인 유아가 이긴다.

교구 3

# 싱싱한 생선 반찬

**대상연령** 만 4, 5세 **경제개념** 돈을 버는 경제 활동

**몬테소리 사전활동** 어류 모형 바구니, 어류 부분 명칭 카드(문화 영역)

**생활영역** 건강 · 사회생활

**활동목표**

- 생선이 유통되는 과정을 안다.
- 어류의 종류에 대해 관심을 갖는다.

**활동자료** 게임판, 주사위, 말 2개, 자석 붙은 생선 10개

**활동방법**

1. 어류의 종류에 대해 이야기 나눈 후 어떻게 해서 생선이 우리 식탁에 오를 수 있는지 이야기해 본다.
2. 게임판에 그려져 있는 그림을 보고 생선이 유통되는 과정을 알아본다.
   : 생산자 → 생산자 공판장 → 도매시장 → 생선가게 → 소비자

**〈게임 방법〉**

1. 2명의 유아가 생선 모형을 5개씩 나누어 갖는다.
2. 주사위를 던져서 나온 수만큼 앞으로 간다.
3. 그림이 있는 곳에 도착하면 다음 그림으로 이동한다.
4. 도착하면 생선을 가지고 와서 생선가게를 꾸며본다.
5. 생선 모형 5개를 먼저 모은 유아가 이기며 게임이 끝난다.

## 교구 4 내가 입고 있는 옷은

**대상연령** 만 4, 5세 **경제개념** 돈을 버는 경제 활동

**몬테소리 사전활동** 옷의 변천 작은 책, 여러 나라 민속 옷 책(문화 영역)

**생활영역** 사회생활

**활동목표**

- 옷이 만들어지는 과정을 안다.
- 옷이 어떻게 우리 손에 오게 되는지를 게임을 통해 알아본다.

**활동자료** 게임판, 주사위, 말 2개, 4명의 인형, 4개의 인형을 꾸며줄 옷과 소품 20개

**활동방법**

1. 옷의 종류와 무엇으로 어떻게 만들어졌는지에 대해 이야기 나눈다.
2. 게임판에 그려져 있는 그림을 보고 옷이 유통되는 과정을 알아본다.
   : 생산자→실 만드는 회사→천 만드는 회사→옷 만드는 회사→도매상→옷가게

**〈게임방법〉**

1. 2명의 유아가 꾸며줄 인형을 2개씩 나누어 옷가게에 놓는다.
2. 주사위를 던져 나온 수만큼 간다.
3. 그림이 있는 곳에 도착하면 다음 그림으로 이동한다.
4. 도착하면 옷을 가지고 와서 옷가게의 인형에게 입혀준다.
5. 인형에게 필요한 옷과 소품 10개를 먼저 꾸민 유아가 이긴다.

## 교구 5 「달구지를 끌고」 동화 수수께끼

**대상연령** 만 5세

**경제개념** 돈을 버는 경제 활동

**몬테소리 사전활동** 말놀이(읽기)(언어 영역)

**생활영역** 언어생활

**활동목표**

- 동화를 읽고 가족들이 어떻게 돈을 벌었는지 이야기해 보고 기본 경제 개념을 이해한다.
- 수수께끼 활동을 통해 말의 즐거움을 찾는다.

**활동자료** 동화 「달구지를 끌고」, 동화 수수께끼 책

**활동방법**

1. 동화책을 읽고 동화의 내용으로 만들어진 동화 수수께끼 맞히기 놀이를 해본다.
2. 친구와 역할을 바꾸어서 하는 협동놀이도 가능하다(수수께끼 게임).

## 교구 6 작은 집에 놀러 오세요

**대상연령** 만 4, 5세 **경제개념** 돈을 버는 경제 활동

**몬테소리 사전활동** 읽기, 가족의 역사(언어 · 문화 영역)

**생활영역** 언어 · 사회생활

**활동목표**

- 가족의 역할을 알고 가족들 서로가 할 일을 나누어 할 수 있음을 안다.
- 유아 스스로 집을 구성해 보는 활동을 통해 미적 감각의 발달시킨다.
- 글을 읽어야 하는 필요성을 느낀다.

**활동자료** 작은집, 3단 서랍장에 침실, 주방, 거실로 구분된 작은 가구들, 사람 2명, 행동지시문 작은 책

**활동방법**

1. 침실, 주방 거실의 가구들을 각각의 위치에 꾸민다.
2. 각 위치는 단어로 구분되어 있다.
3. 행동 지시문의 작은 책을 보면서 문장에 따라 인형을 움직여 본다.

- 글을 못 읽는 유아들은 행동지시문 작은 책을 놓지 않고 각각의 인형들이 하는 행동들을 말로 표현한다.

## 교구 7 한별 쇼핑센터

**대상연령** 만 5세 **경제개념** 돈을 버는 경제 활동

**몬테소리 사전활동** 2항식(감각 영역)

**생활영역** 탐구생활

**활동목표** 상, 하, 좌, 우의 공간적 개념을 인식한다.

**활동자료** 한별 쇼핑센터 구조물(벽, 3층, 2층, 1층), 각 센터 그림칩, 워크지

**활동방법**

1. 1층, 2층, 3층을 맞추어 쇼핑센터를 만든다.
2. 쇼핑센터에서 파는 물건의 그림칩을 제자리에 알맞게 나열한다.
3. 워크지의 문제를 보면서 알맞은 칩을 제자리에 맞추어 꽂아본다.

## 교구 8 내가 만약 쥐돌이라면

**대상연령** 만 4, 5세 **경제개념** 돈을 버는 경제 활동

**몬테소리 사전활동** 어휘의 확충(언어 영역)

**생활영역** 언어생활

**활동목표** 동화 속의 줄거리를 읽어본 후 재구성해 본다.

**활동자료** 동화 「쥐돌이는 화가」, 자석판, 동화 그림칩

**활동방법**

① 「쥐돌이는 화가」 동화책을 읽어본다.
② 만약 내가 쥐돌이라면 자석 활동판에 동화 속의 소품이나 등장인물칩을 붙여가며 이야기를 꾸며본다.
③ 줄거리를 재구성해 보는 놀이도 한다.

## 교구 9 직업에 쓰이는 물건은?

**대상연령** 만 5세

**경제개념** 돈을 버는 경제 활동

**몬테소리 사전활동** 그림카드 맞추기, 2개의 제공법(언어 · 문화 영역)

**생활영역** 사회 · 언어생활

**활동목표** 물건의 정확한 명칭과 어디에 사용하는 것인지를 알고 이를 직업과 접목한다.

**활동자료**

- 개인 게임판 4개(1개의 게임판에는 2개의 직업이 있음)
- 직업에 필요한 다양한 물건의 그림 카드 48장

**활동방법**

1. 4명의 유아 중 가위바위보로 이긴 사람이 4개의 개인 게임판 중 하나를 먼저 선택한다.
2. 카드를 통해서 뽑는다.
3. 개인 게임판에 있는 두 가지 직업과 관계 있는 물건이면 갖고 아니면 다시 카드 통에 넣는다.
4. 카드 16장을 먼저 모으는 사람이 이긴다.

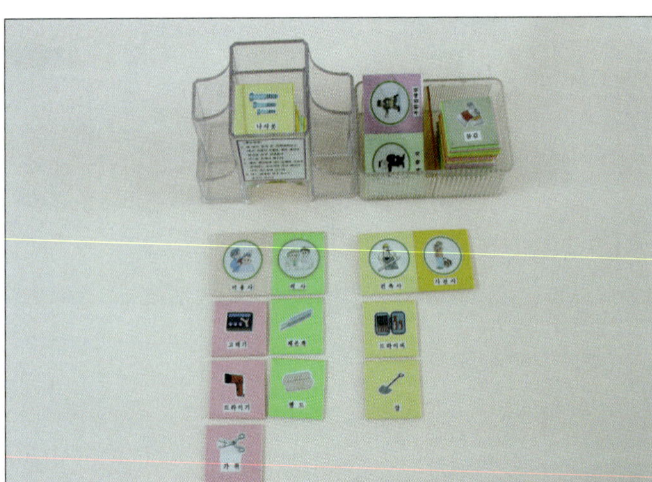

## 교구 10 직업 수수께끼

**대상연령** 만 4, 5세 **경제개념** 돈을 버는 경제 활동

**몬테소리 사전활동** 말놀이(언어 영역)

**생활영역** 언어생활

**활동목표**

- 직업과 관련된 수수께끼 활동을 통해 각 직업이 하는 일을 안다.
- 말의 즐거움을 찾고 어휘력을 풍부하게 한다.

**활동자료** 직업 수수께끼 활동책, 직업 관련 사람칩 18개

**활동방법**

1. 직업 수수께끼 활동 책자를 읽고, 생각나는 답을 사람 모양의 칩에서 골라 책자 왼쪽 면에 붙인다.
2. 사람 모양의 칩 뒷면의 스티커와 수수께끼 책자의 스티커를 비교하여 답이 맞았는지 확인한다.
3. 교구 활동 후에 작은 책을 결과물로 완성한다.

## 교구 11 직업과 도구의 매칭 게임 '직업에 쓰이는 물건은?' 교구 심화의 단계

**대상연령** 만 5세 **경제개념** 돈을 버는 경제 활동

**몬테소리 사전활동** 실물 상자-물건 이름(언어 영역)

**생활영역** 언어생활

**활동목표** 물건의 정확한 명칭과 어디에 사용하는 것인지를 알고 이를 직업과 유목화한다.

**활동자료** 개인 게임판 2개, 다양한 직업의 사람칩 9종류, 각 직업에 해당하는 물건칩 8종류 9세트, 직업 백과사전 1권

**활동방법**

1. 두 명의 유아가 게임 기본판 1개씩 나눠 갖는다.
2. 맞추고 싶은 직업을 선택하고 게임 기본판 중앙에 해당하는 직업의 사람칩을 놓는다.
3. 가위바위보를 해서 이긴 유아가 직업에 해당하는 물건칩을 기본판 화살표 위치에 놓는다.
4. 8개의 칩을 먼저 게임 기본판에 놓는 사람이 승리한다.
5. 게임 중 직업에 해당하는 물건을 모를 경우에는 직업 백과사전을 참고한다.

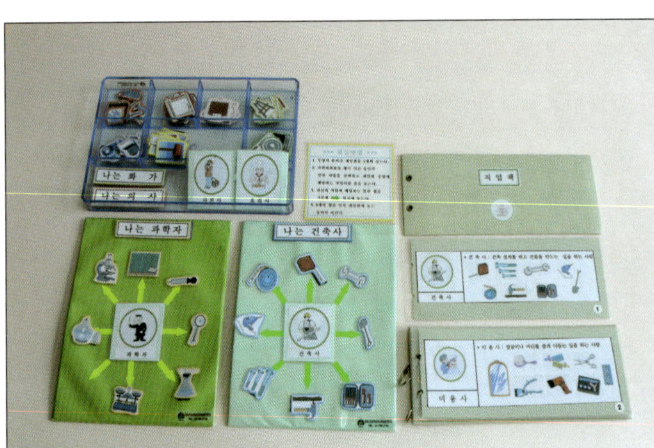

# 교구 12 가게 물건 고르기

**대상연령** 만 4, 5세 **경제개념** 돈을 버는 경제 활동

**몬테소리 사전활동** 비즈 카드에 의한 큰 수 구성(수 영역)

**생활영역** 사회 · 탐구생활

**활동목표** 물건마다 가격이 있어(물건의 가치)물건을 구입할 때는 돈이 필요함을 알고 금액만큼의 동전을 놓아본다.

**활동자료** 활동판(종류-가전제품, 욕실용품, 주방용품, 식품가게), 계산기, 돌림판, 물건칩

**활동방법**

1. 4개의 가게(가전제품, 욕실용품, 주방용품, 식품가게)에 있는 각각의 물건에 대하여 이야기한다.
2. 가게 물건과 가격을 본다.
3. 돌림판을 돌려서 나온 색의 배지를 갖고 있는(같은 가게) 물건을 골라서 활동판에 걸고 물건의 가격을 계산기로 계산해 본다.

교구 13

# 우유 보급소

**대상연령** 만 5세　　**경제개념** 돈을 버는 경제 활동

**몬테소리 사전활동** 곱셈 계산판(수 영역)

**생활영역** 탐구생활

**활동목표**

- 게임을 통해 유아와의 능동적인 상호작용을 한다.
- 간단한 돈을 셈할 줄 안다.

**활동자료** 게임판, 주사위, 말 2개(자전거, 오토바이), 우유칩 23장, 종이돈(1,000원-8장, 5,000원-3장)

**활동방법**

1. 두 유아가 가위바위보를 하여 순서를 정하고 말을 준비한다.
2. 주사위를 던져 나온 수만큼 말을 옮긴다.
3. 도착한 집에 적혀있는 우유 수만큼 배달한 후, 돈을 받아온다(우유 1통=1,000원).
4. 이미 우유가 배달된 집은 우유를 배달하지 않는다.
5. 게임은 모든 집에 우유를 배달할 때에 끝난다.
6. 가장 돈을 많이 받은 유아가 이기는 게임이다.

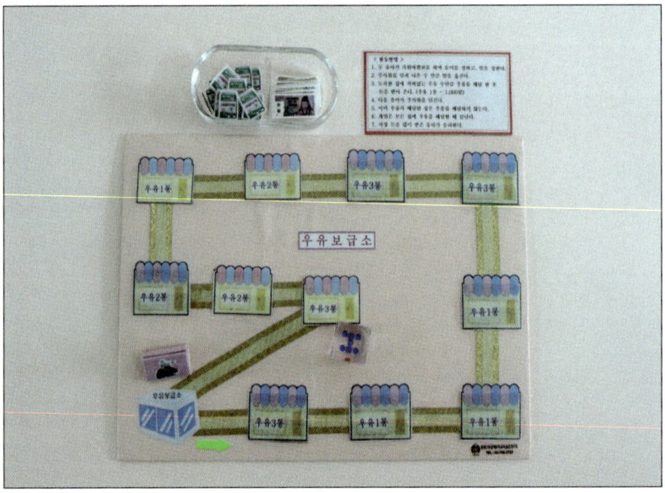

# 교구 14 빙고 덧셈 놀이

**대상연령** 만 5세 **경제개념** 돈을 버는 경제 활동

**몬테소리 사전활동** 덧셈의 뱀놀이(수 영역)

**생활영역** 탐구생활

**활동목표** 덧셈의 기본 개념을 알고 게임을 즐긴다.

**활동자료** 빙고 기계, 구슬(75개), 정정판, 덧셈 문제집, 비즈

**활동방법**

1. 빙고 기계를 돌려 나온 구슬의 숫자를 보고 문제지에 적는다.
2. 비즈를 숫자만큼 놓고 계산한다.

- 덧셈이 어려운 유아는 연속 수놀이를 할 수 있다.

# 교구 15 뺄셈으로 명화를 완성

**대상연령** 만 4, 5세 **경제개념** 돈을 버는 경제 활동

**몬테소리 사전활동** 암산판(수 영역)

**생활영역** 탐구생활

**활동목표** 명화의 조각 뒤에 뺄셈놀이와 부분과 전체를 맞추어 보는 경험을 한다.

**활동자료** 명화 액자, 명화 정정판(뺄셈의 답이 있음), 조각 퍼즐판(뺄셈놀이)

**활동방법**

1. 명화를 감상하고 무엇을 하는 그림인지 이야기해 본다.
2. 명화에 있는 숫자를 읽는다.
3. 퍼즐 조각 뒤의 뺄셈을 해본다.
4. 해당하는 답이 있는 곳에 퍼즐을 맞추어 그림을 완성한다.

## 4 돈을 관리하는 경제 활동

'돈을 버는 방법'을 지도하는 것 못지않게 '금전 관리'를 가르치는 것도 중요하다. 돈으로 성공하는 지름길은 어디에도 없다. 일확천금으로 성공한 사람들이나 복권에 당첨된 사람들 가운데 많은 이들이 폐인이 되거나 돈에 휘둘리다가 재산을 탕진하고 정신적으로 불안정하게 살아가는 경우를 주변에서 많이 보게 된다. 특히 현대의 사회 문제로 대두되고 있는 10대 금융 채무 불이행자(=신용불량자)가 늘어나는 현실에서 돈을 관리하는 방법을 가르치는 것이 우선되어야 한다.

유아기에 받는 '용돈'을 통한 경제교육은 유아에게 경제 활동을 하려는 의지를 키워 줄 수 있는 좋은 도구가 된다.

유아들이 매일 또는 장래의 필요를 위해 금전을 어떻게 준비할 것인가 등을 배우는 데는 단시일에 되는 것이 아니고 몇 년의 경험을 필요로 한다. 그래서 많은 학자들은 적당한 시기에 용돈을 주어 사용의 경험을 갖도록 지도하는 것이 바람직하다고 주장한다. 즉, 시행착오를 거치면서 용돈의 소중함과 함께 용돈의 바르게 쓰는 방법을 배울 수 있는 기회를 가질 수 있으며, 주어진 용돈의 범위 내에서 자원의 배분과 활용, 자율적 선택과 자기 책임을 훈련하는 과정에서 인센티브와 패널티를 인식하고 노동의 가치와 창의적 모험 정신을 깨닫는 것이다.

따라서 용돈 관리 교육은 자신의 역할에 대하여 정확히 인식하고 스스로 책임 있고 가치 있는 행동을 하도록 유도하는 것이라고 할 수 있다.

Marshall과 Magruder(1960)는 부모의 교육과 자녀의 금전 지식 간의 연구에서 자녀에게 금전을 사용할 수 있는 기회를 풍부하게 주고, 그들이 자유롭게 쓸 수 있는 일정 액수의 용돈을 주며, 자녀로 하여금 스스로 돈을 벌 수 있는 기회를 주고, 가정에서 부모가 소득을 현명하게 다루면 자녀의 금전 지식과 소비 행동에 대한 경험이 풍부해진다고 하였다(하용선, 2005). 그러므로 어른의 행동을 모방하는 어린 시절부터 용돈 관리에 대한 중요성을 일깨우며, 경제가 발달할수록 더욱 효율적인 금전 관리의 중요성을 인식하도록 교육해야 한다. 이런 면에서 볼 때 미래의 생산자이자 소비자로서, 경제 활동의 주체자될 유아들에게 용돈 관리의 방법과 가치관을 심어주는 것이 필요하며 이는 생활 속에 자연스럽게 체험해야 한다.

'돈을 관리하는 경제 활동' 의 내용은 ① 용돈을 기입장에 기록하는 방법, ② 저축과 투자, ③ 은행놀이, ④ 저금통장 만들기 등으로 구성하였다.

### (1) 관리법

#### 1 용돈 기입장의 목표

용돈 기입장은 유아기 때 왜 필요할까?

첫째, 규칙적인 활동과 가족의 역할에 따른 노동의 대가를 숫자로 기입하면서 기쁨을 느끼고 노동의 소중함을 알고 돈의 가치와 중요성을 인식하게 된다.

둘째, 숫자나 문자를 읽고 쓰려고 하는 필요성을 느낀다.

셋째, 산수의 덧셈, 뺄셈을 일상생활 속에서 경험할 수 있다.

넷째, 근검절약 정신과 합리적인 소비생활로 절제력을 향상시킨다.

다섯째, 선택과 행동이 신중해지고 책임감이 높아진다.

여섯째, 장래의 꿈을 갖게 되며 목표의식이 더욱 확립된다.

용돈 기입장은 예산 관리 측면에서 기대 소득에 바탕을 두고 적절한 기간 내에 소득을 어떻게 배분할지를 계획하는 경제적 행위이다. 예를 들면, 수입으로는 집안일 돕기, 주급 받기, 세뱃돈, 축하금, 선행 활동, 상품 판매금 등을 할 수 있으며, 지출은 친구나 형제의 생일 선물 사기, 필요한 물건 사기, 물건 제작에 필요한 재료 사기, 연극이나 미술 전람회 등의 문화비, 졸업 여행비 보태기, 소아 암 센터, 북한 어린이 돕기, 불우이웃 돕기 성금 등을 할 수 있다.

**❶ 가정에서의 용돈 기입장 활동 방법**

- 용돈 기입장에는 매주 주급과 선행 수첩(원에서 금요일마다 가정으로 나가는)에 따른 금액을 합산하여 기입한다.
- 항목 이외의 선행 활동으로 받은 인센티브 금액과 내용, 또는 친척이나 다른 가족에게 받은 용돈도 기입한다.
- 매월 말일 용돈 기입장의 잔액을 통장에 입금시키고 통장은 매월 첫째 주 중에 요일을 정해 놓고 원에 보낸다.
- 용돈 기입장은 매주 월요일 원으로 보낸다.
- 용돈 기입장에 기입은 가능하면 유아가 적도록 도와준다.
  (예 연령에 따라 기입 내용을 적어주거나 보고 쓰도록 한다.)

### ❷ 원에서의 용돈 기입장 활동 방법

- 용돈 기입장 1년치를 책자로 만들어 준다. 겉표지는 유아가 직접 여러 가지 방법으로 꾸며보도록 하고, 비닐 표지를 씌워 깨끗이 사용하도록 유도한다.
- 매주 용돈 기입장을 수거하여 확인을 한다.
- 가정에서 협조가 안 될 때는 부모교육이나 개인적으로 부탁하는 적극적인 활동이 필요하다.
- 유아 통장을 만들어 주고 매월 마지막 주는 부모와 함께 은행에 가서 함께 저금하는 것을 경험하도록 한다.
- 매월 저금통장을 갖고 오면 원내 개인 통장에 합산하여 기록한다.
- 원에서 필요한 돈을 써야 할 경우는 용돈 기입장에 기록하고 잔액에서 빼도록 한다(예 친구 생일 선물, 농작물 재배 시 씨앗 값, 바자회 때 필요한 재료 구입, 졸업여행, 소풍 등).

**표 5-4-1** 용돈 기입장

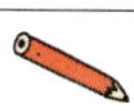
용돈 기입장

| 내용 / 주 | 내 용 | 수입 | 지출 | 잔액 | 비고 |
|---|---|---|---|---|---|
| 1주 | | | | | |
| 2주 | | | | | |

| 내용 / 주 | 내 용 | 수입 | 지출 | 잔액 | 비고 |
|---|---|---|---|---|---|
| 3주 | | | | | |
| 4주 | | | | | |
| 5주 | | | | | |

## 2 저축과 투자

저축이란 벌어들인 소득에서 소비하지 않고 남긴 돈을 말하며, 오늘 현재의 소비를 억제함으로써 미래에 좀 더 나은 소비를 할 수 있다는 데 그 목표를 두고 있다. 가정에서 돈의 관리를 지도할 때에는 수입과 지출 시 저축할 돈을 처음부터 분리하도록 유도한다. 예를 들면, 용돈의 쓰임새를 정할 때 저금통을 4개를 준비해 둔다. ① 소비하는 저금통, ② 기부하는 저금통, ③ 저축하는 저금통, ④ 가족을 위한 저금통으로 준비한다. 이러한 원칙 아래 가능한 한 스스로 금전 관리를 경험하는 과정에서 자연스럽게 은행의 기능과 역할을 알게 된다.

## 3 은행놀이

### ❶ 은행의 종류와 업무

소득 중에서 쓰고 남은 돈을 모으기 위해 예금을 하며, 집을 살 때와 같이 큰 돈이 필요한 경우에는 대출을 받는다. 또한 세금이나 전기 · 수도요금과 같은 공공요금을 내거나 멀리 떨어진 사람에게 돈을 보내기 위해서도 은행을 찾는다.

또 수출이나 수입과 같이 다른 나라와의 무역 거래에 필요한 보증서의 발급과 대금의 결제, 외환의 매매를 위해서도 은행을 이용하게 된다.

특히 요즈음에 와서는 컴퓨터를 비롯한 정보 통신 기술의 발달로 카드 하나로 어디에서나 현금을 찾아 쓸 수 있는 현금 자동 지급기가 보급되었고, 전국을 동시에 연결하여 어디서나 돈을 맡기고 찾아 쓸 수 있는 온라인 입출금 업무 기계까지 취급하고 있다. 여기에 사무실이나 집에서도 컴퓨터 통신망이나 전화를 이용하여 잔액조회, 계좌이체 등을 할 수 있을 뿐 아니라, 물품 구매 시 구매자의 계좌에서 판매자의 계좌로 구매 대금을 자동 이체시키는 직불카드 업무를 취급하는 등 은행의 서비스가 날로 다양하고 편리해지고 있다.

이와 같이 은행은 우리 경제 생활을 편리하게 해주는 여러 가지 일을 하고 있는데, 그 중에서 가장 중요한 일은 예금 관리를 해준다. 모은 여유 자금을 대출이나 어음할인과 같은 방법으로 자금이 부족한 곳에 공급하는 것이다. 이렇게 자금의 중개를 주 업무로 하는 곳을 금융 기관이라고 하는데 여기에는 은행 이외에 종합금융회사, 상호신용금고, 신용협동조합 등도 포함된다.

제1금융권은 일반 시중은행을 말하며, 제2금융권은 증권사, 보험사(생명, 손해), 투자신탁회사(투자신탁 운용/자산 운용), 종금사(어음 할인), 여신금융회사(신용카드사/캐피탈회사/할부금융사), 상호저축은행 등 제3금융권은 제도권 외 사채시장 등으로 되어 있다.

이 중 은행은 수표를 발행하거나 언제든지 현금을 찾을 수 있는 요구 불예금을 취급하는 대표적인 곳으로서 많은 고객을 상대로 하고 있기 때문에 가장 중요한 금융기관으로 여겨지고 있다.

우리나라의 은행은 크게 일반 은행과 특수 은행으로 나누어진다.

㉠ 일반 은행의 종류

- 시중 은행은 전국을 영업 구역으로 하여 많은 지점을 갖고 있으며 일반 은행 전체의 예금과 대출에서 큰 몫을 차지하고 있다.
  (예 우리은행, 제일은행, 신한은행, 하나은행, 국민은행 등)
- 지방 은행은 지역 경제의 발전에 필요한 자금을 공급하는 것을 목적으로 광역시나 각 도 등 지방에 설립된 은행이다.
  (예 부산은행, 대구은행, 광주은행, 제주은행 등)
- 외국 은행 지점은 국내의 예금보다 주로 그 나라의 본점으로부터 들여온 자금으로 영업을 하는데, 특히 1970년대 초 석유파동 등으로 우리나라가 외화 자금이 부족하여 어려움을 겪을 때 외국 자본을 도입하는 데 많은 기여를 하였다.
  (예 시티은행, HSBC, CMB, 도이치뱅크, 파리바 은행, CSFB 등)

㉡ 하는 일

- 예금 : 정기 예금이나 적금 같은 각종 예금을 받아준다.
- 대출 : 개인과 기업에게 돈을 빌려준다.
- 송금 : 온라인 통장에 의해 돈을 보내준다.
- 공과금 납부와 지로 업무 등이 있다.

㉢ 특수 은행의 종류

한국은행, 한국산업은행, 국민은행, 외환은행, 한국수출입은행, 기업은행, 농협 등이 있다.

〈한국 은행의 주요 업무〉

- 발권 업무 : 한국 유일의 법화 발행 기관으로서 지폐와 주화를 발행하는 기관
- 일반 업무 : 일반 금융 기관에 대하여 예금과 대출 업무, 공개시장 조작, 통화 안

정 계정의 운용을 담당

- 국고 업무 : 나라 돈을 맡거나 정부에 필요한 자금을 빌려줌
- 외국환 업무 : 외국 돈의 관리와 금융 거래

우리나라에서 한국은행은 한국의 중앙은행 겸 발권은행(發券銀行)으로서, 강력한 권한과 정치적 중립성이 보장되는 중앙은행의 설립 요청으로 1950년 6월 새로이 설립되었다. 화폐 발행과 통화 신용 정책의 수립 및 집행, 은행의 은행, 정부의 은행, 지급 경제 제도의 운영 · 관리, 외환 자산의 보유 · 운용, 은행 경영 분석 및 검사, 경제 조사 및 통계 작성 등의 기능을 수행한다. 은행 총재를 포함한 금융통화위원회 위원과 감사는 모두 대통령이 임명한다.

유아들은 은행을 견학하고, 원내 캠프 때나 유치원에서 은행 업무를 역할놀이 활동을 통해 은행장과 은행원, 고객, 청원 경찰의 역할을 경험하고, 청구대를 설치하고 돈의 교환놀이를 경험한다.

이때 유아들과 함께 우리들이 만든 은행 이름과 마크도 만들어 보고, 폐품을 활용하여 유치원 역할놀이방에 은행을 꾸며보는 것도 재미있는 경험이다.

### 4 저금통장 만들기

용돈으로 모은 돈을 은행에 저금하기 위해 필요한 것이 무엇인가를 체험한다. 예를 들면, 주민등록번호, 도장, 주소, 비밀번호 등이 왜 필요한지를 경험한다.

유아가 세상에 태어나서 부모로부터 경제적 독립을 위한 '홀로서기' 의 첫출발인 만큼 커다란 의미를 부여해서 처음 만든 저금통장에 대한 부모의 바람을 편지로 적어 '타임캡슐' 에 넣어 성인이 되었을 때 다시 상기시키는 방법도 유아를 위한 적극적인 경제교육의 배려이다.

## (2) 주제망

'돈의 가치와 중요성' 을 이해하고 '돈을 버는 경제 활동' 에 대해서도 살펴보았다. 그러나 돈의 가치와 중요성을 알고, 돈을 잘 버는 것도 중요하지만 더욱 중요한 것은 어떻게 돈을 관리할 것인가가 더욱 중요하다. 그러므로 주제망을 다음과 같은 방법으로 구성하였으나 원의 사정이나 각 반에 특수성을 감안하여 한 가지 활동을 세부적으로 실행할 수 있다.

●표 5-4-2● 돈을 관리하는 경제 활동 주제망

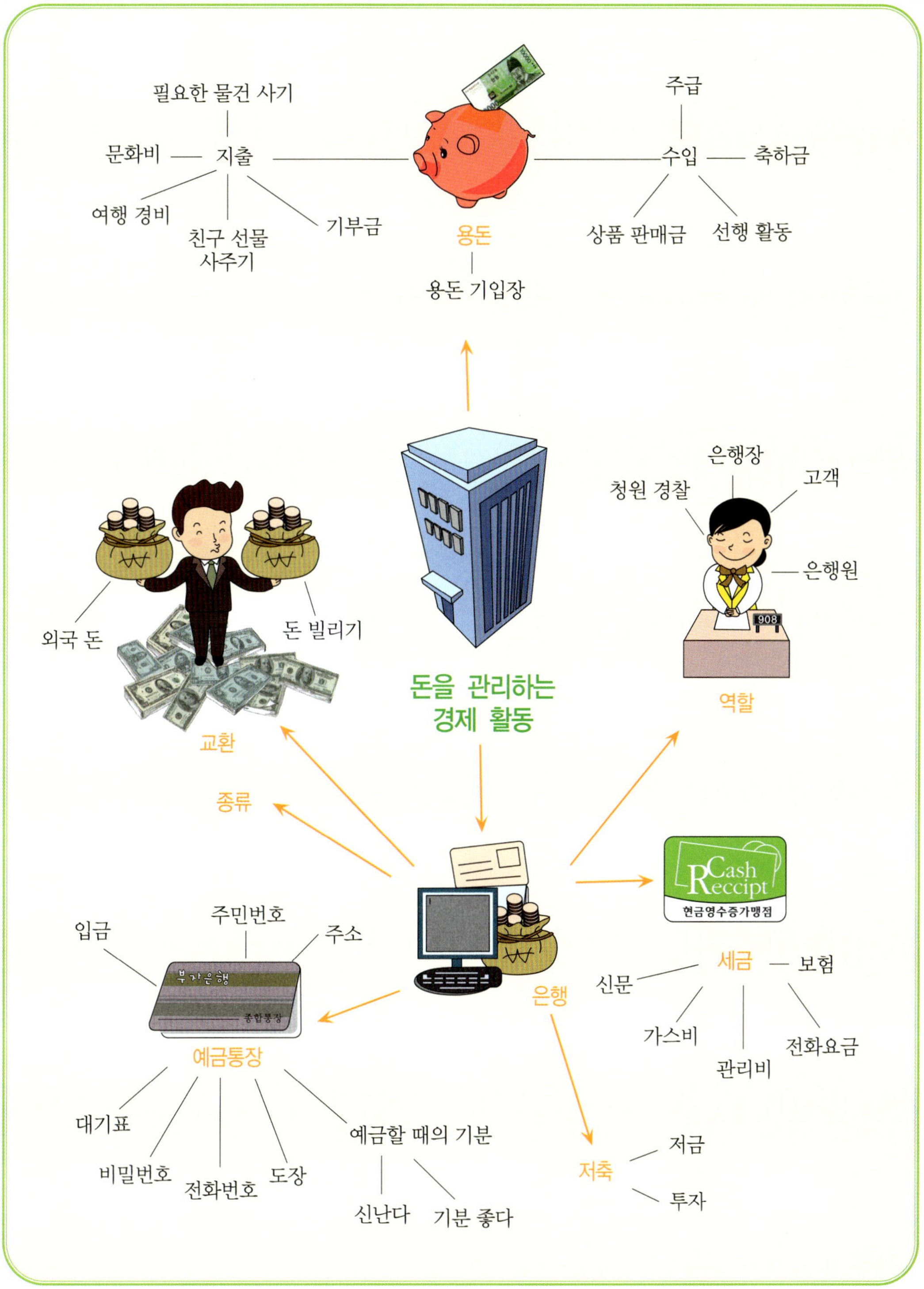

### (3) 실물경제 활동 교육계획안

'돈을 관리하는 경제 활동'의 교육적 의의는 수입원인 용돈을 어떻게 배분할 것인지, 또 수입에 의한 지출을 계획하는 경제 행위를 경험하고 돈을 관리하는 은행의 기능과 역할을 통해 저축과 투자의 관계를 아는 것이 교육 목표이다.

유치원 교육과정을 기본으로 5개 생활 영역을 균형 있게 구성하였으며 경제 신문을 활용하는 NIE 기법, 경제와 관련된 명화 분석, 경제 동화를 통해 쉽고 재미있게 경제를 이해할 수 있도록 몬테소리 교육을 접목하였다.

**이야기 나누기**

- 내 힘으로 돈을 벌 수 있는 방법은 무엇이 있는지 알아보고 계획을 세워 용돈도 벌어보고 용돈 기입장을 작성해 본다.
- 우리나라 은행의 종류를 알아보고 은행에 가면 볼 수 있는 것, 은행이 하는 일은 무엇인지 알아본다.
- 내가 사고 싶은 물건의 목록을 작성해 보고 원래 가격은 얼마이고, 지금 꼭 필요한지, 내가 CEO가 된다면 그 물건을 얼마에 팔 것인지도 계획해 본다.
- 엄마가 쓰시는 가계부와 내가 쓰는 용돈 기입장을 비교해 보고, 왜 가계부와 용돈 기입장을 쓰는지 이야기한다.
- 통장을 만들 때 필요한 것은 무엇인지 알아보고 직접 은행에 가서 통장을 만들어 본다.

**• 표 5-4-3 • 실물경제 활동 교육계획안**

| 생활주제 | 돈을 관리하는 경제 활동 | 주제 선정 기간 | 2007년 9월 3일~10월 5일 |
|---|---|---|---|
| 교육적 의의 & 목 표 | • 돈을 얻는 기쁨을 느껴보고 잘 관리하는 방법을 알아본다.<br>• 돈을 관리하는 은행의 기능과 역할을 알아보고 저축과 이자의 관계도 알아본다. | | |
| 가정 협조문 | 이번 주부터 '돈을 관리하는 방법'에 대해서 주제 전개를 진행합니다.<br>교육 내용은 수업 진행에 따라 변경될 수 있습니다.<br>• 9월 14일(금)은 ○○은행으로 견학을 갑니다. 은행이 하는 일에 대한 가정 활동 조사서를 11일까지 보내주세요. | | |

**건 강**

〈기본생활습관〉
- 부모님의 주신 용돈은 꼭 필요한 곳에만 사용해요
- 여러 사람이 모인 공공장소에서는 예절을 지켜요

〈기본 운동 능력〉
- 줄넘기
  - 옆 펼쳐 뛰기
  - 되돌려 넘기
  - 맞서서 뛰기
- 훌라후프
  - 훌라후프 한 손, 두 손으로 던지고 받기
  - 던지고 한 바퀴 돌아서 받기

**사 회**

〈토의〉
- 용돈을 벌 수 있는 방법
- 가족을 도울 수 있는 방법
- 내가 사고 싶은 물건(원래 가격, 내가 판다면, 그 가격으로 살 수 있는 물건)
- 용돈이 많으면 내가 하고 싶은 것은?
- 10년 동안 저축을 하여 많은 돈을 모은다면 그 돈으로 무엇을 하고 싶은가?
- 은행에 가면 볼 수 있는 것
- 저축은 왜 하는가? • 저축을 하면 좋은점?
- 통장에 저축한 돈 큰 수 구성
- 은행원 인터뷰
- 나를 위해, 부모님을 위해, 사회봉사를 위해, 친구를 위해 사용하는 돈

〈가정 활동 조사서〉
- 통장을 만들 때 필요한 것은?
- 은행에 돈을 왜 맡기나?
- 세금은 왜 내는가?
- 세금을 안 내면 어떻게 될까?
- 은행에서는 돈을 왜 빌려 주나? 무엇을 받나?
- 가계부 목록 작성(주식비, 부식비, 외식비)
- 회사에 돈이 없으면 왜 망할까?
- 구매 계획서 작성해 보기
- 돈을 관리하는 은행의 종류와 이자율

〈견학〉
- 은행 방문

**표 현**

〈미술 활동〉
- 은행 로고 만들기
- 은행 로고 찾아보기
- 영수증 보관함 만들기
- 저금통 만들기
- 저축 광고 포스터

〈명화〉
- 밀레-귀가 중인 양떼
- 모네-농민의 생활 (러시아 생활)
- 쿠르베-보리를 까부르는 여인들

〈역할놀이〉
- 은행놀이

〈신체 표현〉
- 청원 경찰이 되었어요

〈새노래〉
- 저금통

**언 어**

〈주제탐색〉
- 생각 모으기
- 표상활동
- 주제망
- 작은 책
- 품사

〈이야기 나누기〉
- 우리나라 은행조사
- 돈 인출하는 법
- 통장은 왜 필요한가?
- 저축은 왜 할까?
- 은행은 무슨 일을 하나?
- 우리가 돈을 벌 수 있는 방법
- 예산, 지출, 결산이란?

〈동시〉
- 돼지 저금통
- 은행가는 길
- 전자 계산기

〈동화〉
- 내게 아주 특별한 선물
- 두루미 아내
- 부자가 되고 싶은 알렉산더
- 새 옷을 샀어요

돈을 관리하는 경제 활동

**탐 구**

- 환율을 살 때와 팔 때의 가격차 (환율 조사)
- 용돈 기입해 보기

〈그래프〉
- 가계부와 용돈 기입장 벤다이어 그램
- 돼지저금통과 통장에 넣을 때의 차이점

〈관찰〉
- 가계부 관찰 • 통장 관찰

〈요리 활동〉
- 김밥
- 카나페

| 몬테소리 활동 | 일상생활 | 감 각 | 수 | 언 어 | 문 화 |
|---|---|---|---|---|---|
| | • 끼우기<br>• 등원 가방 챙기기<br>• 옮기기<br>• 정숙의 연습 A, B | • 피타고라스 카드 나열<br>• 기하 도형 카드 게임<br>• 잎의 서랍<br>• 기하도형 쌓기 | • 숫자와 바둑알<br>• 은행놀이 +, −, ×, ÷<br>• 점놀이<br>• 작은 색 비즈 주판<br>• 큰 색 비즈 주판<br>• 기하에의 도입 | • 속담, 고사성어<br>• 수수께끼<br>• 어려운 말 찾기<br>• 단어의 공부–수사 | • 생물을 위한 그림 카드 맞추기<br>• 창조의 역사(자석) |

### (4) 가정 활동 조사서

우리나라 사람들이 어렸을 때부터 돈 관리에 소홀하다보니 어른이 되어서도 과도한 신용카드 사용이 사회의 심각한 문제로 대두되고 있다. 특히 10대 '금융 채무 불이행자' 의 증가로 인해 개인의 금융 활동 및 경제 활동에 큰 제약을 받고 있으며, 우리나라의 경제 활동에도 큰 영향을 주고 있다.

유아들이 스스로 용돈 기입장의 지출 내역을 기록하다 보면 군것질의 지출이 줄어들며, 저축을 통해 통장의 이자가 불어나는 과정을 알게 된다. 즉, 어려서부터 현명하게 돈을 쓰고 관리하는 생활 습관을 키울 수 있도록 가정에서 많은 협조가 이루어져야 한다. 예를 들면, 유아에게 경제적 자립심을 주기 위해 은행에서 통장을 만드는 과정을 직접 경험해 보고 사진이나 글로써 기록을 해본다든가 부모가 쓰고 있는 가계부의 목록(예 세금, 교통비, 교육비, 식비, 세금, 의복 값 등)을 보여주면서 유아도 용돈 기입장의 기입 요령을 익혀본다.

이와 같이 주제를 진행하기 전에 가정에서 활동을 경험함으로써 유아들은 자신감을 갖고 모듬 활동과 개인 활동을 더욱 적극적으로 표현하게 된다(부록 pp.323-324 참고).

**표 5-4-4 가정 활동 조사서**

| 대주제 / 소주제 | 돈을 관리하는 경제 활동 |
|---|---|
| 은 행 | • 은행에 가면 볼 수 있는 것과 은행에서는 어떤 일을 하는지 알아보기 |
| | • 현금을 사용할 때와 카드를 사용할 때의 각각 좋은 점과 그렇지 않은 점에 대해서 알아보기 |
| | • 돈을 관리하는 은행의 종류와 카드 알아보기 |
| | • 은행을 가지 않고도 은행 일을 볼 수 있는 방법을 알아보기 |
| 용 돈 | • 내 용돈 기입장과 엄마의 가계부 벤다이어그램으로 비교해 보기 |
| | • 용돈 기입장과 가계부는 왜 쓸까? |

### (5) 모듬 활동(그룹 토의)

'돈을 관리하는 경제 활동' 중에 유아들이 궁금해 하는 부분의 전문가를 초청하거나 직접 방문하여 인터뷰를 통해 질의 · 응답하는 방식으로 유아들의 궁금증을 해결한다. 예를 들면, 은행원을 초대하기 전에 분단별로 질문할 내용을 정한다. "통장을 만들 때 필요한 것이 무엇입니까?", "왜 청원 경찰이 있어야 하나요?", "어린이 혼자 은행에 가서 돈을 맡기거나 찾을 수 있을까요?" 등의 질문지를 작성한 후 인터뷰하는 형식으로 기자 역할과 분단별 발표자를 정하여 발표하는 활동으로 전개할 수 있다(부록 pp. 334-335 참고).

**표 5-4-5 모듬 활동지**

| 대주제 / 토의주제 | 돈을 관리하는 경제 활동 |
|---|---|
| 은 행 | • 저축은 왜 하는가? |
| | • 소비를 위해, 가족을 위해, 저축을 위해, 기부를 위해 저금통 만들고 각각 얼마를 저금할 수 있을까? |
| | • 은행원에게 궁금한 것을 질문지 적어보고 인터뷰해 보기 |
| | • 은행에서 지켜야 할 예절은 무엇이 있을까? |
| | • 세금의 종류는 무엇이 있고, 세금은 왜 내는지 알아보기 |
| 용 돈 | • 내가 용돈을 벌 수 있는 방법은 무엇이 있을까? |
| | • 내가 가족을 도울 수 있는 방법은 무엇이 있을까? |

### (6) 개인 활동

주제에 따른 토의 활동을 하는 과정에서 소극적인 유아는 자신의 생각을 표현할 기회가 적다. 개인 활동은 유아 개개인이 얼마나 이해를 잘 하고 있는지, 어떤 경험을 했나를 표상 활동을 통해 유출하는 과정에서 유아의 학습 능력이나 발달 단계를 이해하는 데 도움이 된다. 예를 들면 '저금한 돈으로 무엇을 하고 싶은가?' 라고 개인 활동지를 주면 유아가 "초등학교에 갈 때 필요한 가방을 살 때 부모님께 돈으로 조금 도와 드리려고요" 하며 각자의 생각을 표현하게 된다. 또한 나만의 은행 이름을 '기쁨은행' 이라고 짓고 왜 그렇게 지었는지 물어보는 개인 활동 주제를 준다면 "돈을 저축하면 기분이 좋아지니까요" 라고 유아들 나름대로 참신한 아이디어를 이야기해 보는 경험을 통해 창의력 신장에 도움이 된다(부록 pp.345-346 참고).

**표 5-4-6 개인 활동지**

| 내용 \ 대주제 | 돈을 관리하는 경제 활동 |
|---|---|
| 은 행 | • 내가 만든 은행의 로고 만들어 보고 은행 광고해 보기 |
| | • 우리나라의 은행의 이름을 알아보기 |
| | • 자신이 만든 은행의 이름을 가지고 4행시 지어보기 |
| | • 타임캡슐-저금액의 목표를 정해 놓고 그 돈으로 무엇을 하고 싶은가? |
| 용 돈 | • 용돈을 받아 하고 싶은 일은 무엇이 있을까? |
| | • 내가 만들 저금통 디자인해 보기 |

### (7) 미술교육을 위한 흥미 영역

기하입체 전개도(원기둥, 원뿔, 사각뿔, 삼각기둥, 정육면체, 직육면체 등)를 준비하여 한국은행을 꾸며보도록 한다. 색종이로 저축용 돼지, 기부용 돼지, 소비용 돼지, 투자용 돼지를 접어서 만들 수 있도록 준비해 준다.

또 자르기, 붙이기, 접기, 반 접어 오리기, 스테이플러, 펀치, 직조 짜기, 바느질, 고리 연결하기 등을 이용하여 주제와 관련된 이미지 컷 그림과 언어 지도의 읽기, 쓰기가 되도록 개발 · 연구하였다(부록 pp.351-354 참고).

**표 5-4-7 미술 활동을 위한 흥미 영역**

| 돈을 관리하는 경제 활동(은행) | | | | | |
|---|---|---|---|---|---|
| 번 호 | 구 분 | 활동 내용 | 번 호 | 구 분 | 활동 내용 |
| 1 | 자르기 | 번호 안내판 | 6 | 직조 짜기 | 현금 지급기 |
| 2 | 붙이기 | 동전 탁본 | 7 | 종이접기 | 돼지 |
| 3 | 바느질 | 은행 창구 | 8 | 반 접어 오리기 | 통장 |
| 4 | 푸싱핀 | 컴퓨터 | 9 | 고리 연결하기 | 엽전 |
| 5 | 스테이플러 | 계산기 | 10 | 펀치 뚫기 | 전화기 |

## 가정 활동 조사서

### 은행의 종류

• 각 은행의 이름도 알아보고 은행에서 발급되는 카드의 종류도 알아보아요.

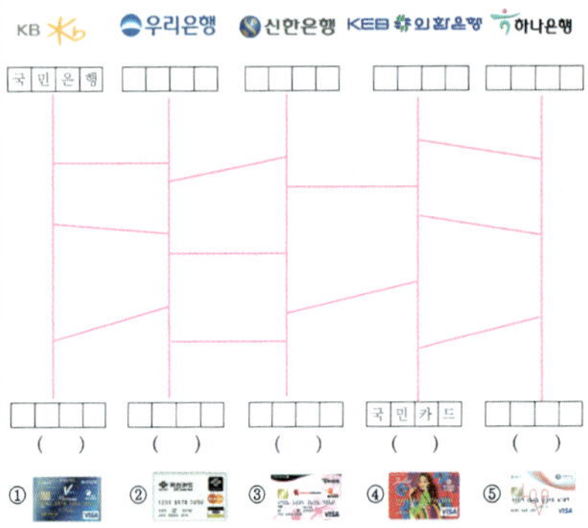


• 현금을 쓸 때와 카드를 쓸 때의 좋은 점과 불편한 점?

④

[가정 활동 조사서]

# 부자 되세요!

-돈을 관리하는 경제 활동-

노동의 대가로 얻어지는 돈!
돈을 얻는 기쁨을 느껴보고 잘 관리하는 방법도 알아본다.

__________반 이름 : __________

①

### 용돈 기입장과 가계부

• 내가 쓰는 용돈 기입장과 엄마가 쓰시는 가계부를 비교해 보고 무엇을 적는지 각각의 목록을 써보세요.

〈나의 용돈 기입장〉 〈엄마의 가계부〉

• 왜 용돈 기입장이나 가계부를 쓰는 것일까?

• 우리 집에 있는 모든 통장의 종류를 적어보고 어느 은행인지 알아보아요.

| 번호 | 통장 이름 | 은행 이름 | 무엇 때문에 만든 것인가? |
|---|---|---|---|
| | | | |
| | | | |
| | | | |
| | | | |
| | | | |

②

### 은행의 역할

• 은행이 하는 일을 미로를 따라 찾아가 보고 누가 먼저 도착하는지 알아보아요.

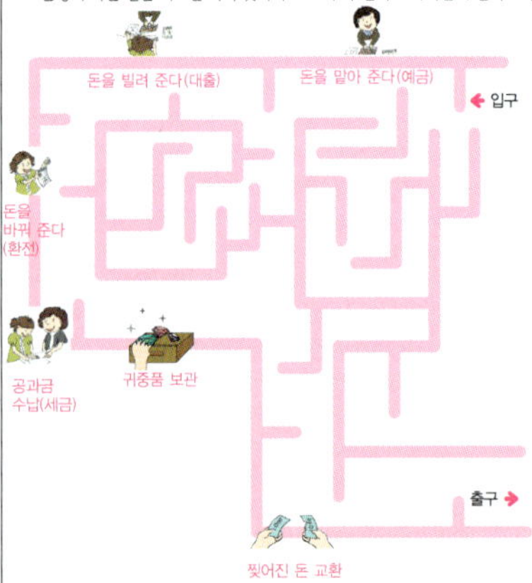


• 은행을 가지 않고도 은행 일을 볼 수 있는 방법은?

③

## 모둠지

[모둠지](돈을 관리하는 경제 활동)

| 경제 활동 | 무엇을 위해 저금을 할까요? | 날짜 | |
|---|---|---|---|
| 토의자 | | | |
| 발표자 | | 기록자 | |

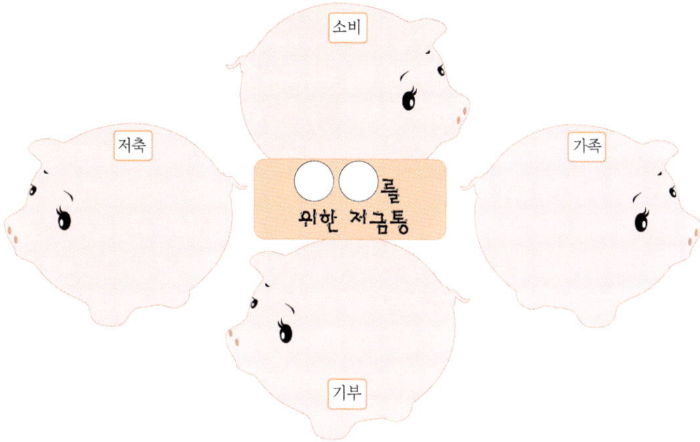


[모둠지](돈을 관리하는 경제 활동)

| 경제 활동 | 저축에 관한 표어 만들기 | 날짜 | |
|---|---|---|---|
| 토의자 | | | |
| 발표자 | | 기록자 | |

• 저축은 왜 할까?

• 통장은 왜 필요할까?

• 이자는 왜 생길까?

〈저축 표어 만들기〉

## 개인 활동지

[개인 활동지](돈을 관리하는 경제 활동)

| 경제 활동 | 은행 로고 만들기 |
|---|---|

### 우리나라 은행의 종류

KB 국민은행 IBK 기업은행 신한은행
우리은행 하나은행

• 위를 참고해서 은행의 로고와 이름을 연결하세요.

1. • — • 기업은행
2. • — • 국민은행
3. • — • 우리은행
4. • — • 하나은행
5. KB • — • 신한은행

### 〈은행 로고 만들기〉

• 통장 원 안에 재미있는 로고를 만들어 보세요.

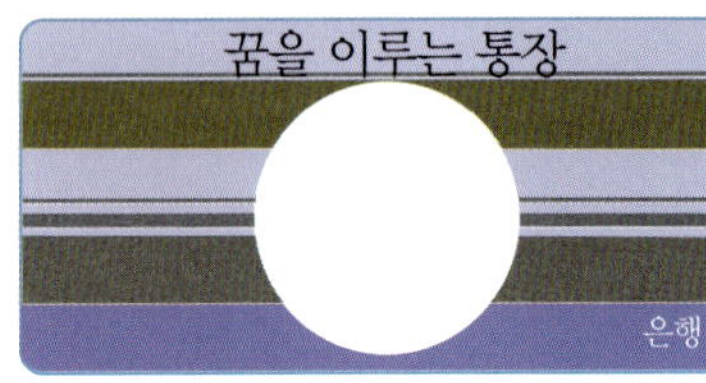


은행 이름

로고의 의미

은행 PR

| 날 짜 | | 반 | | 이름 | |
|---|---|---|---|---|---|

[개인 활동지](돈을 관리하는 경제 활동)

| 경제 활동 | 차곡차곡 돈이 모여요. |
|---|---|

• 주사위를 던져서 통장에 저축을 해보세요. 통장에는 1,000원이 입금되어 있습니다. 입금 또는 출금되는 금액을 오른쪽 계산기에 적어보고 엄마와 함께 계산기로 계산해 보세요.

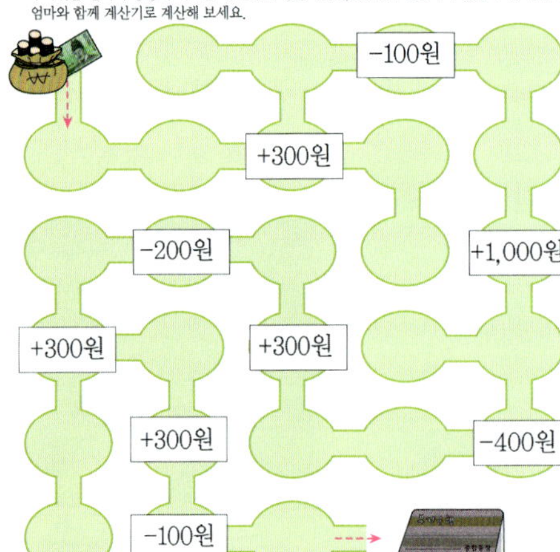


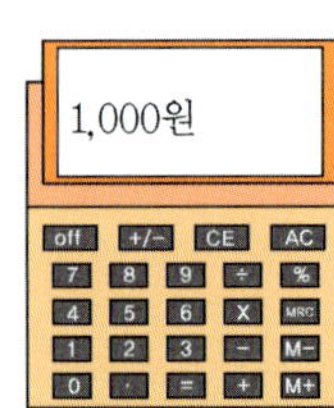


총 입금액: [          ] 원

| 날 짜 | | 반 | | 이름 | |
|---|---|---|---|---|---|

## 미술교육을 위한 흥미 영역

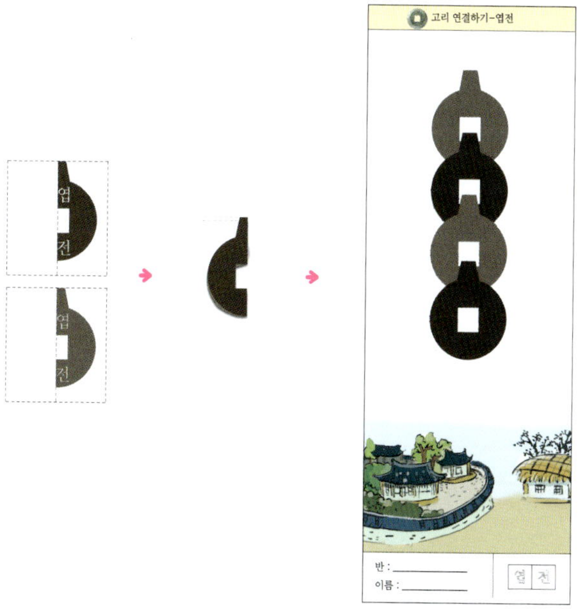

## 가족과 함께 하는 우리집 경제 신문

우리집 경제 구호

**_________네 경제신문**

일 시 : 년 월 일
참여자 :
기록자 :

우리집에 새로 사온 물건을 소개합니다.

우리 가족이 절약할 수 있어요.

저축한 종류를 써보세요.

싸게 산 물건을 보여드릴게요

우리 가족이 할 수 있는 봉사 활동은?

| 우리 동네 좋은 상점을 소개합니다 | 우리 가족은 어떻게 돈을 벌 수 있을까? | 한 달 동안의 우리 가족의 외식 비용과 내용 |
|---|---|---|
| | | |

## (8) 유아 활동 사진

오늘 아이스크림을 사 먹었으니까 얼마가 남았을까?

돼지야, 내가 주는 돈 많이 먹어

통장을 만들려면 무엇이 필요할까?

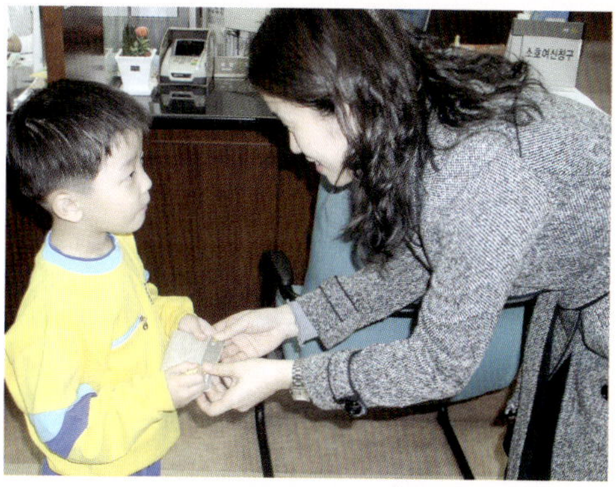
드디어 내 이름의 통장이 생겼어요

엄마가 통장이 생긴 기념의 축하 편지를 써주셨어요

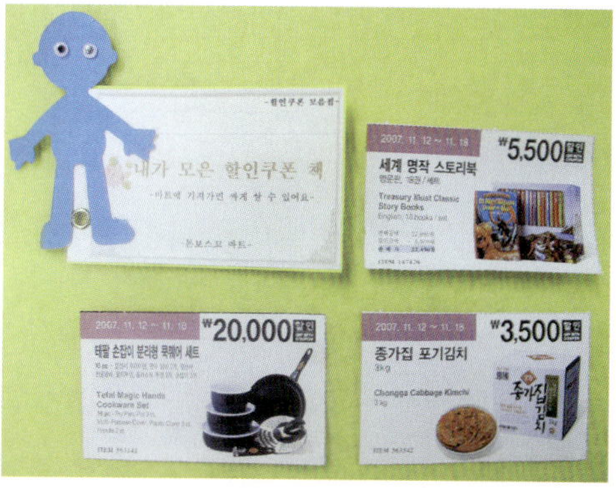

할인쿠폰을 마트에 가져가면 싸게 살 수 있어요

### (9) 경제 교구 활동 놀이

유아들이 은행과 용돈이라는 개념을 보다 친숙하게 느끼고, 돈은 벌고 쓰는 것만이 중요한 것이 아니라 관리하는 것이 더 중요하다는 것을 교구 활동을 통해 몸으로 습득하고 경험할 수 있도록 유치원 교육과정과 몬테소리 교육과정을 기초로 교구를 개발하였다.

**표 5-4-8 경제 교구**

| 번 호 | 경제 교구 | 생활 영역 | 몬테소리 영역 | 비 고 |
|---|---|---|---|---|
| 1 | 우리나라 은행의 상징 | 사회 · 언어생활 | 언어 영역 | p.221 |
| 2 | 경제 품사 놀이 | 언어생활 | 언어 영역 | p.222 |
| 3 | 사랑의 저금통을 채워요 | 사회 · 탐구생활 | 일상 · 수 영역 | p.223 |
| 4 | 복돼지 저금통에 얼마를 넣을까? | 탐구생활 | 일상 · 수 영역 | p.224 |
| 5 | 통장을 만들 때 필요해요 | 언어생활 | 언어 영역 | p.225 |
| 6 | 줄다리기-은행 앞으로! | 탐구생활 | 감각 · 수 영역 | p.226 |
| 7 | 나도 멋진 친구랍니다 | 탐구생활 | 수 영역 | p.227 |
| 8 | 티끌 모아 태산 | 탐구생활 | 수 영역 | p.228 |
| 9 | 뻥뻥~ 출발합시다 | 사회 · 탐구생활 | 수 · 언어 영역 | p.229 |
| 10 | 우리 동네가 보여요 | 사회 · 탐구생활 | 감각 · 언어 영역 | p.230 |
| 11 | 은행에서의 하루 | 언어생활 | 언어 영역 | p.231 |

# 교구 1 우리나라 은행의 상징

**대상연령** 만 4, 5세 **경제개념** 돈을 관리하는 경제 활동

**몬테소리 사전활동** 품사 상징 마크(언어 영역)

**생활영역** 사회 · 언어생활

**활동목표** 우리나라 여러 은행의 이름과 그 은행을 상징하는 마크에 대해서 관심을 갖는다.

**활동자료** 활동판, 은행 마크 카드, 말 1개, 자석 6개

**활동방법**

1. 각 은행의 상징을 맞춰 놓는다.
2. 출발에서 시작하며 미로를 따라간다.
3. 미로를 따라가면서 나오는 은행 이름을 이야기하고 은행 상징을 갖고 온다.
4. 6번까지 진행하며 요술 램프까지 오면 미로 찾기의 완성이 된다.

## 교구 2 경제 품사 놀이

**대상연령** 만 5세 **경제개념** 돈을 관리하는 경제 활동

**몬테소리 사전활동** 품사의 역할(언어 영역)

**생활영역** 언어생활

**활동목표** 명사, 동사, 형용사의 역할을 이해하며, 어휘의 깊이를 이해한다.

**활동자료** 품사(명사, 동사, 형용사) 기본책자, 그림칩, 작은 책

**활동방법**

**〈명사, 동사〉**

1. 작은 책의 그림을 보고 문장을 읽는다.
2. 각 품사의 활동판에 그림칩과 문장을 붙여 완성한다.
3. 명사, 동사에는 각각 품사 마크를 표시해 두어 유아가 인지할 수 있게 한다.
4. 품사 작은 책을 결과물로 남긴다.

**〈형용사〉**

1. 경제 품사 책(형용사)에서 형용사가 문장 속의 어디에 있는지 찾아본다.
2. 제시된 문장을 보면서 그림칩과 글자를 붙인다.

## 교구 3 사랑의 저금통을 채워요

**대상연령** 만 3, 4, 5세 **경제개념** 돈을 관리하는 경제 활동

**몬테소리 사전활동** 비즈의 소개(수 영역), 소근육 운동(일상 영역)

**생활영역** 사회 · 탐구생활

**활동목표**

- 나, 부모, 불쌍한 사람, 친구를 위해 할 수 있는 일이 무엇이 있는지 이야기해 보고 사랑의 저금통에 저금을 한다.
- 남을 위한 저축을 할 때에 사랑과 기부의 기쁨을 경험한다.

**활동자료** 저금통 4개, 삼각주사위(그림 4종류), 100원 동전(2,000원)

**활동방법**

1. 2명의 유아가 저금통을 2개씩 나누어 갖는다.
2. 100원짜리 동전을 20개 준비한다.
3. 주사위의 그림을 탐색한다(나, 부모, 봉사 마크, 통장 등).
4. 주사위를 던져서 자기가 갖고 있는 저금통에 해당하는 그림이 나오면 100원을 넣는다. 만약 친구의 것이 나오면 친구 저금통에 넣고 받은 친구는 "고마워"라고 말한다.
5. 20개의 동전이 모두 없어지면 게임이 끝난다.
6. 누가 더 많은 돈을 저금했는지 알아본다.

## 교구 4 복돼지 저금통에 얼마를 넣을까?

**대상연령** 만 4, 5세 **경제개념** 돈을 관리하는 경제 활동

**몬테소리 사전활동** 비즈의 소개(수 영역), 소근육 운동(일상 영역)

**생활영역** 탐구생활

**활동목표**

- 저금통에 써 있는 수만큼 100원짜리 동전을 넣는다.
- 은행놀이의 필수 개념인 수와 양의 일치를 실물 화폐로 경험한다.

**활동자료** 복돼지 저금통 9개(100~900까지의 숫자), 100원짜리 동전 45개

**활동방법**

1. 돼지 저금통을 순서대로 나열한다.
2. 숫자만큼의 동전을 주머니에서 꺼내어 복돼지 저금통에 넣는다.
3. 주머니 안에는 100원짜리가 45개가 들어 있어 모든 복돼지에 동전이 알맞게 들어가면 남은 동전이 없으므로 스스로 정정이 된다.
4. 돼지 저금통에 넣은 동전을 꺼내어 다시 주머니에 정리하여 넣을 때 45개의 동전수를 확인한다.

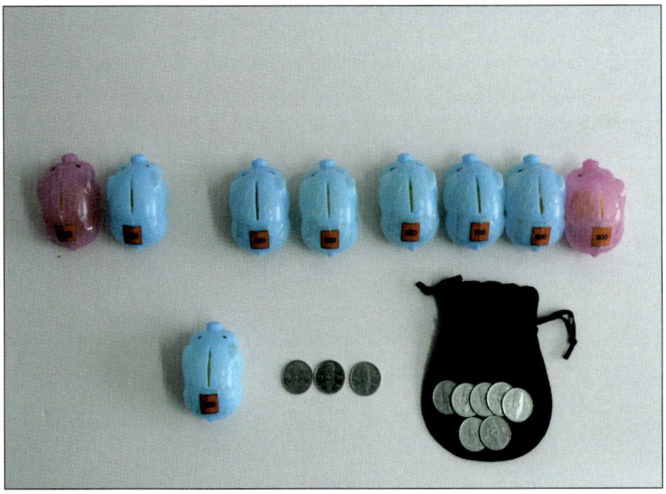

## 교구 5 통장을 만들 때 필요해요

**대상연령** 만 3, 4세 **경제개념** 돈을 관리하는 경제 활동

**몬테소리 사전활동** 물건 이름(언어 영역)

**생활영역** 언어생활

**활동목표**

- 게임을 통해 경제와 관련된 용어들을 탐색하고 경험한다.
- 통장 개설시 필요한 것들을 알 수 있다.

**활동자료** 돌림판, 개인 게임판, 글자칩(통장, 지폐, 친구, 도장)

**활동방법**

1. 통장을 개설할 때 필요한 것에 대해 이야기 나누기를 한다.
2. 돌림판 글자를 탐색하고 칩의 색깔에 맞추어 돌림판에 음절을 붙인다.
3. 돌림판을 돌려 양쪽 화살표가 지정한 단어를 조합한다.
4. 조합한 단어에 맞는 그림에 글자를 붙인다.
5. 게임판에 많은 글자를 모은 유아가 이긴다.

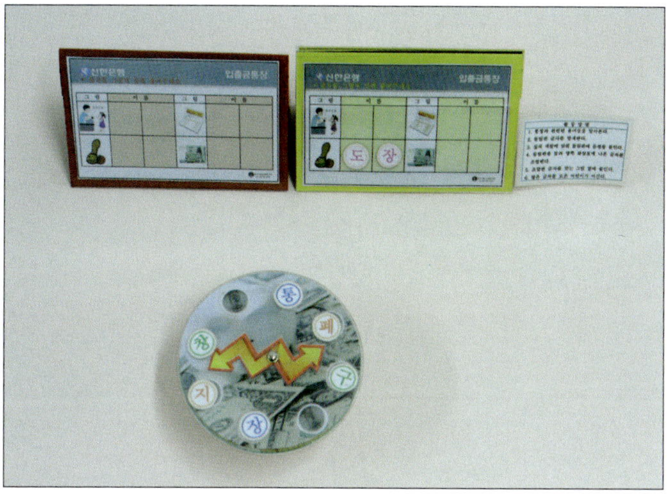

## 교구 6 줄다리기-은행 앞으로!

**대상연령** 만 5세 **경제개념** 돈을 관리하는 경제 활동

**몬테소리 사전활동** 색판 3(감각 영역), 덧셈의 암산판(수 영역)

**생활영역** 탐구생활

**활동목표**

- 가감(+, −)의 개념을 이해한다.
- 각 은행을 상징하는 마크를 시각적으로 경험한다.

**활동자료** 활동판, 주사위, 말, 지폐(천원 권 3장)

**활동방법**

1. 활동판을 탐색한 후 주사위를 던지는 순서를 정한다.
2. 주사위의 숫자를 보고 이동한다(예 앞으로 2칸, 뒤로 1칸).
3. 먼저 은행에 도착하는 사람이 천원(모형)을 갖는다(도착점은 7).
4. 세 번의 활동 중 두 번을 먼저 도착한 사람이 이긴다.

## 교구 7 나도 멋진 친구랍니다

**대상연령** 만 4, 5세 **경제개념** 돈을 관리하는 경제 활동

**몬테소리 사전활동** 은행놀이(수 영역)

**생활영역** 탐구생활

**활동목표**

- 용돈을 마련하기 위해 내가 할 수 있는 일을 알아본다.
- 용돈 기입장에 기록하는 방법을 이해한다.

**활동자료** 용돈 기록장, 행동 그림칩, 복주머니, 번호표 기계, 비즈, 계산기

**활동방법**

1. 용돈 기입장을 탐색하고 순서를 정한다.
2. 번호표 기계를 돌려 번호를 뽑는다.
3. 복주머니에서 번호에 맞는 행동 그림칩을 꺼낸다.
4. 행동 그림칩에 나온 금액만큼 용돈 기록판에 기록한다.
5. 용돈 기입장에 합계 금액만큼 비즈를 놓아본다(계산기 사용). 전부 다 기록한 후 누가 더 많은 비즈를 가지고 있는지 계산해 본다.

## 교구 8 티끌 모아 태산

**대상연령** 만 4, 5세 **경제개념** 돈을 관리하는 경제 활동

**몬테소리 사전활동** 뱀놀이(+, −) (수 영역)

**생활영역** 탐구생활

**활동목표** 용돈의 의미와 용돈을 벌 수 있는 방법은 무엇이 있는지 이야기해 보고 저축의 즐거움을 안다.

**활동자료** 게임판, 로또 기계, 동전(100원, 500원), 돼지 저금통, 그림칩, 말 2

**활동방법**

1. 용돈을 벌 수 있는 방법은 무엇이 있는지 알아본다.
2. 칩을 게임판에 임의대로 붙인다.
3. 로또 기계를 돌려 나온 구슬의 숫자를 확인하고 숫자만큼 전진한다.
4. 해당되는 그림이 적절한 행동인 경우에는 금액에 맞는 용돈을 받아 자신의 돼지 저금통에 넣고, 적절하지 못한 행동인 경우에는 자신의 돼지 저금통에서 용돈을 빼서 다른 통에 넣는다.
5. 마지막 자신의 돼지 저금통에 남은 금액이 많은 유아가 이긴다.

교구 9

# 뿡뿡~ 출발합시다

**대상연령** 만 5세 **경제개념** 돈을 관리하는 경제 활동

**몬테소리 사전활동** 작은 색비즈 주판 (수 영역), 어휘의 확충(언어 영역)

**생활영역** 사회 · 탐구생활

**활동목표**

- 제1금융과 제2금융을 게임을 통해서 알아본다.
- 어떤 길로 올 때 돈을 적게 사용할 수 있을지 스스로 계획하며 놀이한다.

**활동자료** 게임판, 돈(지폐, 동전), 말, 계산기, 작은 책

**활동방법**

1. 작은 책을 읽어보면서 제1금융과 2금융, 3금융 기관에 대해 알아본다.
2. 각 표지판 위에 준비된 돈을 자유롭게 둡는다.
3. 1~8번까지의 모든 곳을 거쳐서 다시 제자리에 올 수 있는 다양한 방법을 모두 찾아보고, 어느 길로 왔을 때 가장 돈을 적게 사용하여 도착할 수 있는지 미리 계획하여 보고 계산해 본다.

교구 10

# 우리 동네가 보여요

**대상연령** 만 4, 5세 **경제개념** 돈을 관리하는 경제 활동

**몬테소리 사전활동** 색판 2(감각), 어휘의 확충(언어)

**생활영역** 사회 · 탐구생활

**활동목표**

- 우리 동네의 각 기관에 대해서 알아본다.
- 위, 아래, 좌, 우 등 방향 감각과 위치에 대해서 경험한다.

**활동자료** 작은 책, 게임판, 말, 기관 그림, 색연필, 자석 2개

**활동방법**

❶ '출발' 부분에서 시작하여 작은 책의 지시문을 보고 말을 위, 아래, 좌, 우 등으로 옮긴다.
❷ 작은 책의 지시에 따라 마지막 도착한 곳이 어디인지 알아본다.
❸ 중간에 윗어른들과 우리 동네를 위해 애쓰시는 분들이 나오면 인사를 한다.

# 교구 11 은행에서의 하루

**대상연령** 만 4, 5세 **경제개념** 돈을 관리하는 경제 활동

**몬테소리 사전활동** 품사-접속사(언어 영역)

**생활영역** 언어생활

**활동목표** 접속사의 역할과 이치가 어디인지 알고 문장의 독해력을 기른다.

**활동자료** 접속사 기본판, 접속사칩

**활동방법**

1. '은행에서의 하루' 이야기를 그림과 함께 읽는다.
2. 이야기가 이어지면서 앞 · 뒤 문장의 적절한 접속사를 찾아 연결한다.

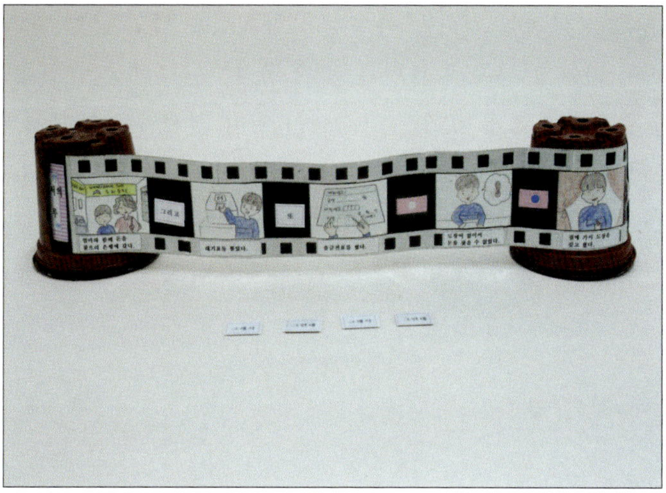

# 5 돈을 쓰는 경제 활동

모든 경제 활동은 소비를 궁극적인 목표로 한다. 그래서 '돈을 어떻게 벌 것인가?'에 앞서서 더욱 중요한 것은 '돈을 어떻게 쓸 것인가?'이다. 예부터 "티끌 모아 태산이다", "음식을 버리면 벌 받는다" 등의 검소한 생활을 장려하는 속담이나 격언을 들으며 자랐지만, 돈을 쓰는 방법을 교육하는 것은 귀로 들려주어서 해결될 문제가 아니다.

'소비 · 절약'은 습관이다. 행동주의 심리학에서 보면 습관이란 조건화 과정으로 설명하고, 정신분석학에서는 습관이란 어떤 행동의 고착을 의미한다. 두 학파에서 주장하는 습관 형성은 어릴수록 용이하다고 한다. 즉, 합리적 소비 태도의 습관화는 어릴 적에 더 잘 이루어지며, 그런 행동을 자꾸 반복하도록 유도하면서 그러한 행동을 통해서 정서적 만족감을 느끼도록 지도해야 한다.

금전 관리를 효과적으로 잘 하는 것은 무조건 안 쓰는 것이라는 사고 방식은 잘못된 것이다. 그러므로 금전이 지니는 특수성과 한계성을 알고 금전 관리 방법과 지식 등을 익히며 직접 다루고 사용해 보도록 해야 한다.

소비의 핵심 주체가 빠르게 바뀌는 사회에서 소비 결정권을 가정의 자녀들이 가계 소비를 좌지우지하는 세상으로 바뀌고 말았다. 또 핵가족화와 여성의 사회 진출, 저출산화 등으로 일부 기업에서는 청소년 소비를 겨냥한 마케팅 전략이 쏟아지면서 청소년들을 혼란시키는 제품과 광고 때문에 올바른 소비 교육이 혼란을 겪고 있는 실정이다.

## (1) 지 출

### 1 소비자 교육의 필요성

현대 사회에서 어린 소비자들은 경제적 풍요로 인하여 자유재량 소비액과 소비 욕구가 증대되어 스스로 소비 욕구를 통제하기 어려우며, 대중매체의 광고에 대해서 자기방어 능력이 부족하다. 또 소비자 역할에 대한 준비가 되어 있지 못하며 소비자 능력을 향상시킬 수 있는 소비자 교육의 기회가 충분하지 못하다.

소비자 교육이란 용어는 1924년 미국의 Henry Harap의 저서 「소비자 교육」에서 처음 사용되었으며, 1975년 미국의 포드 대통령은 다섯 번째 소비자 권리로서 '소비자 교육을 받을 권리'를 첨가했다.

소비자 교육의 필요성의 이유는 다섯 가지로 들 수 있다(이기숙 외, 1998).

① 세상일을 모두 돈으로 해결하려는 어른들의 생각을 자녀들에게도 적용하기 때문이다. ② 생활이 윤택해지고 저출산으로 자녀들의 욕구를 충족시켜주기 위해 소비 형태가 커졌기 때문이다. ③ TV, 신문 등에서 유혹하는 광고들이 소비를 조장한다. ④ 어린이를 위한 각종 행사와 대회들이 백화점이나 재벌 기업들의 소비성 상품을 판매하기 위한 판촉 수단의 일환인 경우가 대부분이다. ⑤ 물건에 경품을 걸거나, 끼워 파는 물건을 시리즈별로 만들어서 팔기 때문에 모두 사서 모아야 한다는 착각에 빠지기 때문이다.

그러므로 소비자 교육은 젊은이들로 하여금 의문이나 주저함조차 없이 기존의 것을 그대로 받아들이는 가치 판단의 수동적인 수용자가 되지 않고 스스로 평가하고 의사결정할 수 있도록 대비시키게 할 뿐만 아니라 창의성, 자기 신뢰적 자질을 함양시켜 준다.

아무리 어린 연령의 소비자일지라고 그들이 소비하고 사용하는 물건의 종류와 양은 매우 많다. 그러나 우리나라에서는 유아를 대상으로 소비자 교육이나 연구는 거의 찾아보기 힘든 실정이다.

소비자 교육은 유아의 소비에 대한 가치 체계를 발전시키고 합리적인 의사결정 능력을 키우기 위하여 필요하며, 미래의 소비자로서 현명한 소비를 할 수 있도록 하기 위해 꼭 필요하다. 즉, 합리적이고 올바른 의사결정을 할 수 있는 소비자 교육의 목적을 가장 효율적으로 달성하기 위해서는 유아기의 소비자 교육은 꼭 필요하다.

## 2 소비자 교육의 목적

합리적이란 말은 사전에 '논리적으로 필연성에 들어맞아 이치에 맞는다'라는 뜻이며, 합리적인 소비란 최소의 비용으로 최대의 만족을 얻도록 소비하는 것이다. 소비는 선택과 사용을 포함하는데, 합리적 선택과 합리적 사용까지를 의미하는 것이다. 즉, 합리적인 소비를 위해서는 우리가 소유하고 있는 자원을 파악하고 활용하는 하는 것이 중요하며, 소비는 개인 소유의 자원 또는 가족 구성원들의 자원에 따라 선택되어야 한다. 무조건적이고 획일적인 소비는 개인의 삶이나 가족의 삶의 질을 낮출 수도 있기 때문에 소비자의 특성에 따라 체계적이며 지속적인 교육이 필요하다.

소비의 형태에도 여러 가지가 있다. 부의 축적 결과를 과시하려는 과시형 소비(으스대기형), 특정 연예인을 따라하기나 외국 잡지를 모방하기로 모방형 소비(따라하기형), 소비의 절제와 기록화가 뒷받침되지 않은 충동형 소비(기분내기형), 경제의 불확실성이 가중될수록 과잉소비(사재기형)가 유형으로 나타내고 있다(천규승, 2006).

소비자 교육이란 소비자 자원을 관리하는 데 필요한 지식과 기술을 얻고, 소비자의 결정에 효과를 미치는 요소에 영향을 주기 위해 행동을 취하는 과정이다. 즉, 소비 교육은 소비자 자신이 소비자로서의 지위와 역할, 권리와 책임을 자각하고 합리적인 소비생활을 영위하도록 하는 데 있다.

'돈을 쓰는 경제 활동' 에서는 소비, 절약을 기초로 용돈을 모은 돈으로 ① 졸업여행 가기, ② 물건 사기, ③ 광고 살펴보기, ④ 절약 및 환경 보호의 내용으로 접근하고자 한다.

### 3 월별 소비절약 실천 기록장

Garman과 Forgue는 청소년을 비롯한 자녀들에게 용돈 감각을 개발시켜 바른 소비 행동을 할 수 있는 기초적인 지도 방안을 다음과 같이 제시하고 있다.

첫째, 돈을 벌 수 있는 기회를 주어야 한다. 둘째, 자신의 돈을 쓸 수 있도록 자율권을 제공해야 한다. 셋째, 보다 복합적인 금전 관리를 하게 함으로써 돈에 대한 책임감을 갖게 하는 것이다. 넷째, 실패할 자유를 허용해야 한다. 다섯째, 가족의 경제 상태에 대하여 자녀들과 이야기한다. 만약 이러한 기회가 제공되지 않으면 자녀들은 부모에게 경제적으로 의존할 수 있다는 기대를 가지고 성장할 것이다(하용선, 2005).

자녀가 합리적인 소비 행동을 하기 위한 부모들의 용돈 관리 형태를 보면, 용돈의 액수는 부모가 현재 가정의 재정 상황을 자녀에게 납득시킨 후 필요한 용돈의 액수를 결정하도록 하며, 고정적이고 정기적으로 지급하는 것이 효과적이다. 또한 용돈 지급 대가로 가사를 분담시킬 때에는 부모는 자녀의 능력에 맞추어 자녀들 간에 부당하다는 감정이 없는 범위 내에서 분담시키는 것이 바람직하다. 또 용돈을 사용한 후에는 점검을 해주는 것이 필수적이지만 지나친 간섭은 오히려 역효과를 불러온다.

'돈을 쓰는 경제 활동' 에는 노동과 생산을 통해서 뿐 아니라 제한된 자원을 소비,

절약하는 방법도 있음을 경험해야 할 것이다. 선진국의 예를 들면 “독일 사람들은 성냥불 하나도 다섯 명 이상 모여야 켠다”는 말이 있다. 또 학교 교과서는 후배에게 물려주고 그 책의 뒷장에는 지난번 책을 사용했던 학생의 이름이 적혀있고, 가전제품이나 옷 등도 유행에 뒤처졌다고 버리지 않고 재활용을 한다. 미국 사람들은 슈퍼마켓에서 물건을 살 때는 ‘할인쿠폰’을 이용하고 갖고 싶은 물건은 ‘세일기간’까지 기다렸다가 산다. 일본 사람들은 한 번 받은 목욕물로 집안 식구들이 목욕을 한다.

이와 같이 선진국으로 잘 살게 된 것은 아끼고 또 아낄 줄 알기 때문이다. 따라서 매월 원에서 절약 활동을 할 수 있는 것들을 유아들과 생각을 나누고 결정하여 실천하도록 목표를 세우고 기록장에 기록한다. 이렇게 한 달 동안 실천한 활동이 어느 정도 시행됐는지 유아들과 평가한다.

가정에서도 마찬가지로 가족과 함께 생각하여 어떤 것을 절약할 수 있을지 발표하고 매달 절약 목표를 세워서 실행하고 평가하고 매달 원으로 제출하여 확인받도록 한다. 매달 실천한 것을 발표하도록 하고 어떤 내용인지 알아본다.

**표 5-5-1 월별 소비 절약 실천 내용**

| 유아들이 원에서 실천한 내용 | 가정에서 실천한 내용 |
|---|---|
| 1. 종이, 색종이, 프린트물을 아껴 쓴다. | 1. 세수할 때 물을 대야에 받아서 쓴다. |
| 2. 점심 시간에 음식을 남기지 않는다. | 2. 몽당연필을 볼펜대에 끼워 쓴다. |
| 3. 색연필을 부러뜨리지 않는다. | 3. 우유팩 헹군 물로 화초에 물을 준다. |
| 4. 물은 먹을 만큼만 컵에 따른다. | 4. 화장지를 아껴 쓴다. |
| 5. 손을 씻을 때 대야에 받아서 씻는다. | 5. 군것질을 조금만 한다. |
| 6. 강당이나 바깥놀이 때 교실 전기를 끈다. | 6. 컴퓨터 용지를 아껴 쓴다. |
| 7. 정한 만큼 휴지를 사용한다. | 7. 음식물을 남기지 않는다. |
| 8. 양치질할 때 물을 컵에 받아서 쓴다. | 8. 잔돈을 모은다. |
| 9. 활동지에는 이름을 꼭 쓴다. | 9. 안 쓰던 물건을 재활용한다. |
| 10. 컴퓨터 시간을 정해서 사용한다. | 10. 세탁기는 한꺼번에 모아서 사용한다. |
| | 11. 난방비를 아낀다(실내 온도 낮추기). |
| | 12. 샴푸, 린스는 리필 제품을 사용한다. |
| | 13. 냉장고 문은 자주 열지 않는다. |
| | 14. 에어컨 대신 선풍기를 사용한다. |
| | 15. 옷이나 신발을 물려받는다. |
| | 16. 전화, 휴대폰은 용건만 간단히 한다. |

●표 5-5-2● 가정에서의 소비 절약 활동표

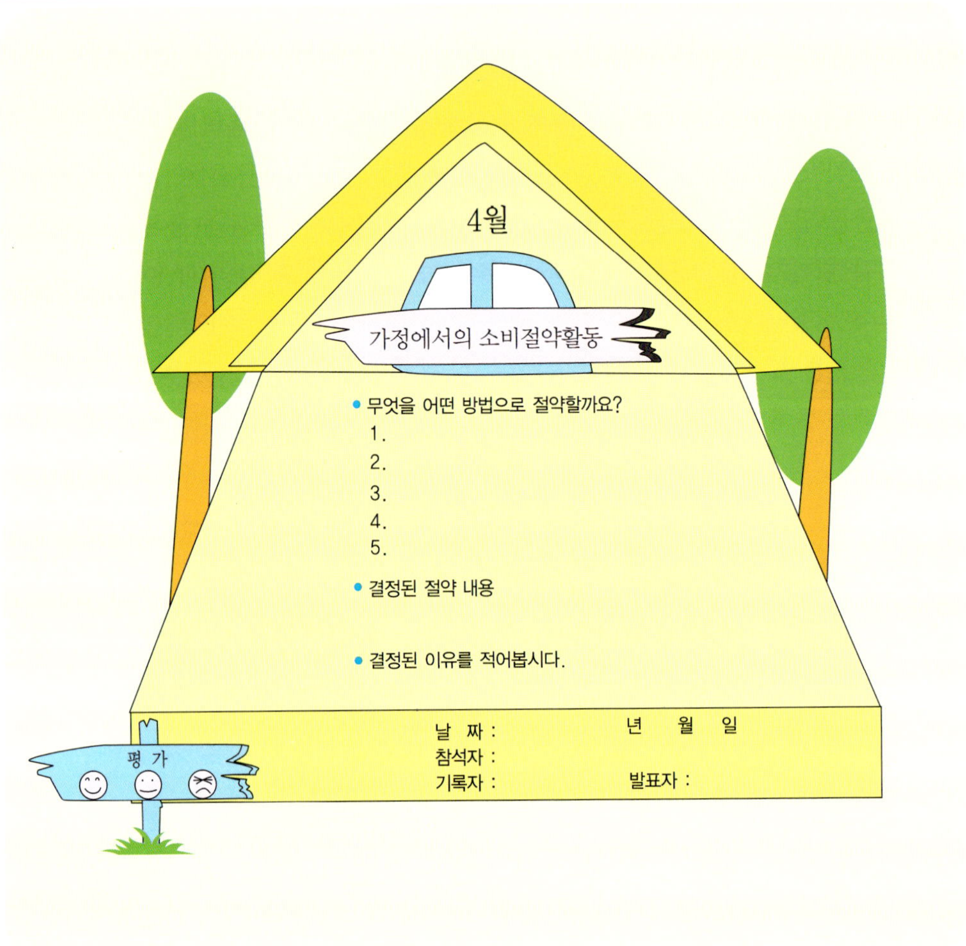


(2) 주제망

소비를 하되 물건에 대한 예의를 지키는 물건 아껴 쓰기의 절약과, 쓸 수 있는 물건은 고쳐서 다시 쓰는 재활용 활동을 하여 환경보호도 도입하는 자세가 필요하다.

공든 탑은 순식간에 무너질 수 있다. 소비를 부추기는 광고를 보고 소비에 대한 감정 통제 능력의 부족으로 소비중독에 걸릴 수도 있으므로 '돈을 버는 것' 보다 짜임새 있게 '돈을 바르게 쓰는' 생활 습관이야말로 경제 교육의 초석이 될 수 있다.

'돈을 쓰는 경제 활동' 은 소비 활동으로 물건 사기, 절약하기, 재활용하기, 졸업여행 계획하기 등으로 주제망을 구성하였다.

● 표 5-5-3 ● 돈을 쓰는 경제 활동 주제망

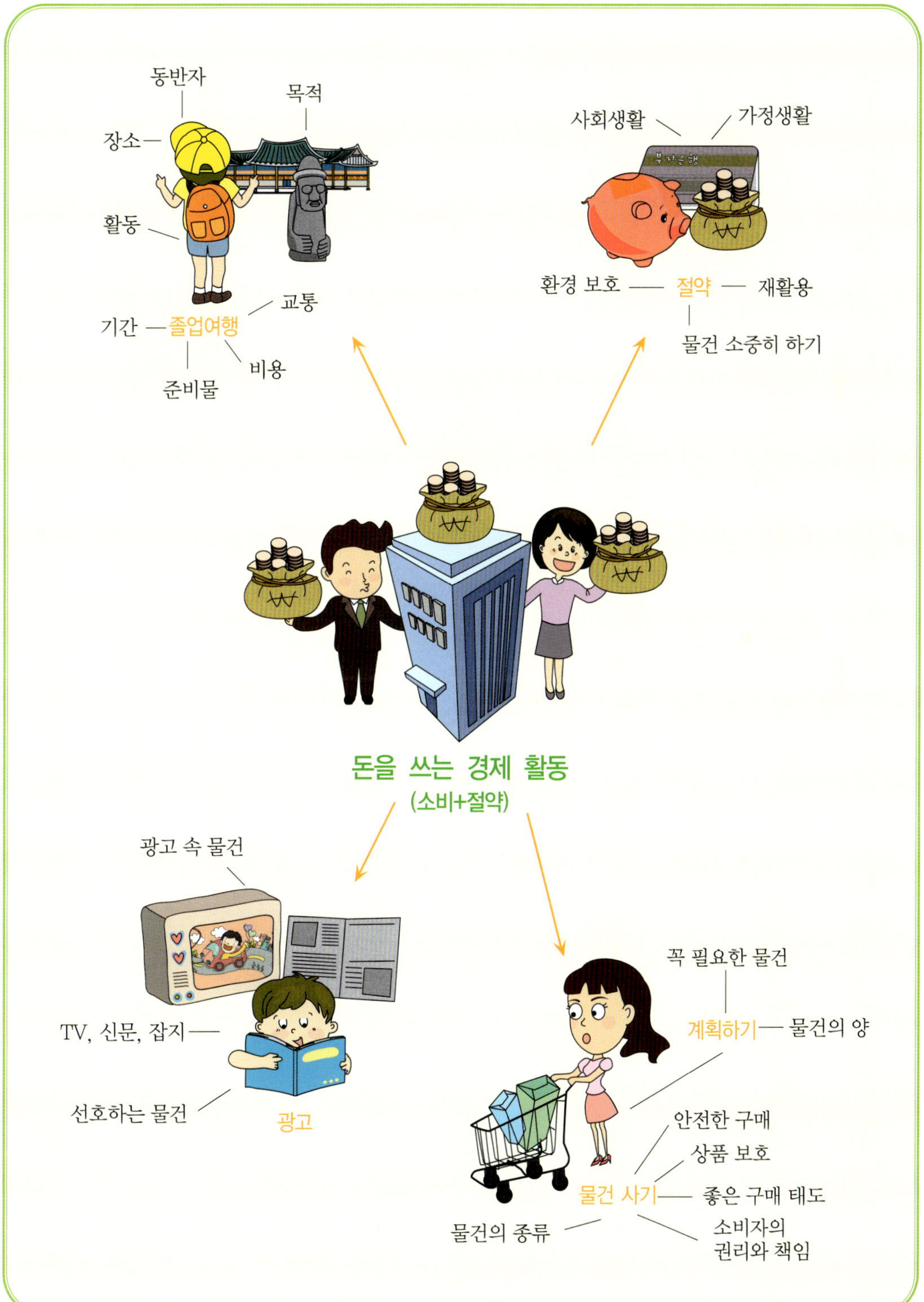

### (3) 실물경제 활동 교육계획안

'돈을 쓰는 경제 활동(소비+절약)'의 교육적 의의와 목표는 계획적인 소비를 통해 합리적인 경제생활을 몸에 익히고, 돈으로 할 수 있는 경제 활동을 알아보고 효율적인 소비생활의 방법을 알아가는 것이다. 또한 새로운 물건을 사는 것보다 가지고 있는 물건을 아껴 쓰는 것이 바른 경제생활이라는 것을 경험하는 데 목적을 두고 있다.

**이야기 나누기**

- 가까운 대형마트와 재래시장을 견학하고 공통점과 차이점을 이야기한다.
- 교사는 여러 종류의 광고 전단지를 모아 보여주면서 광고 전단지는 왜 필요한지 이야기한다.
- 물건을 사러가기 전에 준비해야 할 것은 무엇이 있는지 알아보고 목록을 작성해 본다.
- 물건을 아껴 쓰는 방법은 어떤 것이 있는지 알아보고 이야기해 본다.
- 우리 주변에서 재활용할 수 있는 것은 무엇이 있는지 찾아보고 어떻게 더 좋은 물건으로 탄생할 수 있는지 아이디어를 내본다.
- 무엇을 선전하는 광고인지를 알아보고, 같은 광고를 텔레비전과 라디오, 신문, 잡지, 전단지, 홈쇼핑에서 광고할 때 무엇이 어떻게 다른지 차이점도 알아본다.

**●표 5-5-4● 실물경제 활동 교육계획안**

| 생 활 주 제 | 돈을 쓰는 경제 활동<br>(소비+절약) | 주제 선정 기간 | 2007년 10월 8일 ~11월 9일 |
|---|---|---|---|
| 교육적 의의<br>& 목 표 | • 계획적인 소비를 통해 합리적인 경제생활을 몸에 익힌다.<br>• 돈으로 할 수 있는 경제 활동을 알아보고 효율적인 소비생활을 경험한다.<br>• 새로운 물건을 사는 것보다 가지고 있는 물건을 아껴 쓰는 것이 바른 경제생활임을 경험한다. | | |
| 가정협조문 | 이번 주는 7세 유아들이 부여로 졸업여행을 갑니다.<br>일시: 2007년 10월 18일~10월 19일(목~금)<br>준비물은 가정통신문으로 자세하게 알려드리겠습니다. | | |

### 건 강

〈기본생활습관〉
- 물건을 살 때와 팔 때의 예절
- 여러 사람이 함께 사용하는 곳에서 지켜야 할 약속을 지켜요.
- 외국인들에게 친절하게 우리의 문화를 알려주어요.
- 여행지에서의 지켜야 할 예절과 협동심을 배워요.
- 일상생활의 습관에서 소비 절약의 방법을 배워요.

〈기본 운동 능력〉
- 줄넘기
  - –되돌려 뛰기
  - –엇걸었다 풀어 뛰기
- 훌라후프
  - –훌라후프 굴리며 따라 달리기
  - –손목, 팔 등으로 훌라후프 돌리기

### 언 어

〈주제탐색〉
- 주제망
- 표상 활동–시장, 마트, 슈퍼, 백화점

〈이야기 나누기〉
- 물건의 가격은 누가 정하나?
- 아나바다 운동 • 청구서의 종류
- 시장에 가면 –도 있고
- 소비란 무엇인가?
- 광고는 왜 하는가?
- 환경을 보호하려면?
- 생산자, 소비자, 판매자가 하는 일
- 운송수단 (육, 해, 공)
- 졸업여행 계획세우기

〈동시〉
- 빵 세 개 • 엄마의 장바구니
- 시장을 가면서

〈동화〉
- 고물 자전거 • 마법 침대
- 쓰레기 소탕 대작전
- 안나의 빨간 외투

### 사 회

〈토의〉
- 시장이 궁금해요–시장의 구성 • 시장 이름 짓기
- 물건을 사고 팔 때 필요한 것
- 마트에서 물건 구입하기 • 경제 구호 지어보기
- 어느 가게에서 팔까? • 가장 기억에 남는 광고
- 미래 시장의 모습 • 말풍선 – 광고 패러디
- 물 부족의 이유, 재해, 방어책
- 우리가 절약할 수 있는 방법(개인과 가족)
- 같은 물건을 신문, 잡지, TV에서 어떻게 광고하나?
- 여행할 때 필요한 것, 무엇을 타고 갈까?
- 여행 경비는 어떻게 마련할까?
- 에너지를 절약해야 하는 이유
- A회사와 B회사의 광고 비교(똑같은 물건)

〈가정 활동 조사서〉
- 세일은 왜 하는가? • 세계의 쇼핑 도시
- 재활용한 것은 어떻게 다시 사용하나?
- 물건의 가격은 왜 다른가?
- 내가 쓰고 있는 물건(필요한 물건과 그렇지 않은 물건)
- 우리 집에서 가장 비싼 물건과 싼 물건 조사
- 물건 구입 계획서 • 영수증 작성
- 2,000원을 가지고 할 수 있는 일(물건)
- 대신할 수 있는 물건 찾아보기
- A/S란 무엇인가? • 우리 가족 여행 경비 산출

〈견학〉
- 대형마트, 재래시장 견학
- 부여 졸업여행

### 표 현

〈미술 활동〉
- 폐식용유로 재생비누 만들기
- 수세미 만들기(원통)
- 시장 가게 꾸미기
- 컬러믹스로 내가 좋아하는 과일 만들기
- 상품 전단지 꾸미기
- 광고 포스터 작성

〈명화〉
- 밀레–이삭줍기
- 모네–포플라
- 사르뎅–장을 보아온 여인

〈역할놀이〉
- 광고 모델 되어보기
- 마트 놀이

〈게임〉
- 심부름 게임–전달 게임
- 1,000원으로 살 수 있는 만큼 담아오기

〈새노래〉
- 시장에 가면 • 시장잔치

### 탐 구

- 물건 가격만큼 비즈 도장 찍기
- 버스, 지하철, 공중전화, 택시비 등 공공요금 조사
- 소등 캠페인

〈그래프〉
- 재래시장과 백화점 벤다이어그램
- 만약 만원을 길에서 주었다면 어떻게 할 것인가?
- 무슨 광고를 보고 물건을 살까? 통계 활동(TV, 신문, 잡지, 전단지, 홈쇼핑 등)

〈관찰〉
- 전단지 관찰 • 영수증 관찰
- 청구서 관찰

〈요리 활동〉
- 고구마 맛탕
- 고구마 샐러드

**돈을 쓰는 경제 활동**
**(소비+절약)**

| | 일상생활 | 감 각 | 수 | 언 어 | 문 화 |
|---|---|---|---|---|---|
| 몬테소리활동 | • 집어넣기, 분류하기<br>• 눌러 따르기<br>• 캔 걸고 떼기<br>• 세탁<br>• 감사의 말 사용 | • 분홍탑<br>• 색원기둥<br>• 색판<br>• 기하 입체 바구니<br>• 미각병<br>• 후각통 | • +의 뱀놀이<br>• +의 계산판과 틀림의 정정<br>• 덧셈의 암산판 1, 2, 3, 4<br>• −의 계산판과 틀림의 정정, 암산판 1, 2<br>• 분수 | • 음절 놀이<br>• 이동 24음<br>• 품사의 역할 − 동사 | • 지구의 역사 (물, 흙, 공기)<br>• 사진 홀더<br>• 나의 여행 계획<br>• 그 밖의 지리 활동 |

(4) 가정 활동 조사서

부모의 소비문화는 곧 바로 미래의 경제인이 될 유아에게 많은 영향을 준다. 충동적인 소비자에서 계획적이고 합리적인 소비자가 되기 위해 어려서부터 부모의 올바른 소비 자세를 배우며, 절약하고 재활용하여 부족한 자원을 해결하는 경제 시민이 되도록 가정에서 협조해야 할 것이다. 예를 들면, 마트에 갈 때 구매할 물품을 미리 적어 본다든지, 구입 시 상품명과 가격을 비교하는 경험을 통해 'A는 B보다 500원이 더 싸다, 비싸다' 라는 가격 비교의 개념이 형성되는 것을 알 수 있다. 또 세일 기간을 맞추어서 물건을 싸게 산다든가 승용차보다는 지하철을 이용하는 것이 돈이 절약된다는 것을 유아와 같이 경험해 본다(부록 pp.325-326 참고).

**표 5-5-5 가정 활동 조사서**

| 대주제 / 소주제 | 돈을 쓰는 경제 활동 |
|---|---|
| 물건 사기 | • 내가 쓰고 있는 물건 중 꼭 필요한 물건과 그렇지 않은 물건 조사해 보기 |
| | • 물건을 구입하기 전에 계획서를 작성해 보고 구입한 후 무엇이 달라졌는지 알아보기 |
| 광 고 | • 물건의 A/S는 왜 해주는지 알아보기 |
| | • 가장 기억에 남는 광고는 무엇을 파는 광고인지 그림으로 그려보고, 광고 문구를 새로이 작성해 보기 |
| 절 약 | • 공중전화, 우표, 버스, 지하철, 택시비 등 공공 요금 조사해 보기 |
| | • 분리수거, 재활용 마크 표시를 확인해 보고 어떻게 분리수거하는 것이 올바르게 하는 것인지 가족들끼리 토의해 보기 |
| 여 행 | • 우리 가족의 여행 경비 중 교통비만 산출해 보기 |

### (5) 모듬 활동(그룹 토의)

토의 활동은 지식 위주의 교육에서 얻기 힘든 정의적 측면 즉, 자기표현력, 탈자기 중심화, 집단에 대한 긍정적인 태도 형성에 도움을 준다. 또 올바른 어휘의 사용, 언어 구사력, 문법에 맞는 문자의 사용, 논리적인 표현력 등을 배울 수 있는 활동이다. 예를 들면, 소비 절약 캠페인 구호 및 표어 만들기 활동(예 소비 절약을 하면 부자가 된다, 물 한 방울이 돈이다, 소비 절약을 하면 경제박사가 된다 등), 생각 모으기 활동(예 만약에 물이 없다면 어떤 불편한 일이 생길까?) 등을 분단별로 토의해 보고, 토의한 내용을 논리적으로 표현하는 경험을 갖는다(부록 pp.336-337 참고).

**표 5-5-6 모듬 활동지**

| 대주제 / 토의주제 | 돈을 쓰는 경제 활동 |
|---|---|
| 물건 사기 | • 2,000원의 돈을 가지고 살 수 있는 물건은 무엇이 있는지 조사해 보기 |
| | • A 물건을 대체할 수 있는 물건은 무엇이 있는지 알아보고, A의 물건 가격과 대체된 물건의 가격을 알아보기 |
| | • 24시간 편의점은 왜 있을까? 또 무엇을 팔고 있을지 토의해 보기 |
| | • 대형마트 전개도 그리기 |
| 광 고 | • A회사와 B회사가 같은 물건을 가지고 어떻게 광고를 하는가? 같은 점과 다른 점을 찾아보기 |
| | • 만약에 길에서 만원을 주었다면 어떻게 할지를 토의해 보기 |
| 절 약 | • 우리 반에서 전화요금을 제일 많이 내는 가정을 조사해 보고 통계 그래프 작성해 보기 |
| | • 소비 절약 캠페인 표어 만들기 |
| | • 물 부족의 원인과 어떻게 하면 아껴 쓸 수 있는지 방법을 이야기해 보기 |
| 여 행 | • 졸업여행의 궁금한 점과 필요한 것을 준비해 보기 |
| | • 여행을 가서 머물 수 있는 방법을 알아보기 |
| | • 졸업여행을 가서 가족들에게 선물해 주고 싶은 물건은 무엇인가? |

### (6) 개인 활동

내가 필요한 물건을 사기 위해 무엇을 이용하면 정보를 얻을 수 있는지에 대해 알아본다. 특히 유아들에게 인기 있는 광고를 조사해 보고, 광고를 패러디하는 활동을 통해 유아가 직접 광고의 모델이 되어 보기도 하고, 광고의 문구도 자기가 직접 작성할 수 있도록 개인 활동지를 준비해 준다.

또 졸업여행을 가기 위해 필요한 준비물을 알아보는 개인 활동지도 해보고, 또 광고 전단지 작은 책 만들기 등으로 올바른 소비 활동을 경험할 수 있도록 도와준다(부록 pp.347-348 참고).

**표 5-5-7 개인 활동지**

| 대주제 / 내용 | 돈을 쓰는 경제 활동 |
|---|---|
| 물건 사기 | • 명화 '장을 보아온 여인'의 그림에 있는 장바구니를 보고, 그 장바구니 안에 무엇을 담고 싶은지 이야기해 보기 |
| | • 가족들과 놀이공원에 가서 어디에 돈을 사용했는지 알아보기 |
| 광 고 | • 우리나라의 물건을 비싸게 팔 수 있는 방법 |
| | • 유아들에게 인기 있는 광고를 조사해 보고, 광고를 패러디해 보고 말풍선을 이용해 새로운 광고문고 작성해 보기 |
| 절 약 | • 동생에게 물려주고 싶은 물건과 내가 동생일 때 형에게 물려받은 물건은 무엇이었는지 조사해 보기 |
| 여 행 | • 졸업여행 갈 때 필요한 준비물은 무엇이 있는지 알아보기 |

### (7) 미술교육을 위한 흥미 영역

다양한 재료와 재활용품을 이용하여 주제와 관련지어 준비하였고, 여러 가지 조형 놀이를 쉽고 재미있게 할 수 있도록 배려해 준다. 예를 들면, 붙이기의 재료도 헝겊, 털실, 나뭇잎, 곡식 등의 다양한 소재로 활용할 수 있게 준비해 주고, 방법은 소재에 따라 풀, 본드, 테이프, 스티커 등 여러 방법을 경험함으로써 주제에 대해 흥미를 높일 수가 있다.

또 언어에서 쓰고 읽기에 도움이 되도록 그림을 보고 카 트 라고 음절로 써 볼 수 있도록 연구 · 개발하였다(부록 pp.351-354 참고).

표 5-5-8 미술 활동을 위한 흥미 영역

| 돈을 쓰는 경제 활동(지출) | | | | | |
|---|---|---|---|---|---|
| 번호 | 구 분 | 활동내용 | 번호 | 구 분 | 활동 내용 |
| 1 | 자르기 | 우유팩 | 6 | 직조 짜기 | 카트 |
| 2 | 붙이기 | 신용카드 | 7 | 종이접기 | 시장 바구니 |
| 3 | 바느질 | 휴지 | 8 | 반 접어 오리기 | 저울 |
| 4 | 푸싱핀 | 영수증 | 9 | 고리 연결하기 | 기차(졸업여행) |
| 5 | 스테이플러 | 텔레비전(광고) | 10 | 펀치 뚫기 | 가게 차양 |

## 가정 활동 조사서

**여행**

• 우리 가족이 세계여행을 가려고 합니다. 어느 대륙으로 여행을 가고 싶나요? 지도에 ♥ 표시해 보세요.

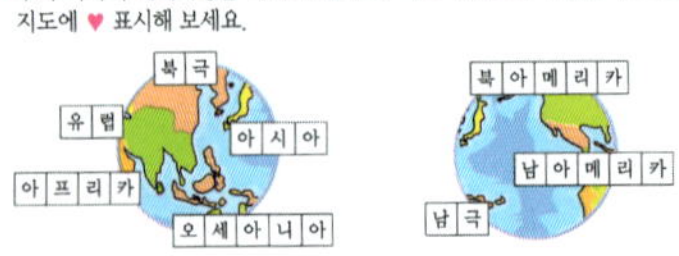


| 대륙 이름 | 대륙의 색 | 나라 이름 | 수도 이름 | 대표적 풍물 |
|---|---|---|---|---|
| | | | | |
| ( ) | ( ) | ( ) | ( ) | ( ) |

__________________ 까지 가는 데 항공료 구매 비용

항공사 :

어떻게 알아 보았나?

| 가족 | 항공료 가격 |
|---|---|
| 아버지 | |
| 어머니 | |
| 나 | |
| 언니(오빠) | |
| 누나(형) | |
| 동생 | |
| 합계 | |

• 왜 아버지 항공료와 내 항공료가 차이가 날까?

④

[가정 활동 조사서]

# 합리적인 소비생활

-돈을 쓰는 경제 활동-

돈으로 할 수 있는 경제 활동을 알아보고, 계획적인 소비를 통해 합리적인 경제생활을 몸에 익힌다.

__________반 이름 : __________

①

**계획하기**

• 내가 우리 집에서 쓰고 있는 물건을 모두 조사해 보아요.

| 꼭 필요한 물건 | 꼭 필요하지 않은 물건 |
|---|---|
| | |

〈물건 구입 계획서〉 엄마와 장에 가기 전에 꼭 필요한 물건 구입 계획서를 작성해 보고, 구매 후 무엇이 어떻게 달라졌는지 비교해 보아요.

〈구매 전 목록 작성〉

| | |
|---|---|
| | |
| | |
| | |
| 합계 | |

〈구매 후 목록 작성〉

| | |
|---|---|
| | |
| | |
| | |
| 합계 | |

• 구매 전과 구매 후 달라진 점은?

• 왜 구매 계획서를 작성해야 하나?

②

**공공비용**

• 우리가 사용하는 공공요금을 조사해 보아요.

우표 ________원

공중전화 ________원

버스 ________원

지하철 ________원

택시 ________원

〈빠른 길 찾기〉 멋진 성이 있는 곳에서 출발하여 빨간 깃발들이 있는 곳을 지나서 다시 성으로 돌아오기까지의 방법은 모두 몇 가지일까요?

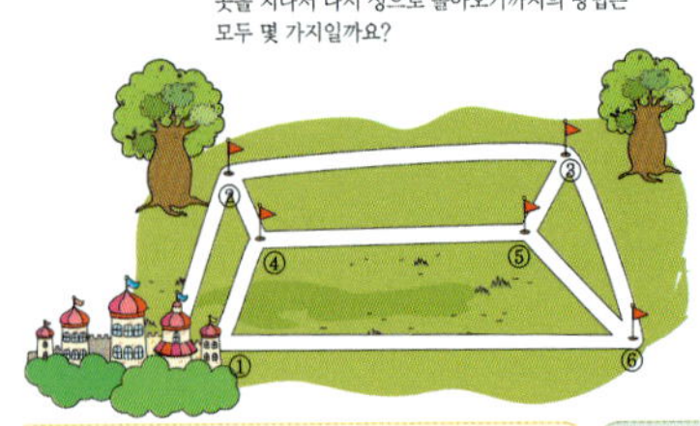


방법의 순서를 써 보세요. (예) 1→2→4→5→3→6→1)

〈몇 가지 방법?〉

③

## 모둠지

[모둠지](돈을 쓰는 경제 활동)

| 경제 활동 | 물 부족 이유와 바른 사용 | 날짜 | |
|---|---|---|---|
| 토의자 | | | |
| 발표자 | | 기록자 | |

[모둠지](돈을 쓰는 경제 활동)

| 경제 활동 | 졸업여행에서 가족에게 사 주고 싶은 선물은? | 날짜 | |
|---|---|---|---|
| 토의자 | | | |
| 발표자 | | 기록자 | |

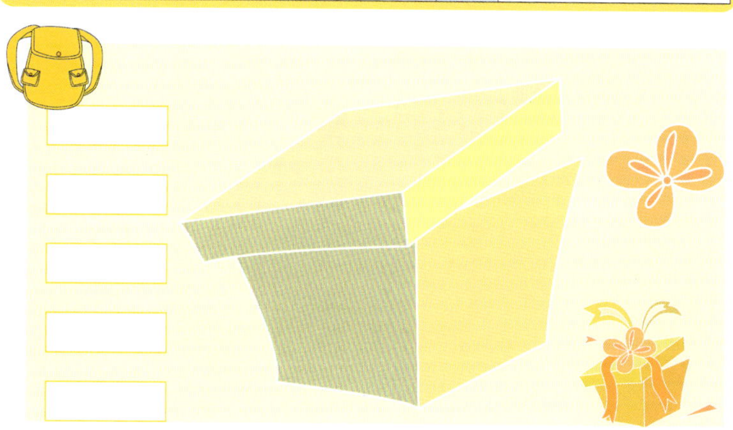

## 개인 활동지

[개인 활동지](돈을 쓰는 경제 활동)

| 경제 활동 | 내가 만든 멋진 광고 |
|---|---|

나논야 맛있는 케이크 모델

맛있는 케이크 나라

제품명 :

가격 :

케이크 P. R :

| 날 짜 | | 반 | | 이름 | |
|---|---|---|---|---|---|

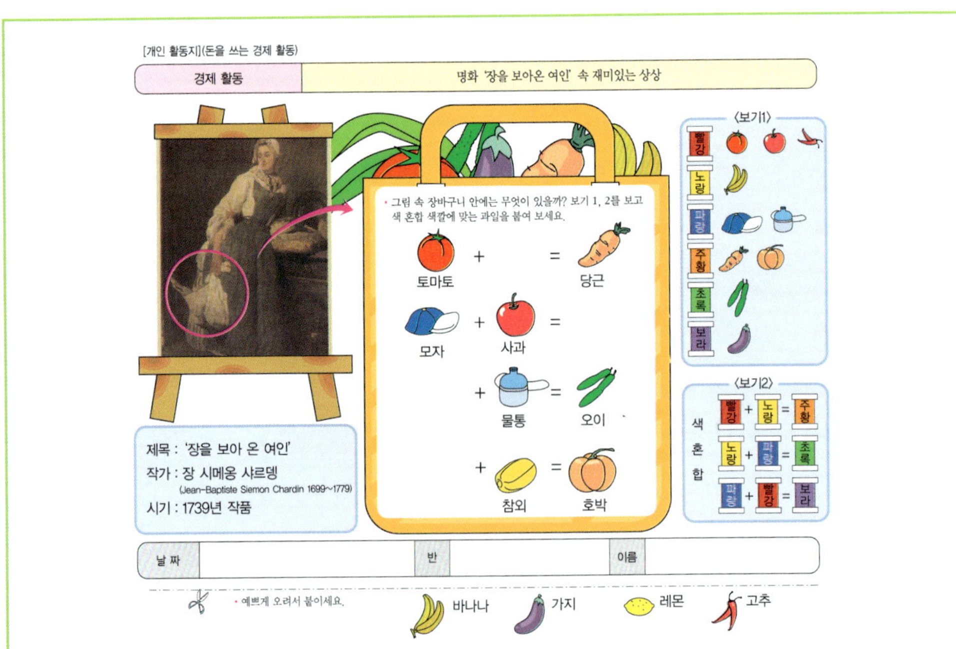
[개인 활동지](돈을 쓰는 경제 활동)

| 경제 활동 | 명화 '장을 보아온 여인' 속 재미있는 상상 |
|---|---|

제목 : '장을 보아 온 여인'
작가 : 장 시메옹 샤르뎅
(Jean-Baptiste Siemon Chardin 1699~1779)
시기 : 1739년 작품

• 그림 속 장바구니 안에는 무엇이 있을까? 보기 1, 2를 보고 색 혼합 색깔에 맞는 과일을 붙여 보세요.

토마토 + = 당근
모자 + 사과 =
+ 물통 = 오이
+ 참외 = 호박

〈보기1〉
빨강 / 노랑 / 파랑 / 주황 / 초록 / 보라

〈보기2〉
색 혼합
빨강 + 노랑 = 주황
노랑 + 파랑 = 초록
파랑 + 빨강 = 보라

| 날 짜 | | 반 | | 이름 | |
|---|---|---|---|---|---|

• 예쁘게 오려서 붙이세요.

바나나 가지 레몬 고추

## 미술교육을 위한 흥미 영역

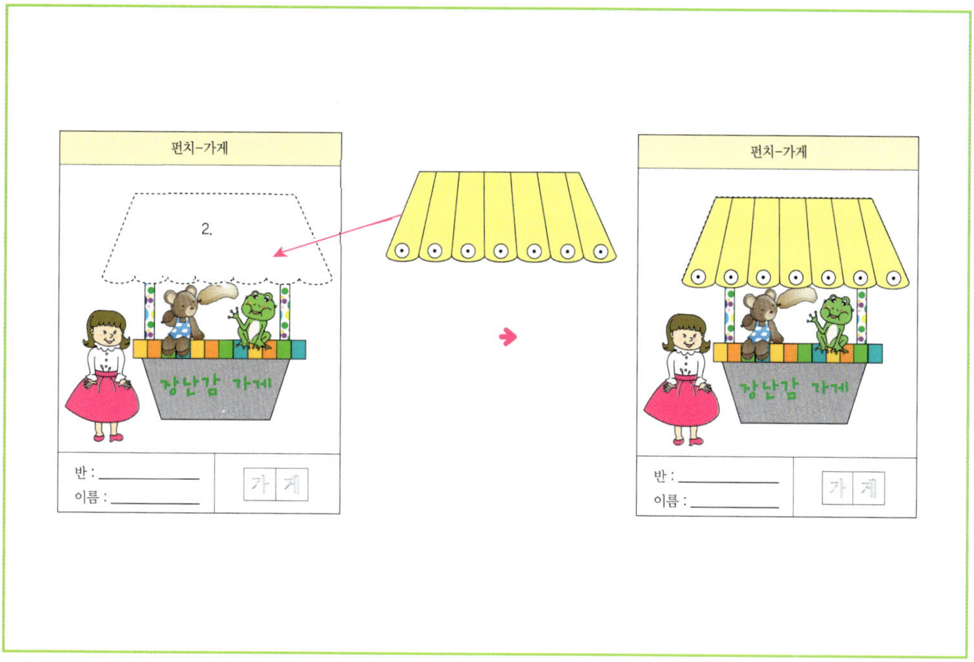


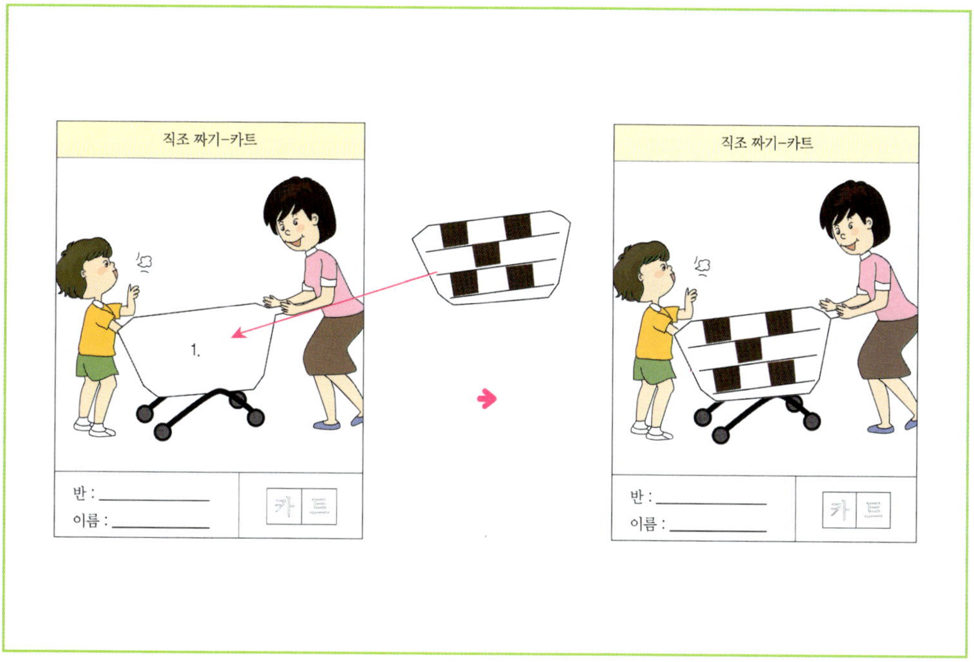

### (8) 유아 활동 사진

슈우웅~ 이것은 무슨 소리?
우리가 타는 KTX 지나가는 소리예요

졸업여행의 추억을 많이 만들어야지

친구랑 같이 자니까 잠이 더 잘 오네!

내가 가진 돈은 3,000원!
나에게 꼭 필요한 물건을 사야지!

이것은 얼마일까? 물건 값을 내고 있어요

광고 전단지를 보면 물건의 가격이 보여요

### (9) 경제 교구 활동 놀이

'돈을 버는 것' 만큼 중요한 것이 얼마나 계획적으로 돈을 올바르게 사용했나를 경험하는 것이다. 몬테소리의 5개 영역의 내용을 '돈을 쓰는 경제 활동' 의 주제와 관련하여 교구 활동을 전개하였다.

**표 5-5-9 경제 교구**

| 번 호 | 경 제 교 구 | 생 활 영 역 | 몬테소리 영역 | 비 고 |
|---|---|---|---|---|
| 1 | 물이 깨끗해지는 과정 | 탐구생활 | 문화 영역 | p.250 |
| 2 | 분리수거 덧셈놀이 | 탐구생활 | 수 영역 | p.251 |
| 3 | 환경 보호 퍼즐 | 탐구생활 | 일상 · 감각 영역 | p.252 |
| 4 | 재활용 패턴놀이 | 사회 · 탐구생활 | 감각 · 문화 영역 | p.253 |
| 5 | 한별 백화점 | 사회 · 언어생활 | 일상 · 언어 영역 | p.254 |
| 6 | 동전 우표놀이 | 탐구생활 | 수 영역 | p.255 |
| 7 | 꽃가게 나눗셈놀이 | 탐구생활 | 수 영역 | p.256 |
| 8 | 소비 절약 | 언어생활 | 언어 영역 | p.257 |
| 9 | 맛있게 먹어요 | 건강 · 사회 · 탐구생활 | 일상 · 수 영역 | p.258 |
| 10 | 돈보스꼬 마트(얼마일까요?) | 탐구생활 | 수 영역 | p.259 |
| 11 | 동물을 사 주세요 | 탐구 · 언어생활 | 언어 영역 | p.260 |
| 12 | 핸드폰 고리를 알맞게 걸어주세요 | 탐구생활 | 일상 · 수 영역 | p.261 |
| 13 | 만화로 보는 속담풀이 | 언어생활 | 언어 영역 | p.262 |
| 14 | 시장놀이 | 건강 · 언어생활 | 일상 · 언어 영역 | p.263 |
| 15 | 가게놀이 | 사회생활 | 수 영역 | p.264 |

## 교구 1 물이 깨끗해지는 과정

**대상연령** 만 4, 5세 **경제개념** 돈을 쓰는 경제 활동

**몬테소리 사전활동** 물, 공기, 흙(문화 영역)

**생활영역** 탐구생활

**활동목표** 우리 생활에 꼭 필요한 물이 깨끗해지기 위해서는 많은 양의 물이 필요함을 알고 물을 아껴 쓰는 방법에 대해 관심을 갖는다.

**활동자료** 게임판, 주사위, 말 2개

**활동방법**

1. 교구 탐색 후 '출발' 에서 시작 주사위의 수만큼 앞으로 진행한다.
2. 물이 깨끗해지는 과정을 따라 진행하다가 지시문이 나오면 이에 따라 말을 옮긴다.
3. 먼저 도착하는 유아가 이긴다.

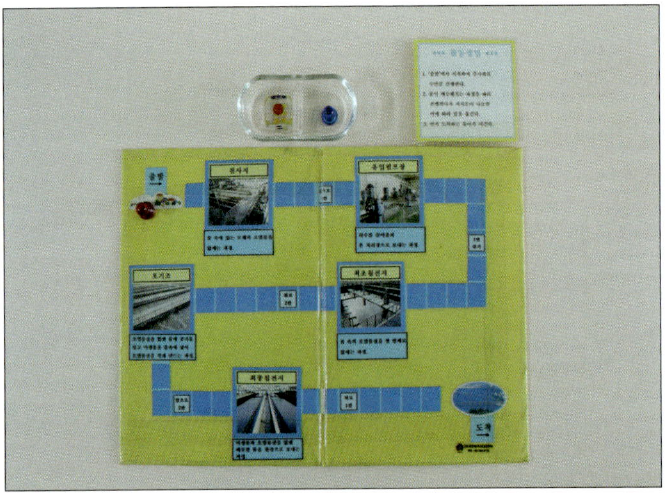

## 교구 2 분리수거 덧셈놀이

**대상연령** 만 4, 5세

**경제개념** 돈을 쓰는 경제 활동

**몬테소리 사전활동** 덧셈의 암산판(수 영역)

**생활영역** 탐구생활

**활동목표**

- 재활용품을 종류에 따라 분류해 본다.
- 분류한 재활용품의 개수를 더해 덧셈놀이를 할 수 있다.

**활동자료** 캔 미니어처 9개, 플라스틱 미니어처 9개, 문제집

**활동방법**

1. 활동판을 탐색하고, 재활용품은 종류에 따라 어떻게 분류가 되는지 이야기 나눈다.
2. 덧셈 문제를 보고 그 수만큼의 캔과 플라스틱을 덧셈 상자에 넣는다.
3. 모두 합하면 몇 개가 되는지 꺼내어 세어본 후 답을 쓴다.
4. 제자리에 정리하고 다른 문제도 해볼 수 있다.

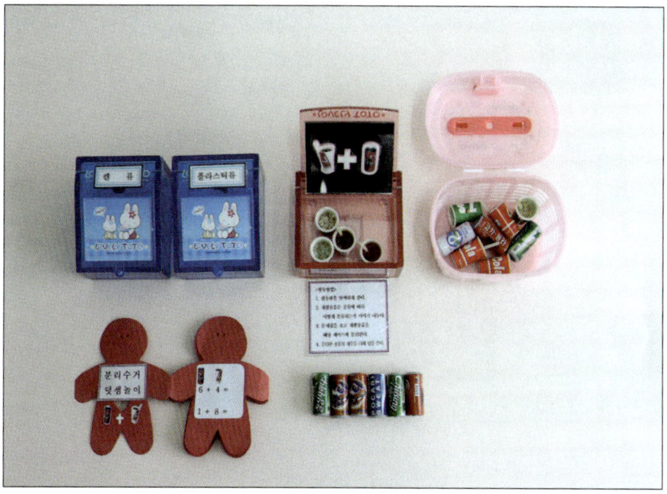

## 교구 3 환경 보호 퍼즐

**대상연령** 만 3, 4세 **경제개념** 돈을 쓰는 경제 활동

**몬테소리 사전활동** 집어넣기, 분리하기(일상 · 감각 영역)

**생활영역** 탐구생활

**활동목표** 환경을 보호하기 위하여 어떤 물건을 사용할 수 있는지 알아보고 재활용품 사용에 대한 필요성을 안다.

**활동자료** 일회용품과 대체용품, 그림 조각 퍼즐 각 10세트, 정정판

**활동방법**

1. 조각 퍼즐 20개를 뒤집어 놓는다.
2. 두 개를 뒤집어 일회용품과 대체용품이 서로 짝이 되면 퍼즐을 갖고 올 수 있다.
3. 퍼즐이 다 없어졌을 때 많은 수의 카드를 가진 유아가 이긴다.
4. 정정판을 이용하여 스스로 정정할 수 있도록 한다.

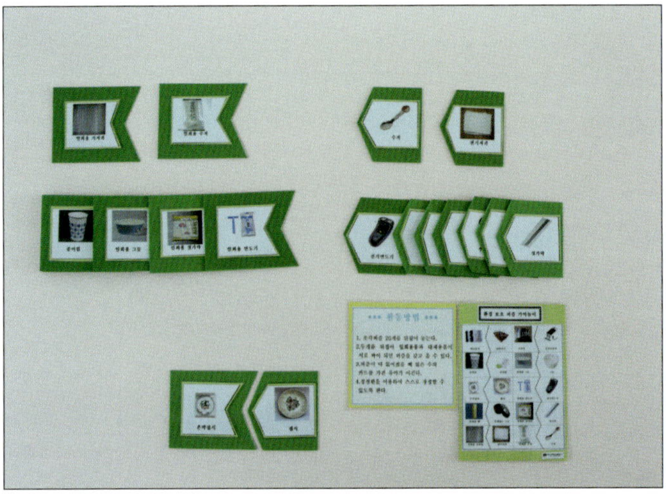

## 교구 4 재활용 패턴놀이

**대상연령** 만 3, 4세

**경제개념** 돈을 쓰는 경제 활동

**몬테소리 사전활동** 기하 입체 바구니, 물, 공기, 흙(감각 · 문화 영역)

**생활영역** 사회 · 탐구생활

**활동목표** 재활용할 수 있는 쓰레기 분리수거의 종류를 알아보고 놀이로 강화한다.

**활동자료** 지구 그림판, 패턴 놀이판(트럭 그림 2개), 패턴 제시판, 재활용품칩(캔류, 병류, 플라스틱류, 종이류), 주사위

**활동방법**

1. 트럭 그림(패턴 놀이판)을 1개씩 나누어 갖는다.
2. 패턴 그림 제시판을 1개씩 골라 자기의 트럭에 놓는다.
3. 주사위를 던져 나오는 재활용품을 트럭에 붙인다.
4. 자기가 선택한 패턴을 먼저 완성하면 이긴다.

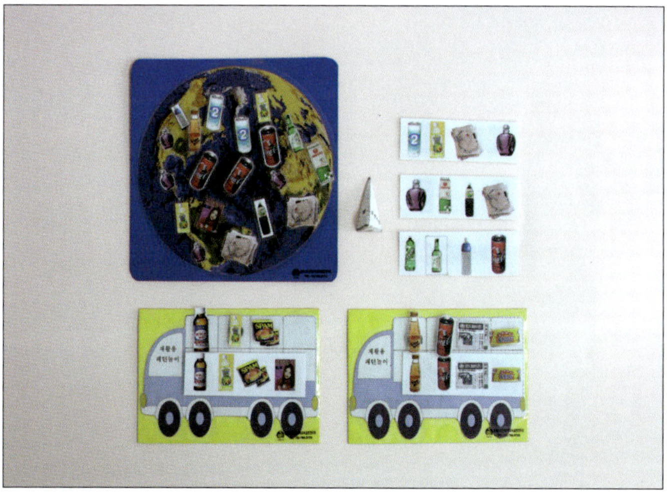

## 교구 5 한별 백화점

**대상연령** 만 4, 5세

**경제개념** 돈을 쓰는 경제 활동

**몬테소리 사전활동** 자르기, 붙이기(일상 영역), 작은 책(언어 영역)

**생활영역** 사회 · 언어생활

**활동목표** 물건에 대한 생각, 경험, 느낌을 물건에 맞게 자유롭게 표현하고 광고를 경험한다.

**활동자료** 작은책 1 · 2, 워크지, 상품 전단지

**활동방법**

1. 백화점에 있는 여러 물건에 대해 이야기 나눈다.
2. 상품 광고 책자 만들기를 할 것이라고 소개한 후 상품을 정해서 사진을 붙인다.
3. 물건의 특성, 용도를 보고 물건을 팔 대상과 가격을 정해서 상품이 잘 팔릴 수 있는 문구를 생각해 보고 적어본다.

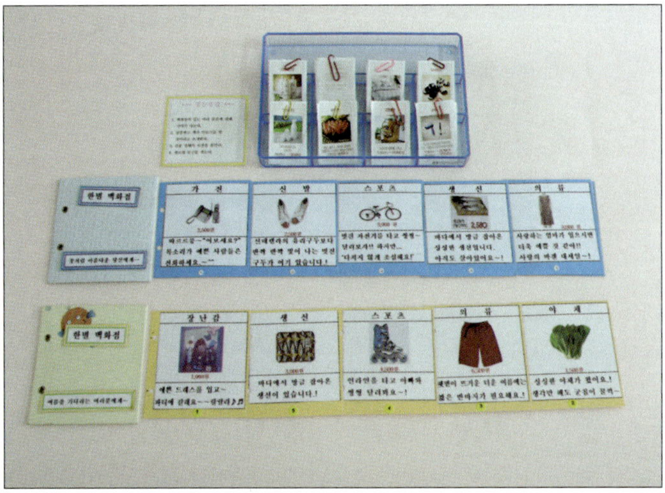

# 교구 6 동전 우표놀이

**대상연령** 만 4, 5세 **경제개념** 돈을 쓰는 경제 활동

**몬테소리 사전활동** 우표놀이 덧셈(수 영역)

**생활영역** 탐구생활

**활동목표** 돈은 기본적인 경제 개념으로서 돈의 금액에 따른 가치를 안다.

**활동자료** 문제집, 동전, 동전 올려놓는 판, 사인펜, 스펀지

**활동방법**

1. 동전을 분류하여 세팅한다.
2. 작은 책에 있는 문제를 보고 동전 우표 놀이판에 동전을 올려놓는다.
3. 작은 책 밑에 사인펜으로 답을 적고 확인한다.

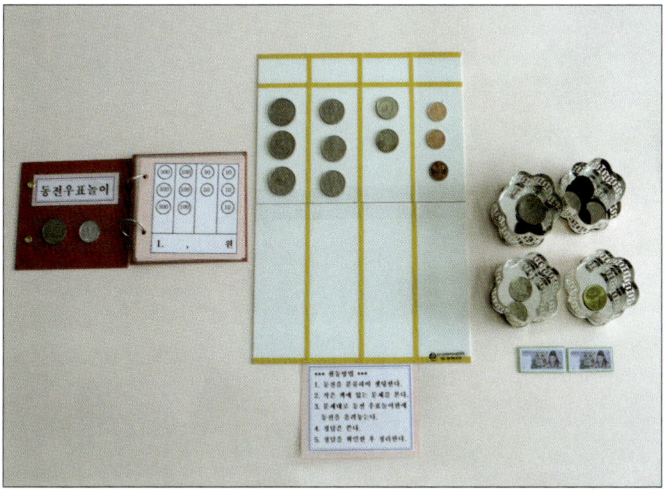

## 교구 7 꽃가게 나눗셈놀이

**대상연령** 만 5세 **경제개념** 돈을 쓰는 경제 활동

**몬테소리 사전활동** 나눗셈 계산판(수 영역)

**생활영역** 탐구생활

**활동목표** 나눗셈의 기본 개념을 이해한 후 이를 확장 응용된 교구 활동으로 심화해 본다.

**활동자료** 꽃가게 삼각대, 꽃병 6개, 꽃 20송이, 나눗셈 문제지

**활동방법**

1. 나눗셈 문제지의 문제를 읽는다.
2. 제수에 해당하는 수만큼 꽃병을 꽃가게 앞에 놓는다.
3. 피제수만큼 꽃을 가지고 와서 꽃병에 똑같이 나누어 꽂는다.
4. 마지막 꽃병에 꽂힌 꽃의 수를 센다.
5. 문제의 답을 기록한다.

## 교구 8 소비 절약

**대상연령** 만 4, 5세 **경제개념** 돈을 쓰는 경제 활동

**몬테소리 사전활동** 이동 24음(언어 영역)

**생활영역** 언어생활

**활동목표** 일상 생활 습관에서 문장을 통해 소비 절약의 방법을 익힌다.

**활동자료** 소비 절약 작은 책, 유리용 색연필, 지우개, 워크지

**활동방법**

1. 소비 절약할 수 있는 방법은 무엇이 있는지 이야기해 본다.
2. 소비 절약의 문장을 이동 24음의 교구 활동으로 놀이한다.

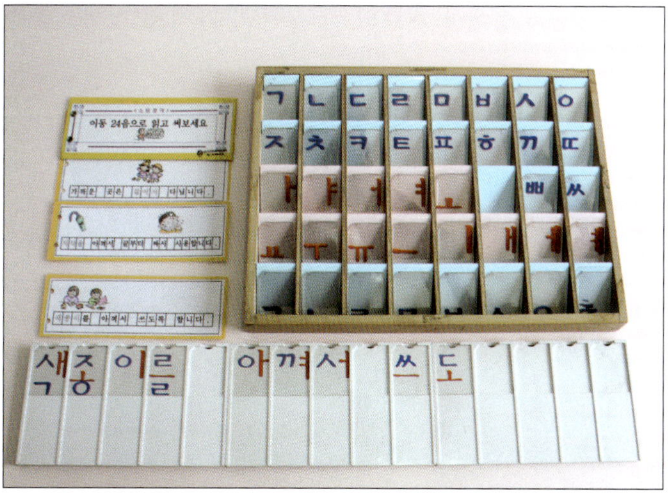

## 교구 9 맛있게 먹어요

**대상연령** 만 4, 5세 **경제개념** 돈을 쓰는 경제 활동

**몬테소리 사전활동** 식탁의 매너(일상 영역), 작은 색비즈 주판(수 영역)

**생활영역** 건강 · 사회 · 탐구생활

**활동목표** 지우개를 분해하고 끼우는 과정을 통하여 협응력을 기르며, 재료의 각 부분을 덧셈놀이로서 연산하며 놀이해 본다.

**활동자료** 지우개 4종 세트(햄버거, 바게트, 샌드위치, 포테이토), 식탁 그림판, 돈, 가격표

**활동방법**

1. 지우개를 분리하고 끼우는 놀이를 반복해서 해본다.
2. 먹고 싶은 것을 골라서 식탁에 상 차리기를 한다.
3. 상 차리기를 하는 과정에서 재료의 각 부분의 가격을 덧셈으로 계산한다.

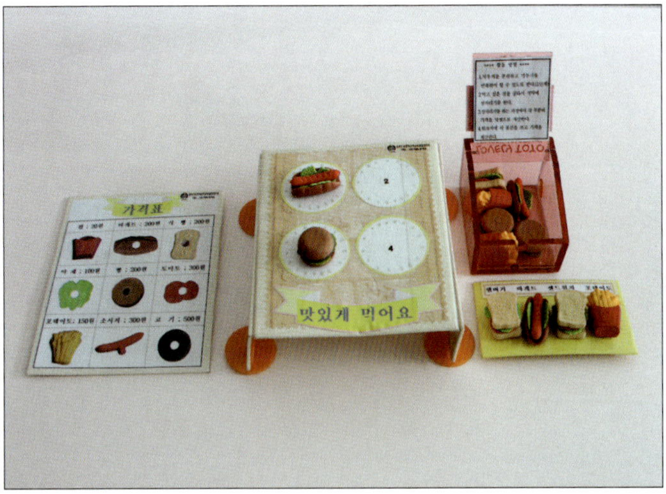

## 교구 10 돈보스꼬 마트(얼마일까요?)

**대상연령** 만 4, 5세 **경제개념** 돈을 쓰는 경제 활동

**몬테소리 사전활동** 숫자 카드 소개(수 영역)

**생활영역** 탐구생활

**활동목표**

- 소비에 있어서 필요한 물건을 계획해서 사야 함을 안다.
- 물건 구입에 따라 정확한 금액을 내고 그에 따른 거스름돈과 영수증 받는 것을 사전 경험한다.

**활동자료** 가게 기본판, 여러 가지 물건들, 바구니, 계산대, 계산기, 돈(지폐, 동전), 활동지(사야 할 물건 목록, 영수증), 작은 책

**활동방법**

1. 돈보스꼬 마트에서 파는 물건의 종류와 가격을 알아본다.
2. 작은 책을 보고 제시된 물건을 장바구니에 담는다.
3. 워크지에 물건을 기록하고 모두 얼마인지 계산하며 정답을 쓴다.
4. 돈을 지불하고 물건을 가지고 간다.

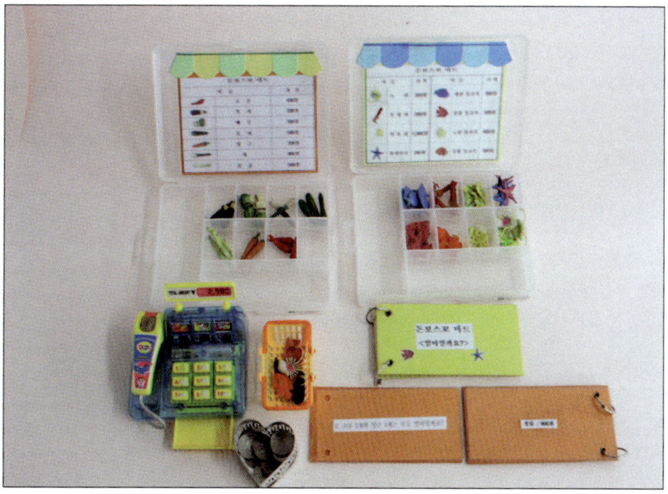

## 교구 11 동물을 사 주세요

**대상연령** 만 4, 5세

**경제개념** 돈을 쓰는 경제 활동

**몬테소리 사전활동** 작은 책 3, 4, 5, 6, 문구성(언어 영역)

**생활영역** 탐구 · 언어생활

**활동목표** 필요한 물건을 살 때 글씨를 읽을 수 있어야 한다는 것과 해당되는 물건 값을 지불해야 하는 필요성을 경험한다.

**활동자료** 동물(돼지 9마리, 강아지 9마리), 단어 카드 12개, 빙고판 2개

**활동방법**

1. 2명의 유아가 빙고판을 하나씩 나누어 갖고 가위바위보로 순서를 정한다.
2. 원형 카드를 두 개 동시에 뒤집고 똑같은 단어가 써 있으면 동물을 찾는다.
3. 카드를 읽고 해당하는 동물을 갖고 온다(예 엎드린 돼지, 서 있는 돼지, 보라색 강아지 등).
4. 먼저 빙고판을 다 채운 유아가 이긴다.
5. 100원짜리 동전을 준비하여 자기가 갖고 있는 빙고판의 동물을 산다.

## 교구 12 핸드폰 고리를 알맞게 걸어주세요

**대상연령** 만 4, 5세 **경제개념** 돈을 쓰는 경제 활동

**몬테소리 사전활동** 걸고 떼기(일상 영역), 작은 색비즈 주판(수 영역)

**생활영역** 탐구생활

**활동목표**

- 동전을 구분해서 표시된 가격만큼 돈을 지불한다.
- 자기가 가지고 있는 돈에 맞게 물건을 구입한다.

**활동자료** 걸이대, 핸드폰 고리 4종류, 가격표, 정정판, 가격칩

**활동방법**

1. 교구를 탐색한 후 가격표 하나를 골라 걸이용 대에 붙인다.
2. 붙여진 가격에 맞게 핸드폰 고리들을 골라 건다.
   (2개의 걸이에 왼쪽은 100원, 500원짜리, 오른쪽은 10원, 50원짜리를 건다. 10과 100의 자리를 구분해서 건다.)
3. 가격에 맞게 핸드폰 고리를 다 걸은 후 정정용 책으로 확인한다.

## 교구 13 만화로 보는 속담풀이

**대상연령** 만 4, 5세 **경제개념** 돈을 쓰는 경제 활동

**몬테소리 사전활동** 고사성어, 속담, 작은 책(언어 영역)

**생활영역** 언어생활

**활동목표**

- 경제 관련 속담을 통해 경제의 기본 개념을 이해한다.
- 속담 내용을 생활 속에 활용한다.

**활동자료** 만화 속담 경제 작은 책

**활동방법**

1. 만화를 읽어본 경험에 대해 이야기 나눈다.
2. 교사가 준비한 경제 만화책을 소개하고 다함께 읽어본다.
3. 혼자서 읽을 경우에는 조용히 다른 친구에게 방해되지 않게 읽으며 워크지를 이용해 나만의 경제 만화책을 만들도록 한다.

## 교구 14 시장놀이

**대상연령** 만 4, 5세 **경제개념** 돈을 쓰는 경제 활동

**몬테소리 사전활동** 소근육 운동(일상 영역), 물건 이름(언어 영역)

**생활영역** 건강 · 언어생활

**활동목표**

- 전단지 광고를 활용한 나만의 물건 책을 만들고 가격만큼의 돈을 지불한다.
- 다양한 광고 매체 중에 전단지의 효과를 생각하고 탐색하는 경험을 한다.

**활동자료** 전단지 그림, 활동지, 가위, 풀, 연필, 모형 돈

**활동방법**

1. 작은 책(시장놀이)의 물건과 가격을 본다.
2. 전단지에서 오린 물건의 그림을 고른다.
3. 나의 시장놀이 책(활동지)에 붙인다.
4. 물건의 가격만큼 돈을 놓아보고 가격을 써본다.

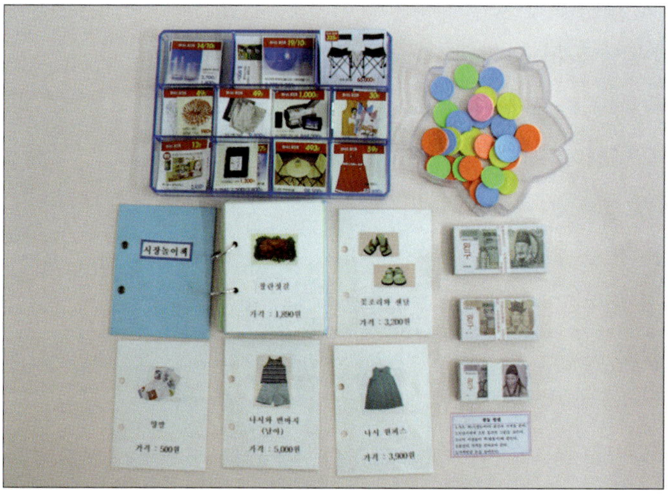

교구 15

# 가게놀이

**대상연령** 만 4, 5세 **경제개념** 돈을 쓰는 경제 활동

**몬테소리 사전활동** 비즈와 카드에 의한 큰 수 구성(수 영역)

**생활영역** 사회생활

**활동목표**

- 각 가게에 어울리는 상품을 전시한다.
- 내가 사고 싶은 물건을 결정하여 구매하고 가격을 읽음으로써 수에 관심을 갖고 합계를 낼 수 있다.

**활동자료**

- 가게판(문방구, 과일 가게, 생선 가게, 가구점, 장난감 가게)
- 가게에 전시할 상품들, 장바구니, 1,000 비즈 5개, 100 비즈 25개, 숫자 카드

**활동방법**

1. 교구를 탐색 후 가게들을 나열한다.
2. 가게에 전시할 상품들을 꺼내 이름과 가격을 말하고 알맞은 가게에 분류하여 붙여본다(스티커의 색과 가게 간판의 색이 일치).
3. 비즈 쟁반과 숫자 카드를 나열한다.
4. 내가 사고 싶은 물건을 5가지만 장바구니에 담는다.
5. 장바구니에서 물건을 꺼내며 물건의 이름과 가격을 워크지에 쓴다.
6. 물건의 가격에 맞게 비즈를 가지고 온 후 같은 단위의 비즈끼리 모아 세어본다.
7. 각 단위별로 비즈에 해당하는 카드를 가지고 온 후 합계를 낸다.
8. 모두 합한 금액이 얼마인지 읽어보고 워크지에 합계를 쓴다.

## 6 사회봉사 활동



### (1) 기 부

#### 1 기부의 개념

어떻게 하면 사회적 책임을 이행하면서 동시에 비즈니스상의 실리도 챙길 수 있는가에 대한 구체적인 해답을 제시하는 책 「착한 기업이 성공한다」의 저자 필립 코틀러(미국 캘로그 경영대학원 석좌교수)는 자신의 저서에서 이렇게 강조한다. "현대의 소비자는 기업 브랜드와 이미지로 구매를 결정한다. 특히 국가와 비교될 정도로 영향력이 커진 글로벌 기업에 대해서는 그 영향력에 상응하는 만큼 사회적 책임도 함께 요구하고 있다. 다시 말해 사회적 책임을 다하는 기업이 사업도 잘하고 성공하는 시대가 왔다는 것이다(한국일보, 2007).

기부(donation)는 자선사업이나 공공사업을 도울 목적으로 기여하는 것을 말한다. 기부라는 개념은 전통적으로 '자선' 의 개념으로부터 논의되어 왔다. 자선(charity)과 박애(philanthropy)는 종종 혼용되는 개념이다. 자선은 라틴어 chritas(혹은 carus, 형제애)에서 연유하였고, 박애는 그리스어 philo(사랑)와 anthropos(인류)의 합성어에서 연유하였다. 양자 모두가 주는 자와 받는 자 사이의 분명한 지위 차이를 기반으로 한 사회복지의 형태들이다.

기부 행위가 발생하는 이유를 다양한 형태의 직접적인 편익이라는 동기에서 찾기도 하고, 이타적인 동기에서 찾기도 하며, 동시에 사회적 동기에서 찾기도 한다. 기본적으로 기부 행위 동기에 대한 설명과 관련해서 경제학, 심리학, 사회학 등에서 다양한 접근이 진행되고 있다.

**❶ 경제학적 접근법: 효용함수 이론과 효용-비용 모델**

효용함수 이론은 기부 행위 자체가 포함되며 이는 이타적 행동으로 인하여 비용은 발생하나 개인의 효용은 오히려 증가하는 추세를 반영하다. 효용-비용 모델(benefit-cost model)은 개인이 항상 자신의 편익을 우선해서 자신에게 주어진 한정된 소득이 항상 자신의 만족 및 효용을 높이는 소비 등에 사용되기를 바라며 자신이 지불하는 비용이 이익을 초과할 경우에 행동한다는 이론이다.

**❷ 사회학적 접근법: 사회교환 이론과 사회학습 이론**

사회교환 이론에서는 비영리 조직에 기부하는 사람도 비영리 조직과의 사회적 교환을 통해 상당한 비경제적 이익, 즉 위신, 만족 등의 편익 및 효용을 얻을 수 있다는 것이다.

사회학습 이론은 부모, 친구 혹은 회사 동료 등 의미 있는 타인들이 기부자의 기부행위에 영향을 미칠 수 있는 모델이 될 수 있다고 가정한다.

**❸ 심리학적 접근법: 자기 확장 이론**(self extension theory)

자기 확장의 개념이란 자신의 가치와 신념, 그리고 태도 등이 개인뿐만 아니라 단체 및 기관 등 사회 조직까지 확장해 가며 영향을 미칠 수 있다는 의미이다. 이런 시각에서 기부 행동을 분석해 보면 기부는 사람들의 가치 확장이고 사회적 기관들에 대한 기부자의 자기 확장의 차원에서 전개된다고 볼 수 있다.

### 2 기부의 형태

한때 독점 기업으로 낙인 찍혀 전 세계에서 불매운동까지 일었던 MS는 창업자인 빌게이츠의 손 큰 사회 공헌 활동으로 기업 이미지가 완전히 바뀌었다. '빌 & 멜린다게이츠' 재단을 설립하고 지난해까지 약 250억 달러를 기부, 개발도상국의 난치병 어린이와 소수 민족 학생의 장학금 지원 사업을 벌이고 있다.

기부는 참여 형태에 따라 물질적 기부와 시간적 기부로 나눌 수 있다. 물질적 기부는 기부를 하는 기부자가 신용카드, 핸드폰, ARS, 지로 등 기부자가 원할 때 원하는 금액을 자유롭게 기부하는 금전이나 금전에 상응하는 물품을 기부하는 것을 뜻한다. 시간적 기부는 자원봉사로 개념화된다.

우리나라 기부자의 연령은 조사 대상자에 따라 조금씩 차이가 있으나, 주로 20대에서 40대까지 분포되어 있으며, 연령이 높을수록 지속적인 기부 행동을 보이고 있다. 우리나라 사회복지 조직에 있어서 지속적 기부는 상당히 어려운 실정이다. 사회복지공동모금회의 연말 집중 모금 현황에 의하면, 기업 기부는 72.9%, 개인 기부가 12.7%로 주로 기업 기부에 의존하고 있음을 알 수 있다(사회복지공동모금회, 2006).

대한상공회의소가 전국 성인 5,000명을 상대로 조사한 결과에서도 80% 이상이 '같은 값이면 사회 공헌을 잘하는 기업의 제품을 사겠다' 고 응답했다. '가격이 다소 비싸도 사회 공헌 기업의 제품을 사겠다' 는 답변도 3분의 1 가까이 됐다. 사회 공헌 활동이 기업의 경쟁력을 결정하는 시대가 된 셈이다.

기부 활동에 대한 조사 결과가 눈길을 끄는 점은 어린 시절의 경험이 기부 행동에 긍정적인 영향을 미친다는 것이다. 어린 시절의 자원봉사, 종교생활, 청소년 단체생활 등이 성인이 된 이후에 기부 행동을 할 가능성을 높여주는 것으로 보이며, 이는 기부의 의미와 중요성, 그리고 기부 행위를 구체적으로 실천하는 방법을 어린 시절부터 체계적으로 교육하고 체험하는 것이 중요함을 시사하고 있다.



### 3 봉사 단체의 종류

봉사는 돈으로 하는 경우와 시간을 내서 서비스하거나 혹은 자신이 갖고 있는 재능을 이용하기도 하고, 안 쓰는 물건 나누어 쓰기 등 다양한 방법으로 실천할 수 있다. 각 가정에서 가족과 함께 의논하여 연말에 한 번 하는 일회성보다 지속적으로 사회봉사 단체나 비영리 단체에 참여하는 것이 교육기관보다 더욱 효과적일 것이다.

**표 5-6-1 사회 복지 및 자원 봉사 단체**

| 번호 | 단 체 명 | 주소 | 연락처 | 홈페이지 |
|---|---|---|---|---|
| 1 | 한국 사랑의 집짓기 운동 연합회 | 서울시 중구 신당동 393-38 대금빌딩 5층 | 02)2267-3702 (내선 402) | http://www.habitat.or.kr |
| 2 | 세계 청년 봉사단 (KOPION) | 서울시 중구 충정로 1가 58-1 청양빌딩 9층 | 02)733-1390 | http://www.kopion.or.kr |
| 3 | 한국대학 사회봉사 협의회 | 서울시 영등포구 여의도동 27-2 | 02)783-9850 | http://kucss.kcue.or.kr |
| 4 | 굿 네이버스 | 서울시 마포구 상수동 95-3 사회교육관 4층 | 02)338-0144 | http://www.goodneighbors.org |
| 5 | 한국 국제기아 대책기구 | 서울시 강남구 청담동 111번지 | 02)544-9544 (내선 611) | http://www.kfhi.or.kr |
| 6 | 국제봉사 프로그램 | 서울시 종로구 신문로 1가 163 광화문 오피시아 빌딩 1509호 | 02)3276-3479 | http://www.ivp-uk.org |
| 7 | 한국 기독교 사회봉사회 | 서울 종로구 연지동 136-46 한국기독교회관 607호 | 02)763-8309 | http://www.charity.or.kr |

| 번호 | 단 체 명 | 주소 | 연락처 | 홈페이지 |
|---|---|---|---|---|
| 8 | 국제 피플투피플 한국본부 | 서울시 영등포구 25-5 동화빌딩 1501호 | 02)761-5241 | http://www.ptpkorea.or.kr |
| 9 | 구세군 대한 본영 | 서울시 중구 정동 1-23 | 02)720-9494 | http://www.salvationarmy.or.kr |
| 10 | UNV(United Nations Volunteers) | | 02)720-2334 (외교통상부) | http://www.unv.org |
| 11 | 한국월드비전 | 서울시 영등포구 여의도동 24-2 | 02)2078-7000 | http://www.worldvision.or.kr |
| 12 | 인구 보건 복지 협회 | 서울시 광진구 중곡 3동 166-19 번지 | 02)467-8213 | http://www.ppfk.or.kr |
| 13 | 지구촌 나눔운동 | 서울시 종로구 운니동 가든타워 1002호 | 02)747-7074 | http://gcs.or.kr |
| 14 | 한국 노인복지회 | 서울시 영등포구 영등포3가 19-3 | 02)2631-3212 | http://helpage.or.kr |
| 15 | 한민족복지재단 | 서울시 서초구 서초3동 1579-1 에덴빌딩 3층 | 02)3471-9814 | http://www.kwfw.or.kr |
| 16 | 열린사회봉사단체 | 경기도 광명시 광명 6동 352-37 | 02)2614-2709 | http://www.e-love.or.kr |
| 17 | 사랑터 | 서울시 종로구 동숭동 2-9 대보 스위트빌 A동 102호 | 02) 3675-2021 | http://www.sarangter.org |
| 18 | 유니세프 | 서울시 종로구 창성동 17-1 | 02)735-2315 | http://unicef.or.kr |
| 19 | 대한적십자사 | 서울시 중구 소파길 10번지 | 02)3705-3705 | http://www.redcross.or.kr |
| 20 | YMCA | 서울시 중구 소공동 117번지 | 02)754-7891 | http://www.ymcakorea.org |
| 21 | 새생명지원센터 | 서울시 마포구 공덕동 456 한국사회복지관 5층 | 02)2077-3961 | http://www.kids119.bokji.net |

## 4 다문화의 이해

### ❶ 다문화 교육의 정의

사전적 의미에서 문화란 사람들만이 가질 수 있는 정신적인 것으로서 행동의 양식 또는 생활방식에서 유전이 아닌, 학습에 의해서 그들이 소속되어 있는 사회로부터 습득하고 전달받는 것의 전체를 포괄하는 총칭이다.

다문화 교육의 근원은 1960년대 미국에서 흑백의 인종적 차별과 갈등에 뿌리를 둔 인권에 대한 투쟁과 여성해방 운동의 시작으로 인권보호를 위한 인간 교육 또는 반편견 교육의 차원에서 시작되었다고 할 수 있다. 이를 위해 미국은 1979년 이래 교사 교육 프로그램에서 다문화 교육을 중요한 과제로 삼아왔다.

다문화 교육은 인종, 민족, 성별, 연령, 능력, 종교, 사회 계층에서 그 다양성을 인정하고 모든 입장의 가치를 존중하고자 하는 노력에 의한 교육이다.

우리 사회에서 다문화 문제는 이제까지 노동력의 수입으로 인한 경제적 이해의 문제이거나, 새롭게 등장한 복지의 대상으로서 소외된 외국인 노동자 계층의 문제로만 이해했다. 서로 다름을 통해서 배우고 이러한 다름의 문화적 교류가 어떻게 한 사회를 지속적으로 새롭게 하고 풍요롭게 할 수 있는지에 대한 성숙한 문화적 관점이 많은 부분에 결여되었던 것이 사실이다.

다문화 교육의 교육적 의의는 교육과 문화가 긴밀한 관련을 맺고 있다는 점에서 비롯된다. 문화는 교육이 이루어지는 환경이며, 동시에 교육 내용이다. 따라서 교육과 문화를 분리하기란 거의 불가능하다. 궁극적으로 다양한 사람들이 상호의존적인 세계에서 각기 스스로를 존중하는 태도를 갖게 하고 나아가 다른 사람들을 이해하고 수용하는 관계 속에서 긍정적인 개인적, 문화적 정체감을 갖도록 하는 것이라고 할 수 있다.

다문화 교육은 세계의 여러 나라와 같은 단원을 가지고 다른 나라에 대한 정보나 문화에 초점을 맞추어 나라 이름, 수도, 지도, 건축물, 또는 그 나라의 인사나 춤에 관련된 풍습 등을 소주제로 조각조각의 정보를 알려주는 관광식 교육처럼 일회성이 아닌 각 영역이 통합적으로 이루어져야 한다.

### ❷ 다문화 교육의 대상

한국의 거리가 외국인들로 넘쳐나고 있다. 법무부 출입국 외국인 정책 본부는 2007년 8월 24일 현재 국내 체류 외국인 수가 100만 254명을 돌파했다고 공식 발표 했다.

지금까지의 우리 정부가 시도해온 다문화 사회 정책의 상당 부분은 '코리언 드림'을 실현하기 위해 한국에 온 외국인 노동자들과 결혼 이주민들에게만 한정되었다. 소외 계층이라고 불리는 외국인 노동자들이 한국의 문화를 배우고 한국에 정착해서 잘 생활할 수 있도록 필요한 지식을 익히게 하는 것을 다문화로 이해하고 있었다.

그러나 이제는 직접적으로는 외국인 노동자와 관련을 맺은 기업주, 혹은 직장 동료, 한국인 남편과 부인, 가족뿐만 아니라 그들의 자녀를 가르치는 교사와 지역 주민 등 우리나라 전체를 대상으로 다문화 교육을 실시해야한다.

다문화 시대를 살아가는 우리나라 사람들에게 가장 중요한 것은 서로의 가치를 인정하고 존중해 주면서 차별과 편견 없이 다른 사람 또는 다른 나라 민족에게 상처 주지 않고 동시에 상처받지 않으면서 공동사회를 구축해 가는 것이다. 따라서 국가적인 차원으로 국제 경쟁력을 키우기 위해 유아교육기관에서 적극적으로 다문화 교육을 활성화해야 할 시기이다.

## 5 수입과 수출

수입이란 다른 나라로부터 재화, 서비스, 기술 등의 물품을 사들여오는 것이고, 수출은 반대로 우리나라의 재화, 서비스, 기술 등을 외국으로 팔아 내보내는 것을 말한다. 세계 모든 나라들은 수입과 수출을 하고 있다. 왜냐하면 자국에서 생산되는 식량이나 물품 또는 산업개발 기술들만 갖고 살아가기 어렵기 때문이다. 전 세계는 국제무역 전쟁을 하고 있다. 특히 석유는 우리나라에서 생산되지 않기 때문에 100% 수입에 의존하고 있는 실정이며 우리나라의 수출량은 세계 총 수출량의 3%가 안 되는 수준이다.

우리나라는 자원이 부족한 나라이므로 수출을 늘리기 위해 좋은 물건과 앞선 기술을 많이 개발해야 한다. 또한 우리나라 문화를 발전시키고 해외에 알리는 것 역시 수출에 이바지하는 것이다.

유아기부터 우리 문화의 소중함을 인식시키고 국제 경쟁력을 높이기 위해 실물경제교육을 유아교육기관에서 적극적으로 지향해야 하며 가정에서 부모 또한 생각의 변화를 가져야 할 시기이다.



### (2) 주제망

유아기 실물경제교육의 마무리 단계로서 '왜 내가 힘들게 번 돈을 남에게 베풀어야 하는가?'를 알고 실천하는 단계이다.

일찍부터 '돈'을 가까이 하는 유아기 실물경제교육은 우리 아이 부자 만들기 프로젝트도 아니고, 소비 절약으로 '구두쇠'를 만드는 것도 아니다. 즉, 건강을 위해 체력 단련을 하고, 돈의 가치와 중요성, 돈을 버는 방법, 돈을 관리하는 방법, 돈을 잘 쓰는 방법을 어릴 때부터 기본생활습관으로 몸에 배이게 익히는 것이다.

부모로부터 정신적 · 육체적으로 독립하고 세상에 홀로서기 위한 것이라면 세상은 혼자만으로 살아가는 게 아니고 서로 돕고 더불어 살아가는 우주의 법칙을 통해 세계 평화를 이룩하자는 것이다. 따라서 먼저 남에게 주어야 받게 되고, 돈이란 잘 베풀면 더 많은 돈을 모을 수 있다는 것을 아는 것이다.

기부한 것보다 더 많은 돈을 벌게 되는 것을 경험하기 위해 ① 다문화의 이해, ② 국가적인 차원에서 수입과 수출, ③ 봉사 단체의 종류와 방법 등을 내용으로 다루었다.

**표 5-6-2 사회봉사 활동 주제망**

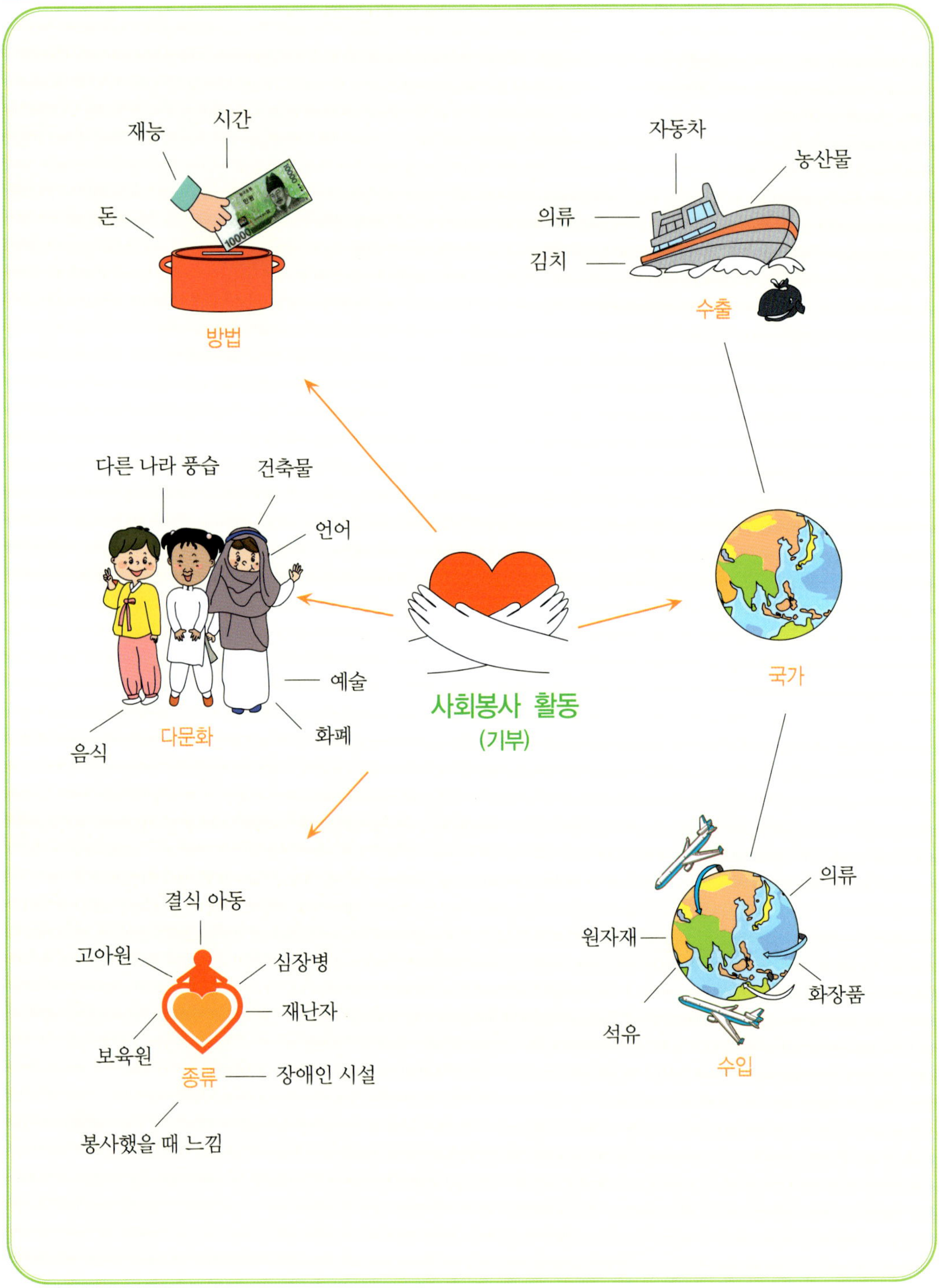

### (3) 실물경제 활동 교육계획안

'사회봉사 활동' 의 교육적 의의와 목표는 좋은 사회를 만들기 위해 작은 실천인 나눔과 봉사 활동에 자발적으로 참여하여 밝고 긍정적인 세상을 키우는 데 있다. 또 다양한 문화, 민족, 성 그리고 사회적 계층의 배경을 가진 사람들이 공평한 기회를 가질 수 있도록 하는 것이며 모든 사람들이 물질적 · 정신적 문화 교류에 대한 긍정적 태도와 인식, 행동을 발달시킬 수 있도록 돕는 데 있다.

**이야기 나누기**

- 노인정 · 양로원을 방문하거나 소아암 센터 병원을 다녀와서 어떤 느낌을 갖게 되었는지 이야기한다.
- 아프리카 난민촌이나 기아들의 모습을 담은 VTR을 시청한다.
- 자동차 공장을 방문하고 수출하는 과정을 시청각 교재로 보여준다.
- '만약에 가족이 없다면 어떨까?' 라는 이야기를 나누며 나눔과 봉사 활동에 대해 알아본다.
- 불우한 이웃을 도울 수 있는 방법은 무엇이 있을까를 이야기한다.
- 건강하게 살려면 우리들의 생활을 어떻게 해야 할지를 이야기한다.
- '어떤 사람이 부자일까?' 부자가 되면 할 수 있는 일들을 생각하고 이야기한다.

**표 5-6-3 실물경제 활동 교육계획안**

| 생활주제 | 사회봉사 활동 | 주제 선정 기간 | 2007년 11월 11일~12월 21일 |
|---|---|---|---|
| 교육적 의의 & 목표 | • 좋은 사회 만들기의 일환인 작은 실천인 나눔과 봉사 활동에 자발적으로 참여하여 밝고 긍정적인 세상을 키운다.<br>• 타인에 대한 배려심을 배운다.<br>• 우리나라에서 수출, 수입되는 물건에는 어떤 것들이 있는지 알고, 다문화에 관심을 갖는다. | | |
| 가정 협조문 | 이번 주부터 '사회봉사(기부)'에 대해서 주제 전개를 진행 합니다.<br>교육 내용은 수업 진행에 따라 변경 될 수 있습니다.<br>• 12월 5일(수)은 양로원으로 할머니, 할아버지 방문을 갑니다. 그 분들께 드릴 사랑의 편지를 이번 주까지 보내주세요. | | |

### 건 강

〈기본생활습관〉
- 불쌍한 사람을 위해 밥 먹기 전에 꼭 기도를 해요.
- 길에서 할머니, 할아버지를 친절하게 도와드려요.

〈기본 운동 능력〉
- 줄넘기
  - –긴 줄 한 사람 뛰기
  - –구보로 뛰기
- 훌라후프
  - –던지고 기다렸다 받기
  - –던지고 손뼉을 친 다음 받기
  - –훌라후프 돌리기

### 언 어

〈주제 탐색〉
- 생각 모으기 • 주제망
- 표상 활동

〈이야기 나누기〉
- 아름다운 가게에 대해서 알아보기
- 내가 부자라면?
- 사랑의 편지를 써요.
- 다른 사람을 도와주면 나에게 좋은 점
- 말풍선–마더 데레사가 들려준 이야기
- 탑골 공원 밥 퍼주는 도우미 인터뷰
- 타입캡슐–어른이 되어서 부자가 되면 어떻게 남을 도울 것인가?
- 사회봉사
- 우리나라가 수출을 많이 하려면?
- 외국인 노동자는 왜 계속 늘어날까?

〈동시〉
- 나누면 좋아요 • 사랑의 마음

〈동화〉
- 단추 수프 • 도서관
- 배고픈 아이들이 많아요
- 손 큰 할머니의 만두 만들기

### 사 회

〈토의〉
- 어려운 사람을 도울 수 있는 방법
- 어려운 사람을 도와주고 나서의 표정은?
- 내 것 중 다른 사람에게 나누어 주고 싶은 것
- 우리나라의 수출품, 수입품
- 우리 집에 있는 중국산 물건
- 세계 여러 나라가 함께 발전하려면?
- 노숙자, 거지에게 궁금한 점
- 외국인 노동자를 보는 우리의 시각
- 어려운 사람을 도와주는 사람들(미용사, 요리사 등) 인터뷰
- 기부금을 받은 사람이라면 어떤 기분일까?
- 난민촌 어린이들에게 선물하고 싶은 것은?
- 부자는 무엇을 가진 사람인가?
- 나에게 가족이 없다면 어떨까?
- 사랑의 온도계 온도 표시
- 우주에 갈 수 있는 방법
- 내가 만든 물건 중 수출하고 싶은 물건 경매

〈가정 활동 조사서〉
- 내가 가고 싶은 나라에서 수입해 오고 싶은 물건
- 사회봉사 기관과 역할 마크 조사
- 삯바느질로 모은 전 재산을 내놓은 할머니
  - –어떻게 재산을 모았나?
- 우주에서 가져올 수 있는 것, 돌아오는 데 걸리는 시간은?
- 외국인 노동자와 어떻게 하면 친구가 될 수 있을까?

〈견학〉
- 양로원 방문 · 수출입 공단(선착장)

### 표 현

〈미술 활동〉
- 한글로 가방, 구두 디자인
- 기부 문화 전단지 작성
- 포스터 작성
- 자선 냄비 만들기

〈역할놀이〉
- 밥 퍼 도우미
- 양로원 방문 시 어른들을 기쁘게 해드리는 방법

새노래〉
- 당신은 사랑 받기 위해 태어난 사람
- 마음으로 그리는 세상

### 탐 구

- 우리나라 수출하는 배 중 가장 큰 배의 길이, 높이, 무게

〈그래프〉
- 우리 집에 있는 세계 여러 나라 물건
- 우리 집에 있는 중국 산 물건
- 우리나라에서 수출 많이 하는 나라, 수입 많이 하는 나라
- 우리나라에서 가장 많이 수출하는 물품, 수입하는 물품 통계
- 북한 어린이 돕기 모금 운동
- 저금액 증가표
- 우리나라 노동자와 외국인 노동자의 벤다이어그램

〈요리〉
- 주먹밥 • 녹차 • 인절미

사회봉사 활동

| 몬테소리 활동 | 일상생활 | 감 각 | 수 | 언 어 | 문 화 |
|---|---|---|---|---|---|
| | • 차 서비스<br>• 식기 닦기<br>• 작은 찻잔 걸고 떼기<br>• 다리미 하기<br>• 식사예절 | • 구성 삼각형 상자<br>• 비밀주머니<br>• 온각병, 온각판 | • 판과 입체<br>• 곱셈의 계산판, 암산판<br>• 시계 | • 동화 포인트 찾기<br>• 봉투 퍼즐<br>• 품사-형용사<br>• 문구성 | • 색이 있는 지구본<br>• 지도 퍼즐<br>• 국기 퍼즐<br>• 국기 3단계 매칭카드<br>• 토산품<br>• 대조지형 |

### (4) 가정 활동 조사서

경제교육에서 인간이 추구하는 것은 올바른 경제 활동을 통해 개인의 행복과 가정의 화목, 나아가 국가적 경쟁력을 키우며 세계 평화 속에 아름다운 사회를 만드는 것이다.

사회의 빈부 격차를 해소하는 방법은 사회봉사와 기부 문화를 정착시키는 것이다. 또 가정에서부터 외국인 노동자에 대한 편견 없는 인식과 함께 어떻게 하면 그들과 가까워질 수 있는지에 대해 토의해 보고, 국제 결혼을 통해 가정을 이루게 된 '코시안' 가정의 다문화를 존중하는 자세 또한 선진국 민주 시민의 자세이다. 예를 들면, 외국인 노동자나 국제 결혼한 다문화 가정의 사람들을 명절 때 초대하여 우리 문화를 소개하고, 우리집만의 봉사 단체 기관을 정하여 가족 모두의 협조 속에 모두가 실천할 수 있는 서약서 등을 만들어 보는 활동을 진행하면 따뜻한 기부 문화가 가정에서부터 정착될 것이다(부록 pp.327-328 참고).

**표 5-6-4 가정 활동 조사서**

| 대주제 / 소주제 | 사회봉사 활동 |
|---|---|
| 국 가<br>(수출 · 수입) | • 우리 집에 있는 세계 여러 나라 물건 중 중국산 물건은 무엇이 있는지 조사해 보기 |
| | • 내가 사장님(CEO)이 된다면 어느 나라에 무엇의 물건을 수출하고 싶은가? |
| 다문화 | • 왜 해마다 외국인 노동자는 늘어나며, 어떻게 하면 그들과 친구가 될 수 있을지 알아보기 |
| | • 우리나라의 노동자와 외국인 노동자의 닮은점과 차이점 조사해 보기 |
| 종 류 | • 사회봉사 기관과 단체를 알아보고 어떤 일을 하는지 알아보기 |
| 봉 사 | • 우리집만의 봉사 기관을 정하고 가족 모두가 실천할 수 있는 계약서 만들기 |

### (5) 모듬 활동(그룹 토의)

분단별 각기 다른 주제를 가지고 분단별 토의 활동으로 전개한다. 예를 들면, "아름다운 가게는 어떻게 해서 만들어지게 되었을까?", "양로원에 있는 할머니, 할아버지는 어떻게 여기에 오게 되었을까?"를 서로 의견을 나누어서 발표하면서 각자의 의견을 들어보면서 자신의 생각과 다른 점을 비교해 본다(부록 pp.338-339 참고).

**표 5-6-5 모듬 활동지**

| 대주제 / 토의주제 | 사회봉사 활동 |
|---|---|
| 종 류 | • 아름다운 가게를 누가, 어떻게 만들었는지, 왜 가게 이름을 '아름다운 가게'라고 했는지 등 '아름다운 가게'에 대해서 알아보기 |
| 국 가 (수출 · 수입) | • 구세군회에서 진행하는 불우 이웃 돕기에서 돈이 올라가는 것을 온도계로 표시 |
| 봉 사 | • 밥 퍼주는 사람과의 인터뷰 준비해 보기 |
| | • 부자는 어떤 사람이 부자인가? 또 내가 부자가 되면 하고 싶은 일을 자유롭게 이야기해 보기 |
| | • 내 것 중 친구들에게 나누어주고 싶은 것은 무엇이 있는지 조사해 보기 |

### (6) 개인 활동

유아들은 내 것을 다른 사람과 나누어 써야 한다거나 또는 누구를 도와야 하는 개념을 잘 이해하지 못한다. 이를 체험하기 위해 '장님과 난쟁이'가 되어보고 느낌을 적어 발표해 본다. 내가 불편하고 못 가진 부분을 다른 사람이 갖고 있는 부분과 함께하면 서로 득이 되는 관계가 되는 것을 경험한다. 예를 들면, 장님은 눈으로 볼 수 없기 때문에 혼자 다닐 수 없고, 난장이는 혼자 다닐 수는 있지만 여러 가지 불편한 점이 있음을 알고 장님 등 뒤에서 난장이가 좌우 방향을 가르쳐 주는 경험을 직접 해 봄으로써 서로 도와가며 살아가는 방법을 간접적으로 경험할 수 있다.

또 "내가 어른이 되어 사장님(CEO)이 된다면 어느 나라에 무엇을 수출하고 싶은가?"를 표상 활동을 할 수 있도록 준비해 준다(부록 pp.349-350 참고).

**표 5-6-6 개인 활동지**

| 대주제 / 내용 | 사회봉사 활동 |
|---|---|
| 봉 사 | • 사랑의 편지 작성해 보기 |
| | • 삯바느질로 전 재산을 내놓은 할머니는 어떻게 돈을 모으게 되었고, 왜 다른 사람을 위해 전 재산을 기부하였는가? |
| | • 돈으로 살 수 없는 것은 무엇이 있을지 생각해 보기 |
| 종 류 | • 나에게 가족이 없다면 어떨까? |
| | • 맹인의 역할과 난쟁이의 역할을 해보고 나서의 느낌을 이야기해 보기 |
| 국 가<br>(수출 · 수입) | • 내가 사장님(CEO)이 되어 회사를 설립한다면 무슨 회사를 설립하고 싶은가?<br>(6하 원칙에 따라서) |

### (7) 미술교육을 위한 흥미 영역

세계지도를 전체 유아들이 활용할 수 있도록 준비해 준다. 전체 유아들이 어른이 되어서 사장님(CEO)가 된다면 어느 나라에 무엇을 수출하여 부자가 될지, 색점토 또는 흥미 영역에서 활동했던 10가지 방법을 활용하여 만들어 보는 활동을 할 수 있게 준비한다.

눈과 손의 협응력과 소근육 발달에 기초가 되고 미술 활동에 기초가 되도록 도와주어야 한다(부록 pp.351-354 참고).

**표 5-6-7 미술 활동을 위한 흥미 영역**

| 사회봉사 활동 | | | | | |
|---|---|---|---|---|---|
| 번 호 | 구 분 | 활동 내용 | 번 호 | 구 분 | 활동 내용 |
| 1 | 자르기 | 비행기(수출 & 수입) | 6 | 직조 짜기 | 구세군 냄비 |
| 2 | 붙이기 | 사랑의 온도계 | 7 | 종이접기 | 배 |
| 3 | 바느질 | 양보(노약자석) | 8 | 반 접어 오리기 | 옷 |
| 4 | 푸싱핀 | 김치 | 9 | 고리 연결하기 | 하트 |
| 5 | 스테이플러 | 자동차 | 10 | 펀치 뚫기 | 휠체어 |

## 가정 활동 조사서

### 다문화

• 우리나라의 근로자와 외국인 근로자의 같은 점과 다른 점은 무엇이 있는지 알아 보아요.

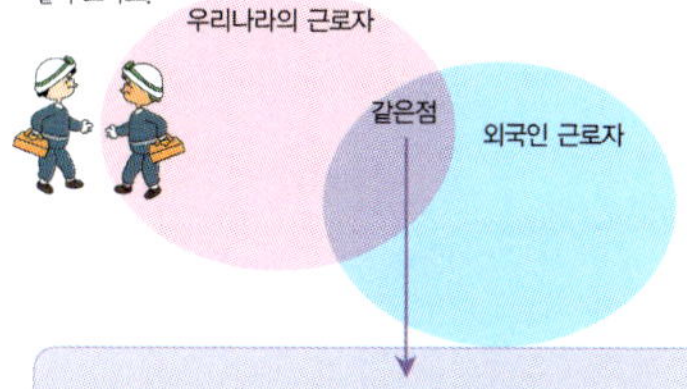


• 어느 나라의 외국인 근로자가 많은가?

• 어떻게 하면 외국인 근로자와 친해질 수 있을까?

④

[가정 활동 조사서]

# 함께 사는 세상

-사회봉사 활동-

좋은 사회 만들기의 일환인 작은 실천 나눔과 봉사 활동에 자발적으로 참여하여 밝고 긍정적인 세상을 키운다.

__________반 이름 : __________

①

### 국가

• 우리집에 있는 중국산 물건을 모두 찾아 보세요.

| 방 | 주방 | 욕실 | 거실 |
|---|---|---|---|
| 모두 몇 개? | 모두 몇 개? | 모두 몇 개? | 모두 몇 개? |

• 나라와 나라는 왜 수출과 수입을 하는 것일까?

• 내가 여행하고 싶은 나라에 어떤 물건을 수출하고 싶나요?

②

### 사회봉사

• 우리 주위에서 남을 위해 봉사 활동을 하는 단체를 알아 보아요.

| | |
|---|---|
| 대한적십자사 | 사랑과 이웃 봉사를 실천하는 단체로, 크리스마스 때 자선냄비를 통해 모인 성금으로 불우이웃 돕기를 합니다. |
| 한국해비타트 (Habitat for Humanity Korea) | '사랑을 행동으로' 가족이 없는 아동들에게 새로운 가정을 찾아 주고 밝게 자랄 수 있는 건전한 입양문화 정착을 위해 노력합니다. |
| 한국백혈병소아암협회 | 소외되고 고통받는 이웃의 아픔을 덜어주고, 남북 교류 사업, 혈액 서비스 제공 등 세계 어려운 이웃의 아픔을 덜어 주는 일을 합니다. |
| 구세군대한본영 | 1973년 미국의 한 변호사가 시작한 운동으로 세계 각국의 자원봉사자들이 집 없는 사람들에게 집을 지어 주어요. |
| 홀트아동복지회 | 백혈병 소아암 환아들에게 생명사랑과 나눔 실천 정신을 확산시키기 위해 다양한 후원 사업을 전개하고 있습니다. |

③

## 모듬지

[모듬지](사회봉사 활동)

| 경제 활동 | '부자' 이야기 | 날짜 | |
|---|---|---|---|
| 토의자 | | | |
| 발표자 | | 기록자 | |

[모듬지](사회봉사 활동)

| 경제 활동 | '밥 퍼' 운동 봉사자 인터뷰 | 날짜 | |
|---|---|---|---|
| 토의자 | | | |
| 발표자 | | 기록자 | |

나도 기자!

• '밥 퍼' 운동 봉사자를 만나 이야기를 들어 보겠습니다.

질문 1) '밥 퍼' 운동이 무엇인가요?

질문 2) 어떤 사람들에게 밥을 나누어 주나요?

질문 3) 사람들에게 밥을 퍼주는 일은 어렵지 않나요?

질문 4) 봉사 활동을 하면서 가장 기쁠 때는 언제인가요?

질문 5) 우리가 할 수 있는 일은?

## 개인 활동지

[개인 활동지](사회봉사 활동)

| 경제 활동 | 나도 사장이 되었어요. |
|---|---|

• 만약에 내가 회사를 설립한다면? 육하원칙에 맞춰서 써보세요.

1. 누가 2. 언제 3. 어디서 4. 무슨 회사를 5. 어떻게 6. 왜

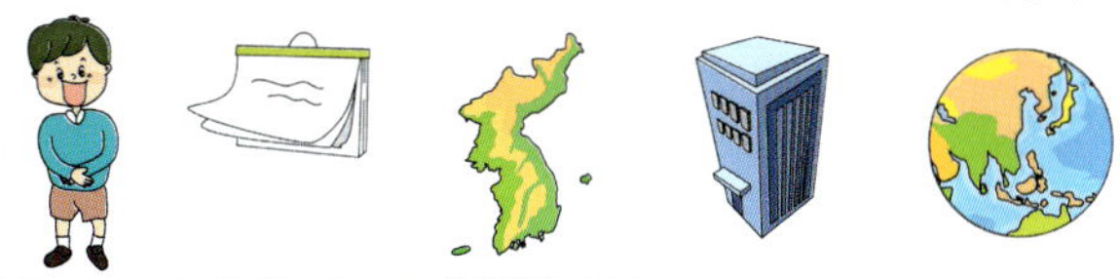

• 육하원칙에 맞추어 쓴 단어를 사용하여 멋진 문장을 만드세요.

| 날 짜 | | 반 | | 이름 | |
|---|---|---|---|---|---|

[개인 활동지](사회봉사 활동)

| 경제 활동 | 사랑의 열매 |
|---|---|

**바느질로 모은 30억 원 재산을 기부한 이순희 할머니**

80대 이순희 할머니는 삯바느질로 모은 30억 재산을 "인재 육성에 써 달라."며 동국대에 기부했다.
평생 바느질과 근검절약으로 마련한 전 재산을 기증하면서 "어렵게 공부하고 있는 학생들에게 장학 혜택을 주어 장차 사회 발전에 기여할 수 있는 훌륭한 학생들을 키워 달라"고 당부했다.

• 신문의 뉴스를 읽어보고 답해 보세요.

• 할머니가 돈을 어떻게 모았나요?

• 왜 도와주었나요?

• '사랑의 열매'의 상징 세 가지(나, 가족, 이웃)를 열매에 적으세요.

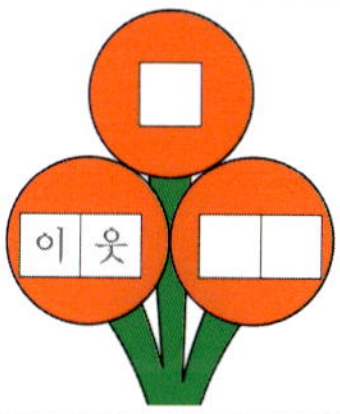


| 날 짜 | | 반 | | 이름 | |
|---|---|---|---|---|---|

## 미술교육을 위한 흥미 영역

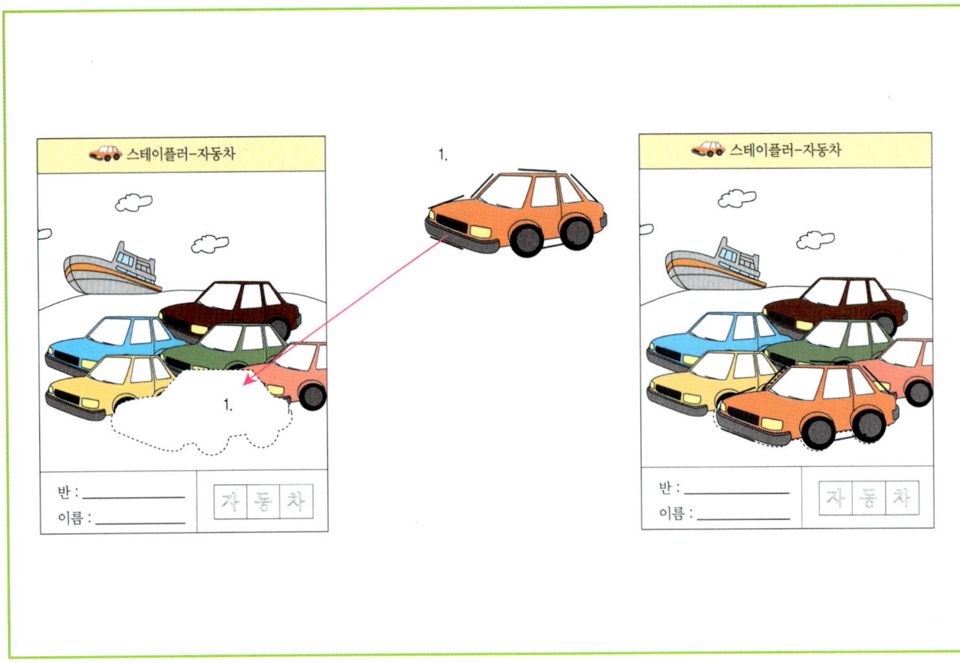

## (8) 유아 활동 사진

우리들의 커다란 마음을 모았습니다.

어떻게 하면 더 쉽게 셀 수 있을까?

"10개씩 모아서 세면 좋겠다."
좋은 생각이다.

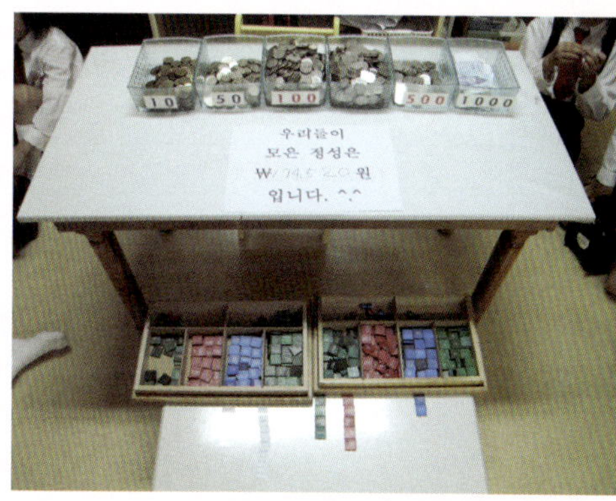


우리들이 모은 정성 174,250원을
나와 같은 친구인 북한 어린이들과 나누고 싶어요.

대한민국의 좋은 물건을
세계 여러 나라 사람들과 함께 사용하고 싶어요.

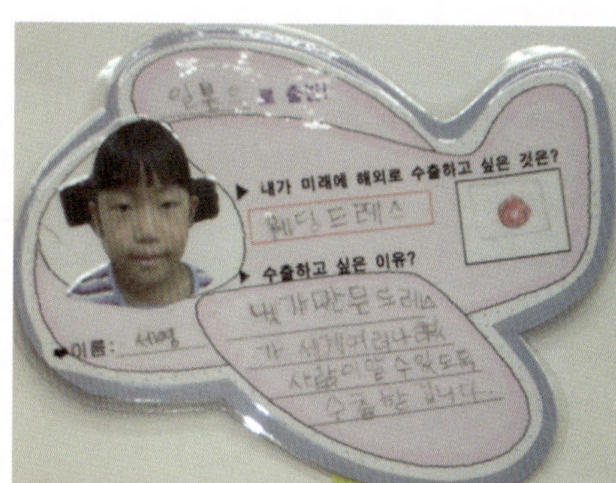


내가 사장님이 된다면 우리나라 한복을
웨딩드레스로 만들어 꼭 수출하고 싶어요.

### (9) 경제 교구 활동 놀이

'사회봉사 활동'의 경제 활동 주제와 이미지를 강조하고 서로 돕고 이해하는 사회인으로의 자세를 경험하기 위해 몬테소리 교육 내용을 기초로 한 경제 교구를 균형있게 개발하였다.

자유 선택 시간에 할 수 있도록 가능한 한 교구장 위쪽이나 책상 위에 비치해 두는 것이 효과적이다.

**표 5-6-8 경제 교구**

| 번 호 | 경제 교구 | 생활 영역 | 몬테소리 영역 | 비 고 |
|---|---|---|---|---|
| 1 | 세계 여러 나라의 화폐 게임 | 탐구생활 | 문화 영역 | p.285 |
| 2 | 흥부와 놀부(경제 동화) | 표현 · 언어생활 | 언어 영역 | p.286 |
| 3 | 땅따먹기 | 탐구생활 | 수 영역 | p.287 |
| 4 | 세계 여러 나라의 물건을 사고 팔아요 | 탐구생활 | 수 · 문화 영역 | p.288 |
| 5 | 아시아, 유럽 여러 나라들의 수출품과 토산품 여행 | 탐구생활 | 문화 영역 | p.289 |
| 6 | 세계로 수출되는 우리의 자동차 | 탐구생활 | 문화 영역 | p.290 |
| 7 | 부자됩시다 | 언어생활 | 언어 영역 | p.291 |
| 8 | 어려운 사람을 도와주는 기관 | 사회생활 | 언어 · 문화 영역 | p.292 |
| 9 | 작은 관심 큰 사랑 | 사회생활 | 문화 영역 | p.293 |
| 10 | 세계의 돈이 보여요 | 사회생활 | 감각 · 문화 영역 | p.294 |
| 11 | 무슨 생각을 하고 있을까요? | 언어생활 | 언어 · 문화 영역 | p.295 |
| 12 | 사랑의 온도계 | 표현 · 사회생활 | 감각 영역 | p.296 |

## 교구 1 세계 여러 나라의 화폐 게임

**대상연령** 만 4, 5세

**경제개념** 사회봉사 활동

**몬테소리 사전활동** 지도 퍼즐, 국기 퍼즐(문화 영역)

**생활영역** 탐구생활

**활동목표**

- 나라별 화폐를 변별하고, 화폐 단위를 알아본다.
- 나라별 국기를 알아본다.

**활동자료** 게임판, 주사위, 각 나라의 화폐(9개국), 사람 인형 18개, 말 2개

**활동방법**

1. 2명의 유아가 말을 나누어 가진 후 순서를 정해 주사위를 던져 나온 수만큼 말을 옮긴다.
2. 국기가 있는 칸에 말이 오면 그 칸에 쓰여 있는 나라 이름과 화폐 단위를 읽은 후, 그 나라의 화폐를 가져오고 유아 자신의 사람 인형을 그 나라의 땅에 세운다(화폐 뒤에 있는 국기를 보고 정정).
3. 화폐가 모두 없어질 때까지 또 세계지도의 모든 나라에 사람 인형을 놓을 때까지 게임을 계속하고 화폐를 많이 가져간 사람이 이긴다.

## 교구 2 흥부와 놀부 (경제 동화)

**대상연령** 만 4, 5세 **경제개념** 사회봉사 활동

**몬테소리 사전활동** 동화 포인트 찾기(언어 영역)

**생활영역** 표현 · 언어생활

**활동목표** 동화 속에서 발견할 수 있는 경제 개념과 관련하여 작은 책으로 만든 동화를 읽으며 표현 활동으로 연결해 본다.

**활동자료**

- 흥부와 놀부 작은 책
- 부직포 손가락 인형 5개: 흥부, 놀부, 선녀, 도깨비, 제비

**활동방법**

1. 동화의 내용을 작은 책으로 읽어본다.
2. 극놀이로 진행해 본다.
   - 부직포로 만들어진 인형(흥부, 놀부, 선녀, 도깨비, 제비)
   - 배경판 앞으로 막대 인형을 움직이며 극놀이 및 이야기 꾸미기 언어 활동을 한다.

## 교구 3 땅 따먹기

**대상연령** 만 4, 5세 **경제개념** 사회봉사 활동

**몬테소리 사전활동** 덧셈의 암산판(수 영역)

**생활영역** 탐구생활

**활동목표** 수 개념과 공간 개념 향상 및 자신의 영역 확장을 통해 경제교육의 기초를 경험해 본다.

**활동자료** 게임판 세계지도, 색깔칩(2종류)

**활동방법**

1. 각자 하고 싶은 색깔의 칩을 고른 후 순서를 정해 첫 번째 시작하는 유아는 자신의 칩을 판 위에 놓는다.
2. 두 번째부터 땅따먹기 칩을 내려놓을 때는 자기의 칩과 한 면이라도 맞닿아야만 칩을 내려놓을 수 있다.
3. 만약 맞닿아 내려놓을 칩이 없을 때에는 한 번 쉬고 다음 번에 할 때는 아무 곳이나 내려놓을 수 있다.
4. 땅 따먹을 자리가 없을 때까지 활동을 한다.
5. 게임이 끝난 후 상대방과 같은 점수 칩을 제외한 나머지 칩을 합산하여 수가 많은 사람이 이긴다.

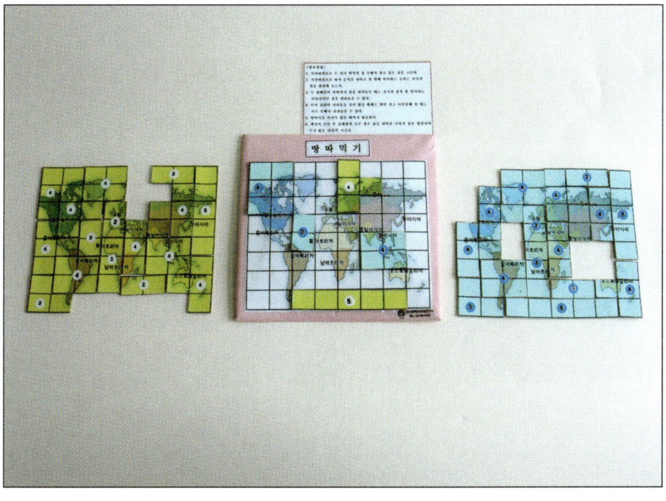

## 교구 4 세계 여러 나라의 물건을 사고 팔아요

**대상연령** 만 4, 5세 **경제개념** 사회봉사 활동

**몬테소리 사전활동** 우표놀이 덧셈(수 영역), 세계 여러 나라 지도 퍼즐(문화 영역)

**생활영역** 탐구생활

**활동목표** 국산품과 수입품을 게임을 통해 알아본다.

**활동자료**

- 수출품과 원화(₩)가 붙어 있는 활동판 2개
- 수입품과 달러($)가 붙어 있는 세계지도 게임판, 삼각주사위

**활동방법**

1. 수출용 국산품과 원화를 우리나라 지도가 그려진 활동판에 나열한다.
2. 수입품은 세계지도 판에 나열한다.
3. 2명의 유아가 순서를 정하고 주사위를 던진다.
4. 수출이 나오면 국산품 그림칩 1개를 세계지도 판에 붙이고 달러를 벌어온다.
5. 만약 수입이 나오면 원화를 주고 세계지도 판에 붙어 있는 그림칩과 자리를 바꾼다.
6. 수출품을 모두 수출하고 달러 10개를 먼저 벌어오는 친구가 이긴다.

## 교구 5 아시아, 유럽 여러 나라들의 수출품과 토산품 여행

**대상연령** 만 4, 5세 **경제개념** 사회봉사 활동

**몬테소리 사전활동** 세계 여러 나라 국기 맞추기, 세계 여러 나라 지도 퍼즐(문화 영역)

**생활영역** 탐구생활

**활동목표** 세계 여러 나라의 토산품과 수출품, 그리고 각 나라의 국기를 안다.

**활동자료** 유럽, 아시아 국기 맞추기 게임판, 주사위, 토산품 · 수출품 국기(8개씩)

**활동방법**

**〈개인 활동〉**

1. 하고 싶은 대륙의 국기 맞추기 판을 결정한다.
2. 국기판 위의 스티커에 세계 여러 나라의 국기를 나열한다.
3. 나라 이름을 이야기하고 국기 뒤의 토산품을 확인한 후 그 나라 위치에 국기를 올려놓는다.

**〈게임〉**

1. 2명의 유아가 각각 하고 싶은 대륙의 국기 맞추기 판을 결정한다.
2. 각자의 게임판에 8개의 국기를 스티커 위에 나열한다.
3. 순서를 정한 후 주사위를 던져 나온 색(노란색, 빨간색)으로 대륙과 국기를 맞출 수 있다.
4. 나라 이름을 이야기하고 국기 뒤의 토산품을 확인한 후 그 나라 위치에 국기를 올려놓는다.
5. 먼저 8개의 국기를 놓는 유아가 이기는 게임이다.

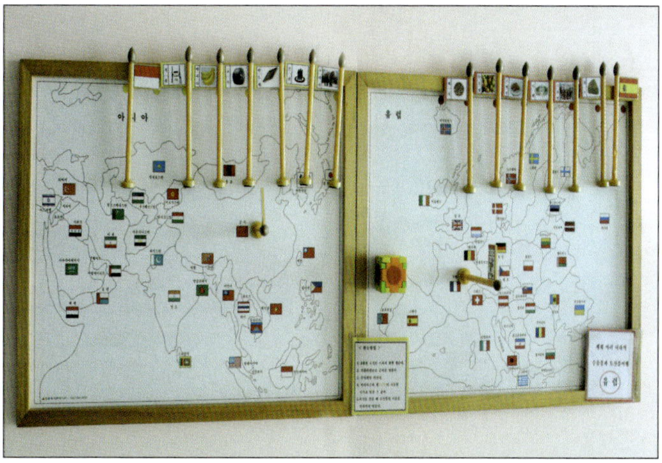

## 교구 6 세계로 수출되는 우리의 자동차

**대상연령** 만 4, 5세 **경제개념** 사회봉사 활동

**몬테소리 사전활동** 세계 여러 나라 지도 퍼즐 맞추기(문화 영역)

**생활영역** 탐구생활

**활동목표** 우리나라에서 만든 자동차와 세계 여러 나라로 수출되어 가는 과정을 안다.

**활동자료** 게임판, 자동차 10대, 모형 외화, 주사위

**활동방법**

1. 게임판을 보면서 자동차가 다른 나라로 어떻게 수출되는지 과정을 순서대로 읽어 본다.
2. 2명의 유아가 각자 자동차를 5대씩 나누고 순서를 정한다.
3. 주사위를 던져서 주사위 숫자만큼 자동차를 옮겨 길을 떠난다.
4. 도착 지점에 도착하면 자동차를 수출하고 외화를 받아온다.
5. 자동차 5대를 모두 수출한 유아가 이긴다.
6. 벌어온 외화를 모두 세어본다.

# 교구 7 부자됩시다

**대상연령** 만 4, 5세 **경제개념** 사회봉사 활동

**몬테소리 사전활동** 수수께끼, 고사성어, 속담(언어 영역)

**생활영역** 언어생활

**활동목표** 수수께끼를 통해서 경제 지식과 경제 용어를 알아본다.

**활동자료** 수수께끼 1, 2 워크지

**활동방법**

1. 수수께끼 문제를 읽어보면서 한 문제씩 놀이처럼 알아맞힌다. 집에서도 가족들과 함께 문제를 풀어보도록 한다.

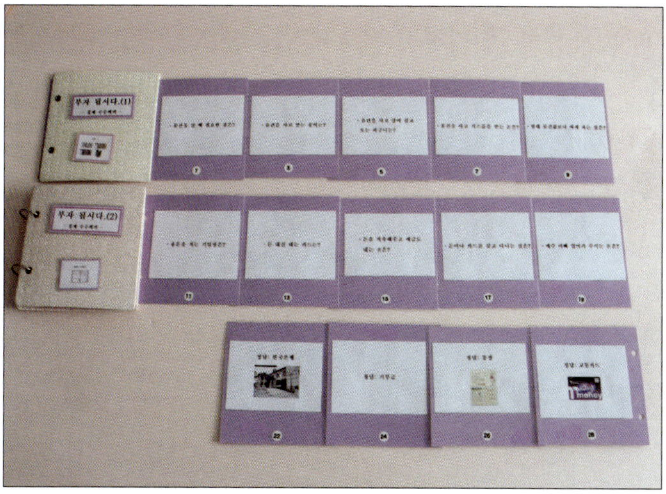

## 교구 8 어려운 사람을 도와주는 기관 (봉사 기관)

**대상연령** 만 4, 5세 **경제개념** 사회봉사 활동

**몬테소리 사전활동** 어려운 말 찾기(언어 영역), 분류된 명칭의 그림 카드 맞추기(문화 영역)

**생활영역** 사회생활

**활동목표** 어려운 사람을 도와주는 기관을 알아보고 마크와 이름을 1:1 매칭해 본다.

**활동자료** 작은 책, 패턴 책, 사람 인형과 봉사 기관 마크

**활동방법**

1. 작은 책을 보면서 각 기관의 봉사 활동에 대해 이야기하며 각 기관의 마크와 이름을 알려준다.
2. 패턴 책을 본 후 책과 똑같이 마크에 의한 사람을 연결한다.
3. 사람의 손과 손을 연결하듯 사랑의 마음을 모으기로 한다.

〈봉사 기관 내용〉

홀트 아동복지회, 한국백혈병소아암협회, 적십자, 유니세프, 구세군

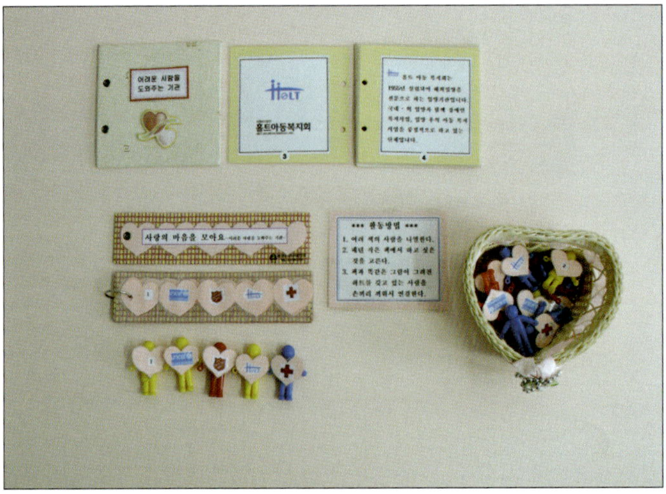

## 교구 9 작은 관심 큰 사랑

**대상연령** 만 3, 4세 **경제개념** 사회봉사 활동

**몬테소리 사전활동** 지도 서랍(문화 영역)

**생활영역** 사회생활

**활동목표** 절약으로 빈곤한 나라의 어린이들을 도울 수 있는 방법과 나눔의 기쁨을 느낀다.

**활동자료** 구호 물품 주사위, 세계지도 주사위, 사람 모형, 세계 지도판

**활동방법**

1. 절대 빈곤의 나라와 어린이들에 대해 이야기를 나눈 후 도울 수 있는 방법에 대해 알아본다.
2. 구호 물품의 주사위와 세계지도 주사위를 동시에 던진다.
3. 던진 주사위의 대륙에 구호 물품을 통해 도울 수 있는 유아의 인원수를 놓아본다.
4. 10명의 유아를 모두 대륙에 놓은 유아가 이긴다.

교구 10

# 세계의 돈이 보여요

**대상연령** 만 4, 5세 **경제개념** 사회봉사 활동

**몬테소리 사전활동** 기억놀이(감각), 지도 서랍(문화 영역)

**생활영역** 사회생활

**활동목표** 세계 여러 나라의 화폐에 관심을 갖고 알아본다.

**활동자료** 세계 여러 나라 화폐 책, 지도판, 카드 7쌍(화폐와 나라, 단위)

**활동방법**

**〈1단계-탐색, 변별 〉**

세계 여러 나라의 화폐 책을 보고, 카드를 찾아 지도에 놓아본다.

**〈2단계-게임 〉**

1. 카드를 모두 뒤집어 놓는다.
2. 두 명의 유아가 가위바위보로 순서를 정한다.
3. 카드의 위치를 기억하여 동시에 2개 뒤집는다.
4. 뒤집은 카드의 화폐가 같으면 갖고, 다르면 다시 뒤집어 놓는다.
5. 더 많은 카드를 가진 유아가 이긴다.

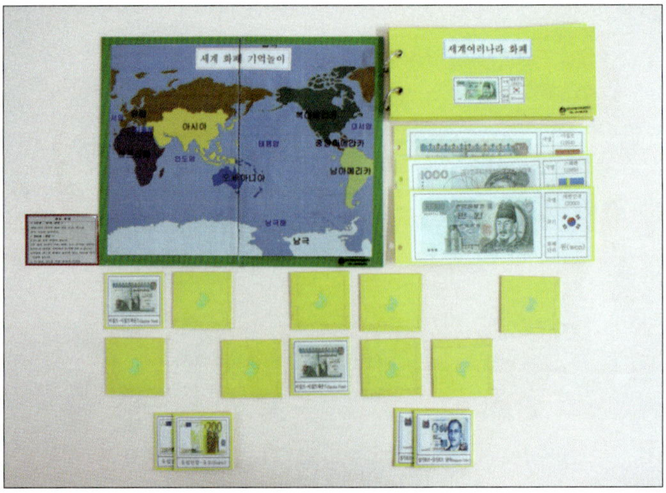

## 교구 11 무슨 생각을 하고 있을까요?

**대상연령** 만 4, 5세 **경제개념** 사회봉사 활동

**몬테소리 사전활동** 말놀이(언어 영역), 국기(문화 영역)

**생활영역** 언어생활

**활동목표** 그림을 보고 주인공의 생각이나 말을 상상하여 말이나 글로 표현한다.

**활동자료** 그림 액자(생각을 말하거나 쓸 수 있게 말풍선이 있음), 사인펜, 지우개

**활동방법**

1. 액자 속의 그림을 본다.
2. “내가 그림 속의 주인공이라면 무슨 생각이나 말을 할까?”라는 것을 말이나 글로 표현해 본다.
3. 다른 그림으로도 바꾸어서 활동한다.

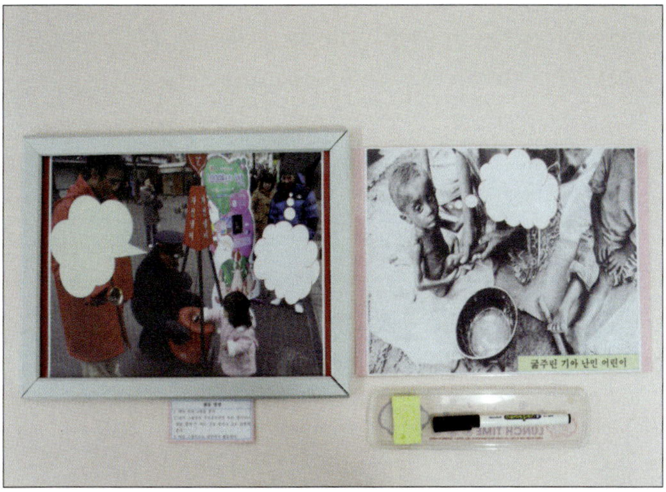

## 교구 12 사랑의 온도계

**대상연령** 만 4, 5세 **경제개념** 사회봉사 활동

**몬테소리 사전활동** 갈색계단(감각 영역)

**생활영역** 표현 · 사회생활

**활동목표** 우리와는 조금 다른 외국인 노동자와 그의 가족들에 대해서 알아보고 어떻게 하면 그들과 우리의 가정이 편견 없이 친해질 수 있는지 이야기해 본다.

**활동자료** 작은 책, 사회봉사 단체 마크, 주사위, 지시문, 사람의 온도계, 노란 계단

**활동방법**

1. 우리를 도와주는 여러 기관들에 대해서 작은 책을 읽어보고 기관명이 하는 일을 알아본다.
2. 활동판을 보고 각 기관에 해당하는 지시문을 익힌다(예 유이세프-위로 한 칸 올라가기 등).
3. 노란계단을 가장 가는 막대에서 시작해서 가장 굵은 막대까지 지시문에 있는 대로 따른 후 먼저 한 번을 돌아오면 사람의 온도계를 한 칸씩 올린다.
4. 0부터 시작해서 100까지 10칸을 먼저 다 올라가는 친구가 이긴다.

References

# 참고 문헌


강철희(2004). 자선적 행위조사 연구에 대한보고. 한국 비영리 연구, 3(1), 5-43.

강호남(2005). 교육이 미래다-두뇌전쟁의 비밀 손(手). 2005년 6월 EBS 방영.

곽향림(2000). 다문화 시대의 유아교육. 유아교육 학술대회, 103-120.

권광임(2007). 개인기부자의 기부행동 특성에 관한 연구. 신라대 대학원 석사학위논문.

교육부(1998). 초등학교 교육과정 해설(Ⅲ). 서울: 인쇄 고업 협동조합.

구수경(1999). 토의학습이 유치원 아동의 창의력에 미치는 효과. 계명대 교육대학원 석사학위논문.

국민은행연구소(2002). 20대의 소비 · 금융형태 현명한가?

권영례(1998). 유아수학교육. 서울: 창지사.

김덕순(2004). 유아 경제교육에 대한 교사의 인식. 충남대교육대학원 유아교육 박사학위논문.

김미현(1997). 유아 경제교육 활동이 경제기본개념에 미치는 영향. 한국교원대학원 석사학위논문.

김상규(2001). 속담을 이용한 경제학 개념 교육. 경제교육, 제10권 제1호. KD1 경제정보센터.

김영옥 · 홍혜경(1998). 유아의 소비 생활 인식과 경제교육을 위한 교육과정 모색. 한국아동학회 춘계학술대회, 41-63.

김우식(2002). 교사 중심의 토의 수업과 학생 중심 토의 수업이 학습자의 토의 태도 및 토의기능에 미치는 효과. 한국교원대 교육대학원 석사학위논문.

김은정(2003). 유아 체육활동이 5, 6세 유아의 운동능력과 인지발달에 미치는 영향. 명지대 사회교육대학원 유아체육전공 석사학위논문.

김정신(2006). 올바른 경제관 정립을 위한 중등경제교육에 관한 연구. 단국대 교육대학원 석사학위논문.

김지연(2005). 유아의 화폐개념에 관한 연구. 중앙대 교육대학원 석사학위논문.

김진수(2002). 줄넘기 운동이 초등학교 아동의 체격에 미치는 영향. 춘천교육대 교육 대학원 석사논문.

돈보스꼬몬테소리 교육실천연구소(2004). 몬테소리실천교육을 통한 유아의 실물경제교육프로그램. 서울: 어린이뜰.

돈보스꼬몬테소리 교육실천연구소(2006). 총체적 통합프로그램과 창의적 몬테소리 교육의 실천 방법. 서울: 창지사.

동아일보(1997. 1. 6). 아동도 당당한 고객.

마명락(2006). 걷기 운동이 흡연 고교생의 신체구성과 심폐기능 및 혈액 성분에 미치는 영향. 영남대 대학원 박사학위논문.

문미회 외(2007). 행복한 부자로 키우는 유태인식 경제교육. 서울: 달과소.

박기출(2002). 유아기 체육교육이 유아의 정서발달과 신체 및 친사회적 행동에 미치는 영향. 경기대 교육대학원 석사학위논문.

박순자(2005). 외국인 근로자 활용 업체 실태 조사 보고서. 국정감사 자료집.

박종수(2004). 우리나라 고등학교 사회과 경제교육에 관한 연구. 원광대 교육대학원 석사학위논문.

박지영(2005). 초등학생의 용돈관리 실태분석: 초등학교 5,6학년을 중심으로. 군산대 교육대학원 석사학위논문.

서덕남(2006). 인체 뇌에서 손의 운동영역에 대한 f-MRI 연구. 경희대학교 대학원 동서의료공학과 석사학위논문.

송병락(2004). 부자는 10대에 결정된다. 서울: (주)서울문화사.

스포츠 백과대사전(1974). 예로사.

심정희(2007). 초등사회과 경제교육의 교육과정별 비교분석. 부산교육대 교육대학원 석사학위논문.

양용희(2003). 한국기부문화가 가야할 길. 문화도시 문화 복지, vol.150.

양혜숙(2006). 초등학생들의 합리적인 용돈 활용 초등학생의 용돈관리 실태분석: 초등학교 5,6학년을 중심으로. 광주교육대 교육대학원 석사학위논문.

예소란(2006). 훌라후프 운동 및 식이 병행요법이 비만 여성의 신체조성과 체력에 미치는 영향. 이화여자대학교 대학원 체육학전공 석사학위논문.

오정화(2000). 유아의 소비행동 실태와 부모의 소비행동지도. 전남대교육대학원 석사학위논문.

유아교육 학술대회(2003). 미래를 준비하는 어린이: 어린이와 경제. 사단법인 어린이 육영회.

유애선(2003). 산책 활동 시 언어적 상호 작용이 유아의 그리기 표현에 미치는 영향: 미술 교수-학습방법 4단계 중심으로. 중앙대 교육대학원 석사학위논문.

유혜자 역(2007). 청소년을 위한 경제의 역사. 서울: 비룡소.

윤애희 외(2001). 유아 교사를 위한 교재 · 교구 연구. 서울: 다음세대.

윤영훈(2007). 국민공통 기본 교육과정에서의 사회과 경제 교육 내용 분석: 제7차 교육과정 3-10학년을 중심으로 운영. 전주교육대 교육대학원 석사학위논문.

이기숙 외(1998). 유아를 위한 소비자교육 프로그램. 서울: 양서원.

이기춘(1986). 청소년을 소비자를 중심으로 한 소비자 교육에 관한 연구. 한국 가정관리학회지, 4(1).

이기춘(1988). 소비자 교육의 이론과 실제. 서울: 교문사.

이기춘(1993). 소비자 교육학. 서울: 교문사.

이기춘 외(2000). 소비자 재무 설계론. 서울: 학현사.

이세원(2006). 경제동화를 활용한 토의활동과 역할놀이가 유아의 경제기본개념 및 자기조절 능력에 미치는 효과 비교. 전남대 대학원 유아교육전공 석사학위논문.

이영미(2005). 토의식 경제 관련 활동이 유아의 구매행동에 미치는 영향. 중앙대대학원 석사학위논문.

이원영 · 박찬옥 · 노영희(1992). 유아의 사회성 발달을 위한 프로그램 개발연구. 한국교육학회 유아교육 연구회.

이은정(2005). Montessori유아 수학교육 교수 방법과 수학 학습지에 의한 교수 방법이 유아의 수학 문제 해결력에 미치는 효과. 대구가톨릭대 교육대학원 석사학위논문.

이은창(2003). 줄넘기 운동이 초등학생의 비만도 및 체력발달에 미치는 영향. 전주교육대 교육대학원. 초등체육전공 석사논문.

이재연 · 김경희(1989). 부모교육. 서울:양서원.

이재은(1981). 어머니와 자녀와의 소비자 행동에 관한 연구. 이화여자대학교 대학원 석사학위논문.

이태근 외(1992). 경제교육론. 서울: 교학연구사.

이혜진(2006). 그림책에 나타난 경제개념 분석-경제주체, 기본 경제개념, 경제적 의사결정을 중심으로. 동덕여대 대학원 석사학위논문.

임미란(2007). 걷기운동이 폐경 전 비만중년여성의 대사증후군 구성요소, 건강체력 및 자아존중감에 미치는 영향. 건양대 보건복지대학원 석사학위논문.

임재택 · 하정연 · 김은주 · 박명숙 · 최윤정 · 박채숙(2004). 애들아! 산책 가자. 파주: 양서원.

임재택 · 하정연 · 조채영(2004). 선생님, 바깥놀이해요. 파주: 양서원.

전원정(2001). 유아를 위한 체력강화 운동프로그램의 모형과 그 효과. 대구가톨릭대 교육대학원 석사논문.

정수미(1990). 아동의 경제적 개념 이해에 관한 연구. 중앙대 교육대학원 석사학위논문.

정호영(2006). 사회복지시설 기부 행위에 영향을 미치는 요인에 관한 연구-기부 금액과 기부기간을 중심으로. 숭실대 대학원 박사학위논문.

천규승(2003). 바람직한 경제교육의 방향. 교육마당 21 통권 258호. 교육인적자원부.

천규승(2006). 경제는 습관이다. 서울: 아카데미북.

천규승(2006). 경제교육의 현주소와 선진국의 경험. 미래를 준비하는 어린이와 경제교육. 한국 어린이 육영회 학술대회 자료집.

하용선(2005). 초등학생의 용돈관리 실태 조사 연구. 공주교육대 교육대학원 석사학위논문.

한국유아교육학회(1996). 유아교육사전. 서울: 한국사전연구원.

한국유아교육협의회(1999). 유아에게 적합한 통합교육활동. 유아교육, 제22호.

한국일보(2007. 11. 21). 나눔 '쏙쏙' 기업 '쑥쑥', B1면.

한지선(2005). 지속적인 기부행동에 영향을 미치는 요인에 관한 연구. 이화여자대학교 대학원 석사학위논문.

한진수(2002). 미국 초등 경제교육 프로그램들의 이해. 경인교육대학교 교육총론, 23집. 345-365.

한형원(1998). 아동의 경제적 개념에 관한 연구: 돈과 빈 · 부의 개념을 중심으로. 이화여자대학교 대학원 석사학위논문.

한희경(1998). 어머니의 경제교육태도와 유아의 경제기본 개념과의 관련성 연구. 한국외국어대 교육대학원 석사학위논문.

홍영숙(2007). 다문화 가정이 봉착하는 자녀교육 문제와 시사점. 광주교육대 교육대학원 석사학위논문.

황덕호 외(1999). 유아체육의 개념과 응용, 34. 국민서관.

西本順次郎,『モンテッソリ 幼兒教育入門』, 福忖出版, 1975.

ヘしｰネ・ヘルミンク, 平野智美 他譯,『モンテッソｰリ教育學』, エンテルし書店, 1982.

市丸成人,『モンテッソｰリ 教育入門』, 學硏, 1984.

M. モンテッソｰリ, 坂本?譯,『人間の形成』エンテルし書店, 1985.

モンテッソリ 吉本二郎モ 他譯,『モンテッソリの教育・0歲~6歲』, あすなろ 書店, 1986.

相良敦子,『モンテッソリ教育の理論概說』, 學習硏究社, 1993, 菊野正隆監修譯,『創造する子供』.

日興 アチソツャル・イソテリツェソス, 米國 英國 に あける 金融に係れる 消責 消費者 教育 關にする 實踐 調査, 2002.

松浦鶴造著,『モテッソｰリ 教育の 硏究』五月書房刊, 1986.

山下戊春編,『基本 運動』, (株)タムスイ, 1982.

Decon, R. E. & Francille M. F. (1981). *Family Resource Management*, 119-141. Boston: Allyn and Bacon Inc.

Jacoby, M. (1982). *Rationale for Sensorial Area, The Constructive Triangle, Vol. IX*, No. 1. Winter. N.Y: The American Montessori Society.

Keil, F. C. (1989). *Concelcs, kind, and cognitive development*. Cambridge, MA: MIT Press

Kourilsky, M. (1997). The Kinder-Economy: A Case Study of kindergarten Puil' s Acquisition of Concepts. *The Elentary school Journal, 77*(3), 182-191

Montessori, M. (1965). *Dr. Montessori' s Own Handbook*. N.Y: Schocken Books Inc.

Montessori, M. (1996). *The secret of childhood*(M. Joseph Costelloe, Trains.)

Montessori, M. (1997). *The Absorbent mind*. Holt, Rinehart and Winston.

Nickell, P. & Jean Muir Dorsey (1967). *Management in Family Living*(4th ed), 280. John Witey 7Sons.

Paula Polk Lillard. (1972). *Montessori-A Modem Approach*. N.Y: Schocken Books Inc.

Strauss, A. L. (1952). The development and transformation of monetary meaning in child. *American Social Review, 17*, 275-286.

Teacher Training Program (1986). Association Montessori International Institute of Los Angeles, Inc. Association Montessori International.

구글 http://www.google.co.kr

교육인적자원부 http://www.moe.go.kr

네이버 http://www.naver.com

다음 http://www. daum.net

대한 줄넘기 협회 http://www.jumprope.co.kr.

사회복지공동모금회 http://www.chest.or.kr

에듀넷 http://www.edunet4u.net

엠파스 http://www.empas.com

한국조폐공사 홈페이지 http://www.komsco.com

# 부 록

1 속 담

2 월별 용돈 받기 활동표

3 용돈 기입장

4 가정 활동 조사서

5 모듬지

6 개인 활동지

7 흥미 영역

8 경제 동화책 목록

| 속담 | 내 물건이 좋아야 제값을 받을 수 있다. | 경제 개념 | 생산 |
|---|---|---|---|
| 풀이 | 물건값을 제대로 받으려면 좋은 품질의 것으로 팔아야 한다는 뜻. | | |

| 내 | | 물 | 건 | 이 | | 좋 | 아 | 야 |
|---|---|---|---|---|---|---|---|---|
| 제 | 값 | 을 | | 받 | 을 | | 수 | |
| 있 | 다 | . | | | | | | |

| 속담 | 소 팔아 소고기 사먹는다. | 경제 개념 | 비합리적 소비 |
|---|---|---|---|
| 풀이 | 큰 것을 희생하여 적은 이익을 본다는 뜻. | | |

| 소 | | 팔 | 아 | | 소 | 고 | 기 | |
|---|---|---|---|---|---|---|---|---|
| 사 | | 먹 | 는 | 다 | . | | | |
| | | | | | | | | |

| 속담 | 가는 떡이 두터워야 오는 떡도 두텁다. | 경제 개념 | 교환 |
|---|---|---|---|
| 풀이 | 내가 남에게 좋게 해야 남도 나에게 잘한다는 뜻. | | |

가는 떡이 두터워야 오는 떡도 두텁다.

| 속담 | 밀짚모자는 겨울에 준비하라. | 경제 개념 | 합리적 소비 |
|---|---|---|---|
| 풀이 | 꼭 필요한 것을 계획하여 사면 값은 매우 싸게, 품질은 좋은 것을 고를 수 있다는 뜻. | | |

밀짚모자는 겨울에 준비하라.

| 속담 | 콩 한 쪽도 나누어 먹어라. | 경제 개념 | 제한된 자원 |
|---|---|---|---|
| 풀이 | 작은 것일지라도 서로 나누어 함께하라는 뜻. | | |

| 콩 | | 한 | | 쪽 | 도 | | 나 | 누 |
|---|---|---|---|---|---|---|---|---|
| 어 | | 먹 | 어 | 라 | . | | | |
| | | | | | | | | |

| 속담 | 뿌리 깊은 나무는 바람에 흔들리지 않는다. | 경제 개념 | 경제의 기초 |
|---|---|---|---|
| 풀이 | 가장 기본이 되는 기초부터 튼튼해야 한다는 뜻. | | |

| 뿌 | 리 | | 깊 | 은 | | 나 | 무 | 는 |
|---|---|---|---|---|---|---|---|---|
| 바 | 람 | 에 | | 흔 | 들 | 리 | 지 | |
| 않 | 는 | 다 | . | | | | | |

| 속담 | 산토끼 잡으려다 집토끼 놓친다. | 경제 개념 | 기회비용 |
|---|---|---|---|
| 풀이 | 욕심을 부려 이익을 얻으려다 오히려 손해를 본다는 뜻. | | |

산토끼 잡으려다
집토끼 놓친다.

| 속담 | 시작이 반이다. | 경제 개념 | 경제의 기초 |
|---|---|---|---|
| 풀이 | 모든 일에는 시작이 중요하다는 뜻. | | |

시작이 반이다.

| 속담 | 백지장도 맞들면 낫다. | 경제 개념 | 분업 |
|---|---|---|---|
| 풀이 | 같은 제품을 파는 곳에서 같은 것을 만드는 것보다 서로 잘하는 것을 맡아 분배해 도와가며 제품을 완성하면 생산성이 높아진다는 뜻. | | |

백 지 장 도 맞 들 면
낫 다.

| 속담 | 구슬이 서 말이라도 꿰어야 보배다. | 경제 개념 | 생산 |
|---|---|---|---|
| 풀이 | 아무리 좋은 물건이 많다고 하더라도 그대로 둔다면 그 진가를 드러내지 못한다는 뜻. | | |

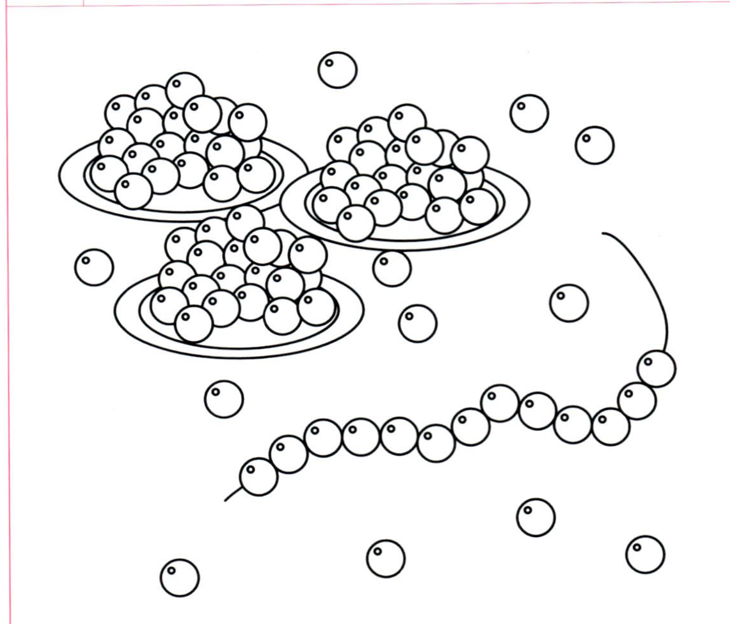

구 슬 이 서 말 이 라
도 꿰 어 야 보 배 다

| 속담 | 우물도 한 우물을 파라. | 경제 개념 | 생산 |
|---|---|---|---|
| 풀이 | 무슨 일이든지 한 가지 일을 꾸준히 계속해야 성공할 수 있다는 뜻. | | |

| 우 | 물 | 도 | | 한 | | 우 | 물 | 을 |
|---|---|---|---|---|---|---|---|---|
| 파 | 라 | . | | | | | | |
| | | | | | | | | |

| 속담 | 열 번 재고 가위질은 한 번에 하라. | 경제 개념 | 합리적 소비 |
|---|---|---|---|
| 풀이 | 물건을 사기 전에 신중하게 생각해 본 다음에 행동으로 옮겨야 한다는 뜻. | | |

| 열 | | 번 | | 재 | 고 | | 가 | 위 |
|---|---|---|---|---|---|---|---|---|
| 질 | 은 | | 한 | | 번 | 에 | | 하 |
| 라 | . | | | | | | | |

## 3월 용돈 받기 활동표

| 5세 | 6세 | 7세 |
|---|---|---|
| 1. 신문 갖다 드리기<br>2. 인사하기<br>3. 사용한 물건 정리하기<br>4. 이 닦기, 세수하기,<br>옷 입고 벗기<br>5. 설거지, 식탁 준비 | 1. 쓰레기 분류 돕기<br>2. 신발 정리, 구두 닦기<br>3. 심부름 하기<br>4. 세탁물 접기<br>5. 청소하기 | 1. 차 대접하기<br>2. 화분에 물주고 나뭇잎 닦기<br>3. 동생 돌보기<br>4. 효도하기<br>(부모님 팔다리 주무르기) |

*내용과 항목은 각 가정에서 가족과 함께 의논하셔서 조정하셔도 됩니다.

## 4월 용돈 받기 활동표

| 5세 | 6세 | 7세 |
|---|---|---|
| 1. 신문 갖다 드리기<br>2. 인사하기<br>3. 사용한 물건 정리하기<br>4. 이 닦기, 세수하기,<br>옷 입고 벗기<br>5. 설거지, 식탁 준비 | 1. 쓰레기 분류 돕기<br>2. 신발 정리, 구두 닦기<br>3. 심부름 하기<br>4. 세탁물 접기<br>5. 청소하기 | 1. 차 대접하기<br>2. 화분에 물주고 나뭇잎 닦기<br>3. 동생 돌보기<br>4. 효도하기<br>(부모님 팔다리 주무르기) |

*내용과 항목은 각 가정에서 가족과 함께 의논하셔서 조정하셔도 됩니다.

## 5월 용돈 받기 활동표

| 5세 | 6세 | 7세 |
|---|---|---|
| 1. 신문 갖다 드리기<br>2. 인사하기<br>3. 사용한 물건 정리하기<br>4. 이 닦기, 세수하기, 옷 입고 벗기<br>5. 설거지, 식탁 준비 | 1. 쓰레기 분류 돕기<br>2. 신발 정리, 구두 닦기<br>3. 심부름 하기<br>4. 세탁물 접기<br>5. 청소하기 | 1. 차 대접하기<br>2. 화분에 물주고 나뭇잎 닦기<br>3. 동생 돌보기<br>4. 효도하기 (부모님 팔다리 주무르기) |

*내용과 항목은 각 가정에서 가족과 함께 의논하셔서 조정하셔도 됩니다.

## 6월 용돈 받기 활동표

| 5세 | 6세 | 7세 |
|---|---|---|
| 1. 신문 갖다 드리기<br>2. 인사하기<br>3. 사용한 물건 정리하기<br>4. 이 닦기, 세수하기, 옷 입고 벗기<br>5. 설거지, 식탁 준비 | 1. 쓰레기 분류 돕기<br>2. 신발 정리, 구두 닦기<br>3. 심부름 하기<br>4. 세탁물 접기<br>5. 청소하기 | 1. 차 대접하기<br>2. 화분에 물주고 나뭇잎 닦기<br>3. 동생 돌보기<br>4. 효도하기 (부모님 팔다리 주무르기) |

*내용과 항목은 각 가정에서 가족과 함께 의논하셔서 조정하셔도 됩니다.

## 7월 용돈 받기 활동표

| 5세 | 6세 | 7세 |
|---|---|---|
| 1. 신문 갖다 드리기<br>2. 인사하기<br>3. 사용한 물건 정리하기<br>4. 이 닦기, 세수하기, 옷 입고 벗기<br>5. 설거지, 식탁 준비 | 1. 쓰레기 분류 돕기<br>2. 신발 정리, 구두 닦기<br>3. 심부름 하기<br>4. 세탁물 접기<br>5. 청소하기 | 1. 차 대접하기<br>2. 화분에 물주고 나뭇잎 닦기<br>3. 동생 돌보기<br>4. 효도하기<br>(부모님 팔다리 주무르기) |

*내용과 항목은 각 가정에서 가족과 함께 의논하셔서 조정하셔도 됩니다.

## 8월 용돈 받기 활동표

| 5세 | 6세 | 7세 |
|---|---|---|
| 1. 신문 갖다 드리기<br>2. 인사하기<br>3. 사용한 물건 정리하기<br>4. 이 닦기, 세수하기, 옷 입고 벗기<br>5. 설거지, 식탁 준비 | 1. 쓰레기 분류 돕기<br>2. 신발 정리, 구두 닦기<br>3. 심부름 하기<br>4. 세탁물 접기<br>5. 청소하기 | 1. 차 대접하기<br>2. 화분에 물주고 나뭇잎 닦기<br>3. 동생 돌보기<br>4. 효도하기<br>(부모님 팔다리 주무르기) |

*내용과 항목은 각 가정에서 가족과 함께 의논하셔서 조정하셔도 됩니다.

## 9월 용돈 받기 활동표

| 5세 | 6세 | 7세 |
|---|---|---|
| 1. 신문 갖다 드리기<br>2. 인사하기<br>3. 사용한 물건 정리하기<br>4. 이 닦기, 세수하기, 옷 입고 벗기<br>5. 설거지, 식탁 준비 | 1. 쓰레기 분류 돕기<br>2. 신발 정리, 구두 닦기<br>3. 심부름 하기<br>4. 세탁물 접기<br>5. 청소하기 | 1. 차 대접하기<br>2. 화분에 물주고 나뭇잎 닦기<br>3. 동생 돌보기<br>4. 효도하기 (부모님 팔다리 주무르기) |

* 내용과 항목은 각 가정에서 가족과 함께 의논하셔서 조정하셔도 됩니다.

## 10월 용돈 받기 활동표

| 5세 | 6세 | 7세 |
|---|---|---|
| 1. 신문 갖다 드리기<br>2. 인사하기<br>3. 사용한 물건 정리하기<br>4. 이 닦기, 세수하기, 옷 입고 벗기<br>5. 설거지, 식탁 준비 | 1. 쓰레기 분류 돕기<br>2. 신발 정리, 구두 닦기<br>3. 심부름 하기<br>4. 세탁물 접기<br>5. 청소하기 | 1. 차 대접하기<br>2. 화분에 물주고 나뭇잎 닦기<br>3. 동생 돌보기<br>4. 효도하기 (부모님 팔다리 주무르기) |

* 내용과 항목은 각 가정에서 가족과 함께 의논하셔서 조정하셔도 됩니다.

## 11월 용돈 받기 활동표

| 5세 | 6세 | 7세 |
|---|---|---|
| 1. 신문 갖다 드리기<br>2. 인사하기<br>3. 사용한 물건 정리하기<br>4. 이 닦기, 세수하기,<br>옷 입고 벗기<br>5. 설거지, 식탁 준비 | 1. 쓰레기 분류 돕기<br>2. 신발 정리, 구두 닦기<br>3. 심부름 하기<br>4. 세탁물 접기<br>5. 청소하기 | 1. 차 대접하기<br>2. 화분에 물주고 나뭇잎<br>닦기<br>3. 동생 돌보기<br>4. 효도하기<br>(부모님 팔다리 주무르기) |

* 내용과 항목은 각 가정에서 가족과 함께 의논하셔서 조정하셔도 됩니다.

## 12월 용돈 받기 활동표

| 5세 | 6세 | 7세 |
|---|---|---|
| 1. 신문 갖다 드리기<br>2. 인사하기<br>3. 사용한 물건 정리하기<br>4. 이 닦기, 세수하기,<br>옷 입고 벗기<br>5. 설거지, 식탁 준비 | 1. 쓰레기 분류 돕기<br>2. 신발 정리, 구두 닦기<br>3. 심부름 하기<br>4. 세탁물 접기<br>5. 청소하기 | 1. 차 대접하기<br>2. 화분에 물주고 나뭇잎<br>닦기<br>3. 동생 돌보기<br>4. 효도하기<br>(부모님 팔다리 주무르기) |

* 내용과 항목은 각 가정에서 가족과 함께 의논하셔서 조정하셔도 됩니다.

## 1월 용돈 받기 활동표

| 5세 | 6세 | 7세 |
|---|---|---|
| 1. 신문 갖다 드리기<br>2. 인사하기<br>3. 사용한 물건 정리하기<br>4. 이 닦기, 세수하기, 옷 입고 벗기<br>5. 설거지, 식탁 준비 | 1. 쓰레기 분류 돕기<br>2. 신발 정리, 구두 닦기<br>3. 심부름 하기<br>4. 세탁물 접기<br>5. 청소하기 | 1. 차 대접하기<br>2. 화분에 물주고 나뭇잎 닦기<br>3. 동생 돌보기<br>4. 효도하기 (부모님 팔다리 주무르기) |

*내용과 항목은 각 가정에서 가족과 함께 의논하셔서 조정하셔도 됩니다.

## 2월 용돈 받기 활동표

| 5세 | 6세 | 7세 |
|---|---|---|
| 1. 신문 갖다 드리기<br>2. 인사하기<br>3. 사용한 물건 정리하기<br>4. 이 닦기, 세수하기, 옷 입고 벗기<br>5. 설거지, 식탁 준비 | 1. 쓰레기 분류 돕기<br>2. 신발 정리, 구두 닦기<br>3. 심부름 하기<br>4. 세탁물 접기<br>5. 청소하기 | 1. 차 대접하기<br>2. 화분에 물주고 나뭇잎 닦기<br>3. 동생 돌보기<br>4. 효도하기 (부모님 팔다리 주무르기) |

*내용과 항목은 각 가정에서 가족과 함께 의논하셔서 조정하셔도 됩니다.

# 용돈 기입장

| 주 \ 내용 | 내 용 | 수입 | 지출 | 잔액 | 비고 |
|---|---|---|---|---|---|
| 1주 | | | | | |
| 2주 | | | | | |

| 주 \ 내용 | 내 용 | 수입 | 지출 | 잔액 | 비고 |
|---|---|---|---|---|---|
| 3주 | | | | | |
| 4주 | | | | | |
| 5주 | | | | | |

## 돈의 종류

• 현재 우리나라에서 사용되는 돈의 종류를 찾아 보고 얼마인지 알아 보아요.

| 단 위 | | 기 호 | |
|---|---|---|---|

| 그림 | 이름 | | 금액 |
|---|---|---|---|
| (10원 동전) | 다 보 탑 | •------• | 10 ( 십 원 ) |
| (10원 동전) | □ | • • | 10,000 ( ) |
| (100원 동전) | □□□ | • • | 1,000 ( ) |
| (500원 동전) | □□□ | • • | 5,000 ( ) |
| (1000원 지폐) | □□ | • • | 500 ( ) |
| (5000원 지폐) | □□ | • • | 50 ( ) |
| (10000원 지폐) | □□□□ | • • | 100 ( ) |

왜 '돈'은 '돈'이라고 불리게 되었을까? 옛날에는 무엇이라고 했을까?

③

[가정 활동 조사서]

# 돈의 가치와 중요성

– 돈의 가치와 중요성 –

돈의 역사와 돈이 어떻게 만들어지는지 과정을 알아보고,
돈의 소중함과 가치를 알고 바르게 사용하는 방법을 안다.

______반 이름 : ______

①

## 돈의 역사(변천)

- 우리가 사용하고 있는 돈은 옛날부터 사용했을까요? 주사위를 준비하고 가족들과의 게임을 통해 돈이 어떻게 발달하게 되었는지 알아 보아요.

〈활동 방법〉

1. 주사위를 던져 화살표 방향으로 전진한다.
   화폐의 발달 과정이 나오면 한 번 더 던질 수 있다.
2. 만약 돈이 나오면 그 돈만큼 돈을 가져온다.
   꽝이 나오면 한 번을 쉰다.
3. 도착점에 먼저 도착한 사람이 이긴다.

②

## 돈의 가치

• 우리 친구들이 좋아하는 맛있는 음식! 10년 전과 현재의 가격이 어떻게 다른지 가족과 함께 알아보아요.

1997년 → 2007년

• 왜 물건들의 가격이 10년 전과 달라졌을까?

④

[가정 활동 조사서]

# 돈은 어떻게 사용할까요?

–돈의 가치와 중요성–

화폐의 단위와 크기를 알고, 돈의 쓰임을 이해한다.
가격에 맞는 돈을 지불할 수 있는 능력을 기른다.

________반　이름 : ________

①

## 돈으로 할 수 있는 것

• 우리집에서 나에게 사용되는 돈의 목록을 모두 알아보고, 얼마가 사용되는지 알아보아요.

| 번호 | 어디에 사용되나요? (=품 목) | 얼마나 드나요? (=비 용) |
|---|---|---|
| 1 | | |
| 2 | | |
| 3 | | |
| 4 | | |
| 5 | | |
| 6 | | |
| 7 | | |
| 8 | | |
| 9 | | |

• 모두 합했더니 얼마의 비용이 드는지 계산기로 계산해 보세요.

______________ 원

②

## 돈은 왜 필요한가?

• 1,000~2,000원 사이의 물건 중에 엄마와 내가 필요한 물건을 5개 골라보고 무엇을 선택했는지 목록을 적어 보세요.

| 엄마가 필요한 물건 | 물건의 가격 | 내가 필요한 물건 | 물건의 가격 |
|---|---|---|---|
| | | | |
| | | | |
| | | | |
| | | | |
| | | | |
| | | | |
| 합 계 | | 합 계 | |

• 엄마가 산 물건 가격의 합과 내가 산 물건 가격의 합은 얼마일까요?

엄마의 물건 가격 합 : ______________ 원

내 물건 가격 합 : ______________ 원

③

시장(유통 과정)

• 오늘은 우리 가족들이 장을 보는 날입니다. 재래시장과 마트, 슈퍼마켓에서 각각 장을 봤을 때 물건의 가격이 어떤지 알아 보아요.

| 품 목 | 재래시장 | 슈퍼마켓 | 마 트 |
|---|---|---|---|
| 상추 (400g) | | | |
| 과자 (1봉지) | | | |
| 사과 (1개) | | | |
| 오징어 (1마리) | | | |

• 왜 슈퍼마켓보다 대형마트가 가격이 훨씬 저렴할까?

• 왜 대형마트에서는 물건을 묶어서 판매할까?

④

[가정 활동 조사서]

# 나도 돈을 벌 수 있어요

–돈을 버는 경제 활동–

노동과 수입의 관계를 이해하고 노동의 대가로 얻어지는 기쁨을 느껴 보고 돈의 소중함을 안다.

_______반 이름 : _______

①

## 직업

• 우리를 위해 애쓰시는 부모님의 직업을 알아보고, 감사의 마음을 가져요.

아빠(엄마) 사진 붙이기

• 아빠(엄마)의 직업은?

• 아빠(엄마)의 직업은 무슨 일을 하는 것인가요? (구체적으로)

• 어떻게 그 일을 하게 되었나요?

• 직업이 있어야 하는 이유?

• 아빠(엄마)를 위한 응원의 메시지!

②

## 기회비용

• 양푼비빔밥을 집에서 먹었을 때와 외식할 때의 가격을 비교해 보아요. 집에서 만들어 보고 사진도 찍어 보아요.

양푼 비빔밥 재료

만드는 순서 → → → (사진) 완성

• 집에서 만들어 먹은 비빔밥과 외식으로 먹은 비빔밥의 같은 점과 차이점은?

| 우리집 비빔밥의 가격 | 외식 비빔밥의 가격 |
|---|---|
| | |

모든 재료비 포함

• 왜 가격이 차이가 날까?

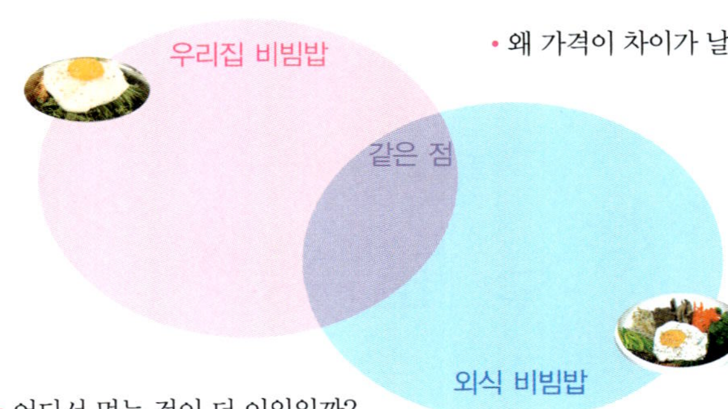


• 어디서 먹는 것이 더 이익일까?

③

## 은행의 종류

• 각 은행의 이름도 알아보고 은행에서 발급되는 카드의 종류도 알아보아요.

KB 우리은행 신한은행 KEB 외환은행 하나은행

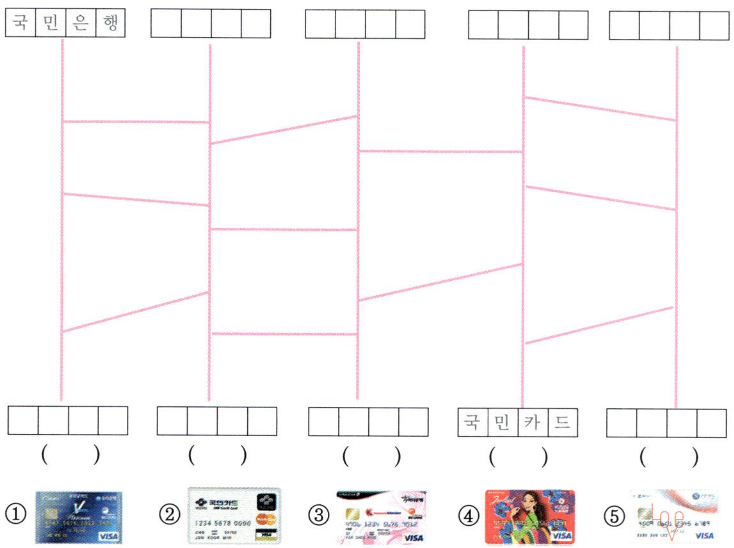


• 현금을 쓸 때와 카드를 쓸 때의 좋은 점과 불편한 점?

④

[가정 활동 조사서]

# 부자 되세요!

-돈을 관리하는 경제 활동-

노동의 대가로 얻어지는 돈!
돈을 얻는 기쁨을 느껴보고 잘 관리하는 방법도 알아본다.

__________반　이름 : __________

①

## 용돈 기입장과 가계부

• 내가 쓰는 용돈 기입장과 엄마가 쓰시는 가계부를 비교해 보고 무엇을 적는지 각각의 목록을 써보세요.

〈나의 용돈 기입장〉 〈엄마의 가계부〉

• 왜 용돈 기입장이나 가계부를 쓰는 것일까?

• 우리 집에 있는 모든 통장의 종류를 적어보고 어느 은행인지 알아보아요.

| 번호 | 통장 이름 | 은행 이름 | 무엇 때문에 만든 것인가? |
|---|---|---|---|
| | | | |
| | | | |
| | | | |
| | | | |
| | | | |

②

## 은행의 역할

• 은행이 하는 일을 미로를 따라 찾아가 보고 누가 먼저 도착하는지 알아보아요.

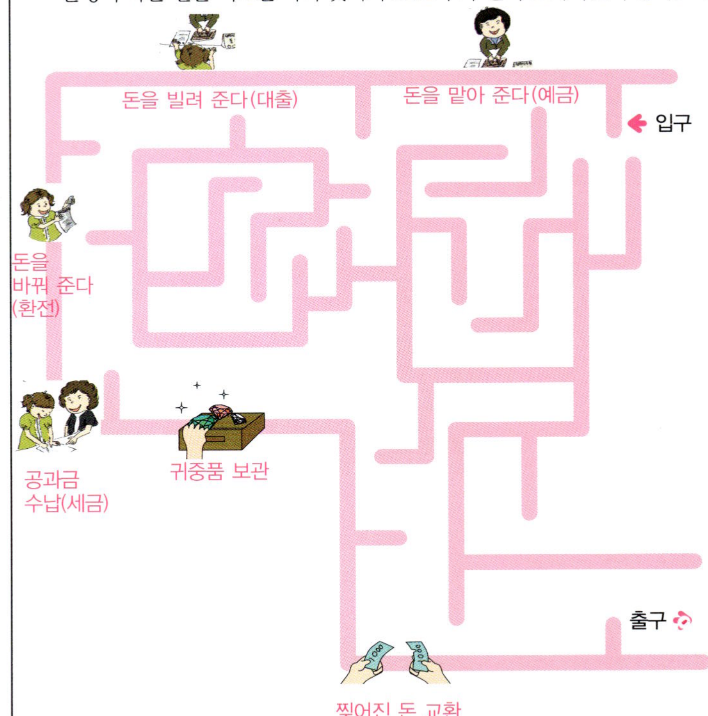


• 은행을 가지 않고도 은행 일을 볼 수 있는 방법은?

③

## 여행

• 우리 가족이 세계여행을 가려고 합니다. 어느 대륙으로 여행을 가고 싶나요? 지도에 ♥ 표시해 보세요.

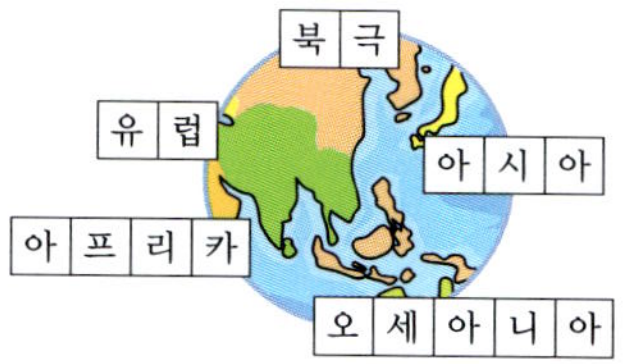

| 대륙 이름 | 대륙의 색 | 나라 이름 | 수도 이름 | 대표적 풍물 |
|---|---|---|---|---|
| | | | | |
| (　　　) | (　　　) | (　　　) | (　　　) | (　　　) |

________________ 까지 가는 데 항공료 구매 비용

항공사 :

어떻게 알아 보았나?

| 가족 | 항공료 가격 |
|---|---|
| 아버지 | |
| 어머니 | |
| 나 | |
| 언니(오빠) | |
| 누나(형) | |
| 동생 | |
| 합계 | |

• 왜 아버지 항공료와 내 항공료가 차이가 날까?

④

[가정 활동 조사서]

# 합리적인 소비생활

-돈을 쓰는 경제 활동-

돈으로 할 수 있는 경제 활동을 알아보고, 계획적인 소비를 통해 합리적인 경제생활을 몸에 익힌다.

__________반　　이름 : __________

①

## 계획하기

• 내가 우리 집에서 쓰고 있는 물건을 모두 조사해 보아요.

| 꼭 필요한 물건 | 꼭 필요하지 않은 물건 |
|---|---|
| | |

〈물건 구입 계획서〉 엄마와 장에 가기 전에 꼭 필요한 물건 구입 계획서를 작성해 보고, 구매 후 무엇이 어떻게 달라졌는지 비교해 보아요.

〈구매 전 목록 작성〉

| | |
|---|---|
| | |
| | |
| | |
| 합계 | |

〈구매 후 목록 작성〉

| | |
|---|---|
| | |
| | |
| | |
| 합계 | |

• 구매 전과 구매 후 달라진 점은?

• 왜 구매 계획서를 작성해야 하나?

②

## 공공비용

• 우리가 사용하는 공공요금을 조사해 보아요.

우표 ______ 원

공중전화 ______ 원

버스 ______ 원

지하철 ______ 원

택시 ______ 원

〈빠른 길 찾기〉 멋진 성이 있는 곳에서 출발하여 빨간 깃발들이 있는 곳을 지나서 다시 성으로 돌아오기까지의 방법은 모두 몇 가지일까요?

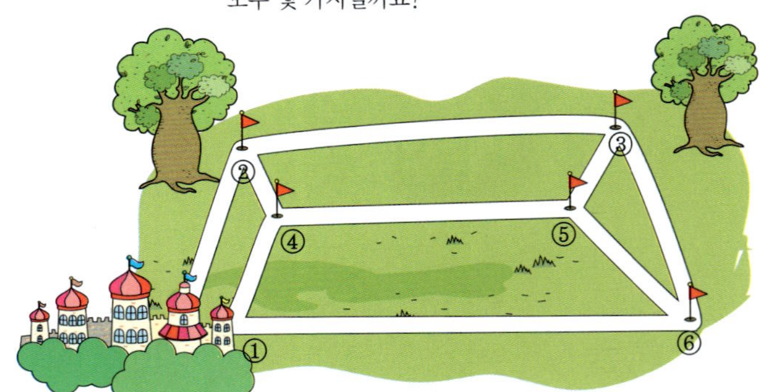


방법의 순서를 써 보세요. (예) 1 → 2 → 4 → 5 → 3 → 6 → 1)

〈몇 가지 방법?〉

③

다문화

• 우리나라의 근로자와 외국인 근로자의 같은 점과 다른 점은 무엇이 있는지 알아 보아요.

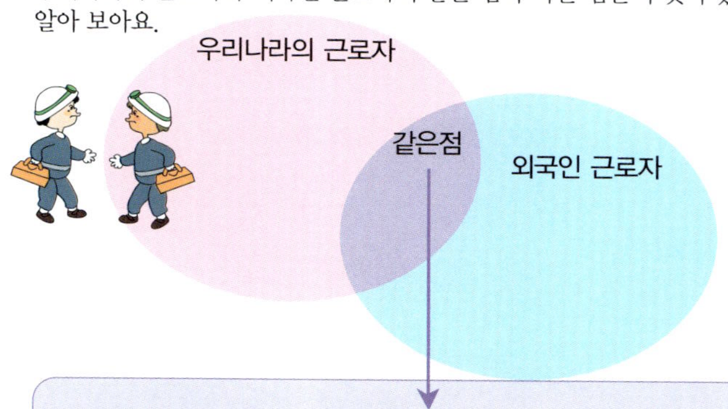


• 어느 나라의 외국인 근로자가 많은가?

• 어떻게 하면 외국인 근로자와 친해질 수 있을까?

④

[가정 활동 조사서]

# 함께 사는 세상

-사회봉사 활동-

좋은 사회 만들기의 일환인 작은 실천 나눔과 봉사 활동에 자발적으로 참여하여 밝고 긍정적인 세상을 키운다.

_________반 이름 : _________

①

## 국가

• 우리집에 있는 중국산 물건을 모두 찾아 보세요.

| 방 | 주방 | 욕실 | 거실 |
|---|---|---|---|
| 모두 몇 개? | 모두 몇 개? | 모두 몇 개? | 모두 몇 개? |

• 나라와 나라는 왜 수출과 수입을 하는 것일까?

• '내가 여행하고 싶은 나라에 어떤 물건을 수출하고 싶나요?

②

## 사회봉사

• 우리 주위에서 남을 위해 봉사 활동을 하는 단체를 알아 보아요.

대한적십자사 (The Republic of Korea National Red Cross) •

한국사랑의집짓기운동연합회 (Habitat for Humanity Korea) •

사단법인 한국백혈병소아암협회 •

구세군대한본영 (THE SALVATION ARMY) •

홀트아동복지회 (HOLT) •

• 사랑과 이웃 봉사를 실천하는 단체로, 크리스마스 때 자선냄비를 통해 모인 성금으로 불우이웃 돕기를 합니다.

• '사랑을 행동으로'
가족이 없는 아동들에게 새로운 가정을 찾아주고 밝게 자랄 수 있는 건전한 입양문화 정착을 위해 노력합니다.

• 소외되고 고통받는 이웃의 아픔을 덜어주고, 남북 교류 사업, 혈액 서비스 제공 등 세계 어려운 이웃의 아픔을 덜어 주는 일을 합니다.

• 1973년 미국의 한 변호사가 시작한 운동으로 세계 각국의 자원봉사자들이 집 없는 사람들에게 집을 지어 주어요.

• 백혈병 소아암 환아들에게 생명사랑과 나눔 실천 정신을 확산시키기 위해 다양한 후원 사업을 전개하고 있습니다.

③

[모둠지](돈의 가치와 중요성)

| 경제 활동 | 왜 동전은 동그라미일까? | 날짜 | |
|---|---|---|---|
| 토의자 | | | |
| 발표자 | | 기록자 | |

# 왜 동전은 동그라미일까?

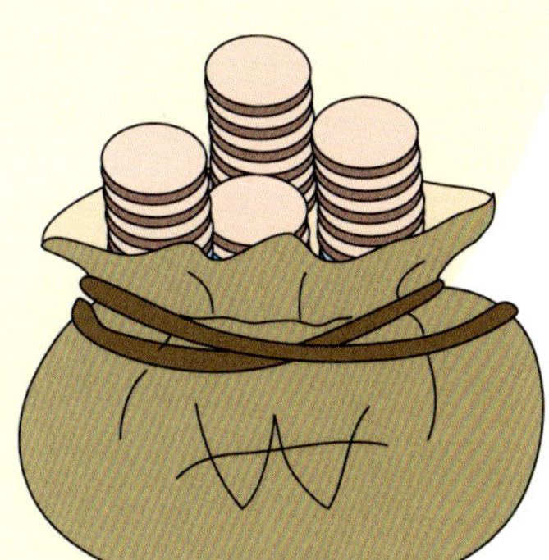

[모듬지](돈의 가치와 중요성)

| 경제 활동 | 지폐와 동전을 비교해 보세요. | 날짜 | |
|---|---|---|---|
| 토의자 | | | |
| 발표자 | | 기록자 | |

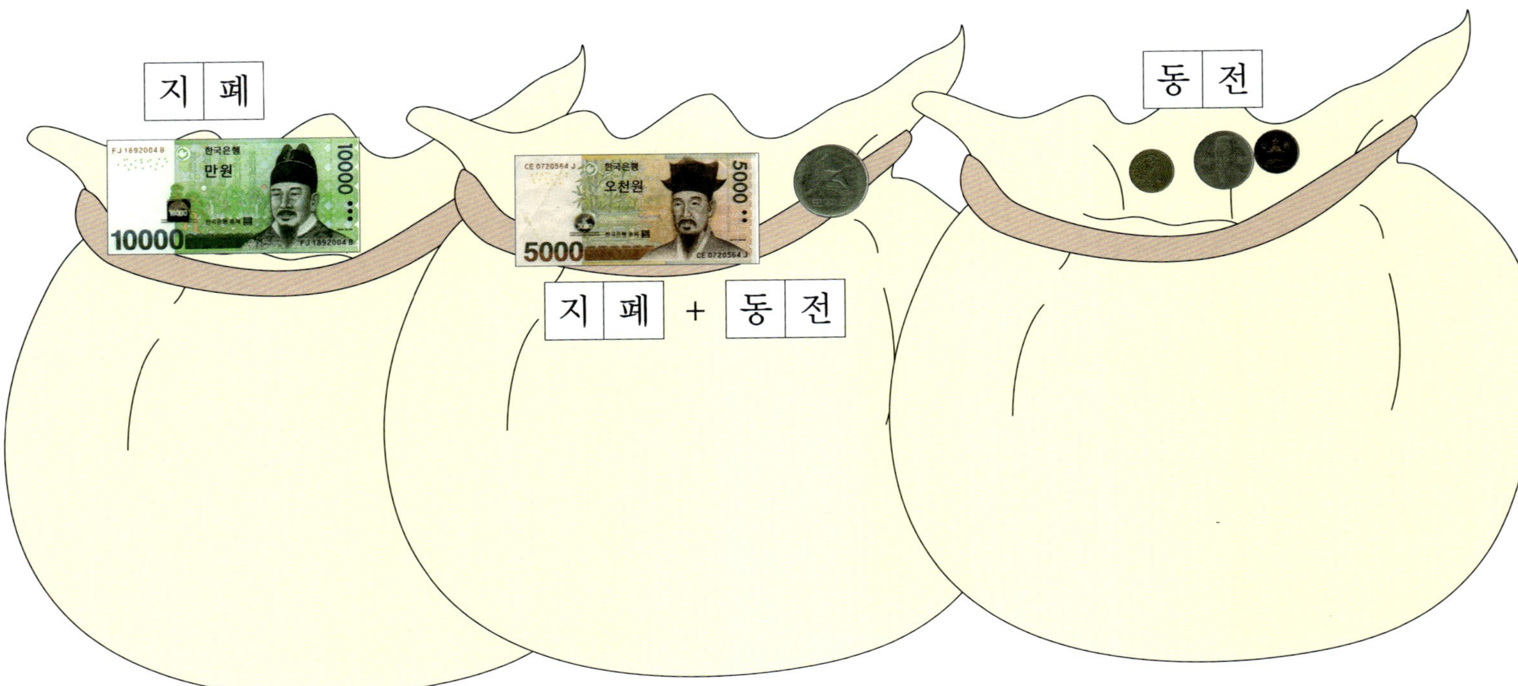

[모듬지](돈의 가치와 중요성)

| 경제 활동 | 동전의 과거와 현재 | 날짜 | |
|---|---|---|---|
| 발표자 | | 기록자 | |

• 왜 구멍이 있을까?

엽전

토의자

• 왜 구멍이 없을까?

동전

[모듬지](돈을 버는 경제 활동)

| 경제 활동 | 생산의 효율성 | 날짜 | |
|---|---|---|---|
| 토의자 | | | |
| 발표자 | | 기록자 | |

• 두 그림을 비교해 보았어요. 무엇을 하고 있는지 알아봅시다. (PMI 기법–Plus. Minus. Interest)

소가 밭갈이하는 것

■ 좋은 점

■ 불편한 점

■ 재미있는 점

트랙터로 밭갈이하는 것

■ 좋은 점

■ 불편한 점

■ 재미있는 점

[모듬지](돈을 버는 경제 활동)

| 경제 활동 | 물건 판매 계획 “무엇을 준비할까?” | 날짜 | |
|---|---|---|---|
| 토의자 | | | |
| 발표자 | | 기록자 | |

**가게주인이 되어보세요.**

- 상품명

- 필요한 재료

- 가격은 얼마일까?
  -재료비용, 포장비용, 노동비용…

- 어떤 방법으로 광고할까?

[모듬지](돈을 관리하는 경제 활동)

| 경제 활동 | 저축에 관한 표어 만들기 | 날짜 | |
|---|---|---|---|
| 토의자 | | | |
| 발표자 | | 기록자 | |

• 저축은 왜 할까?

• 통장은 왜 필요할까?

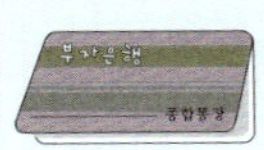

• 이자는 왜 생길까?

## 〈저축 표어 만들기〉

[모듬지](돈을 관리하는 경제 활동)

| 경제 활동 | 무엇을 위해 저금을 할까요? | 날짜 | |
|---|---|---|---|
| 토의자 | | | |
| 발표자 | | 기록자 | |

[모듬지](돈을 쓰는 경제 활동)

| 경제 활동 | 물 부족 이유와 바른 사용 | 날짜 | |
|---|---|---|---|
| 토의자 | | | |
| 발표자 | | 기록자 | |

[모듬지](돈을 쓰는 경제 활동)

| 경제 활동 | 졸업여행에서 가족에게 사 주고 싶은 선물은? | 날짜 | |
|---|---|---|---|
| 토의자 | | | |
| 발표자 | | 기록자 | |

[모듬지](사회봉사 활동)

| 경제 활동 | '부자' 이야기 | 날짜 | |
|---|---|---|---|
| 토의자 | | | |
| 발표자 | | 기록자 | |

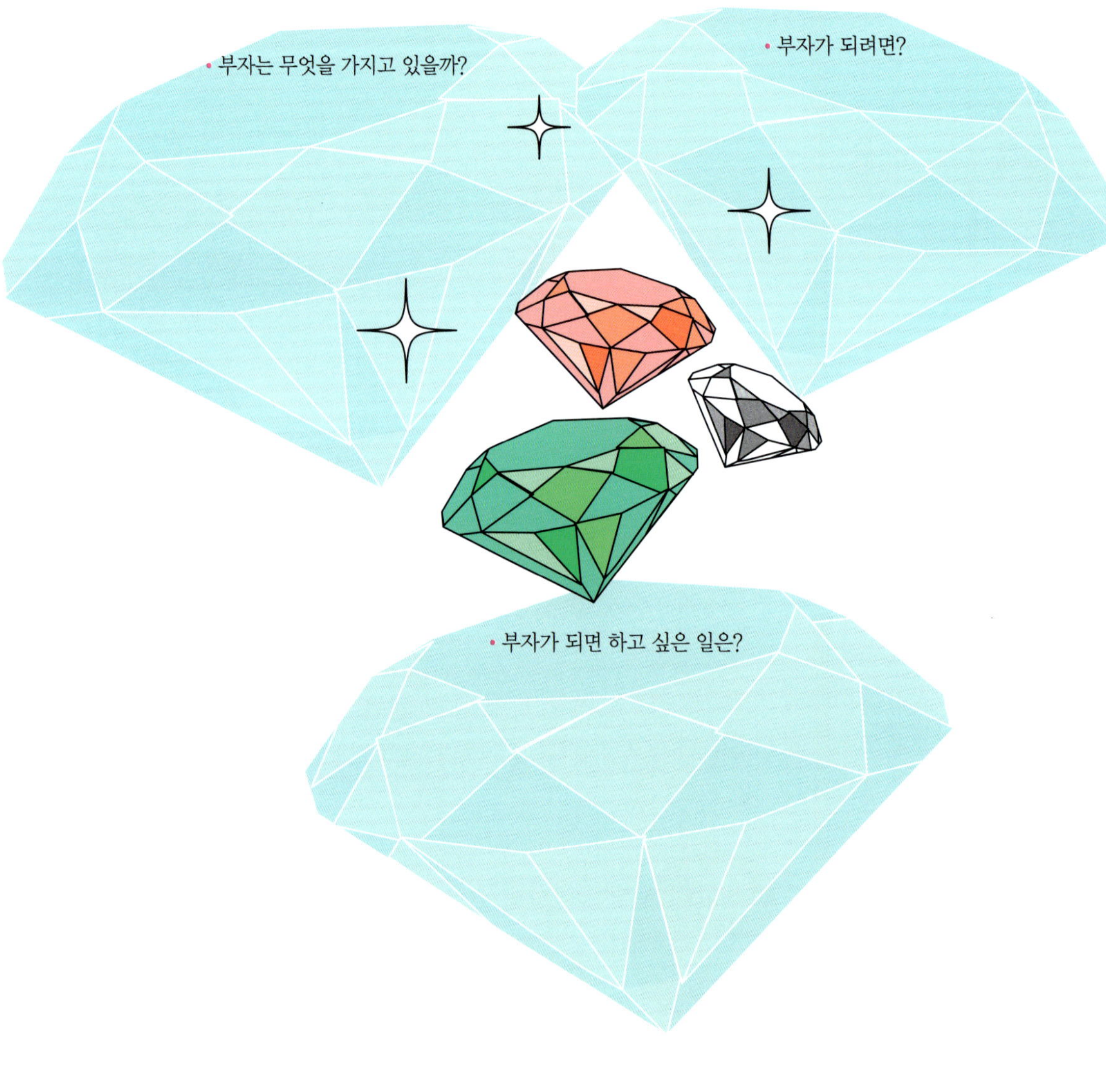

[모듬지](사회봉사 활동)

| 경제 활동 | '밥 퍼' 운동 봉사자 인터뷰 | 날짜 | |
|---|---|---|---|
| 토의자 | | | |
| 발표자 | | 기록자 | |

## 나도 기자!

- '밥 퍼' 운동 봉사자를 만나 이야기를 들어 보겠습니다.

질문 1) '밥 퍼' 운동이 무엇인가요?

질문 2) 어떤 사람들에게 밥을 나누어 주나요?

질문 3) 사람들에게 밥을 퍼주는 일은 어렵지 않나요?

질문 4) 봉사 활동을 하면서 가장 기쁠 때는 언제인가요?

질문 5) 우리가 할 수 있는 일은?

[개인 활동지] (돈의 가치와 중요성)

| 경제 활동 | | 동전(주화) 관찰하기 | | | |
|---|---|---|---|---|---|
| 관찰해 보세요 | |  10원 |  50원 |  100원 |  500원 |
| 비즈 도장 찍기 | | | | | |
| 시각 | 반짝! 반짝!<br>동전 앞면에는<br>무엇이 있을까? | | | | |
| 촉각 | 꼼지락! 꼼지락!<br>크기가 모두 달라요.<br>큰 것부터 적어보세요. | | | | |
| 후각 | 킁! 킁!<br>냄새가 나요. | | | | |
| 청각 | 조용! 조용!<br>떨어뜨리면 재미있는<br>소리가 들려요. | | | | |

| 날 짜 | | 반 | | 이름 | |
|---|---|---|---|---|---|

[개인 활동지]

| 경제 활동 | 돈의 발달 과정과 돈의 가치와 중요성 |
|---|---|

• 돈의 발달 과정을 보고 화폐 이름을 써 보세요.

| 화폐 이름 | 특징 | 종류 |
|---|---|---|
| (　　　　) | 서로 필요한 물품들을 교환 | 직물, 곡물 등 |
| (　　　　) | 금속으로 된 화폐 | 금화, 은화, 동화 |
| (　　　　) | 가볍고 소지하기 편한 화폐 | 은행권 지폐, 주화 |
| (　　　　) | 많은 지폐를 대신한 고액의 화폐 | 수표 |
| (　　　　) | 화폐가치를 전자기호로 저장한 화폐 | 신용카드 |

• 미래의 화폐를 상상해서 그려보세요.

| 날 짜 | | 반 | | 이름 | |
|---|---|---|---|---|---|

[개인 활동지](돈을 버는 경제 활동)

# 행복을 파는 돈보스꼬 마트

| 경제 활동 | 맛있는 과자 봉지 관찰하기 |
|---|---|

| | |
|---|---|
| ① 상 표 | 예) 농 심 |
| ② 상품명 | |
| ③ 출시 연도 | |
| ④ 영양성분표 | |
| ⑤ 바코드 | |
| ⑥ 제조연월일<br>생 산 자 | |
| ⑦ 판매가격 | |
| ⑧ 원재료명 | |

| 날 짜 | | 반 | | 이름 | |
|---|---|---|---|---|---|

[개인 활동지]

| 경제 활동 | 상품권 만들기(돈을 버는 경제 활동) |
|---|---|

• 절약 상품권은 근검절약하는 어린이만 구입할 수 있습니다.
돈보스꼬 상품권을 사기 위해 절약하고 아껴 쓰는 어린이를 찾아 ○ 해보세요.

• 나만의 멋진 상품권을 만들어 보세요.

| 날 짜 | | 반 | | 이름 | |
|---|---|---|---|---|---|

[개인 활동지](돈을 버는 경제 활동)

| 경제 활동 | 상품 캐릭터 제작 |
|---|---|

• 나만의 톡톡 튀는 아이디어 캐릭터를 그려 보세요.

• 왜 이 디자인을 만들게 되었나요?

• 캐릭터를 판매한다면?

| | |
|---|---|
| 브랜드 명 | |
| 상 품 | |
| 제조연월일 | |
| 가 격 | |
| 주 소 | |
| 사 진 | |

| 날 짜 | | 반 | | 이름 | |
|---|---|---|---|---|---|

[개인 활동지](돈을 관리하는 경제 활동)

| 경제 활동 | 은행 로고 만들기 |
|---|---|

## 우리나라 은행의 종류

KB 국민은행 · IBK 기업은행 · 신한은행 · 우리은행 · 하나은행

• 위를 참고해서 은행의 로고와 이름을 연결하세요.

| 로고 | | 이름 |
|---|---|---|
| 1. | • | • 기업은행 |
| 2. | • | • 국민은행 |
| 3. | • | • 우리은행 |
| 4. | • | • 하나은행 |
| 5. KB | • | • 신한은행 |

## 〈은행 로고 만들기〉

• 통장 원 안에 재미있는 로고를 만들어 보세요.

은행 이름

로고의 의미

은행 PR

| 날 짜 | | 반 | | 이름 | |
|---|---|---|---|---|---|

[개인 활동지](돈을 관리하는 경제 활동)

| 경제 활동 | 차곡차곡 돈이 모여요. |
| --- | --- |

• 주사위를 던져서 통장에 저축을 해보세요. 통장에는 1,000원이 입금되어 있습니다. 입금 또는 출금되는 금액을 오른쪽 계산기에 적어보고 엄마와 함께 계산기로 계산해 보세요.

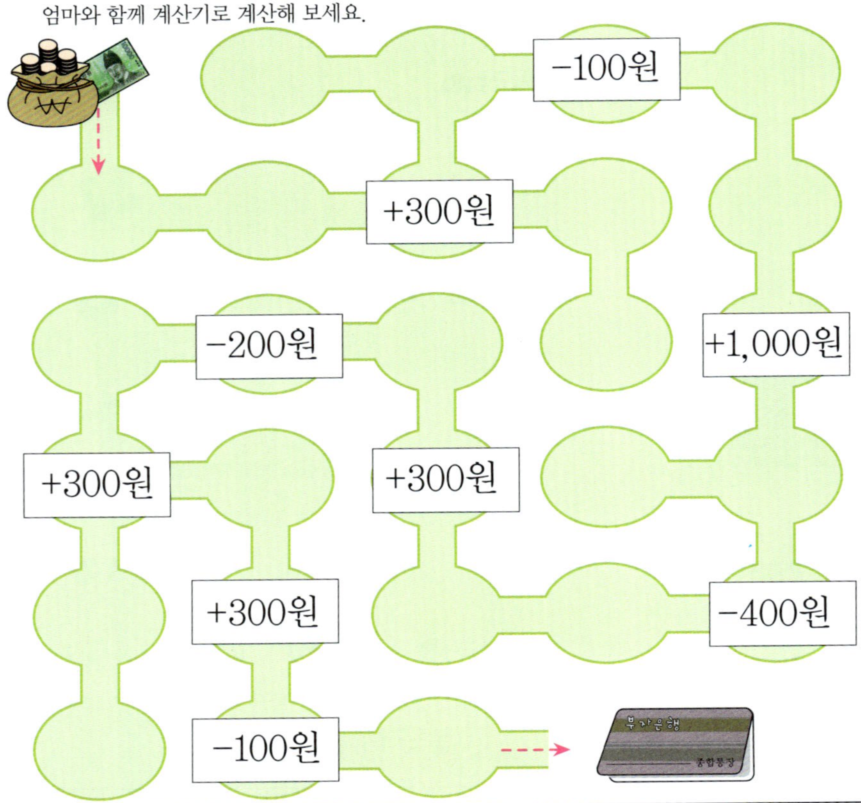

총 입금액: ____ 원

| 날 짜 | | 반 | | 이름 | |
| --- | --- | --- | --- | --- | --- |

[개인 활동지](돈을 쓰는 경제 활동)

| 경제 활동 | 내가 만든 멋진 광고 |
| --- | --- |

**맛있는 케이크 나라**

제품명 :

가격 :

케이크 P. R :

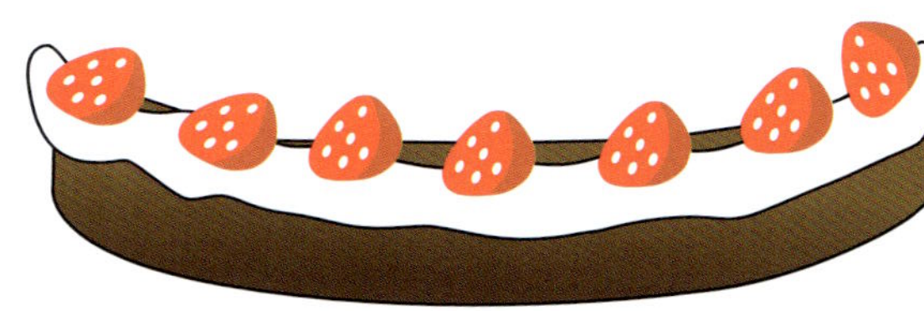

| 날 짜 | | 반 | | 이름 | |
| --- | --- | --- | --- | --- | --- |

[개인 활동지](돈을 쓰는 경제 활동)

| 경제 활동 | 명화 '장을 보아온 여인' 속 재미있는 상상 |
|---|---|

제목 : '장을 보아 온 여인'
작가 : 장 시메옹 샤르뎅 (Jean-Baptiste Siemon Chardin 1699~1779)
시기 : 1739년 작품

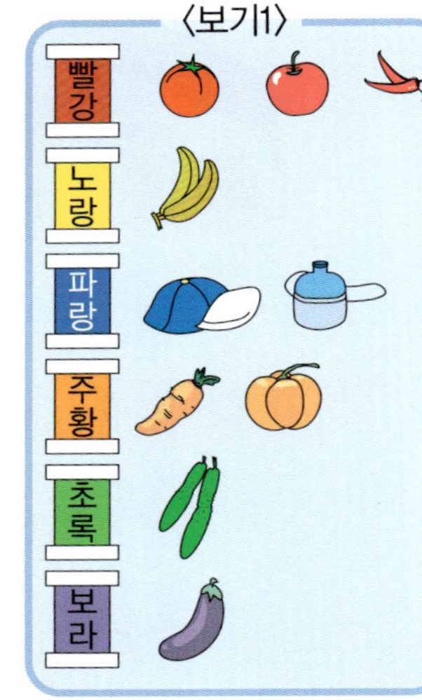


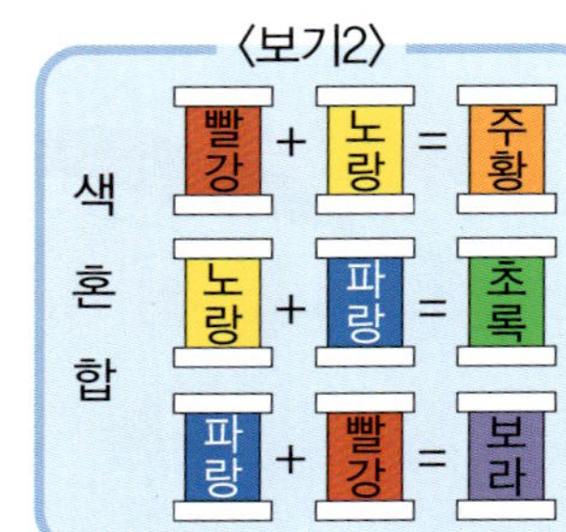


| 날 짜 | | 반 | | 이름 | |
|---|---|---|---|---|---|

• 예쁘게 오려서 붙이세요.

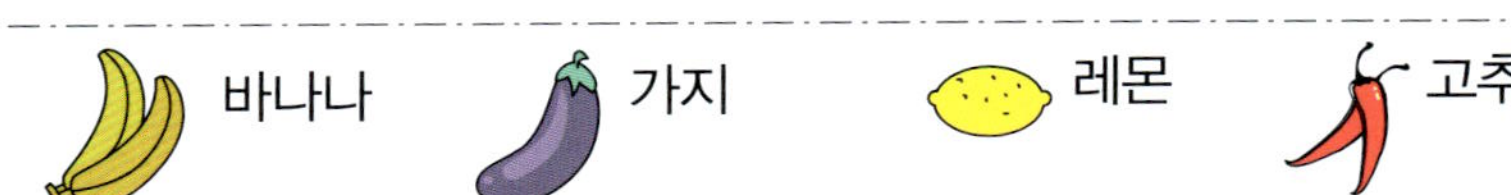

[개인 활동지](사회봉사 활동)

| 경제 활동 | 나도 사장이 되었어요. |
|---|---|

• 만약에 내가 회사를 설립한다면? 육하원칙에 맞춰서 써보세요.

1. 누가

2. 언제

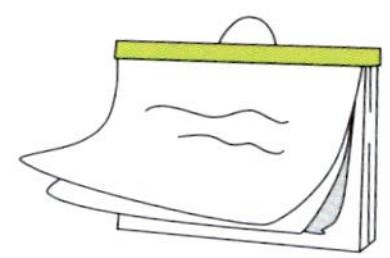

3. 어디서

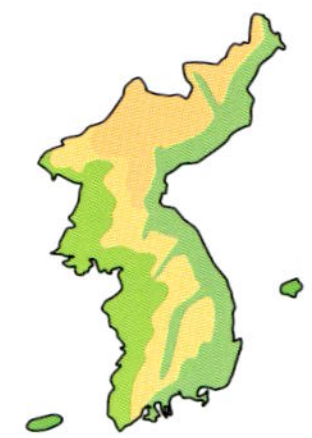

4. 무슨 회사를

5. 어떻게

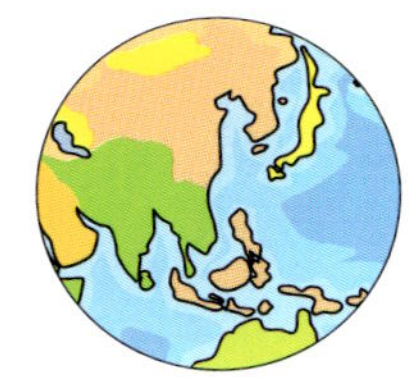

6. 왜

• 육하원칙에 맞추어 쓴 단어를 사용하여 멋진 문장을 만드세요.

| 날 짜 | | 반 | | 이름 | |
|---|---|---|---|---|---|

[개인 활동지](사회봉사 활동)

| 경제 활동 | 사랑의 열매 |
|---|---|

**바느질로 모은 30억 원 재산을 기부한 이순희 할머니**

80대 이순희 할머니는 삯바느질로 모은 30억 재산을 "인재 육성에 써 달라."며 동국대에 기부했다.

평생 바느질과 근검절약으로 마련한 전 재산을 기증하면서 "어렵게 공부하고 있는 학생들에게 장학 혜택을 주어 장차 사회 발전에 기여할 수 있는 훌륭한 학생들을 키워 달라"고 당부했다.

- 신문의 뉴스를 읽어보고 답해 보세요.
  - 할머니가 돈을 어떻게 모았나요?
  - 왜 도와주었나요?

- '사랑의 열매'의 상징 세 가지(나, 가족, 이웃)를 열매에 적으세요.

| 날 짜 | | 반 | | 이름 | |
|---|---|---|---|---|---|

### 스테이플러-자동차

반 : ____________
이름 : ____________

| 자 | 동 | 차 |
|---|---|---|

### 푸싱핀-김치

반 : ____________
이름 : ____________

| 김 | 치 |
|---|---|

### 반 접어 오리기-스탠드

반 : ____________
이름 : ____________

| 스 | 탠 | 드 |
|---|---|---|

1.

2.

3.

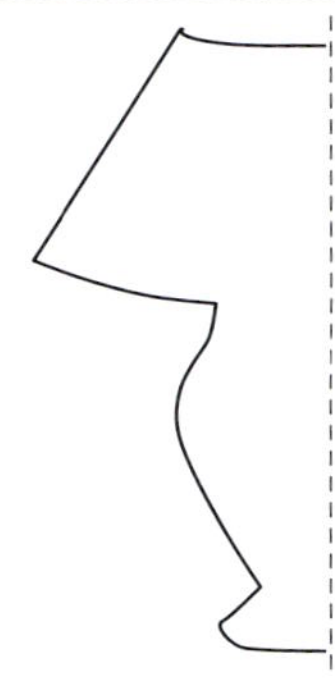

### 접기-선물상자

반 : ________

이름 : ________

선 물 상 자

### 직조 짜기-카트

반 : ________

이름 : ________

카 트

### 펀치-가게

반 : ________

이름 : ________

가 게

1.

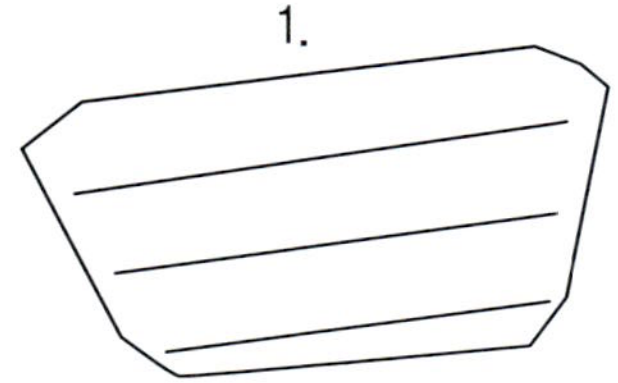

2.

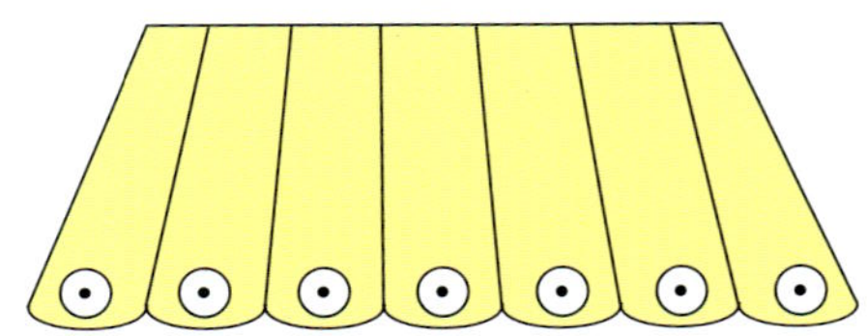

| 자르기-신문 | 바느질-줄넘기 | 붙이기-동전 탁본 |
|---|---|---|
| <br> | <br> |  |
| 반 : ______<br>이름 : ______ 신 문 | 반 : ______<br>이름 : ______ 줄 넘 기 | 반 : ______<br>이름 : ______ 동 전 |

1.

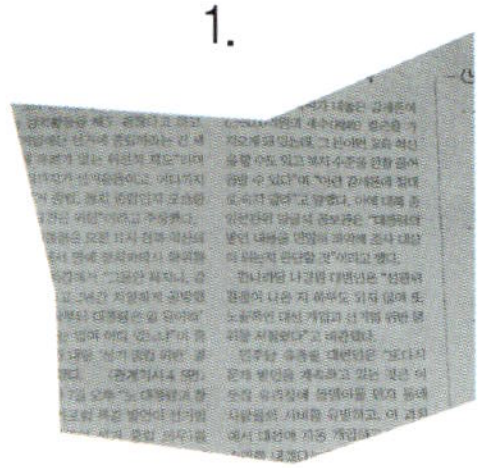

2.

## 고리 연결하기-엽전

반 : ____________

이름 : ____________

엽 전

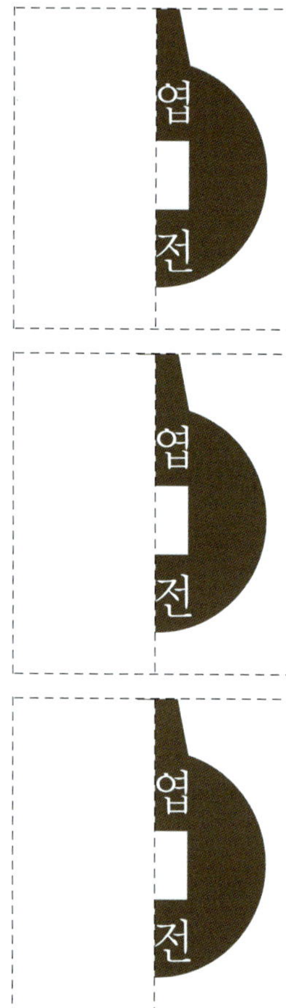

| 돈의 중요성과 가치 | | | | |
|---|---|---|---|---|
| 번 호 | 도서명 | 출판연도 | 저 자 | 출판사 |
| 1 | 나의 조랑말 | 2004 | 수잔 제퍼스 | 봄봄출판사 |
| 2 | 달팽이의 특별한 선물 | 2003 | 이 건 | 대원 주니어 |
| 3 | 도깨비가 준 보물 | 2005 | 서정오 | 곧은 나무 |
| 4 | 무지막지 백작 | 2003 | 까롤 트랑블레 | 미세기 |
| 5 | 세상에서 가장 맛있는 무화과 | 2003 | 크리스 반 알스버그 | 미래M&B |
| 6 | 시인과 요술 조약돌 | 2004 | 팀 마이어스 | 보림 |
| 7 | 얼마예요? | 2003 | 노영주 | 언어세상 |
| 8 | 엄마의 의자 | 1999 | 베라 윌리엄스 | 시공 주니어 |
| 9 | 엠마 | 2004 | 웬디 케셀만 | 느림보 |
| 10 | 1999년 6월29일 | 2004 | 데이비드 위스너 | 미래 M&B |
| 11 | 조지프의 마당 | 2005 | 찰스 키핑 | 사계절 |

| 돈을 버는 경제 활동 | | | | |
|---|---|---|---|---|
| 번 호 | 도서명 | 출판연도 | 저 자 | 출판사 |
| 1 | 갈치 사이소 | 2005 | 도토리 기획 | 보리 |
| 2 | 고구마는 맛있어 | 2001 | 도토리 기획 | 보리 |
| 3 | 구두장이 꼬마요정 | 2000 | 그림형제 | 보림 |
| 4 | 까마귀네 빵집 | 2002 | 가코 사토시 | 고슴도치 |
| 5 | 꼬리를 돌려주세요 | 2002 | 노니 호그로지안 | 시공주니어 |
| 6 | 꼬마원시인 크로미뇽 | 2000 | 미셸 게 | 웅진닷컴 |
| 7 | 나와 오페라 극장 | 2003 | 안드레아 호이어 | 미래M&B |
| 8 | 너는 특별하단다 | 2003 | 맥스 루카도 | 고슴도치 |
| 9 | 닉 아저씨의 뜨개질 | 2002 | 마가렛 와일드 | 중앙출판사 |
| 10 | 대포알 심프 | 2001 | 존 버닝햄 | 비룡소 |
| 11 | 도솔산 선운사 | 2001 | 이상희 | 한림출판사 |
| 12 | 도시에선 항상 무슨 일이 있어요 | 2004 | 빌프리트 겝하르트 | 동심 |

| 돈을 버는 경제 활동 | | | | |
|---|---|---|---|---|
| 번 호 | 도서명 | 출판연도 | 저 자 | 출판사 |
| 13 | 똥벼락 | 2001 | 김회경 | 사계절 |
| 14 | 두부공장 야옹이 | 2004 | 최양숙 | 마루벌 |
| 15 | 마들렌카 | 2002 | 피터 시스 | 베틀북 |
| 16 | 맥도널드 아저씨의 아파트 농장 | 2002 | 쥬디 바레트 | 미래M&B |
| 17 | 멍멍 의사 선생님 | 2000 | 배빗 콜 | 보림 |
| 18 | 메아리 | 2001 | 이주홍 | 길벗어린이 |
| 19 | 모두 함께 지은 우리집 | 2002 | 김진수 | 문학동네 |
| 20 | 모자 사세요 | 1999 | 에스퍼 슬로보드키나 | 시공주니어 |
| 21 | 바빠요 바빠 | 2000 | 윤구병 | 보리 |
| 22 | 부지런한 빨간 암탉 | 2004 | 최혜영 | 새세대육영회 |
| 23 | 샌지와 빵집 주인 | 2000 | 로빈 자네스 | 비룡소 |
| 24 | 세상에서 가장 아름다운 나의 마을 | 2003 | 고바야시 유타카 | 미래M&B |
| 25 | 소금이 온다 | 2003 | 도토리 기획 | 보리 |
| 26 | 심부름 | 2004 | 천즈위엔 | 은행나무 |
| 27 | 심부름 다녀왔습니다 | 2005 | 히도 반 헤네흐텐 | 웅진주니어 |
| 28 | 실 잣는 거미 | 2005 | 케이트 페티 | 책그릇 |
| 29 | 어릴 적 산골에서 | 2005 | 신시아 라일런트 | 열린어린이 |
| 30 | 어멍 어디 감수광 | 2001 | 박지훈 | 예림당 |
| 31 | 오필리아의 그림자 극장 | 2001 | 미하엘 엔데 외 | 베틀북 |
| 32 | 요정나라 시장구경 | 2004 | 샐리 가드너 | 봄봄출판사 |
| 33 | 용감한 아이린 | 2000 | 윌리엄 스타이그 | 웅진닷컴 |
| 34 | 용돈을 잘 벌어요 | 2005 | 데이브 램지 | 비전과리더십 |
| 35 | 우리 같이 병원 가요 | 2005 | 비앙카 민테쾨니히 | 주니어 김영사 |
| 36 | 우리들의 흥겨운 밴드 | 2005 | 베라B. 윌리엄스 | 느림보 |
| 37 | 우리 마을에 서커스가 왔어요 | 2005 | 고바야시 유타카 | 미래M&B |

| 돈을 버는 경제 활동 | | | | |
|---|---|---|---|---|
| 번 호 | 도서명 | 출판연도 | 저 자 | 출판사 |
| 38 | 우리 삼촌은 앤디워홀 | 2003 | 제임스 워홀라 | 바다어린이 |
| 39 | 우리 선생님이 최고야 | 1999 | 케빈 헹크스 | 비룡소 |
| 40 | 우리들만의 작은집 | 2000 | 하이드룬 페트리데스 | 크레용하우스 |
| 41 | 주인 없는 구두가게 | 2002 | 송재찬 | 세상모든책 |
| 42 | 지붕 위의 정원 | 2002 | 잉기뵈르그 시귀타르도터 | 작은책방 |
| 43 | 지하정원 | 2005 | 조선경 | 보림출판사 |
| 44 | 징가의 신나는 장터 나들이 | 2004 | 후시하라 노지코 | 한림출판사 |
| 45 | 집을 팝니다 | 2004 | 최혜영 | 새세대육영회 |
| 46 | 책읽기 좋아하는 할머니 | 2000 | 존윈치 | 파랑새 어린이 |
| 47 | 폭풍우가 지난 후 | 2000 | 닉 버터워스 | 사계절 |
| 48 | 페페 가로등을 켜는 아이 | 2005 | 일라이자 바톤 | 열린어린이 |
| 49 | 하나라도 백 개인 사과 | 2001 | 이노우에 마사지 | 문학동네 |
| 50 | 할머니의 감자 | 2004 | 파멜라 엘렌 | 풀빛 |
| 51 | 행복한 청소부 | 2000 | 모니카 페트 | 풀빛 |
| 52 | 행운을 드려요 | 2005 | 하인츠 야니쉬 | 넥서스주니어 |
| 53 | 화분을 키워 주세요 | 2001 | 진 자이언 | 웅진닷컴 |

| 돈을 관리하는 경제 활동 | | | | |
|---|---|---|---|---|
| 번 호 | 도서명 | 출판연도 | 저 자 | 출판사 |
| 1 | 괴물나라 경제 이야기 | 2004 | 로렌 리디 | 미래M&B |
| 2 | 내게 아주 특별한 선물 | 2005 | 베라B. 윌리엄스 | 느림보 |
| 3 | 두루미 아내 | 2002 | 야가와 수미코 | 비룡소 |
| 4 | 부자가 되고 싶은 알렉산더 | 2004 | 주디스 바이오스트 | 지양사 |
| 5 | 새 옷을 샀어요 | 2005 | 로즈메리 웰스 | 달리 |
| 6 | 생일 선물 장보기 | 2005 | 로즈메리 웰스 | 달리 |
| 7 | 슈퍼마켓에 갔어요 | 1999 | 김태련 | 새세대육영회 |

| 돈을 관리하는 경제 활동 | | | | |
|---|---|---|---|---|
| **번 호** | **도서명** | **출판연도** | **저 자** | **출판사** |
| 8 | 앨피에게 장화가 생겼어요 | 2002 | 셜리 휴즈 | 보림 |
| 9 | 엄마 생일 축하해요 | 2005 | 이상희 | 아이세움 |
| 10 | 오백 원짜리 왕관 | 2005 | 뱅상 말론느 | 파란하늘 |
| 11 | 용돈으로 도와요 | 2005 | 데이브 램지 | 비전과리더십 |
| 12 | 잃어버린 구슬 | 2003 | 현덕 | 아이세움 |
| 13 | 일찍 일어난 아침 | 2003 | 라이마 | 디자인하우스 |
| 14 | 청동종 | 2005 | 오트프리트 프로이슬러 | 시공주니어 |
| 15 | 호랑이 잡은 피리 | 1998 | 강무홍 | 보림 |
| 16 | 행복한 청소부 | 2000 | 모니카 페트 | 풀빛 |
| 17 | 행운을 드려요 | 2005 | 하인츠 야니쉬 | 넥서스주니어 |
| 18 | 화분을 키워 주세요 | 2001 | 진 자이언 | 웅진닷컴 |
| 19 | 황금알을 낳는 거위 | 2005 | | |
| 20 | 발랄라이카를 연주하고 싶은 생쥐 | 2005 | 존 버닝햄 | 논장 |
| 21 | 나와 음악회 | 2003 | 안드레아 호이어 | 미래M&B |

| 돈을 쓰는 경제 활동 | | | | |
|---|---|---|---|---|
| **번 호** | **도서명** | **출판연도** | **저 자** | **출판사** |
| 1 | 감기 걸린 날 | 2002 | 김동수 | 보림 |
| 2 | 고물자전거 | 2005 | 주홍 | 바보새 |
| 3 | 꿈을 먹는 요정 | 2001 | 미하엘 엔데 | 시공주니어 |
| 4 | 다람쥐 소녀와 뮤어 아저씨 | 2005 | 에밀리 아놀드 맥컬리 | 가문비 |
| 5 | 마법침대 | 2003 | 존 버닝햄 | 시공사 |
| 6 | 명애와 다래 | 2003 | 이형진 | 느림보 |
| 7 | 바무와 게로 오늘은 시장 보러 가는 날 | 2002 | 시마다 유카 | 중앙출판사 |

| 돈을 쓰는 경제 활동 | | | | |
|---|---|---|---|---|
| 번 호 | 도서명 | 출판연도 | 저 자 | 출판사 |
| 8 | 쓰레기 소탕 대작전 | 2004 | 로렌 리디 | 미래M&B |
| 9 | 안나의 빨간 외투 | 2002 | 해리엣 지퍼트 | 비룡소 |
| 10 | 양초귀신 | 2000 | 강우현 | 다림 |
| **사회봉사 활동** | | | | |
| 번 호 | 도서명 | 출판연도 | 저 자 | 출판사 |
| 1 | 간식을 먹으러 온 호랑이 | 2000 | 주디스 커 | 보림 |
| 2 | 꼬꼬야 가자 | 2004 | 봅 하트먼 | 예영커뮤니케이션 |
| 3 | 꼬마 엄지의 파티 | 2004 | 잉예르 산드베리 | 토마토하우스 |
| 4 | 내 이름이 담긴 병 | 2002 | 최양숙 | 마루벌 |
| 5 | 누나 | 2005 | 이상호 | 세상모든책 |
| 6 | 단추 수프 | 2000 | 오브리 데이비스 | 국민서관 |
| 7 | 배고픈 아이들이 많아요 | 1998 | 이정환 | 새세대육영회 |
| 8 | 손 큰 할머니의 만두 만들기 | 1998 | 채인선 | 재미마주 |
| 9 | 아프리카에 간 드소토 선생님 | 2005 | 윌리엄 스타이그 | 비룡소 |
| 10 | 어머니의 감자밭 | 2003 | 아니타 로벨 | 비룡소 |
| 11 | 우렁 각시 | 1998 | 한성옥 | 보림 |
| 12 | 종이학 | 2000 | 몰리 뱅 | 미래M&B |
| 13 | 카진스키 할머니를 위한 선물 | 2003 | 마릴린 레이놀즈 | 시공주니어 |
| 14 | 팅통탱 마법의 냄비 | 2004 | 콜린 프로메이라 | 반딧불이 |
| 15 | 한나의 하얀 드레스 | 2004 | 아이작 스웨이걸-디미얼 | 느림보 |
| 16 | 할아버지가 하는 일은 언제나 옳아요 | 2004 | 안데르센 | 교학사 |
| 17 | 할아버지의 천사 | 2002 | 유타 바우어 | 비룡소 |
| 18 | 흰수염 할아버지의 딸기 | 2001 | 마쯔오카 세쯔 | 새터 |
| 19 | 도서관 | 1998 | 사라 스튜어트 | 시공주니어 |

# 저자소개

## 돈보스꼬몬테소리 교육실천연구소

**소장 김 순 옥**

現 돈보스꼬몬테소리 교육실천연구소 소장
한국 몬테소리 교육연구회(KOMA) 연구원 역임
숭의여자대학 유아교육과 강사 역임
일본 국제 몬테소리(AMI) 자격증 소지
일본 상지(上智)대학 대학원 졸업(교육학 석사)

저서 · 역서

유치원 교육과정과 새로운 몬테소리 교육 접근법(한국유아교육정보, 1999)
가족과 함께하는 몬테소리 교육활동(돈보스꼬몬테소리 교육실천연구소, 2000)
유아교육자들이 쓴 유아기 부모를 위한 핸드북(공저, 창지사, 2002)
몬테소리 교육: 총체적 연구(돈보스꼬몬테소리 교육실천연구소, 2004)
Montessori-Method, 이론과 실천(돈보스꼬몬테소리 교육실천연구소, 2004)
Check Point 원 경영 컨설팅: 총체적 현장교육 실천 방법(돈보스꼬몬테소리 교육실천연구소, 2004)
몬테소리 실천교육을 통한 유아의 실물 경제교육 프로그램(어린이뜰, 2004)
유아교육 현장을 위한 총체적 통합 프로그램과 창의적 몬테소리 교육의 실천 방법(창지사, 2006)

## 책임 연구원

**김진수** 現 돈보스꼬몬테소리 교육실천연구소 연구원
**양순의** 現 돈보스꼬몬테소리 교육실천연구소 연구원

손으로 느끼는
# 유아 실물경제교육 프로그램

초판 1쇄 인쇄 2008년 4월 17일
초판 2쇄 발행 2009년 6월 24일

지 은 이 | 돈보스꼬몬테소리 교육실천연구소
펴 낸 이 | 김기섭
편집책임 | 최창숙
펴 낸 곳 | 창지사 www.changjisa.com
121-809 서울시 마포구 대흥동 161
전화 (02) 719-2211~3
팩스 (02) 701-9386
등 록 | 1977년 4월 28일 · 제1-421호



ISBN 978-89-426-0470-8 93370

값 21,000 원